DE L'AFRIQUE.

DE L'AFRIQUE,

CONTENANT

LA DESCRIPTION DE CE PAYS,

PAR LÉON L'AFRICAIN.

ET

LA NAVIGATION DES ANCIENS CAPITAINES PORTUGAIS
AUX INDES ORIENTALES ET OCCIDENTALES.

TRADUCTION DE JEAN TEMPORAL.

TOME PREMIER.

PARIS,

IMPRIMÉ AUX FRAIS DU GOUVERNEMENT
POUR PROCURER DU TRAVAIL AUX OUVRIERS TYPOGRAPHES.

AOUT 1830.

A TRÈS-HAUT ET TRÈS-PUISSANT PRINCE

FRANÇOIS AINÉ,

FILS DE FRANCE, DAUPHIN DE VIENNOIS,

JEAN TEMPORAL, PERPÉTUELLE FÉLICITÉ.

Entre les anciens Romains, Marcus-Cato fut le premier très-illustre prince estimé grand orateur, grand sénateur et grand capitaine, lequel, approchant de l'extrémité de la mort, entre les choses que plus il regrettoit, étoit d'avoir, en tout le cours de sa vie, laissé échapper un seul jour sans en recevoir aucun fruit. Et si nous voulons croire Aristote, philosophe tant renommé, la louange de la vertu, et la félicité de cette briève vie, demeure et consiste en nos actions; ce que jadis montra ce noble peintre, tant célèbre de la Grèce, Apelles, qui ne passa oncques jour sans faire un trait de son pinceau. Et à ce que nous lisons de ce souverain monarque, Alexandre, fils de Philippe de Macédoine, qui par sa grandeur et magnanimité de courage, gestes et faits triomphants, mérita ce titre de grand, il avoit toujours en la bouche cette sentence dorée :

Labeur est de dignité royale ;
Oisiveté, de condition servile.

Et non sans cause, Homère, en son Iliade, nous a représenté Agamemnon toujours veillant ; estimant, ce divin poète, l'homme oisif n'être autre chose en ce monde qu'un gros fardeau lourd et inutile, et, comme dit Horace, un animal d'Arcadie mangeant le fruit de la terre. Or donc, très-illustre prince, ayant eu, dès mon jeune âge, en bien petite et pauvre estime telle manière de gens, je me suis mis au devoir de travailler, pour faire quelque témoignage de mon labeur et de mon vouloir à l'endroit de notre république françoise, selon toutefois le petit pouvoir de mon esprit; et de fait, j'ai toujours estimé chose honnête, combien qu'elle soit difficile, de mettre en lumière livre qui, pour sa nouveauté, apportât admiration aux hommes, et qui, d'un même moyen, invitât, par sa bonté, d'être reçu entre ceux que l'on tient en autorité; et, certainement, de tel degré d'honneur m'a semblé digne l'Afrique (appelée, par les Grecs, Lybie), réputée et tenue anciennement pour la tierce partie du monde, laquelle, pour son étendue, fertilité, richesses, et autres singularités admirables, nous a apporté, de tout temps, et encore apporte choses nouvelles et non vues. Non sans occasion donc, les Carthaginois donnèrent la charge à ce bon capitaine Hanno de prendre soixante de leurs navires pour découvrir ce pays-là; et depuis, de notre temps, l'infant dom Henri de Portugal, prince prudent et magnanime, dès sa jeunesse, avec un magnifique dessin et appareil a suivi cette côte, non-seulement pour chercher et connoître une partie des secrets et trésors de nature couverts et cachés par ci-devant, ains aussi pour après en dresser trophées, et rapporter immortelle renommée; et, depuis, plusieurs autres se sont mis sous la conduite de la Fortune pour découvrir cette tierce partie du monde, entre lesquels Jean Léon, Africain, a travaillé de sorte pour la découvrir, qu'il nous en a donné la connoissance par ses écrits en langue arabesque; et depuis, en Toscane, par le commandement de Léon X, pontife; de telle sorte que j'ai pensé que mon labeur ne seroit inutile si je le rendois en notre langue françoise, et, comme chose rare, si je le présentois à votre hautesse et grandeur, estimant que vous recevrez aucun contentement et plaisir de faire lire ce présent livre, inconnu jusqu'à ce jour. Par quoi, très-illustre prince, vous recevrez et prendrez en gré, s'il vous plaît, ce petit labeur, avec telle humanité et douceur que vous avez accoutumé d'user à l'endroit de ceux qui, de bonne volonté, s'emploient pour décorer et augmenter notre république françoise. Cependant, si ce premier tome vous est agréable, je me mettrai au devoir de faire le second, pour vous le présenter, qui contiendra la description de l'Éthiopie, dressée par dom Francisque Alvarès, accompagné de plusieurs autres navigations, avec le discours de ce noble fleuve du Nil, et de son origine, écrit par le seigneur Jean-Baptiste Rhammusio, secrétaire de la seigneurie de Venise. Vous prendrez donc en gré, prince très-vertueux, le petit livre (petit quant à l'excellence de votre majesté) qui vous fera connoître l'obéissante servitude que vous portera le plus humble de tous vos serviteurs toute sa vie.

A TRÈS-ILLUSTRE SEIGNEUR
JÉROME FRACASTOR,
JEAN-BAPTISTE RHAMUSIO, SALUT.

Touchant la disposition de cette œuvre de JEAN LÉON, imprimée en italien.

La coutume a été de toute ancienneté, et continuée jusqu'à présent, que ceux qui désirent mettre en lumière leurs compositions, soit en prose ou en vers, les ont toujours dédiées à tels personnages qui en pussent faire jugement, ou à leurs amis qui auroient désir de les lire, ou bien à ceux qui, par la splendeur de leur nom, leur donnassent plus grand crédit et réputation; ce que voulant observer en ce mien petit labeur, que j'ai pris selon mon pouvoir de recueillir et mettre ensemble aucuns auteurs qui ont écrit de l'Afrique et de l'Inde, je ne trouve homme à qui je le doive plus convenablement recommander, et qui me satisfasse davantage en cette matière, que vous; car je ne pense point qu'un autre en puisse donner meilleur jugement, ou qui désire avec plus grande affection la lire, ou qui, avec sa claire renommée, lui puisse donner plus grande autorité et longue mémoire; premièrement, parce que vous, qui êtes autant bien instruit en la géographie qu'autre que je connoisse en ce monde, espérant que cette matière porteroit quelqu'utilité aux hommes, m'incitâtes le premier à cette entreprise, avec votre autorité, joint que le magnifique seigneur comte Rémond de la Tour, autrefois, par ses sages propos, me l'a conseillé, oyant avec un si grand contentement disputer tant doctement des mouvements du ciel et de la situation de la terre. Davantage, j'ai bien voulu laisser à notre postérité ce mien labeur, comme un témoignage de notre longue et constante amitié, ne pouvant mieux satisfaire au devoir de la révérence que je vous dois, ou à l'affection que vous me portez, étant assuré qu'il vous sera fort agréable, et le lirez d'une affection. Mais si je veux, pour accomplir le désir que j'ai que ce mien labeur soit immortel entre les hommes, quel meilleur moyen pourrois-je trouver que de le recommander à votre nom excellent, qui demeurera (comme je suis assuré), après la mort du corps, immortel? vu mêmement que vous êtes le premier qui, de notre temps, avez renouvelé le divin moyen d'écrire des anciens, touchant les sciences, sans imiter ou changer de livre à livre, et transcrire ou interpréter, comme plusieurs font maintenant, les œuvres d'autrui, mais plutôt avec la subtilité de votre esprit, considérant diligemment, avez apporté au monde plusieurs choses de nouveau, non point auparavant entendues ou imaginées par autrui, comme en l'astronomie aucunes choses nouvelles, avec certains mouvements des cieux, et la subtile raison des omocentrices. En philosophie, le secret moyen par lequel l'intelligence est créée en nous, et le chemin inconnu de chercher les raisons admirables qui avoient été par ci-devant cachées, comme du discord et accord naturel que nous voyons être en beaucoup de choses. En la médecine, les causes des infirmités contagieuses, avec les exquis et souverains remèdes d'icelle. Je ne parle point de la divine poésie de votre *Syphilide*, laquelle, nonobstant que vous la composâtes en votre jeunesse par manière de passe-temps, si est-elle remplie de tant de beaux points de philosophie et de médecine, étant ornée de divines conceptions, et peinte de si belles et diverses fleurs poétiques, que les hommes de notre temps ne doutent point de les égaler aux poésies anciennes, et l'avoir au nombre de ceux qui méritent de vivre et être lus à perpétuité. Les royaumes, les seigneuries, les richesses et autres choses semblables données de nature, ont été toujours estimées muables et de petite durée, comme elles sont véritablement, ou le trésor de l'esprit, et principalement le vôtre, qui est constant et rassis, et qui résiste à toute fortune et violence du temps, s'efforce, malgré lui, de se faire immortel. Et qu'ainsi soit, si on veut prendre garde à la vie de plusieurs grands princes et seigneurs d'Italie, et autres parties du monde; et quand tout est dit de ceux qui ont été bien peu devant notre temps, on trouvera que la même sépulture qui a couvert le corps, a pareillement obscurci leur nom; et néanmoins, la mémoire de plusieurs personnages doctes, qui sont long-temps déjà décédés, est encore vivante entre les hommes, et continuellement florit de plus en plus. Par quoi j'estime, par cette fin, que je dois surtout désirer d'avoir fort bien choisi, ayant été néanmoins incité par un certain instinct de naturelle affection et amitié, vers les gens de lettres remplis de science des choses célestes et naturelles, vu qu'il me semble qu'ils ont je ne sais quoi de divin qui les rend, pardessus tous autres, dignes d'honneur et d'admiration. Mais la principale cause qui m'a fait volontiers travailler en cette œuvre, est que, voyant et considérant les tables de la Géographie de Ptolomée, où il décrit l'Afrique et l'Inde être assez imparfaites au regard de la grande connoissance qu'on a aujourd'hui des régions, j'ai estimé qu'il sera assez agréable et profitable au monde de recueillir ce qui a été écrit de notre temps touchant ces parties-là du monde, desquelles on a écrit par le menu, en y ajoutant les cartes marines, et principalement les Portugais, tellement qu'on en pourra faire tant de tables qui contenteroient grandement ceux qui prennent plaisir à ces matières, car ils seroient certains des degrés, des largeurs et longueurs au moins des marines de tout ce pays, avec le nom des lieux, cités et seigneuries qui y habitent pour le présent, et les pourroient conférer avec ce qui en a été écrit par les anciens. Au reste, quant à la peine que j'ai prise, selon mon petit pouvoir, principalement pour la diversité des langues où elles étoient écrites, je n'en veux point maintenant parler, afin qu'il ne semble point que je veuille exalter par paroles mes labeurs et diligences; mais les bons et gracieux lecteurs, en y pensant, le connoîtront en partie, comme j'espère; et si j'ai failli en plusieurs lieux, comme je le confesse franchement, cela n'est point advenu par faute de diligence, mais plutôt parce que le pouvoir de mon esprit n'a pu atteindre l'ardeur du bon vouloir; joint aussi que les exemplaires qui me sont tombés entre les mains étoient merveilleusement gâtés et corrompus, en telle sorte qu'ils auroient épouvanté tout gentil esprit, s'il n'eût été soutenu de la considération du plaisir que devroient prendre les studieux aux matières de la géographie, et principalement de cette partie d'Afrique écrite par Jean Léon, de laquelle il n'a point été donné aucune connoissance par aucun auteur, ou à tout le moins si amplement, et avec telle assurance. Mais que dis-je du plaisir qu'en recevront les gens doctes et studieux? qui est celui qui pourroit douter que plusieurs seigneurs et princes ne prennent plaisir en telle lecture? mêmement qu'à eux appartient, plus qu'à nul autre, de savoir les secrets et particularités d'icelle partie du monde, et toutes les situations des régions, provinces et cités d'icelle, avec les dépendances que les seigneurs ont les uns des autres, et le peuple qui y habite. Car, combien qu'ils en puissent être informés par autres qui ont couru ce pays, en oyant et lisant les propos et écrits d'iceux, si suis-je assuré qu'en lisant ce livre, et considérant le contenu d'icelui, ils connoîtront que leurs narrations sont brièves, imparfaites, et de peu de conséquence au regard de celle-ci, par le grand fruit que les lecteurs en pourront tirer à leur désir. Cet auteur hantoit les cours des princes de Barbarie, et fut avec eux en

La vie de Jean Léon.

plusieurs expéditions de notre temps, de la vie duquel je toucherai ce que j'en ai pu tirer de personnes dignes de foi qui l'ont connu et hanté à Rome. Je dis donc qu'étant Maure, natif de Grenade, à la conquête qu'en fit le roi catholique, il s'enfuit en Barbarie avec tous les siens, et s'adonna aux lettres arabesques en la cité de Fez, où il composa plusieurs livres d'histoires en icelle langue, qui ne sont point encore venus en lumière. Il composa aussi un livre de grammaire, que maître Jacob Mantin dit avoir près de soi, puis courut toute la Barbarie, les royaumes des noirs, Arabie, Surie, écrivant toujours ce qu'il voyoit et entendoit. Finalement, durant le règne de Léon, il fut pris, au-dessus de l'île de Zerbi, par quelques fustes de corsaires, et de là mené à Rome, où il en fut fait un présent au pape; lequel, ayant vu et entendu qu'il se mêloit de la géographie, et qu'il en avoit écrit un livre qu'il portoit avec soi, il le reçut gracieusement, en le caressant merveilleusement, jusqu'à lui bailler bons gages afin qu'il ne partît point de là; puis l'incita à se faire chrétien, et en le baptisant, lui donna ses deux noms, Jean et Léon. Ainsi il habita longuement à Rome, où il apprit la langue italienne, et lire et écrire; tellement qu'il se mit à traduire, le mieux qu'il put, ce présent livre de langue arabesque, lequel, après beaucoup d'accidents qui seroient longs à raconter, est tombé entre mes mains; tellement que, avec la plus grande diligence qu'il m'a été possible, j'ai tâché, avec toute fidélité, de le mettre en lumière ainsi qu'il est à présent.

SOMMAIRE COMMANDATION

DE

L'HISTOIRE AFRICAINE.

Le premier globe entre tous très-profond,
Que terre et mer jointes ensemble font,
(Qui est le monde habitable où demeurent
Tous animaux qui vivent et qui meurent)
Est divisé, par la cosmographique,
En ces trois parts : Asie, Europe, Afrique,
Qu'un bras de mer méditerrain termine.

La riche Asie, où grand seigneur domine,
De ces trois parts la plus grande tenue,
A dès long-temps très-bien été connue,
Par beaux écrits ineffaçables marques,
Des empereurs, rois, princes et monarques,
Assyriens, Hébreux, Persans, Médois,
Arméniens, Pontins, Turcs et Indois.

Europe aussi, en grand peuple nombrée,
Abondamment a été célébrée
Par monuments d'histoires bien digestes,
Qui ont tracté les lieux, les temps, les gestes
Des rois, consuls, empereurs, Grecs, Romains,
François, Anglais, Espagnols et Germains,

Gouvernements, états et politiques
Qui ont régi les grandes républiques.

 Ne restoit plus que l'Afrique asséchée,
Qui, pour avoir été trop peu cherchée,
Des voyageurs a été moins notoire;
Fors par Jubal et sa royale histoire,
Et par Carthage aux Romains ennemie;
Car peu de gens sont passés en Lybie,
Outre les ports et les premiers rivages,
Fut pour terreur des grands bêtes sauvages,
Fut pour la peur des serpents vénéneux,
Ou des déserts brûlants et aréneux,
Défaillants d'eau et de tout fruit goûtables,
Donc estimée étoit inhabitable;
Mais maintenant, par terre et mer ouverte,
Est amplement l'Afrique découverte,
Si très-avant qu'outre la mer profonde
S'y est trouvé un autre nouveau monde;
Lequel jamais anciens géographes
N'avoient connu, ni les historiographes,
Dont en ce livre est la description,
Par le récit et la narration
De qui l'ont vu, gens de haute entreprise
Et plus haut fait, qui hardiesse ont prise,
Des airs, des eaux se soumettre aux dangers,
Pour découvrir les pays étrangers,
Les mœurs, les gens et les sauvages hommes,
Envers lesquels plus sauvages nous sommes;
Et pour connoître aux yeux, témoins certains,
Iles et mers, monts et fleuves lointains,
Bêtes, oiseaux, poissons, pierres, métaux,
Tant des climats austrins qu'occidentaux,

Des nations barbares et félonnes,
Ont trapassé d'Hercule les colonnes,
L'équateur cercle et la ligne éclyptique,
Jusques à perdre aspect du pôl arctique.

De cinq d'iceux cinq navigations
Décrites sont en ces narrations;

Dont le premier, de plus antique nom,
Fut le grand duc carthaginois Hannon;
Duquel grand duc l'infant de Portugal,
Fils du roi Jean, second du sang royal,
A imité l'excellente vertu;
Et du clair blanc de chasteté vêtu,
A illustré, par diligentes cures,
Des noirs peu vus les régions obscures;
Ainsi qu'a fait Jean Léon, African,
La sienne Afrique en arabe et toscan.

Puis le deuxième, Alouis Cadémoste,
Traitant des noirs la région rémote.

Pierre de Sintre, après, est le troisième
Navigateur ès-fins de terre extrême.

Après ces trois, quatrième navigueur,
Est un pilote portugais, voyageur.

Puis Améric-Vespuce, de Florence,
Qui a les noirs mis en claire apparence.
Par quoi lecteur à tous eux grace rends,
Et des labeurs des autres le fruit prends,
En discourant, en repos domestique,
Des yeux, d'esprit, les régions d'Afrique,

Où tu verras mainte novalité
Avec plaisir joint à utilité ;
Car (comme ont dit les vieux proverbiaux),
TOUJOURS AFRIQUE APPORTE CAS NOUVEAUX.

PRIVILÉGE DU ROI.

Henri, par la grace de Dieu, roi de France, aux prévôt de Paris, sénéchal de Lyon, bailli de Roan, et à tous nous autres justiciers, officiers, ou leurs lieutenants; salut et dilection. Notre cher et bien-aimé Jean Temporal, libraire, demeurant en notre bonne ville et cité de Lyon, nous a fait dire et remontrer qu'il a recouvert plusieurs livres des voyages et navigations faits tant en Afrique, Asie, qu'autres pays étrangers, avec l'histoire et description d'iceux, faite de notre temps; les uns écrits en portugais, les autres en italien, partie imprimée, et autre non, lesquels il a fait traduire d'icelles langues en notre vulgaire françois, avec grands frais, coûts et dépens quasi à lui insupportables, et grande somme de deniers, qui lui conviendra encore faire pour les imprimer; et parce qu'il doute qu'aussitôt qu'il aura imprimé lesdits livres, et mis en lumière, aucuns autres libraires et imprimeurs de notredit royaume, entreprenant sur lui et sur son œuvre, les veuillent imprimer ou faire imprimer à sa forme et imitation, qui seroit, par ce moyen, le frustrer du recouvrement de ses deniers, qu'il a pour ce frayés; ce qui lui tourneroit à grand préjudice, dommage et intérêt, nous a humblement requis lui pourvoir de remède convenable, et par nos lettres lui octroyer certain temps pendant lequel un autre ne puisse imprimer ou vendre lesdits livres par lui imprimés, ou faits imprimer, ni autres semblables à icelle matière. Pour ce est-il que nous, par les causes et considérations que dessus, avons audit Temporal permis et octroyé, permettons et octroyons qu'il puisse et lui soit loisible de faire imprimer et exposer en vente lesdits livres, et d'iceux faire son profit; faisant inhibitions et défenses à tous autres libraires et imprimeurs, ou autres qui soient ou puissent être, sur peine de confiscation desdits livres, et d'amende arbitraire à nous à appliquer, de n'imprimer ou faire imprimer, vendre, ou mettre et distribuer en vente iceux, dedans le temps et terme de six ans prochain venant, commençant du jour et date qu'ils seront imprimés; lequel terme avons, de notre grace spéciale, préfix et donné audit suppliant, pour soi rembourser et récompenser des frais, mises, labeurs et dépens qu'il a pris et fait tant au recouvrement, traduction, qu'impression desdits livres. Si vous mandons, et à chacun de vous sur ce requis, et si comme à lui appartiendra, commettons par ces présentes que de nous présents, grace, congé, permission et octroi, et du contenu ci-dessus, vous faites, permettez et souffrez ledit Temporal jouir et user pleinement et paisiblement, sans en ce lui faire, mettre ou donner, ou souffrir être fait, mis ou donné aucun détourbier ou empêchement au contraire ; lequel si fait, mis ou donné lui étoit, mettez-le, ou faites mettre incontinent et sans délai à pleine et entière délivrance, et au premier état et dû ; car tel est notre plaisir, nonobstant quelconques lettres à ce contraires.

Donné à Chantilly, le septième jour de mai, l'an de grace mil cinq cent cinquante-quatre, et de notre règne le huitième.

PAR LE ROI,

Vous présent,

BURGENSIS.

Et fut achevée la première impression de cette œuvre, le quatrième de janvier 1556.

NAVIGATION D'HANNO,

CAPITAINE CARTHAGINOIS,

AUX PARTIES D'AFRIQUE

DELA LES COLONNES D'HERCULE,

ÉCRITE PREMIÈREMENT EN LANGUE CARTHAGINOISE,
PUIS EN GRECQUE, APRÈS EN TOSCANE,
ET DE PRÉSENT TOURNÉE EN NOTRE VULGAIRE;

DÉDIÉE AU TEMPLE DE SATURNE.

Hanno, capitaine, suivant l'avis et délibération des Carthaginois, navigua delà les colonnes d'Hercule, et fit bâtir quelques cités, les nommant Libyphœniciennes. Cette navigation fut de magnifique appareil et de haute entreprise, étant garnie de soixante navires, chacun portant cinquante rames, et de plusieurs gens, tant hommes que femmes, jusqu'au nombre de trente mille, avec bonne provision de vivres, et de toutes autres choses nécessaires à tel dessein. Or donc nous arrivâmes aux colonnes susdites, et de là, passant outre environ deux journées, fîmes, en premier lieu, édifier une cité, qui fut par nous

Thymiatère, première cité édifiée par Hanno, delà les colonnes d'Hercule.

appelée Thymiatère, environnée d'un beau, grand et plat pays; puis de là, prenant nos erres devers ponant, parvînmes à un promontoire d'Afrique nommé Soloent, peuplé de hauts bois; et là, faisant séjour, dressâmes un temple, le dédiant au dieu Neptune; après, recommençant à naviguer environ l'espace de demi-journée du côté du levant, vînmes à découvrir et aborder un marécage situé assez près de la mer, plein de grandes et grosses cannes, dans lesquelles y avoit une infinie quantité tant d'éléphants que de plusieurs autres bêtes sauvages repaissant là. Après que nous eûmes outrepassé ce marécage environ d'une journée, nous édifiâmes, près de la marine, quelques cités, leur donnant tels noms : Mur-Carice, Gytte, Acre, Mélitte et Arambe. Etant partis de là, vînmes surgir à un grand fleuve, nommé Lixe, qui descend et a son origine d'Afrique. Auprès d'icelui se voyoient quelques gens qui paissoient leur bétail, et se nommoient Lixiens; et de fait, nous vint envie de nous joindre et parlementer avec eux, à quoi ne firent refus. Es parties plus hautes que celles-ci, habitent les noirs, gens rudes de soi-même, et fuyant toute compagnie; leur pays aussi est fort désert, plein de bêtes sauvages, et environné de hautes montagnes, desquelles (comme ils disent) descend le fleuve Lixe; mais au contour des montagnes se trouvent certains hommes difformes et d'étrange façon, faisant leur habitation dans des cavernes; au reste, gens de plus grande agilité et légèreté à la course que ne sont les chevaux, selon le dit et rapport des Lixiens. Or, ayant pris quelques truchements d'entr'eux, nous reprîmes nos erres, suivant une côte déserte, et avoir navigué devers le midi par l'espace de deux journées, dressâmes voiles vers la partie du levant, environ une journée; et là, derrière le golfe, trouvâmes une petite île, contenant de tour cent vingt-cinq pas, laquelle nous fîmes habiter, la nommant le Cerne. Selon ce que nous pouvions colliger et juger de notre voyage fait par mer, elle est située tout au droit de Carthage, pour autant que notre navigation des colonnes d'Hercule jusque là nous sembloit être égale à celle de Carthage jusqu'aux colonnes. Or, délaissant ce Cerne, vînmes à entrer dans un grand fleuve nommé Crète, et aborder près d'un marécage contenant trois îles plus amples et grandes que le Cerne susnommé, de sorte que les ayant côtoyées par l'espace d'un jour, parvînmes au bout du marécage, qui avoit au-dessus de soi, et pour objet, plusieurs hautes montagnes, où

Gens sauvages. habitoient des gens sauvages vêtus de peaux d'ours, lions et tigres, au reste de telle force et défense, qu'avec grands coups de pierres, qu'ils tiroient fort dextrement, ils gardoient qu'on les pût approcher ni aussi descendre en terre. En après, hissant de là, et tirant outre, entrâmes en un autre fleuve grand et large, plein Crocodiles et chevaux marins. de crocodiles et chevaux marins; de sorte que, retournant en arrière de la part du midi par l'espace de deux journées, nous nous retrouvâmes au Cerne, sans toutefois nous trop éloigner de la côte, laquelle est fort bien peuplée de noirs, qui, craignant nous attendre, fuyoient de nous, et usoient d'un langage si étrange, que les Lixiens mêmes, qu'avions en notre compagnie, ne les entendoient aucunement. Le dernier jour arrivâmes auprès de certaines montagnes peuplées de hauts arbres, dont le bois étoit fort odoriférant et de diverses couleurs. Ayant donc navigué par l'espace de deux journées, suivant la côte de ces montagnes, nous tombâmes en un très-profond abîme d'eau, qui de l'un de ses côtés avoit un plat pays, là où et ensemble au contour, quand la nuit fut venue, nous vîmes plusieurs et divers grands feux ardents, distant les uns des autres, les uns plus, les autres moins. Or, déancrés de ce lieu, nous naviguâmes cinq journées près de terre, de sorte qu'arrivâmes à un grand golfe que nos truchements disoient être appelé la Corne d'Hespérus. Là auprès vînmes à découvrir une grande île, et dans icelle avoit un marécage qui sembloit une haute mer; dans celui même marécage y avoit une autre île où nous descendîmes, et ne se présentoit à notre vue, durant le jour, autre chose que des bois et arbres; mais la nuit y apparoissoient plusieurs grands feux allumés, et y entendions certaines voix comme de flûtes et fifres, avec un son de cymbales et tambourins, et outre ce un grand bruit avec horribles cris, chose qui nous causoit une grande peur; de sorte que nos devins nous commandèrent laisser et abandonner cette île. Au moyen de quoi, naviguant en diligence, passâmes près d'une montagne forte odorante, dont plusieurs fleuves ardents descendoient dans la mer; mais personne ne pouvoit cheminer sur la terre, à cause de l'extrême chaleur qui y régnoit. Nous donc, émus et épouvantés de la nouveauté de tel cas, soudainement fîmes voiles, tirant à la haute mer par l'espace de quarante journées; et ce néanmoins encore nous apparaissoit de nuit la terre reluisante de flammes ardentes, et au milieu un haut et merveilleux feu, plus grand que tous les autres, jusqu'à ce qu'il

La corne d'Hespérus.

Fleuves ardents.

sembloit toucher les étoiles; mais après, sur le jour, se montroit être une montagne très-haute, nommée Théonochème, c'est-à-dire char des Dieux. Or, après avoir navigué par trois journées le long de ces rivages ardents, nous arrivâmes à un golfe appelé Notucéras, qui vaut autant dire que Corne d'Auster; et en la plus profonde partie de ce lieu, étoit une ville du tout semblable à la première, et dans icelle un marécage, et dans ce marécage une autre île pleine de gens sauvages et de femmes en assez grande quantité, lesquelles avoient le corps tout pelu, étant nommées par nos truchements Gorgones. Nous travaillâmes fort à la poursuite d'aucuns de ces hommes; mais ne les pûmes prendre vifs, parce qu'ils se sauvoient dans de profondes cavernes de terre, se défendant à beaux coups de pierres. Donc nous prîmes seulement trois de leurs femmes, lesquelles de leurs dents et ongles poignoient ceux qui s'efforçoient les retenir par force, et ne vouloient suivre; en sorte que ce fut tellement que, après qu'ils les eurent tuées, nous les écorchâmes, portant les peaux à Carthage. Or, étant oppressés par faute des vivres, nous fûmes contraints interrompre et donner fin à notre navigation.

Gorgones.

DISCOURS

SUR

LA NAVIGATION PRÉCÉDENTE D'HANNO,

CAPITAINE CARTHAGINOIS,

FAIT ET DRESSÉ PAR UN PILOTE PORTUGAIS.

Cette navigation d'Hanno, capitaine carthaginois, est une des plus antiques et mémorables dont on ait ouï parler, voire et à bon droit grandement célébrée et exaltée par tous les historiens, tant grecs que latins. Pomponius Mella, et Pline, auteurs graves et bien prouvés, en ont écrit des premiers; et ne s'en trouvera autre qui ait devant eux touché ce point, ni mieux déchiffré cette côte d'Afrique vers le ponant. Mella donc en parle en cette sorte : « On doute s'il y avoit mer par-delà l'Afrique, ou » si le monde s'étendoit de ce côté-là sans bout et » sans fin, par un pays sauvage et infertile. Com- » bien que Hanno, carthaginois, délégué pour dé- » couvrir toute cette côte d'Afrique, au sortir du » détroit de Gibraltar, ayant trouvé et discouru » une bonne partie de la côte dont est question, ait » affirmé, à son retour, que la mer ne leur man-

» qua jamais, mais plutôt qu'ils furent détournés
» et contraints d'interrompre le cours de leur na-
» vigation, étant oppressés par faute des vivres né-
» cessaires pour fournir et envitailler le chorme. »
Pline semblablement, écrivant de l'Afrique et du
mont Atlas, use de telles paroles : « Le mont Atlas,
» assis au milieu des arènes, s'élève jusqu'au ciel,
» et est âpre, vilain et hideux de l'endroit qui re-
» garde sur la mer Océane, de là appelée Atlan-
» tique ; du côté de l'Afrique, il est vêtu d'arbres,
» touffu, plaisant, et arrosé de belles et fraîches
» fontaines, où reverdissent mille espèces de fruits
» produits de soi-même, sans peine et sans œuvre
» d'homme, voire en si grande abondance, que les
» habitants peuvent aisément, par toute l'année, en
» manger tant qu'ils veulent. Sur le jour on n'y
» rencontre personne, avec ce qu'on n'y entend
» bruit que ce soit ; de sorte que ceux qui marchent
» par ce désert se trouvent tout étonnés, abattus,
» et épris d'une humble et dévote crainte, même
» de la grande horreur qu'ils ont de voir cette mon-
» tagne élevée par-dessus les nues, et voisine du
» ciel de la lune, joint aussi qu'on la voit de nuit
» flamboyer de mille feux, et on y oit un bruit et
» retentissement de fifres, de flûtes et flageolets,
» mêlé avec le son des cymbales et des tambourins,
» par l'ébattement et allégresse d'aucuns satyres et
» égypans qui jouent et folâtrent sur la montagne.
» Ces choses ont été sondées et mises en lumière
» par des auteurs bien renommés, outre aucuns

<small>Description de Pline, liv. 5, chap. 1.er, touchant le mont Atlas.</small>

» lieux tracés par Hercule et Persée. Au-dessus de
» la montagne, se trouve un grand espace encore
» incertain et inconnu; nous en avons les Commen-
» taires d'Hanno, par lesquels il appert, comme
» par délibération du sénat carthaginois, du temps
» que cette république florissoit, il fut délégué
» chef d'une grosse armée, aux fins de découvrir
» et remarquer, de point en point, toute la contrée
» adjacente et hors de l'Afrique. Donc les auteurs,
» tant grecs que latins, suivant ce qu'ils en avoient
» pu entendre de lui, ont mis en avant plusieurs
» choses mensongères et incroyables, louant cepen-
» dant et élevant jusqu'au ciel ce capitaine, pour
» avoir dressé certains braves et magnifiques bâti-
» ments, et fondé quelques cités, dont n'est au-
» jourd'hui mémoire, et n'est demeuré argument
» ou apparence du monde qui en puisse porter té-
» moignage. Pline même, écrivant des îles Gor-
» gones, use de ces propos : A cette île arriva
» Hanno, capitaine des Carthaginois, qui écrit que
» les femmes de ce lieu-ci sont velues, et que les
» hommes sont de telle agilité et dextérité à la
» course, qu'ils se sauvent des mains de ceux qui
» les poursuivent. Il apporta pour merveilles, et
» pour une perpétuelle mémoire de son dessein,
» deux peaux des Gorgones, et les laissa au tem-
» ple de Junon, là où elles ont été gardées jusqu'au
» temps de la ruine de Carthage. Il se trouve en-
» core deux îles, dites îles Hespérides; mais ces
» choses sont encore si peu assurées, que même

» Stace Sébose écrit que des îles Gorgones à passer
» le mont Atlas il y a quarante journées jusqu'aux
» Hespérides, et des Hespérides à la Corne d'Hes-
» pérus, une journée. Les îles de la Mauritanie
» n'ont encore été connues, excepté aucunes qui
» sont assises du côté des Autotoliens, que Juba,
» roi du pays, a découvertes, là où l'on commence
» à fossoyer le pourpre Gétulic. » En cette navigation d'Hanno, il semblera de prime face au lecteur que ce soient choses légères, et à la volée
mises en avant ; toutefois c'est la manière d'écrire
des Grecs ; et n'est mémoire plus antique de partie
du monde que de cette côte d'Éthiopie, qui est assise sur la mer Océane, vers le ponant, près du
mont Atlas. Les noirs qui sont natifs du lieu, se
parangonnent à toute autre nation, tant pour le regard du bon air que pour la douceur, prud'hommie,
et bon accueil des habitants envers les étrangers,
ce qui leur cause une singulière recommandation
sur tous autres, de sorte que l'on croit que les dieux
en soient issus. Homère chante l'Océan, père des
Dieux, et dit que quand Jupiter se veut ébattre, il
s'en va visiter l'Océan, et vient aux banquets des
noirs, gens humbles, courtois et dévots. Et, outre
ce, on raconte qu'autrefois se sont émues grandes
guerres et escarmouches en cette partie d'Éthiopie ;
et qu'il y avoit une race de femmes qui avoient le
gouvernement et superintendance, appelées Gorgones, demeurant dans une île nommée Hespère,
vers le ponant, aux marées de Triton, près de la

Opinion que les dieux soient issus des noirs.

mer Océane et du mont Atlas, qui est la plus haute montagne qui soit en toute cette côte; et que Persée, fils de Jupiter, étant là avec son équipage, combattit ces Gorgones, et tua Méduse, leur reine. Hercule semblablement vint pour les combattre, et de fait les dompta, et saccagea du tout. Par quoi étant la chose en si grand renom, et enrichie par de tant chevaleureux capitaines, Hanno, après l'établissement des villes qu'il avoit en charge, entreprit de les découvrir, menant avec soi, et pour escorte, quelques Lixiens, de ceux qui le pouvoient mieux conduire et adresser, et qui savoient les détours du lieu; de sorte qu'ils l'avertirent, en plusieurs endroits, du nom des golfes, des montagnes, et des femmes dont nous avons parlé. Polybe, pareillement grand philosophe et historien, qui avoit lu cette navigation et tout ce qui se trouvoit écrit de cette côte d'Éthiopie, la voulut voir; par quoi, se voyant maître de Scipion, l'accompagna à la défaite de Carthage, et de là se fit bailler quelques fustes; et, passant le détroit de Gibraltar, vint à découvrir toute la côte, jusqu'à l'équinoxial, comme il se peut voir par les écrits de Pline et de Strabon; et lui-même en écrivit quelque chose; toutefois ses livres ne se trouvent point. Ptolomée, qui fut long-temps depuis Pomponius Mella, et Pline, la voulut décrire en sa Géographie; et, par les degrés qu'il fait, il y trouve plusieurs choses vraies; néanmoins, il n'est à blâmer s'il s'est oublié de mettre en avant que l'Afrique est environ-

Polybe visite la côte d'Éthiopie.

née de mer. Marc Varon, gentilhomme romain, en parle en cette sorte :

Clauditur Oceano Lybico mare, flumine Nilo.

Toutefois il se trouve que du temps du roi Ptolomée, un certain Eudoxe, alexandrin, se mit en fantaisie d'aller par mer tout à l'environ ; mais son voyage fut tenu pour un songe, et chose folle ; de sorte que Strabon, qui est un très-renommé auteur, se travaille fort de prouver qu'il n'en est rien du tout, lequel fut du temps d'Augustus et Tibérius, lorsque les lettres florissoient tant en Grèce qu'en Italie. C'est la cause que Ptolomée, qui fut cent quarante-trois ans après Christ, n'eut pas la hardiesse d'écrire qu'on la pouvoit environner par mer, parce qu'il y trouve des lieux déserts et couverts d'arêne, cuits et hideux par l'extrême chaleur du soleil. Il se voit maintenant que les antiques avoient encore bien peu connu et découvert des parties du monde. Or donc, vu que par cette navigation de Hanno on peut voir plusieurs choses fort exquises et dignes d'être mises en avant, ce ne sera moins agréable, que de grand fruit à ceux qui sont convoiteux de voir et savoir, si je fais quelque petit discours des choses que j'ai autrefois recueillies et ramassées, comme je les avois ouï débattre, sonder et rassurer par un pilote portugais de gentil esprit, et natif de Condé, sans le nommer, pour aucunes bonnes raisons. Il arriva donc à Venise avec une nef chargée de sucre, venant de l'île Saint-Thomas; et avec lui s'accoupla le comte Rémond de la Tour, gentilhomme de Véronne, qui s'en venoit pareillement ébattre pour-lors à Venise; par quoi il le hantoit et le fréquentoit assez privément, parce qu'il connoissoit le personnage savant bien adroit, et qui avoit beaucoup lu, et qui n'entendoit seulement le fait de la marine, mais aussi étoit bien mêlé ès lettres, et mêmement fort versé ès œuvres de Ptolomée, lesquelles il manioit et feuilletoit autant que livre du monde; et tant qu'il fut à Venise, il ne voulut avoir autre en sa compagnie, parce qu'il écoutoit avec grand plaisir le discours de cette navigation. Or, ce pilote ayant fait souvent ce voyage de l'île Saint-Thomas, qui est droit de la ligne de l'équinoxial, avait abordé aux ports, aux rivières et aux montagnes qui étoient en toute la côte d'Afrique; par quoi il entreprit la décrire, et pareillement ce qu'elle avoit de haut et de long, et combien de lieues y étoient comprises; et a fait une carte où il en parle de bon sens, et la déchiffre assez bien. Or, le comte Rémond avoit lu quelque chose de ce voyage dont nous parlons, ce qui bailloit un grand plaisir au pilote portugais, lequel s'ébahissoit fort de ce qu'il ne s'étoit encore trouvé prince qui eût entrepris de faire naviguer et reconnoître cette côte, si ce n'est depuis cent ans en çà, du temps que le seigneur infant dom Henrich de Portugal vivoit; et toutefois il y a bien deux mille ans qu'elle a été bien avant reconnue. La chose lui sembloit bien grande que Hanno eût eu le courage de passer si avant, de sorte qu'il étoit arrivé à un degré près de l'équinoxial, comme il démontroit par les tables de Ptolomée. Ce capitaine fut sage et bien avisé, parce que, voulant satisfaire au commandement des Carthaginois, pour après découvrir hardiment si avant de cette côte qu'il pourroit, il prit quelques petites barquettes, qui n'étoient que de cinquante rames, et les faisoit toujours aller à bord, pour cause des fleuves, marées, et autres lieux qui baissoient et dévaloient à l'environ de cette côte, ne se voulant point abandonner trop légèrement aux vagues de la mer, parce qu'ils pourroient bien aborder à ce hâvre en sûreté, ou à force de rames, ou voiles déployées. Toutefois les soixante fustes qu'il avoit ne bâtoient, parce qu'il y falloit d'autres vaisseaux pour conduire les vivres, et les gens même, qui y étoient en grand nombre; ce qui s'observe encore aujourd'hui ès armées qu'on dresse ordinairement. Or, trois jours et demi après qu'ils se furent mis sur mer, le capitaine Hanno fit bâtir aucunes villes, les baptisant, et nommant Lybiphœniciennes, parce que les Carthaginois étoient d'ancienneté issus des Phœniciens, qui ont leur pays en Súrie, là où sont ces trois, appelées Barut, Saet, Sur, dites des anciens Béritus, Sidon, Tyros. Ce pilote disoit que ce n'étoit point de merveilles si le capitaine, en traversant cette côte d'Afrique, tenoit aucune fois propos de naviguer vers le ponant, et autre fois devers

<small>Prudence de Hanno en cette navigation, et comme il est approché de l'équinoxial à un degré près.</small>

le levant; et toutefois elle se côtoye par le midi, parce qu'il y a golfe, promontoire et détours, qui font qu'on est contraint de déguiser les choses de la sorte; et mêmement que de ce temps-là on n'entendoit pas encore si bien le train de la marine, et le savoir n'étoit point si grand, ni les choses tant avancées. Hanno écrit comme il partit des colonnes d'Hercule, qui est le détroit de Gibraltar, et côtoya l'espace de deux jours, et fit bâtir Thymiatère. Le pilote disoit que c'étoit, à son jugement, le lieu où est maintenant la cité d'Azomor, trente-deux degrés sur l'équinoxe, qui est environnée d'une bien belle plaine, et bien grande, s'étendant jusqu'à Maroc; de là ils vinrent à un promontoire, dit Soloent, tirant devers le ponant, qui est, par aventure ce qu'aujourd'hui ils appellent le cap de Cantin, qui s'étend vers le Garbin par trente-deux degrés; et de là ils s'avancèrent du côté du levant, parce que, laissant le cap de Cantin, à côté s'engolfe droit du Mestro et du Siroc, là où est un marécage, au sortir duquel ils édifièrent les villes dont nous avons parlé ci-dessus, suivant ce que leur étoit commandé par le sénat de Carthage. Quant à ces villes, je ne puis croire que ce ne soient aucuns lieux du royaume de Maroc, comme sont Azzafi, Gor, Aman, Mogador, Teftna. Après ils passèrent le cap du Ger, jusqu'au fleuve Lix, où étoit le palais d'Anthéus, qui combattit avec Hercule, comme nous témoignent les histoires tant grecques que latines, et là étoient les jardins des Hespérides Tou-

Hanno édifie Thymiatère, dite aujourd'hui Azomor.

Soloent, promontoire.

Cap de Cantin.

Le palais d'Anthéus.

tefois on est en débat de cette rivière, et les choses sont encore bien peu fondées. Ce pilote se rangeoit à Ptolomée en cet endroit, qui la met vingt-neuf degrés sur l'équinoxe. C'étoit la rivière de Sus, comme il disoit, qui coule en la mer à Messa, par vingt-neuf degrés et demi; et de là on voit le mont Atlas mineur s'élever du côté du levant, d'un bout de la Barbarie à l'autre, s'étendant bien avant dans le pays, à cause qu'il entre et borne plusieurs lieux; et jusqu'ici parvinrent les Romains, ne pouvant passer outre, parce qu'il ne s'y trouve que déserts, lieux écartés et solitaires. Et ici est Atlas le majeur, que Ptolomée met au vingt-troisième degré; Pline dit qu'il est au milieu des arènes : on n'en peut rien savoir, à la vérité, pour le présent. Or donc, de là le capitaine Hanno passa le cap de Non, le cap de Boïador jusqu'au cap Blanc, par vingt-un degrés, par un pays désert et tout sablonneux; et ainsi, l'ayant côtoyé par l'espace de demi-journée, vint à l'île d'Argin, où est à présent un château du roi de Portugal; et parce qu'il est petit en rondeur, et prochain de terre, ce pilote disoit que ce pour-

L'île Cerne. roit bien être l'île nommée Cerne par Hanno; toutefois la chose n'est pas trop sûre, pour le regard de la hauteur et de la longueur, qui ne se peut encore bien comprendre : combien que ce capitaine affirme qu'il est autant loin de Carthage aux colonnes, comme des colonnes à l'île de Cerne; ce qui est vrai; et qui mènera bien le compas sur la carte, il trouvera autant de chemin depuis Carthage jusqu'au détroit de Gibraltar, que du détroit au golfe d'Argin; et encore que l'île de Cerne soit, ès tables de Ptolomée, au vingt-cinquième degré, et Argin au vingtième, toutefois les degrés de l'auteur ont été corrompus et abâtardis par ceux qui ont doublé les livres, non plus ni moins que ceux des îles Fortunées, parce que ce sont les Canaries; et ceux qui en ont écrit quelque chose, tous en général les acôtent de la Mauritanie, et les mettent aux vingt-septième et vingt-huitième degrés, autrement qu'il n'est dans Ptolomée. Le pilote faisoit son discours des îles du cap Vert, qui sont de dix-sept à dix-huit degrés; ce sont, par aventure, les Hespérides. Toutefois un gentilhomme de l'île occidentale, historien très-savant, nommé le seigneur Gonzal Hernand d'Oviédo, s'efforce de montrer que les îles découvertes de l'Inde sont toutes les îles Hespérides; mais on n'en peut encore bien parler au vrai, pour cause des débats, doutes et mêlées survenues aux écrits des antiques. Or, le pilote disoit qu'il ne se falloit point étonner de ce qu'Hanno ne touchoit rien des îles Fortunées, parce que lui, terrassant ainsi avec petites barquettes, n'avoit pu découvrir ce qui étoit bien avant en mer. Quant à moi, je crois bien que c'est ce qu'Aristote écrit; c'est à savoir, que les Carthaginois découvrirent une de ces îles qui étoit couverte et environnée d'eau, et peuplée de mille espèces de fruits, dont plusieurs gens s'apprêtoient déjà d'y faire leur séjour; mais le sénat de Carthage crai-

Les îles Fortunées sont les Canaries.

Cap Verd sont les Hespérides.

gnant que la ville ne fût abandonnée et déserte, ordonna, sur peine de la vie, que personne n'y allât, et que ceux qui étoient par-delà y demeurassent hardiment, et qu'on n'en fît plus de contes. Or, pour revenir à l'île de Cerne, ils firent tel de-

Le fleuve de Crète.

voir, à force de ramer par le grand fleuve de Crète, qu'ils se vinrent joindre au marécage où étoient les trois îles, et de là parvinrent à la côte, d'où ils découvrirent ces montagnes; puis, rentrés en une rivière où étoient à force crocodiles et chevaux marins, derechef abordèrent à Cerne. Le pilote disoit que le golfe d'Argin étoit ceint et environné d'un millier de rivières, dont les unes des plus

Le fleuve de Saint-Jean.

grosses et plus ondoyantes (comme celle de Saint-Jean) font deux bras; de sorte que l'on peut naviguer droit, d'aucunes grandes marées, par plusieurs milles : or, venant par un bras, on sort des marées, et l'on entre au gros de la rivière; et au retour, venant par l'autre bras, on passe dans la mer. Ce capitaine parvint jusqu'au-dessus de la côte par cette rivière; par quoi il fit voguer ses fustes par un des bras que nous avons dit; et puis, voulant retourner en Argin, prit l'autre bras de la rivière. Depuis le fleuve Saint-Jean jusqu'au fleuve dont est question, il y a de merveilleuses rencontres de ces chevaux marins et de crocodiles. Or, de là ils arrivèrent aux pieds de certaines montagnes hautes, et couvertes d'arbres bigarrés, et qui sentoient bon; par ceci colligeoit le pilote que Hanno avoit atteint le cap Vert au quatorzième degré, qui est enrichi d'arbres beaux, droits et élevés; ce cap est le plus gentil, brave et heureux qui soit en toute la côte d'Éthiopie. Au partir de là, ils trouvèrent un grand fond de mer; ce que le pilote disoit être cause parce que le cap Vert est bien avant dans la mer, dont il est environné du côté des fleuves Sainte-Marie, Mestro et Siroc, et qu'il leur sembla ici voir ce golfe de mer, parce qu'ils étoient en petites fustes. Après, ils commencèrent à tirer droit vers le grand fleuve, qui est de quinze degrés. Le pilote pense que ce soit un des bras du fleuve Niger; et d'autant que l'eau est toujours trouble du côté qu'il le rengorge dans la mer, cela cause que la côte est remparée de plusieurs îles. Hanno arriva en une campagne, laquelle il vit étinceler de feux et brandons qui s'élevoient d'un côté et d'autre. Le pilote affirmoit que ces feux se voient encore aujourd'hui des voyageurs de Sénon, de Ghin et des Mélégettes. Voilà pourquoi les noirs de la marine, et du contour, sont brûlés de la grande chaleur qu'il y fait; de sorte qu'ils se mussent tout le jour en leur logis, au moins tant que le soleil est devers le septentrion. Là le plus grand jour est de douze heures et demie; et, soudain que la nuit tombe, ils prennent des falots et attisent des bûches de bois, et les font brûler comme flambeaux, et avec ce ils trottent toute la nuit après leurs affaires. Dans la mer on voit de loin à force flambes de feux, de même que les autres, avec ce qu'on entend un grand bruit et alarme des noirs, qui brugent, huent, cornent et épouvantent toute la contrée. De là ils passèrent le golfe d'Hespérus, où étoit une grande île, l'une de celles qu'on nomme l'île des Idoles, et là semblablement ils virent des feux, et ouïrent le bruit d'aucunes cymbales; puis ils passèrent la rivière ardente jusqu'à une montagne haute et élevée, que l'on appelle communément le Char des Dieux, parce qu'il envoye au ciel ses flammes. Sur ce passage, le pilote disoit que, depuis le huitième degré jusqu'à la ligne, on ne trouvoit point, à l'endroit de cette côte, d'autre montagne qui fût de grande hauteur que celle que l'on nomme Serre-Lionne, laquelle est à huit degrés sur la ligne que nous avons dit, et encore qu'elle fût bien à l'écart de la mer, néanmoins elle s'élève par-dessus, et se découvre du plus loin à ceux qui sont bien avant dans la mer. Le sommet de cette montagne est dans les nues, qui s'amassent et épaississent tout à l'entour, faisant émouvoir l'air par foudres et tonnerres, dont la montagne est assaillie si dru, que sur la nuit l'on voit le lieu allumé de feux qui s'élancent jusqu'au ciel; de sorte que le pilote faisoit son compte que c'étoit la montagne que Hanno, Pline et Ptolomée ont déguisée de la sorte, parce qu'ils l'appellent le Char des Dieux; encore que le Char des Dieux soit à cinq degrés aux tables de Ptolomée, et cette montagne soit à huit, à cause que les degrés, comme nous avons déjà dit une autre fois, ont été gâtés et débauchés par le soudain changement du temps, et par la paresse et sottise des auteurs et historiogra-

L'île des Idoles.

La montagne Serre-Lionne.

Variété et inconstance des auteurs, quant au Char des Dieux.

phes; toutefois, les degrés que les mariniers ont aujourd'hui redressés et remarqués du commencement des rois, sont bons et véritables. Quant à la côte qu'ils trouvèrent en feu, avec les ruisseaux qui ardoient et rengorgeoient à grosses flammes dans la mer, le pilote disoit que Hanno en avoit parlé notamment et à bon escient, sans rien déguiser; par quoi, pour montrer à ceux qui liront sa navigation, qu'elle approchoit de la ligne de l'équinoxe, laquelle les antiques, et même les plus savants et plus adroits à la lettre, croient fermement être cuite, attisée et brûlée des feux du soleil, et que ce n'étoit tout que brandons et traînées flambantes, il écrit qu'il vit la côte odorante, et parfumée avec ces fleuves de feu; autrement, s'il eût dit qu'ès lieux qui sont près de l'équinoxe, l'air étoit bon et paisible, et toutes choses belles, gaies et reverdissantes, on l'eût soudainement jugé le plus grand menteur du monde, et par ainsi qu'il en jasoit à plaisir sans y avoir été. A la parfin donc, ils gagnèrent la Corne d'Ostro, qui est un degré près l'équinoxe, et de longueur septante-neuvième. Le pilote estimoit que ces trente-sept degrés démontroient appertement qu'il étoit encore bien nouveau au train et à la remarque des degrés, parce qu'ils sont du tout faux. Cette côte commence à Serre-Lionne et s'étend jusqu'au cap des Palmes, et est à quatre degrés sur l'équinoxe, à Maistro et Siroc; et, depuis le cap des Palmes jusqu'à l'île de Fernand de Poo, au levant, et au ponant où est la

L'île de Fernand de Poo.

(xlvi)

rivière des Camérons, en terre ferme. Tout cet endroit est comme un golfe; c'est par aventure il Corno d'Ostro, comme croit Ptolomée, parce qu'il s'approche de la ligne, et a trente-trois degrés de longueur, et au derrière est une île avec marécage, et dans icelui une autre île là où il y a un grand nombre d'hommes et femmes sauvages; cette île est l'île de Fernand, dont nous avons parlé, parce qu'elle est au cap de ce golfe, et joignant la côte devers le midi. Toute la description que fait ce capitaine est semblable à celle d'aucuns auteurs grecs, et même quand se vient à parler de l'île des Gorgones, laquelle ils mettent dedans un marais. Or, en cette île de Fernand on ne voit rien qu'un petit lieu, à deux milles de la mer, fort beau et bien plaisant, avec une fontaine d'eau douce qui coule et gazouille au-dedans; et parce qu'il savoit bien, par ce que forgent les poëtes des Gorgones, que c'étoient diablesses, c'est-à-dire femmes terribles et félones, il dit qu'elles étoient couvertes de poil. Le pilote disoit que ce n'étoit pas merveille s'il ne se voyoit point aujourd'hui de femmes de la sorte qu'elles étoient du temps de Hanno, parce que le cours et le mouvement du ciel ébranle ce monde, et le pourmène de sorte que toutes choses changent soudainement; par quoi tels et autres monstres sont sujets à mortalité, et autres nouveaux mouvements de nature. Davantage, il mettoit en avant qu'il avoit autrefois parlé à un pilote de son pays, de Conde, sage et digne de foi, qui avoit souventefois

Pourquoi ne se trouvant aujourd'hui des femmes Gorgones.

fait le voyage de Calicut, et disoit ce pilote que, passant une fois à la côte d'Éthiopie, il vint depuis le cap de Bonne-Espérance, avec quelques autres mariniers, pour prendre eau douce à un lieu de la côte appelé les Corrientes, par-dessus le Capricorne, à travers l'île Saint-Laurent; et quand ils furent descendus du navire, ils avisèrent un grand corps mort, jeté par cas d'aventure sur la plage, avec les mains, les pieds et le corps du tout semblant un homme : au reste, il étoit couvert d'écailles, et son poil étoit comme fil dur et subtil; et, pour ces causes, il peut bien être qu'on ait vu autrefois de ces monstres sur terre aussi bien que dans la mer. Toutefois, le pilote trouvoit meilleur, et plus vraisemblable, que Hanno eût connu par les poètes (que les antiques avoient en grande vénération) comme Persée étoit venu par l'air à cette île, et qu'il en avoit rapporté la tête de Méduse : ainsi lui ambitieux désiroit donner entendre au peuple qu'il avoit fort discouru par mer; et encore, pour mieux exalter son voyage, et pour enseigne d'avoir outrepassé l'île des Gorgones et autant fait comme Persée, il porta deux peaux des Gorgones, et les voua au temple de Junon; ce que fut aisé à faire, parce que la côte est couverte d'un millier de gros singes qui ressemblent à hommes, qu'ils appellent Babouins; par quoi il faisoit entendre que les peaux de ces singes étoient peaux de femmes. Voilà le discours que ce pilote faisoit, s'efforçant de rassembler et racoupler les choses, et ajouter la

Les Corrientes.

navigation de Hanno avec la navigation des modernes. Il disoit davantage, que si le roi de Portugal n'eût fait défense de trafiquer et contracter en la côte d'Éthiopie avec les noirs (parce qu'il n'y a que quelques gens lourds d'esprit), qu'on eût pu, avec le temps, découvrir bien avant dans la côte, voire jusqu'aux montagnes, fleuves et pays de ceux qui sont égarés dans ces terres; mais le roi a défendu de n'y aller point du tout, afin que les choses vinssent de la sorte, et sur tout autre il défend de passer de là le cap de Bonne-Espérance, à droite ligne vers le pôle antarctique, où est une grande étendue de terre ferme (comme disent les pilotes portugais), vers levant et ponant, sous le pôle susdit, et tiennent qu'autrefois un brave homme florentin, nommé Améric-Vespuce, y arriva avec quelques navires qui étoient au roi de Portugal, et la côtoya par un long temps; toutefois qu'il fut depuis défendu d'y aller. Voilà en somme les choses que je me suis employé de redire, et dresser joute les propos et rapports de ce pilote; que si elles ne rendent un tel contentement à ceux qui les liront, que la grandeur de la matière le requiert, au moins j'espère qu'elles serviront d'un commun aiguillon pour peindre et animer un esprit haut et heureux à entreprendre, et pour mener la chose avec un train plus brave et plus assuré.

AU LECTEUR.

Ami lecteur, parce qu'en ce présent œuvre de l'Afrique sont cités souventefois les ans de l'Hégire, je t'ai bien voulu donner à entendre que ce mot Hégire signifie fuite ; parce que Mahomet, âgé de quarante ans, voyant que les chefs et potentats de Ziden, cité de l'Arabie déserte, le poursuivoient pour la réputation qu'il avoit acquise envers ce peuple, s'enfuit, et se retira en la ville de Médine-Talnabi, qui vaut autant à dire que cité du prophète ; et de cette fuite les mahométans prirent depuis le nom et origine de leurs ans ; et l'année qui court de présent 1556, est, selon l'usage de leurs années de l'Hégire, 963, lesquelles ils commencent diversement, à cause qu'ils font l'année de douze lunes entières.

Aussi tu noteras que Jean Léon, auteur de cette histoire d'Afrique, récrivant son œuvre à Rome, en langue italienne, a usé de milles, à la mode du pays, dont les deux et demi font communément une lieue françoise.

JEAN TEMPORAL

AU LECTEUR.

Ami lecteur, il y a environ deux ans qu'il me tomba entre les mains une description de certaines plages du monde, tant du côté de levant que ponant, contenant expressément l'histoire d'une bonne partie de l'Afrique, basse et haute Éthiopie. Et combien que l'auteur, et qui avoit fait ces voyages, fût de nation françois, si est-ce que, à cause qu'il se sentoit peu adroit et subtil pour écrire, il avoit fait coucher son œuvre par un Espagnol qui étoit en sa compagnie, homme de bonne plume, et fort bien entendu. Or donc, ayant vu le tout, et fait revoir par mes amis, gens de bonnes lettres, et même bien versés en la géographie, ma délibération fut de mettre en lumière ce trésor caché de la vue et connoissance des hommes jusqu'aujourd'hui; combien que Pline, Strabon et Pomponius Mella, très-famés auteurs, en aient touché, mais bien à la légère, ne parlant à bon escient (selon le jugement des gens savants) des susdites parties, ni de leur contenu, comme royaumes, provinces, villes, châteaux et forteresses, îles, fleuves, animaux, tant aquatiques que terrestres, privés que sauvages; mœurs, coutumes, lois, religion, et façon de faire des habitants, qui sont les principaux points, et nécessaires à une vraie et parfaite histoire ; ce qu'a fort bien et diligemment observé l'auteur dont est question. Mais d'accroît, ainsi que j'étois prêt à mettre cette œuvre sur la presse, je fus averti par mes amis qu'il seroit expédient, pour plus fidèlement exécuter mon dessein, de recouvrer un premier volume des voyages et navigations imprimé à Venise en langue toscane, ensemble quelques autres imprimés seulement en Espagne en langue castillane; et de fait, après en avoir récrit tant en Italie qu'en Espagne, j'ai recouvert tout ce qui en étoit en lumière, et l'ai fait diligemment revoir et confronter avec cela que j'avois déjà entre les mains ; et fut trouvé, à la parfin, que le sujet des volumes imprimés traitoit aussi de l'Afrique, comme celui que j'avois non jamais vu ni imprimé, comprenant la haute Éthiopie, dressé par Francisco Alvarès et autres, touchant aussi quelque chose de l'Asie, des Indes tant orientales qu'occidentales, et autres nouveautés et singularités, le tout décrit de notre temps par gens experts, et qui ont même discouru toutes les parties susdites, auparavant cachées et inconnues aux hommes. Or donc, les choses posées en tel être, pour le grand zèle que je porte au bien public, et principalement à notre république françoise, je conclus de faire mettre le tout ensemble, et le traduire en notre vulgaire, commençant ce chef-d'œuvre à la description d'Afrique, tierce partie du monde, laquelle nous avons partie en deux volumes, et mis en lumière ce premier, comme verrez, le tout en bon ordre, avec annotations et sommaires de chacun chapitre, et double indice se rapportant à l'un et à l'autre. Par quoi, ami lecteur, tu prendras en gré ce premier tome, attendant le second, où seront décrites les parties susdites de l'Éthiopie, dominée par un si grand seigneur, que nous appelons Prête-Jean, avec plusieurs navigations en ces lieux-là, que nous eussions joint incontinent à celui-ci, ne fût que nous sommes avertis que le sieur Jean-Baptiste Rhamusio, secrétaire de la seigneurie de Venise, à qui aussi appartient la louange de cette description en langue toscane, a tant fait, par ses diligences et études, qu'il a recouvert encore quelque chose appartenant à cette histoire; ce que nous te garderons pour l'impressiou du second tome, que recevras en brief; et en après le tiers, quatrième, et autres consécutifs, traitant de l'Asie, des Indes, et autres parties découvertes depuis peu de temps, n'ayant été vues auparavant, s'il plaît au seigneur me donner accomplissement de mes désirs, qui sont d'avancer tes études. Adieu.

JEAN TEMPORAL
AU SEIGNEUR
JEAN-BAPTISTE RHAMUSIO.

Je me tiens sûr (ô seigneur Jean-Baptiste
Rhamusio, de ce bel œuvre auteur)
Que ne seras ni dédaigneux, ni triste,
Voir de ton livre un François translateur;
Ains seras aise avoir émulateur
Par qui ta gloire en deux gens soit doublée,
Comme Italie à France est assemblée,
Jusqu'à se joindre au noble chef royal;
Et ton honneur soit en langue accoublée,
Par toi éterne, et par moi Temporal.

COMPARAISON DU SEIGNEUR JEAN-BAPTISTE,
COSMOGRAPHE HISTORIAL, VÉNITIEN,
AUX ANCIENS COSMOGRAPHES GRECS ET LATINS.

Comme un enfant sur le col d'un géant
Voit bien plus loin que celui qui le porte,
Car sur le grand il se va érigeant,
Et plus certain aspect il en rapporte;
Semblablement, et tout en telle sorte,
Rhamusio, docte vénitien,
Dessus tout grand cosmographe ancien,
S'est élevé en esprit plus hautain;
Et des climats trouvés au siècle sien,
Nouvellement a fait écrit certain.

HISTOIRE
ET DESCRIPTION
DE L'AFRIQUE
ET
DES CHOSES MÉMORABLES CONTENUES EN ICELLE.

LIVRE PREMIER.

D'où est venu le nom d'Afrique.

L'Afrique, en langage arabesque, est appelée Ifrichia, de ce mot *Faraca*, qui vaut autant à dire en langage des Arabes, comme en notre vulgaire, *divisée*. Et y a deux opinions pour quoi elle est ainsi appelée : l'une, parce que cette partie de la terre est séparée de l'Europe par la mer Méditerranée, et de l'Asie par le fleuve du Nil ; l'autre, que tel nom soit descendu d'Ifricus, roi de l'heureuse Arabie, lequel fut le premier qui s'y achemina pour y habiter. Celui-ci ayant été dé-

Ifricus, roi de l'Arabie heureuse.

fait en bataille, et déchassé des rois d'Assyrie, perdit tout moyen de pouvoir retourner en son royaume, par quoi, avec ce peu qui lui restoit de ses gens, à grande hâte passa le Nil; puis, dressant son chemin du côté du ponant, ne fit aucun séjour que premièrement il ne fût parvenu jusqu'auprès de Carthage. Et de là est venu que les Arabes, par toute l'Afrique, ne tiennent quasi autre religion que celle de Carthage, et pour toute l'Afrique comprennent seulement la partie occidentale.

Termes et limites de la région d'Afrique.

Selon l'opinion des Africains mêmes (j'entends de ceux qui se sont acquis parfaite connoissance des lettres et cosmographie), l'Afrique prend son commencement aux branches qui proviennent du lac du désert de Gaoga, c'est à savoir devers le midi; du côté d'orient, finit au fleuve du Nil, et s'étend devers Tramontane jusqu'au pied de l'Égypte, qui est là où le Nil entre dans la mer Méditerranée; de la partie de Tramontane, ou septentrion, qui se termine à l'embouchure du Nil dans cette mer, s'étendant devers ponant jusqu'au détroit des colonnes d'Hercule; du côte d'occident, prend son étendue à ce détroit, et l'élargit sur la mer Océane jusqu'à Nun, dernière cité de Lybie sur icelle mer; et de la partie du midi, commence à la cité de Nun, s'étendant sur l'Océan, lequel ceint et environne toute l'Afrique jusqu'aux déserts de Gaoga.

Division de l'Afrique.

Ceux qui font aujourd'hui profession d'écrire, divisent l'Afrique en quatre parties : c'est à savoir en Barbarie, Numidie, Lybie et terre des Nègres. La Barbarie, devers l'orient, prend son commencement au mont Meïes, qui fait la dernière pointe d'Atlas près d'Alexandrie, environ trois cent milles; de la partie de Tramontane finit à la mer Méditerranée, commençant au mont Meïes et s'étendant au détroit des colonnes d'Hercule; et du côté du ponant, commence à ce détroit, passant outre sur la mer Océane, jusqu'à la dernière pointe d'Atlas, c'est à savoir là où il fait chef de la partie occidentale, sur l'océan prochain du lieu auquel est la cité qui se nomme Messa; et devers le midi, finit auprès du mont Atlas, et fait front à ladite montagne, laquelle regarde la mer Méditerranée. Cette partie-ci est estimée la plus noble d'Afrique, et en laquelle sont situées les villes et cités des blancs, qui sont gouvernés et régis par police de loi et ordre de raison. La seconde partie, qui est des Latins, appelée *Numidia*, et des Arabes Biledulgerid (qui est le pays où croissent les palmes), commence du côté du levant, à la cité d'Éloacat, qui est distante d'Égypte environ cent milles, et s'étend devers ponant jusqu'à Nun, cité située et assise sur le rivage de l'Océan, et devers Tramontane prend fin au mont Atlas; c'est à savoir à l'opposite du côté qui regarde le midi, devers lequel se confine aux arènes du désert de Lybie; et les pays produisant les dattes sont ordinairement, par les Arabes, nommés d'un même nom, parce qu'ils sont tous situés en un même endroit. La tierce partie, que les Latins appellent *Libia*, et en langage arabesque nommée Sarra, c'est-à-dire *désert*, prend commencement du côté d'orient au Nil, près les confins d'Éloacat, et s'étend devers occident jusqu'à l'Océan; puis, du côté de Tramontane, se joint, avec la Numidie, au pays même là où croissent les dattes; de la partie du midi se confine avec la terre des Noirs, commençant, du côté du levant, au royaume de Gaoga, et suit vers ponant jusqu'au royaume

Numidie.

Lybie.

de Gualata, qui est sur l'Océan. La quarte partie, qu'on nomme la terre des Noirs, commence devers orient, au royaume de Gaoga, et se dresse, vers occident, jusqu'à Gualata; puis, du côté de Tramontane, se joint avec les déserts de Lybie et de la partie du Midi, finit à la mer Océane, qui sont lieux à nous inconnus; toutefois, par les marchands venant de cette part au royaume de Tombut, nous en avons eu très-grande et ample connoissance. Le fleuve Niger dresse son cours par le milieu de la terre des Noirs, lequel sort en un désert appelé Seu; c'est à savoir, du côté du levant, prenant son commencement dans un grand lac, puis vient à se détourner devers ponant, jusqu'à ce qu'il se joint avec l'Océan; et, selon qu'affirment et nous donnent à entendre nos cosmographes, le Niger est un bras provenant du Nil, lequel, se perdant sous terre, vient surgir en ce lieu-là, formant ce lac. Combien que plusieurs soient d'opinion que ce fleuve sort de quelques montagnes, et, courant vers l'occident, se convertit en un lac; ce qui ne peut être, et n'a aucune apparence de vérité, parce que nous naviguâmes du royaume de Tombut vers la partie du levant, toujours tournoyant par mer, découvrant jusqu'aux royaumes de

Le fleuve Niger.

Ghinée et de Melli, qui, à comparaison de Tombut, se retrouvent devers ponant; et les plus beaux royaumes qui soient en la terre des Noirs, sont situés sur le fleuve Niger; et prenez garde que, comme disent les cosmographes, la terre des Noirs qui est là où passe le Nil du côté du ponant, et qui s'étend vers le levant jusqu'à la mer Indienne, et dont aucunes parties d'icelle, du côté de Tramontane, confinent à la mer Rouge, c'est à savoir celle partie qui est hors le détroit de l'heureuse Arabie, n'est point réputée pour une partie d'Afrique, par beaucoup de raisons en plusieurs volumes contenues, et des Latins est appelée Éthiopie; d'icelle sortent et viennent aucuns moines, lesquels ont le visage marqué de feu, et s'écartent parmi l'Europe, mêmement à Rome. Cette région-ci est sous le gouvernement d'un chef qui est comme empereur, lequel s'appelle, entre nous autres, prêtre Ian, et est la plus grande partie habitée de chrétiens, combien qu'il y ait un grand seigneur mahométan qui en tient et possède une bien grande partie.

Éthiopie.

Divisions et royaumes des quatre parties de l'Afrique susnommées.

La Barbarie se divise en quatre royaumes, le premier desquels est celui de Maroc, lequel se divise en sept provinces, qui sont : Hea, Sûs, Guzula, le territoire de Maroc, Ducale, Hascora et Tedle. Le second est Fez, sous le domaine duquel est compris semblable nombre de régions, qui sont : Témezne, le territoire de Fez, Azgar, Elabath, Errifi, Garet, Elcauz. Le tiers royaume est celui de Télensin, qui a sous lui trois régions, c'est à savoir les monts Tenez et Elgezaïr. Le quart royaume est celui de Thunes, sous lequel sont soumises quatre régions, Bugie, Constantine, Tripoli de Barbarie, et Ezzab, qui est une bonne partie de la Numidie. La région de Bugie a toujours été en débat, pour autant que le roi de Tunis l'a autrefois possédée, et jadis la souloit tenir du roi de Télensin. Il est vrai que de notre temps elle s'est réduite d'elle-même en un royaume; mais le comte Pierre de Navarre a pris la principale cité, qu'il a mise entre les mains de Ferrand, roi d'Espagne.

Division de Numidie, à savoir des pays qui produisent les dattes.

Il n'y a région en Afrique qui ne soit de beaucoup préférée à celle-ci, qui est moins noble que toutes les autres, au moyen de quoi nos cosmographes ne lui ont attribué titre de royaume, à cause que les lieux habitables d'icelle sont fort écartés les uns des autres, comme je vous donnerai à entendre par exemple. Tesset, cité de Numidie, fait quatre cents feux, mais elle est distante de toute habitation, par les déserts de Lybie, l'espace de trois cents milles ; par quoi il n'est pa sraisonnable qu'elle obtienne titre de royaume. Si est-ce que pour cela je ne lairrai à vous donner la connoissance des noms des territoires qui sont habités, encore qu'il se trouve quelques lieux qui sont en forme des autres régions, comme est le pays de Ségelmesse, qui est en la partie de Numidie qui répond vers la Mauritanie et le domaine de Zeb, regardant vers le royaume de Bugie et Biledulgérid, qui est du côté du royaume de Thunes. Or, maintenant (me réservant beaucoup de choses en la seconde partie de l'Afrique) je vous décrirai les noms des régions occidentales, qui sont : Tesset, Guaden, Ifren, Hacca, Dare, Tebelbelth, Togda,

Fercale, Ségellomesse, Benigomi, Feghig, Tegvad, Tsabit, Tégorarin, Mézab, Teggort et Guarghele. Zeb est une province dans laquelle sont comprises cinq cités, qui sont : Pescara, Elborgiu, Nesta, Taolacca et Deusen. Biledulgérid, seigneurie, et gouverne tel autre nombre de cités, c'est à savoir : Téozar, Capheza, Néfréoa, Elchama et Chalbiz. Après celle-ci, devers le levant, est l'île de Gerbo, Garion, Messellata, Mestrata, Teoirraga, Gademis, Fizzan, Augela, Birdeva, Eloachet. Ces noms-ci sont des lieux les plus renommés de Lybie, commençant à la mer Océane, c'est à savoir, comme déjà il a été dit, de l'occident, et finissant aux confins du Nil.

Zeb.

Division des déserts qui sont entre la Numidie et la terre des Noirs.

Ces déserts n'ont trouvé, entre nous, aucun nom, encore qu'ils soient divisés en cinq parties, et que chacune d'icelles retienne le nom du peuple lequel y habite, et qui y prend sa nourriture ; c'est à savoir des Numides, lesquels sont semblablement divisés en cinq parties, qui sont : Zanéga, Guanziga, Terga, Lenta et Berdeoa. Ils ont auprès d'eux aucunes compagnies prenant noms particuliers, selon que le terroir se trouve bon ou mauvais, comme le désert Azaoard, ainsi nommé pour la grande stérilité et âpre sécheresse qui est en icelui; et Haïr, désert aussi, qui retient son nom pour la douceur de son air bien tempéré.

Division de la terre Noire, par chaque royaume.

Outre ce, la terre Noire est divisée en plusieurs royaumes; néanmoins aucuns d'iceux nous sont inconnus et loin des lieux où nous trafiquons; parquoi j'entends seulement parler de ceux auxquels je me suis acheminé et là où j'ai longuement pratiqué; et des autres encore desquels les marchands (qui troquoient leurs marchandises au pays où j'étais) m'acertenèrent bien et suffisamment; et veux bien qu'on sache comme j'ai été en quinze royaumes de terre Noire, et si j'en ai laissé trois fois davantage là où je ne mis jamais le pied, étant encore chacun d'iceux assez proches des lieux auxquels je me retrouvois. Les noms de ces royaumes, qui prennent leur commencement à l'occident et suivent vers l'orient, et du côté du midi, sont tels : Gualata, Ghinéa, Melli, Tombut, Gago, Guber, Agadez, Cano, Caséna, Zegzeg, Zanfara, Guangara, Burno, Gaoga et Nube. Ceux-ci sont les quinze royaumes dont la plus grande partie est assise sur le fleuve Niger, et c'est le chemin par lequel passent les marchands qui partent de Gualata pour s'acheminer au Caire. Le chemin est long, mais d'autant plus sûr; et sont ces royaumes assez distans les uns des autres dix, desquels sont, ou par l'arène d'aucun désert, ou par le fleuve Niger, séparés. Il est besoin aussi d'entendre comme un chacun royaume à part soi étoit gouverné par un seigneur particulier : mais de notre temps ils se sont tous quinze soumis à la puissance de trois rois; c'est à savoir de Tombut, lequel en tient et possède la plus grande partie; du roi de Borno, qui en tient la moindre, et l'autre partie est entre les mains du roi de Gaoga. Mais outre ceux-ci, le seigneur de Ducale en tenoit encore une petite portion. Du côté du midi se trouvent beaucoup d'autres royaumes qui se confinent avec ceux-ci, qui sont : Bito, Temiam, Dauma, Médra, Ghoran, et d'iceux les seigneurs et habitants sont assez riches et experts, administrant justice et tenant bon régime et gouvernement. Les autres surmontent les bêtes brutes en mauvaise condition et perverse nature.

Habitations d'Afrique, et signification de ce mot *barbare*.

Les cosmographes et historiens disent l'Afrique avoir été anciennement inhabitée, hormis la terre Noire; et tient-on pour chose certaine que la Barbarie et Numidie, par l'espace de beaucoup de temps, aient été sans habitants; et ceux qui à présent y font leur résidence, à savoir les blancs, sont appelés les *Barbares*, nom qui est descendu, selon que disent aucuns, de Barbara, vocable, lequel, en leur langue, vaut autant à dire comme en notre vulgaire, *murmurer*, parce que la langue des Africains est telle entre les Arabes, comme est la voix des animaux, qui ne forment aucun accent, hors le son seulement. D'autres sont de cette opinion, que *barbare* soit un mot répliqué, parce que *bar*, en langage arabesque, signifie *désert*, disent que du temps que le roi Ifricus fut rompu par les Assyriens ou bien par les Éthiopiens, s'enfuyant vers l'Égypte, et étant toujours, par ses ennemis, vivement poursuivi, et ne sachant comment résister à l'encontre d'eux, prioit ses gens bien affectionnément le vouloir conseiller, en péril si imminent, quel parti il devoit prendre,

pour aucunement trouver remède à leur salut.
Mais ne lui pouvant donner réponse, comme
éperdus qu'ils étoient, avec une voix confuse
et retirée, crioient *El barbar! el barbar!*
qui est à dire *Au désert! au désert!* voulant par
cela inférer qu'à leur salut ne gisoit autre refuge, fors que, traversant le Nil, se retirer au
désert d'Afrique. Et cette raison-ci ne s'éloi-
gne en rien du dire de ceux qui affirment l'o-
rigine des Africains procéder des peuples de
l'heureuse Arabie.

Origine des Africains.

Nos historiographes sont entr'eux en grand
différend touchant l'origine des Africains, dont
aucuns veulent dire qu'ils sont descendus des
Palestins ; pour autant que, étant anciennement déchassés par les Assyriens, ils prirent la
fuite devers l'Afrique, laquelle leur ayant semblé très-bonne et fertile, leur vint envie d'y
faire leur demeurance. Les autres sont d'opinion qu'ils prirent leur vraie origine des Sabées, peuple de l'heureuse Arabie (comme il
a été dit) avant qu'ils fussent poursuivis par
les Assyriens ou Ethiopiens. Il y en a encore
d'autres acertenans que les Africains aient été
habitants d'aucunes parties d'Asie ; pour la-

quelle, chose avérée, ils disent que quelques-uns, leurs ennemis, leur ayant suscité une guerre, s'en vinrent fuyant vers la Grèce, laquelle n'était pourlors aucunement habitée. Mais ayant âprement la chasse de leurs ennemis, furent contraints de vider, et après avoir passé la mer de la Morée, vinrent surgir en Afrique, là où ils demeurèrent, et leurs ennemis en Grèce. Ceci se doit seulement entendre pour l'origine des Africains blancs, qui sont ceux lesquels habitent en Barbarie et Numidie. Les Africains de la Terre Noire, à vrai dire, dépendent tous de l'origine de Cus, fils de Caïn, qu'engendra Noé. Donc, quelque différence qu'il y ait entre les Africains blancs et noirs, ils descendent quasi tous de même tige, parce que s'ils viennent des Palestins, les Palestins sont semblablement du lignage de Meraïm, fils de Cus; et s'ils procèdent des Sabées, Saba aussi fut fils de Rhama, qui fut semblablement fils de Cus. Il y a beaucoup d'autres opinions touchant cette généalogie, que je trouve bon de laisser maintenant à part, pour ne me sembler servir de beaucoup en ce lieu-ci.

Division des Africains blancs en plusieurs peuples.

Les blancs d'Afrique sont divisés en cinq peuples; c'est à savoir : Sanhagia, Musmuda, Zénéta, Haoara et Guméra. Musmuda habite en la partie occidentale du mont Atlas, commençant de Héa, et s'étendant jusqu'au fleuve de Servi, puis tient encore cet endroit de la montagne même, laquelle regarde devers le midi, et toute la plaine qui est à l'entour, occupant quatre provinces, qui sont : Héa, Sus, Guzula et la région de Maroc. Les Guméra font semblablement leur demeurance aux monts de Mauritanie, c'est-à-dire aux monts regardant sur la mer Méditerranée, tenant et occupant toute la rivière qui s'appelle Rif, laquelle prend commencement au détroit des colonnes d'Hercule, courant, vers le Levant, jusqu'aux confins du royaume de Télensin, qui est appelé des Latins *Cesaria*. L'habitation de ces deux peuples-ci est séparée des autres peuples, lesquels sont communément mêlés et épars par toute l'Afrique; mais la connoissance en est autant facile, comme il est aisé de discerner le natif d'avec l'étranger; et ont toujours la pique l'un contre l'autre, faisant continuellement la guerre en-

<small>Musmuda.</small>

<small>Guméra.</small>

tr'eux-mêmes, et se donnant bataille ordinairement, et principalement les habitants de Numidie. Il y en a beaucoup d'autres qui disent ces cinq manières de peuples être de ceux lesquels ont coutume d'habiter dans les pavillons parmi les campagnes, et affirment qu'aux premiers siècles, ayant maintenu longuement la guerre les uns contre les autres, et finalement ceux qui se trouvèrent surmontés étant réduits en servitude, furent envoyés pour habiter aux villes, et les victorieux se firent seigneurs et maîtres de la campagne, là où ils commencèrent à habiter et bâtir leurs maisons. Et la raison est bien vraisemblable, parce que plusieurs de ceux qui habitent à la campagne ne diffèrent en rien, quant au langage, de ceux qui font leur résidence dans les cités, comme je vous ferai connoître manifestement par exemple. Les *Zénètes.* Zénètes de la campagne usent d'un même langage que font ceux des villes et les autres au cas pareil. Les trois peuples susdits résident en la campagne de Témesne, c'est à savoir Zénéta, Haoara et Sanhagia. Aucune fois ils demeurent au pays, et quelquefois se mettent à combattre fort âprement, encore stimulés, comme je crois, de l'ancienne partialité. Aucuns de ces peuples eurent règne jadis partoute l'Afrique; comme les Zénètes, qui furent ceux par lesquels la maison d'Idris fut anéantie, de laquelle étoient sortis et descendus les légitimes et naturels seigneurs de Fez, et premiers fondateurs de cette cité : la lignée de ceux-là est appelée Mecnasa. Depuis, par quelque laps de temps, vint une autre famille des Zénètes de Numidie, nommée Magraoa, laquelle expulsa celle de Mecnasa du royaume, duquel elle-même avoit débouté les naturels seigneurs; et de là à peu de temps les Zénètes en furent encore déjetés par quelques autres qui vinrent des déserts de Numidie, et étoient issus d'une race des Zanhages, appelée Luntuna, par laquelle toute la région de Témesne fut ruinée, et ruina toutes sortes de peuples qu'elle put trouver en icelle, hormis seulement ceux qui se trouvoient être descendus de leurs aïeux, qu'ils confinèrent en la région de Ducale, et par cette lignée fut édifiée Maroc. Il avint puis après, selon les mouvements incertains de variable fortune, qu'un renommé personnage aux choses qui concernoient leur religion, et prédicateur entre eux merveilleusement tenu en grande réputation, appelé Elmahdi, se révolta; et ayant convenu, moyennant quelque traité avec les Hargia, qui furent de la lignée des Musmuda, déchassa cette famille de Lun-

Maroc; par qui fut édifiée.

tuna, et se fit seigneur, après la mort duquel fut élu un de ses disciples, appelé Habdul Numen de Baniguériaghel, lignage de Sanhagia, et demeura comme pour héritage le royaume à la postérité de celui-ci par l'espace de cent vingt ans; la famille duquel réduisit en son obéissance et assujettit à soi quasi toute l'Afrique; puis après elle fut désuétué du royaume par les Banimarini, qui furent de la lignée des Zénètes, lesquels durèrent environ cent septante ans, et au bout leur puissance cessa de dominer, pour cause des Baniguatazi, lignée des Luntuna. Ces Banimarini ont toujours suscité la guerre contre les Banizeijan, rois de Télensin, qui sont issus des Zenhagi et de la lignée des Magraoa. Ils firent guerre contre les Hafaza, rois des Thunes, qui descendirent de l'origine des Hantata, lignée des Musmoda. Il se voit donc apertement comme un chacun de ces cinq peuples a été en continuel travail, et a eu toujours quelque chose à racointer en ces régions. Vrai est que le peuple de Guméra et Haoara ne se peut jamais acquérir aucun titre de domaine, combien qu'il ait obtenu quelque seigneurie en aucunes parties particulières, comme les chroniques des Africains en font mention; et celui-ci saisit la seigneurie depuis qu'il commença à recevoir la loi mahométane, parce que par le passé un chacun peuple séparément print la campagne pour demeurance, au moyen de quoi un chacun favorisoit sa partie et ceux de sa ligue. Or, ayant entre eux compartis les labeurs nécessaires pour le soutien de la vie humaine, ceux qui possédoient la campagne commencèrent à s'adonner au gouvernement et pâturage du bétail; les autres, qui habitoient aux villes, à exercer les arts manuels et à cultiver les terres. Tous ces peuples-ci sont divisés en six cents lignées, comme il est contenu en l'arbre de la génération des Africains, que rédigea par écrit un d'entre eux, appelé Ibnu Rachu; les œuvres duquel j'ai lues plusieurs fois. Beaucoup d'historiographes aussi estiment que celui qui est aujourd'hui roi de Tombut, celui qui le fut de Melly, et celui d'Agudez, sont descendus du peuple de Zanaga, c'est à savoir de celui qui fait sa demeurance au désert.

Diversité et conformité de la langue africaine.

Tous les cinq peuples, qui sont divisés en centaines de lignages et en milliers de milliers d'habitations, se conforment ensemble en une langue, laquelle est communément par eux appelée *aquel amarig*, qui signifie noble langue, et la nomment, les Arabes d'Afrique, langue barbaresque, qui est la naïve africaine, étant différente des autres ; toutefois ils y trouvent encore aucuns vocables de la langue arabesque, tellement qu'aucuns les tiennent et en usent pour témoignage que les Africains soient extraits de l'origine des Sabées, peuple, comme je vous ai déjà dit, de l'heureuse Arabie ; combien qu'il s'en trouve d'autres qui affirment le contraire, disant que ces dictions arabesques qui sont en cette langue, furent depuis en icelle apportées, et ajoutées quand les Arabes passèrent en Afrique et s'en mirent en possession. Mais ces peuples furent fort grossiers, de rude entendement et très-ignorans ; de sorte qu'ils ne laissèrent aucun livre qui puisse apporter faveur ni à l'une ni à l'autre partie. Il reste encore quelque différent entre eux, non-seulement en la prononciation, mais en la signification de plusieurs vocables. Et ceux qui sont prochains des Arabes et qui les fréquentent davantage, suivent de plus près le naturel de leur langue, de laquelle use aussi quasi tout le peuple de Guméra, mais c'est un langage corrompu ; et cela avient pour les avoir fréquentés par trop long espace de temps. On parle en la terre des Nègres de diverses sortes et manières de langages, dont l'une d'icelles est appelée *sungaï*, de laquelle on se sert en plusieurs régions, comme en Gualata, Tombut, Ghinéa, Melli, et en Gago. L'autre langue s'appelle entre eux *guber*, laquelle est pratiquée en Guber, Cano, Cheséna, Perzegreg, et en Guangra. Une autre est observée au royaume de Borno, qui suit de bien près celle dont on use en Gaoga. Il y en a encore une autre réservée au royaume de Nuba, qui participe de l'arabesque, du caldée et de la langue égyptienne ; combien que les habitants de toutes les cités d'Afrique, comprenant seulement celles qui sont maritimes situées sur la mer Méditerranée jusques au mont d'Atlas, parlent généralement un langage corrompu, hors qu'en tout le domaine du royaume de Maroc, là où l'on parle naïvement la langue barbaresque, et ni plus ni moins qu'au territoire de Numidie ; c'est à savoir entre les Numides qui sont en Mauritanie, et prochains de Césarie, pour ce que ceux lesquels s'accostent au royaume de Thunes et de Tripoli tiennent et usent tous en général de la langue arabesque corrompue.

Des Arabes habitant aux cités d'Afrique.

Du temps que Otmen, calife tiers, dressa une armée, en l'an 400 de l'Hégire, il survint en Afrique un très-grand nombre d'Arabes, qui pouvoient être, tant de nobles que d'autres, environ octante mille hommes, dont, après avoir subjugué plusieurs provinces et régions, tous les chefs et plus nobles retournèrent en Arabie, laissant en cette région d'Afrique, avec le surplus, le capitaine général de l'armée, qui se nommoit Hucba Hibnu Nafich, lequel avoit déjà bâti et environné de murailles la cité de Caïraoan, pour ce qu'il étoit surpris d'une crainte continuelle que le peuple de la rivière de Thunes ne vînt à conspirer contre lui, faisant venir occultement quelque secours de Sicile, moyennant lequel il s'ensuivit une dangereuse guerre. Ce qu'à part lui considéré, après avoir enlevé tout le trésor qu'auparavant il avoit assemblé, se retira vers le désert qui est du côté de terre ferme, là où il fit bâtir la cité de Caïraoan, distante de Carthage d'environ cent vingt milles, commandant à ses capitaines, et ministres d'iceux, qui étoient demeurés avec lui, qu'ils eussent à choisir et élire les lieux les plus forts

Édification de la ville de Caïraoan.

et mieux suffisants pour leur défense, afin d'y habiter; et là où il n'y auroit château ni forteresse, qu'ils en édifiassent; ce qu'ils firent. Alors les Arabes, s'étant rendus assurés, devinrent citoyens de ce pays, et se mêlèrent parmi les Africains, lesquels, dès ce temps-là, (pour avoir été par les Italiens suppédités, et par plusieurs régis et gouvernés) retenoient la langue italienne; et par même moyen pratiquant les Arabes et conversant journellement avec eux, vinrent à corrompre peu à peu leur naturelle langue arabesque; tant qu'à la fin elle participa de tous les langages africains : par ce moyen, de deux divers peuples il s'en fit un. Vrai est que les Arabes ne laissent point perdre leur coutume, qui est de prendre toujours leur origine du côté du père, comme il s'use encore entre nous autres. Et en ceci sont imités par les barbares; car il n'y a homme, tant infirme soit-il, et de vile génération, qui n'ajoute avec le sien le surnom de son origine, quel qu'il soit, ou arabe ou barbare.

Les Arabes devenus citoyens d'Afrique.

La langue italienne en Afrique.

Des Arabes, lesquels, en Afrique, au lieu de maisons, se servent de pavillons.

Toujours a été, par les pontifes de la loi mahométane aux Arabes, défendu de ne passer,

avec leur famille et pavillons, le fleuve du Nil;
mais en l'an 400 de l'Hégire, ils en obtinrent
licence d'un calife schismatique, à cause de la
rébellion d'un qui étoit vassal et ami de ce
calife, qui régna en la cité de Caïraoan, en
possédant quasi toute la Barbarie; auquel
royaume succéda encore pour quelque temps
la maison d'icelui, pour autant que (comme
j'ai lu aux histoires d'Afrique) au temps d'El-
caïn, calife et pontife de cette maison, la famille amplifia et étendit les limites de ce
royaume, en accroissant, et multipliant de
sorte la secte mahométane, qu'il prit volonté
au calife d'envoyer un sien esclave, et conseiller (le nom duquel étoit Géhoar, de nation esclave) avec un très-grand exercite, du
côté du ponant, lequel subjugua toute la Barbarie et Numidie, suivant toujours sa pointe
tant, qu'il parvint jusqu'à la province dite sus,
en retirant subsides, tributs et tous les profits, lesquels provenoient de ces royaumes. Ce
qu'ayant fort bien et très-diligemment mis en
effet, retourna vers son seigneur, entre les
mains duquel il remit tout l'or, l'argent, et
en somme ce qu'il avoit pu retirer de ces pays-
là; pour laquelle occasion le calife, étant assez
acertené de la magnanimité et valeur de celui-ci, après avoir vu les choses lui être ainsi

Géhoar, es-clave, conquiert toute la Barba-rie, Numidie, Egypte et Surie.

heureusement succédées, lui tomba incontinent en l'esprit l'exhorter de se jeter à plus grandes et hautes entreprises; ce qu'il fit quand il lui eut fait entendre son dessein; à quoi l'esclave répondit telles ou semblables paroles : « Monsieur, je vous jure et promets, » que tout ainsi que par mon moyen vous êtes » jouissant de toutes les régions du ponant, » je ne faudrai pareillement de vous revêtir » et mettre en possession de l'empire, de » toutes les régions et provinces du levant; » c'est à savoir, de l'Égypte, Surie, et de » toute l'Arabie; faisant juste vengeance des » offenses et grands outrages, lesquels ont été » faits à vos parents et aïeux de la maison de » l'Habus; vous assurant que je ne donnerai » jamais cesse à ma personne de l'exposer à » tous les périls et dangers, jusqu'à tant que » je vous aie remis et colloqué à l'antique » siége de vos magnanimes aïeux et nobles » progénitures de votre sang illustre. » Le calife ayant entendu le grand courage et la promesse de son vassal, après avoir mis en campagne une armée d'octante mille combattants, le constitua chef d'icelle, pour laquelle il lui délivra vivres, munitions, et grande quantité de deniers pour la soulde de ses gens, puis lui donna congé. Étant donc parti, le très-fidèle et

Harangue de Géhoar au calife.

Armée de octante mille combattants.

courageux esclave fit marcher sa gendarmerie par le désert qui est entre l'Égypte et Barbarie, n'étant pas plutôt arrivé en Alexandrie, que le lieutenant de l'Égypte se retira vers Bagaded pour unir ses forces avec celles d'Elvir, calife. En ces entrefaites, l'esclave Géhoar, en peu de jours, et sans trouver grande résistance, sub-jugua et rendit tributaires les régions d'Égypte et Surie. Si est-ce qu'il n'était pas du tout délivré de soupçon, doutant grandement que le calife de Bagaded, venant de là accompagné de l'exercite d'Asie, ne lui dressât quelque grande escarmouche, et qu'il ne fût réduit à cette extrémité, et péril d'être pris par l'appui et gendarmerie des Barbares ; ce qu'être bien débattu, délibéra de faire dresser un fort, dans lequel, si besoin en était, il se pût retirer avec sa gendarmerie, et soutenir la charge et impétuosité de ses ennemis ; à quoi faire il diligenta tellement, que ce qu'il avait proposé sortit en effet, faisant édifier une cité environnée de fortes murailles, dans laquelle demeurait continuellement, pour sûre garde d'icelle, un de ses plus féaux, avec une partie de son exercite, et la nomma *el Chaïra*; le renom de laquelle étant, puis après divulgué par toute l'Europe, fut appelée le grand Caire ; lequel a été tellement, de jour en jour, dehors et dedans, accru de bourgades et maisons, qu'en toutes les autres parties du monde ne se trouve cité qui à icelle se puisse égaler en grandeur. Or, Géhoar, voyant que le calife de Bagaded ne faisoit aucun semblant ni appareil pour faire mouvoir à l'encontre de lui, avertit lors son seigneur, comme toutes les provinces et régions qu'il avoit subjuguées lui prêtoient obéissance, étant toutes les choses réduites en bonne paix pour la sûre garde et défense qu'il y faisoit; et pour autant, quand il plairoit à sa félicité, qu'elle pourroit se transporter jusqu'en Égypte en personne, parce que sa présence vaudroit beaucoup plus pour conquêter ce qui restoit, que ne feroit l'effort de cent mille hommes de guerre. Joint aussi qu'il pourroit être occasion que le calife, quittant le pontificat, abandonneroit le royaume et prendroit la fuite. Incontinent que le calife eut entendu, par les lettres, la belle et magnanime exhortation de son esclave, sans faire autre projet, ni prévoir les grands inconvénients et dangers qui en pourroient survenir, se rendit plus fier et hautain par le beau semblant que fortune lui faisoit, et mit en campagne une grande et merveilleuse armée; puis fit départ, laissant pour gouverneur et chef de toute la Barbarie, un qui ne lui étoit pas ami seulement, mais serviteur domestique. Le calife étant parvenu au Caire, fut reçu par son esclave avec telle allégresse et humilité, que l'affection grande qu'il portoit à son seigneur le requéroit, et, appliquant son esprit à grandes et héroïques entreprises, assembla un grand nombre de gens de guerre pour marcher contre le calife. Pendant que ces choses se passoient ainsi, il advint que le gouverneur laissé par le calife en Barbarie, se révolta contre lui, rendant hommage et obéissance au calife de Bagaded, lequel, pour cette occasion, recevant une joie indicible, le fit jouissant de grands priviléges, après l'avoir constitué roi de toute l'Afrique. Cette nouvelle parvenue au Caire, et entendue par Elchaïn, il en sentit une passion presque intolérable, tant parce qu'il se retrouvoit hors de ses terres et limites, comme pour avoir consommé et dépensé tout son or, et les choses de grand prix qu'il avoit apportées avec lui; dont ne sachant bonnement quel parti prendre, souventefois alloit maudissant le conseil de son vassal, et soi-même d'y avoir adhéré. Or, il tenoit un secrétaire, homme bien consommé aux lettres, de fort bel esprit, et prompt en toutes choses, lequel, étant averti de l'extrême fâcherie en

C'étoit l'un des princes du peuple du Zanhage.

Le calife Elvir dresse une grosse armée contre le calife Bagaded.

laquelle son seigneur étoit réduit, et prévoyant, à vue d'œil, la soudaine ruine qui lui étoit imminente (si incontinent, et en diligence, on n'y mettoit quelque remède), commença à le consoler et conseiller, usant d'un tel langage : « Monseigneur, cela est » tout clair et manifeste, que les mouvements » de fortune sont divers et variables; mais » pour cela vous ne devez permettre que » ce soudain inconvénient, par elle avenu, » prenne tant d'avantage sur vous, qu'il vous » fasse défier de la propre vertu qui vous ac- » compagne; parce que, quand il sera agréable » à votre félicité de prêter l'oreille à mes pa- » roles (qui vous suis et demeurerai à per- » pétuité très-fidèle) et au conseil que je vous » donnerai, je ne doute aucunement que tous » les royaumes et provinces, qui se sont de » votre félicité aliénées, ne soient réduites, » avant qu'il soit long-temps, sous votre sei- » gneurie, et que n'obteniez ce que vous » aviez en première délibération; laquelle » chose mettrez facilement à fin, sans don- » ner aucune sonde au moindre de vos sujets; » mais, au contraire, je vous enseignerai le » moyen que l'exercite, lequel je mettrai » entre vos mains, vous apportera grande » somme de deniers, pour les raisons que je

Remontrances de Géhoar au calife.

» vous réciterai maintenant. » Ayant entendu et bien noté, le calife, les propos que lui avoit tenus son vassal, se sentit grandement allégé de la fâcherie grande qui le tenoit si perplex, et lui demanda par quel moyen il y faudroit procéder. Continuant donc le secrétaire son propos, se prit à lui dire : « Mon-
» sieur, je crois que vous n'ignorez comme
» les Arabes sont créés en si grande multi-
» tude, qu'à grande peine est capable l'Arabie
» pour leur donner à tous demeurance, et
» que les herbes ne peuvent suffire pour don-
» ner pâture au bétail, parce que le pays est
» fort stérile; au moyen de quoi ils ne sont
» seulement molestés de peu d'habitations
» qu'ils se retrouvent, mais de la continuelle
» famine qui les oppresse, à cause de quoi ils
» se seroient souventefois hasardés de passer
» en Afrique, s'ils eussent pensé en obtenir
» congé et permission de votre félicité, la-
» quelle fera une chose à son très-grand avan-
» tage, permettant aux Arabes de pouvoir
» passer ce pas; vous assurant d'en tirer une
» grande somme d'argent, en cas que veuillez
» obtempérer à mon conseil. » Le secrétaire ayant mis fin à ses paroles, laissa le calife aussi peu joyeux comme il lui avoit donné grande espérance au commencement; consi-

dérant que les Arabes seroient quelquefois occasion de la ruine d'Afrique, tellement qu'il n'en pourroit avoir (ni celui qui s'étoit révolté contre lui) aucunement la jouissance. D'autre côté, discourant que, d'une part ou d'autre, il ne pouvoit qu'être intéressé, il estima moindre mal, et trouva plus expédient de recevoir quelque quantité d'argent (comme l'autre lui en avoit ouvert le chemin), et ensemble prendre vengeance de son ennemi, que de se laisser réduire au danger de perdre l'une et l'autre chose. Par quoi il dit à son conseiller qu'il fît crier, à cri public, être permis et loisible à un chacun Arabe de passer en Afrique, avec ample dispense du calife, en lui payant un ducat seulement pour tête, mais sous condition de promettre et jurer se montrer et demeurer ennemi du rebelle susnommé. Cela publié, dix lignées d'Arabes, qui étoit la moitié des habitants de l'Arabie déserte, se mirent en chemin pour passer en Afrique, là où s'achemina encore quelque lignée de l'heureuse Arabie. Le nombre de ceux qui se trouvèrent être capables à porter les armes et combattre, fut de cinquante mille hommes et un nombre infini de femmes, d'enfants et de bêtes, de quoi Ibnu Rachi, historien africain dont nous avons parlé ci-dessus, a tenu un bon compte. Or, ayant passé, les Arabes, le désert dans peu de jours entre l'Egypte et la Barbarie, assiégèrent la cité de Tripoli, entrèrent dedans, la mirent à sac, et firent passer au tranchant de l'épée tous ceux qu'ils trouvoient, puis vinrent à Cabis, cité qu'ils détruisirent. Finalement assiégèrent Elcaïraoan; mais le gouverneur qui étoit dedans fit si bonne provision de vivres et autres choses nécessaires pour la défense du lieu, qu'il soutint assez bien l'assaut l'espace de huit mois, qu'elle fut prise par force et saccagée, et le gouverneur tué. Après ces choses, les Arabes divisèrent et répartirent entre eux les campagnes, qu'ils élurent pour leur demeurance, imposant à chacune cité gros subsides et tributs. Ainsi s'emparèrent et se firent seigneurs de l'Afrique, jusqu'à tant que la succession du royaume de Maroc échût à Jusef, fils de Jeffin, qui fut premier roi de Maroc. Celui-ci s'adonna de tout son pouvoir à prêter secours et aide à tous ceux qui se disoient avoir été parents ou amis du rebelle défunt, sans qu'il cessât jusqu'à ce qu'il eût chassé les Arabes de leurs cités et ôté le gouvernement d'icelles. Néanmoins, les Arabes se jetèrent sur la campagne, faisant meurtres et pillant ce qu'ils pouvoient enlever. Cependant les parents du défunt rebelle commencèrent d'acquérir plusieurs royaumes et seigneuries. Mais Mansor, quatrième roi et pontife de la secte de Muoachédin, venant à succéder au royaume de Maroc, se délibéra d'être contraire aux parents du rebelle défunt, et les priver de leur domaine, tout ainsi que ses parents s'étoient montrés pour eux, les remettant en leur premier état; pour laquelle chose conduire à meilleure fin, renouvela avec eux l'ancienne amitié, et cependant excita ouvertement les Arabes à leur faire la guerre, ne faillant, par tel moyen, à les vaincre et dompter. Dont peu de temps après Mansor mena tous les principaux et plus apparents des Arabes aux régions de ponant, et donna aux plus nobles, pour habitation, Ducal et Azgar, et aux autres, qui étoient de plus basse condition, leur assigna la Numidie. Mais, par succession de temps, ceux qui étoient demeurés comme esclaves recouvrèrent leur liberté, et, malgré les Numides, prirent possession et se firent seigneurs de cette partie de Numidie qui leur avoit été donnée par Mansor, en accroissant et étendant de jour en jour leurs limites. Ceux qui étoient demeurés en Azgar et autres lieux par la Mauritanie, furent semblablement réduits en misérable servitude ; car incontinent les Arabes être hors du désert, sont comme les poissons hors de l'eau ; toutefois ils avoient bien bon vouloir de retourner aux déserts, mais le passage leur étoit clos par la montagne d'Atlas, parce que ceux de Barbarie l'occupoient. D'autre part, il leur étoit impossible de passer par la campagne, à cause que les autres Arabes en étoient seigneurs. Par quoi, rabaissant leur outrecuidance, furent contraints à pâturer le bétail, à labourer et cultiver la terre, se retirant dans les cabanes et maisons rustiques au lieu de pavillons. Davantage, on leur imposa certain tribut qu'ils seroient tenus tous les ans de payer au roi comme il auroit été ordonné. Ceux de Ducale, qui étoient en plus grand nombre, furent beaucoup plus favorisés et soutenus; tellement, qu'ils furent exempts de tout tribut. Quelques-uns de ces Arabes se tinrent à Tunis, parce que Mansor ne les avoit voulu mener en sa compagnie, de sorte qu'après le décès dudit Mansor, ils prirent Tunis, et se firent seigneurs de tout le pays. Ceux-ci tinrent bon, et gouvernèrent paisiblement ledit pays jusqu'à ce qu'aucun de la lignée d'Abu-Haf se bandèrent contre eux : mais à la fin, les Arabes furent contents de leur quitter le pays, par tel si, qu'ils en retireroient la moitié des fruits et tributs; ce qui s'observe encore aujourd'hui entre eux. Mais les rois de Tunis ne les sauroient contenter, parce que le ressort et le revenu du pays n'est pas assez grand pour tant de gens, dont il advient que ceux qui ont part au revenu sont tenus de rendre paisible et assurer la campagne ; ce qu'ils font sans molester ou donner fâcherie à personne. Les autres, qui sont privés de cette provision, s'adonnent à piller, ravir, voler, tuer et faire les plus grandes extorsions du monde ; si bien, que le plus souvent, s'étant embusqués aussitôt qu'ils aperçoivent un passant, sortent incontinent dehors, et le tuent, après l'avoir du tout détroussé, de sorte qu'il fait toujours dangereux sur les chemins ; au moyen de quoi les marchands qui partent de Tunis pour s'acheminer en autre lieu à leurs affaires, mènent avec eux une grande bande d'arquebusiers pour leur défense ; et toutefois ils se trouvent bien empêchés de deux endroits, à savoir de payer aux Arabes qui sont à la solde du Roi grosse gabelle, ou bien d'être assaillis des autres Arabes ; ce qui semble encore plus dangereux, et aucunes fois que leur défense n'est assez bonne, ils se trouvent en un instant privés de leur bien et de leur vie.

Division des Arabes qui sont venus demeurer en Afrique, appelés Arabes de Barbarie.

Les Arabes qui vinrent demeurer en Afrique, sont trois sortes de peuples; les uns appelés Chachin, les autres Hilel, et le troisième Mahchil. Chachin se divise en trois lignées : Ethégi, Sumaït et Sahid. Ethégi, semblablement, se divise en trois autres parties : Dellégi, Elmuntéfig et Sobaïr, et se divisent ces parties en infinies générations; Hilel est divisé en quatre : Bénihémir, Rieh, Sufien et Chusaïn; Bénihémir se divise en Hurra, Hucba, Habru, Mussin; Rieh se divise en Deuvad, Suaïd, Asgeh, Elchérith, Enedr et Garfa. Ces six parties sont aussi divisées en autres innumérables générations. Mahchil se divise en trois : Mastar, Hutmen et Hassan, dont Mastar et partie en Ruche et Sélim; Hutmen se divise en tel nombre, à savoir : Elhasin et Chinana; Hassan, en Devihessem, Devimansor et Devihubeïdula; Devihessem, en Dulien, Vodéï, Berbus, Racmen et Hanir; Devimansor, en Hemrun, Ménebbé, Husein et Abulhusein; Devihubéïdula, aussi en Garragi, Hédégi, Tehleb et Geoan. Et toutes ces générations ci-dessus sont divisées en plusieurs autres, lesquelles il ne seroit pas seulement fâcheux de remémorer et réduire de point en point; mais je crois encore qu'il seroit impossible.

Division des habitations des Arabes susnommés, et le nombre d'iceux.

Les Ethèges furent les plus nobles et les principaux des Arabes que Mansor mena pour habiter en Ducale, et aux plaines de Tedle; lesquels ont été grandement molestés, tant par les rois de Portugal que par ceux de Fez; et sont environ cent mille hommes de guerre, la moitié gens de cheval. Sumaït demeure aux déserts de Lybie, qui sont du côté de Tripoli: ce peuple est bien peu souvent en la Barbarie, parce qu'il n'y a ni place ni domaine, par quoi il demeure toujours au désert avec les chameaux, et sont environ octante mille hommes, tous bien adroits aux armes, et la plupart gens de pied. Sahit demeure aux déserts de Lybie, qui a coutume de trafiquer et hanter avec ceux du royaume de Guargala. Ce peuple nourrit force bétail, et fournit de chair tous les lieux et cités d'alentour. Mais cela se fait au temps d'été, parce qu'en hiver ils demeurent en leur habitation sans en sortir aucunement. Ils sont environ cent cinquante mille hommes, et se trouvent avec eux peu de chevaux. Les peuples d'Ellégi habitent en divers lieux, dont la plus grande partie demeure aux marches de Césarie et du royaume de Bugie, contraignant les seigneurs qui sont là auprès leur rendre tribut. La moindre partie de ce peuple tient les plaines d'Acdésen, près de la Mauritanie, avec la montagne d'Atlas, et est tributaire du roi de Fez. Elmuntafic est un peuple faisant sa demeurance aux plaines d'Azgar, dit des modernes; Elchalut, qui rendent aussi tribut au roi de Fez, et peuvent mettre en campagne huit mille chevaux en bon équipage. Sobaïch (j'entends les principaux et de plus grande valeur) habitent aux frontières du royaume de Gézéïr, étant provisionnés des rois de Télensin, et tiennent plusieurs villes de Numidie en leur sujétion : ils n'ont guère moins de trois mille chevaux fort adroits en bataille. Ils ont aussi une coutume en temps d'hiver, de se retirer au désert, à cause qu'ils ont grande quantité de chameaux. L'autre partie habite aux plaines qui sont entre Sala et Mecnessa; ils nourrissent bœufs et brebis, labourent la terre, et paient tribut au roi de Fez, pouvant finer environ quatre mille chevaux, tous en bon point.

De Hilel, peuple, et habitation d'icelui.

La plus grande lignée qui soit en tout ce peuple est Hilel et Bénihamir, lesquels habitent aux frontières du royaume de Télensin et de Oran, errants de çà et de là par les déserts de Tégorarin. Ils sont provisionnés du roi de Télensin, étant gens de grande prouesse, merveilleusement riches, et qui peuvent faire environ six mille chevaux de belle taille, et bien en ordre. Hurva, possèdent les confins do ## Mustuganim, hommes de sauvage nature, brigands et maladroits. Ils ne s'éloignent pas souvent du désert, d'autant qu'ils n'ont ni solde ni possession en Barbarie; toutefois ils peuvent mettre aux champs une armée de dix mille chevaux. Hucba, font leur résidence aux confins de Méliana, ayant quelque petite provision du roi de Tunis. Néanmoins, ils sont brigands, voleurs, et fort cruels, et peuvent faire environ mille cinq cents chevaux. Habru, se tiennent aux plaines qui sont entre Oran et Mustuganim, laboureurs et tributaires du roi de Télensin. Muslim, font leur demeurance au désert de Masile, lequel s'étend vers le royaume de Bugie; et sont brigands et détrousseurs comme les autres, contraignant ceux de Masile et autres cités circonvoisines de leur payer

Riech. tribut. Riech, habitent aux déserts de Lybie, qui sont vers Constantine, possédant une grande partie de la Numidie, et sont divisés en six parties, là où il ne se trouve homme qui soit vaillant, hardi aux armes, et plein de grande noblesse, se tenant en bon équipage, au moyen de quoi ils ont tous bonne provision du roi de Tunis, et accomplissent le nombre de cinq **Suaïd.** mille chevaux. Suaïd, tiennent les déserts, lesquels prennent leur étendue vers le royaume de Ténès; gens de grande réputation, possédant un grand et très-ample domaine, et provisionnés du roi de Télensin. Ils sont de grand cœur, vaillants, et bien équipés de tout ce qui **Asgeh.** leur est nécessaire. Asgeh, sont sous la puissance de plusieurs Arabes, et il y en a beaucoup d'entre eux qui habitent en Garit, avec le peuple Hemram. Il y en a une autre partie, laquelle habite avec les Arabes de Ducale, en un lieu **Elchérit.** prochain de Azéfi. Elchérit, habitent en la plaine de Héli, en compagnie des Saïdima, se faisant rendre tribut du peuple de Héha; mais ceux-ci sont piètres, et qui se tiennent mal en **Enedr.** ordre. Enedr, habitent aussi en la plaine de Héha, tous les Arabes de laquelle peuvent mettre sus environ quatre mille chevaux, mais **Garsa.** fort mal harnachés. Garsa, habitent en divers lieux, sans chef ni conducteur; étant mêlés et dispersés parmi les autres peuples de Manebba et Hemram. Ceux-ci transportent les dattes de Ségelmesse au royaume de Fez, et de là rapportent les vituailles nécessaires pour les mener à Ségelmesse.

De Mahchil, peuple, les habitations, et nombre d'icelui.

Ruche, lignée de Mastar, habite aux confins des déserts qui sont auprès de Dédès et Farcala, lesquels sont pauvres, parce qu'ils ont petit domaine; mais cela n'empêche en rien qu'ils ne soient fort vaillants et hardis, combattant à pied, tellement qu'ils réputent à grand blâme et déshonneur, qu'un homme à pied se daigne bouger pour deux étant à cheval. Et n'y a celui, tant soit-il lâche et mauvais chemineur, qui ne suive bien de près quel cheval que ce soit, combien qu'il fût question de faire un long voyage. Ils peuvent faire environ cinq cents chevaux et huit mille hommes de pied, tous suffisants pour manier les armes. Sélim, habitent auprès du fleuve Dara, errants par le désert, auquel ils possèdent de grandes richesses; puis s'acheminent avec leurs marchandises au royaume de Tombut, étant fort favoris du roi; et ont de

De l'agilité des hommes à pied de ce pays, contre ceux à cheval.

Sélim.

grandes seigneuries avec ample possessions en Derha, et un grand nombre de chameaux. Ils peuvent faire quatre mille chevaux. Elhasim, habitent auprès de la mer océane, aux confins de Messé, et peuvent être environ cinq cents chevaux. Ce sont gens qui se tiennent très-mal en ordre, une partie desquels habite en Azgar. Ceux de Messé sont en liberté; mais les habitants de Azgar sont sous la puissance du roi de Fez. Chinana, habitent avec le peuple de Elchaluth, étant sujets au même roi de Fez, et sont gens fort robustes et de belle taille; pouvant faire deux mille chevaux. Dévihessen, se divisent en Duleïm, Burbus, Vodéi, Dévimansor et Devihubéidula. Duleïm, habitent au désert de Lybie avec le peuple Zanaga, nation d'Afrique, et n'ont là aucun domaine ni revenu, à cause de quoi ils sont réduits à une extrême pauvreté, qui les contraint à devenir larrons. Ils s'acheminent quelquefois à la région de Dara, pour faire échange de leurs bêtes avec des dattes. Ils vont mal vêtus, et sont environ dix mille personnes, dont il y en a quatre cents à cheval et le reste à pied. Burbus, habitent au désert de Lybie, qui est vers la province de Sus, étant tous pauvres et coquins, et en grand nombre; toutefois ils ont à force chameaux. Vrai est qu'ils possèdent la seigneurie de Tesset; mais le revenu d'icelle n'est pas suffisant pour entretenir les fers aux pieds à ce peu de chevaux qu'ils ont. Les Vodées font leur résidence aux déserts qui sont situés entre Guaden et Gualata, occupant le domaine des Guaden, et encore retirent quelque tribut du seigneur de Gualata et de la terre des Nègres. Ils sont une multitude quasi infinie, parce qu'on estime qu'ils excèdent le nombre de soixante mille hommes de guerre; mais ils sont fort nécessiteux de chevaux. Racmen, tiennent le désert prochain de Hacha; possédant aussi des seigneuries, et ont coutume d'aller hiverner à Tesset pour leurs affaires. Ils sont environ deux mille combattants, mais ils se trouvent avoir petite quantité de chevaux. Hanir, habitent au désert de Taganot. La commune de Tagavost leur donne quelques petites provisions, et vont vagants par le désert jusqu'à Nun. Ils peuvent être environ huit mille hommes de guerre.

Vodées.

Bacmen.

Hanir.

Déclaration du peuple de Devimansor.

Déhemrun, lignée de Dévimansor, habite aux déserts qui regardent à Ségelmesse, tenant tout le désert de Lybie, jusqu'à Ighid, et rendant les peuples de Ségelmesse, Togda,

Tébelbet et Dara ses tributaires. Elle possède un grand pays qui produit les dattes en quantité, tellement que ces peuples peuvent commodément tenir état de grands seigneurs, et vivre bien à leur aise; aussi ne sont-ils pas si déprouvés de sens qu'ils ne se fassent bien valoir, tenant une grande réputation et gravité, et peuvent faire environ trois mille chevaliers. Entre eux se mêlent plusieurs Arabes, hommes mécaniques, nourrissant grande quantité de chevaux et bétail, comme Garfa et Esgeh. Et y a une autre partie de ce peuple Déhemrun, laquelle occupe la seigneurie de quelques terres et bourgades en Numidie, tenant jusqu'au désert de Fighig, et imposant sur ces terres gros subsides. Ceux-ci viennent en temps d'été demeurer en la province de Garit, aux confins de la Mauritanie, en la partie qui regarde devers l'orient. Ce sont gens nobles, preux et vaillants, tellement, que les rois de Fez ont quasi tous coutume d'y prendre à femmes leurs filles, à cause de quoi ils leur sont parents et alliés. Ménebbe, habitent encore au même désert, possédant le domaine de Margagara et de Réteb, provinces en la région de Numidie, et sont semblablement braves hommes, lesquels ont quelque provision du roi de Ségelmesse. Ils peuvent faire environ deux mille chevaux. Hussein, sont encore descendus du lignage de Dévimansor, lesquels habitent entre les montagnes d'Atlas, et tiennent en main beaucoup de monts habitables, cités et châteaux, qui leur furent donnés par les vice-rois de Marin, en reconnoissance de la faveur et bon secours qu'il leur avoit prêté lorsqu'ils commencèrent à régner. Le domaine de ceux-ci est entre le royaume de Fez et Ségelmesse, dont le chef jouit d'une cité nommée Garselvin. Ils peuvent aller par le désert d'Eddhra, avec ce qu'ils sont riches et courageux, et sont environ six mille chevaux. Il se trouve encore souvent des Arabes en leur compagnie, mais ils les tiennent en guise de vassaux. Abulhusein, habitent en une partie du désert d'Eddahra, là où ils tiennent peu de place; au moyen de quoi la plus grande partie d'iceux est réduite à telle extrémité, qu'ils ne sauroient avoir la puissance, ni trouver le moyen de se pouvoir maintenir au désert dans leurs pavillons. Il est bien vrai que ceux qui habitent dans celui de Lybie ont dressé quelques petites cabanes de terre; mais ils sont journellement oppressés par la famine, supportant une perplexité extrême, pour laquelle encore augmenter leur cruel destin, les a réduits jusqu'à être tributaires de leurs parents mêmes.

Hussein.

Abulhusein.

Du peuple de Dévihubeïdulla.

Charragi est une partie du peuple de Dévihubeïdulla, qui habite au désert de Bénégomi et de Fighig, possédant de grandes terres en la Numidie, et avec ce, il est provisionné du roi de Télensin, lequel se travaille de jour en jour de le réduire en bonne et sainte vie, mais il se travaille en vain ; car il est trop accoutumé au pillage et larcin, ne laissant échapper personne de ceux qui tombent entre ses mains qu'ils ne soient détroussés. Ils peuvent faire environ quatre mille chevaux, et transportent leurs habitations en temps d'été aux confins de Télensin, près duquel habitent les Hédéges, en un désert qui est appelé Hangad, n'ayant domaine ni provision aucune; mais le seul soutien et appui de leur misérable vie est de brigander, et peuvent faire environ cinq cents chevaux. Tehleb, habitent en la plaine d'Elgézaïr, errant par le désert jusqu'à Tegdéat. Sous leur domaine est la cité d'Elgézaïr, et celle de Teddelles; mais, de notre temps, ces deux cités leur furent enlevées par Barberousse, qui se disoit roi. Alors le peuple de Tehleb, noble, vaillant et qui pouvoit beaucoup, fut détruit, et y furent occis environ

Elgézaïr et Teddelles occupées par Barberousse.

trois mille hommes à cheval. Géhoan, n'ha- Géhoan.
bitent tous ensemble, mais séparés, dont une
partie demeure avec les Garagès, et l'autre
avec les Hédèges, auxquels ils sont assujettis
comme leurs vassaux, ce qu'ils supportent
bien et patiemment. Maintenant, je vous veux
donner à entendre et faire savoir que les deux
premiers peuples, Cachim et Hilel, sont Les peuples Cachim et Hi-
Arabes de l'Arabie déserte, qui descendent et lel, sortis de l'Arabie déserte,
prennent leur origine d'Ismaël, fils d'Abraham, sont descendus de Abraham;
et le troisième (c'est à savoir Mahchil) est de et Mahchil, de l'Arabie heu-
l'heureuse Arabie, sortant de l'origine de Saba, reuse, de Saba.
la noblesse desquels (comme beaucoup de ma-
hométans l'estiment) est inférieure et moindre
que celle des Ismaélites. Et pour ce qu'ils ont
voulu déterminer ce différend par armes, à
savoir lequel des deux lignages devoit être
préféré et aller devant en noblesse, ils ont
combattu longuement sur cela, et pendant
leur combat, il est avenu que, tant d'une part
que d'autre, ont été composés quelques dia-
logues en vers, par lesquels chacun s'employoit à exprimer et remémorer en beau
langage les vertus et coutumes honorables de
son peuple. Et faut encore entendre que les
anciens Arabes, lesquels furent devant la naissance des fils d'Ismaël, sont, par les historiographes africains, appelés *Arabi ariba*, c'est-

à-dire *Arabes arabesques*, et ceux qui descendent de l'origine d'Ilmaël, sont nommés *Arabi mustahraba*, qui signifie autant comme en notre vulgaire, *Arabes d'accident*, parce qu'ils ne sont pas Arabes naturels. Ceux qui allèrent depuis habiter en Afrique s'appellent *Arabi mustehgeme*, qui signifie *Arabes barbarisés*, parce qu'ils avoient fait leur demeurance avec un peuple étranger, jusqu'à tant que corrompant leur langage, changèrent de coutumes, de mœurs et manière de vivre, au moyen de quoi ils se rendirent tous barbares. Voilà tout ce que j'ai pu retenir touchant les lignages et divisions des Africains et Arabes, par l'espace de dix ans que je n'ai lu ni vu aucun livre auquel fût contenue quelqu'une de leurs histoires. Et s'il y a d'aventure quelqu'un qui soit curieux d'en ouïr davantage et en être plus amplement acertené, il pourra trouver le surplus dans les œuvres d'Hibnu, duquel j'ai ci-dessus parlé.

Coutumes et manière de vivre des Africains qui demeurent au désert de Lybie.

Ces cinq peuples, c'est à savoir, Zénaga, Guenziga, Terga, Lemta et Berdeva, sont, par les Latins, appelés *Numidi*, lesquels se

<small>Quels peuples sont les Numides.</small>

gouvernent tous par une même façon de vivre, qui est sans aucune règle ni raison, et usent pour leurs habits d'un drap de grosse laine, avec lequel ils couvrent la moindre partie de leur personne; avec ce, aucuns ont coutume de porter sur la tête, ou à l'environ, une bande de toile noire, quasi en la sorte d'un turban. Les plus gros et principaux, pour être différents des autres, portent sur eux de grandes chemises, avec les manches larges, tissues de fil azuré et de coton, qui sont apportées par les marchands qui viennent de la terre nègre. Ils n'usent d'autres montures que de chameaux, et chevauchent sur certaines selles qu'ils posent entre le relief du dos et le col de ces chameaux; vous assurant qu'il fait fort bon les voir quand ils chevauchent, parce que quelquefois ils entrelacent leurs jambes, et puis les étendent sur le col du chameau, et encore d'autres fois mettent le pied en certaines estaffes, sans étriers, usant, au lieu d'éperons, d'un fer, lequel est anté en une pièce de bois de la longueur d'une coudée, mais ils n'en piquent le chameau en autre part qu'aux épaules. Les chameaux qui sont faits à chevaucher, ont tous le nez percé, en la manière d'aucuns buffles qui sont en Italie; et au lieu qui est percé, font passer un

Chameaux à chevaucher.

Chameaux ayant le nez percé.

chevêtre de cuir, avec lequel ils font voltiger et bondir iceux chameaux, comme on fait autre part les chevaux avec la bride et le mors. A leur dormir, ils ont quelques joncades fort subtiles, et faites sans art, sur lesquelles ils prennent leur repos, et sont faits leurs pavillons de peaux de chameaux, et de laine que produit le dattier entre ses rameaux. Quant au manger, autre que celui qui s'y est trouvé en présence, ne se sauroit persuader la grande patience qu'ils ont à endurer la faim, car ils n'ont pas accoutumé de manger du pain, ni viande assaisonnée en aucune sorte, mais ils prennent leur réfection du lait de leurs chameaux, duquel ils boivent tous les matins une grande tasse, ainsi chaud comme ils le tirent, et puis le soir se passent légèrement à leur souper avec un peu de chair sèche et bouillie dans du lait et du beurre, laquelle n'est pas plutôt mise devant eux, que chacun en arrache ce qu'il en peut avoir, et l'ayant mangée, hument quelque brouet, dans lequel, par faute de cuiller, ils patrouillent et y lavent leurs mains. Cela fait, ils boivent une tassée de lait, qui leur sert pour le dernier mets de leur souper et pour issue de table, n'ayant autrement grand souci d'avoir de l'eau, pourvu que le lait ne leur faille, et mêmement quand

Laine entre les branches des arbres.

Lait de chameaux pour réfection.

c'est au printemps, durant lequel il s'en trouve entre eux qui ne se sont lavé les mains, encore moins le visage; et cela vient parce qu'ils ne vont pas en cette saison à la campagne là où est l'eau, ayant (comme il a été dit) du lait pour étancher leur soif, et pour autant aussi que les chameaux n'endurent nullement la soif tandis qu'ils mangent des herbes, au moyen de quoi l'eau ne leur est pas fort nécessaire. Tout l'exercice auquel ils s'adonnent durant leur vie, est employé ou à la chasse, ou bien à embler les chameaux de leurs ennemis, sans s'arrêter jamais en un même lieu plus haut de trois ou quatre jours, qui est tant que les chameaux aient consumé l'herbe qui se trouve là. Ceux encore desquels nous avons parlé, qui ne connoissent ni règle ni raison, ne laissent pas pourtant d'avoir un prince entre eux, qui leur est comme roi, lui portant tel honneur et révérence que sa grandeur le requiert. L'ignorance de ce peuple-ci est fort grande, car il vit sans avoir aucune connoissance des lettres, et moins d'art ou de vertu; vous assurant qu'à bien grande peine se pourra trouver, entre tant de gens, un seul juge pour faire droit et administrer justice à un chacun; de sorte que s'il y a aucun qui soit contraint par quelque débat, ou auquel on ait fait

Africains du désert de Lybie sans justice.

quelque tort ou injure, pour aller se plaindre en justice, il lui faut aller trouver le juge bien cinq ou six journées de là : la raison est, parce que personne d'entre eux n'applique son esprit aux bonnes lettres, n'ayant aucune envie de sortir de leur désert pour étudier ni apprendre; et mal volontiers veulent venir les juges entre telle canaille, pour ne pouvoir comporter bonnement leur sottise et brutale manière de vivre; mais ceux qui s'y veulent acheminer pour les instruire sont bien récompensés, recevant chacun d'eux, par an, mille ducats, aucune fois plus ou moins, selon qu'ils sont estimés suffisants et capables pour exercer entre ce peuple un tel office. Les gentilshommes du pays portent en tête (comme j'ai déjà dit) un linge noir, avec partie duquel ils se couvrent le visage, cachant toutes les parties d'icelui, hormis les yeux, et vont ainsi accoutrés journellement. Par quoi leur venant envie de manger, toutes les fois qu'ils portent le morceau en la bouche, ils la découvrent, puis soudainement la retournent couvrir; alléguant, pour leur raison, touchant cette étrange nouveauté, que tout ainsi que c'est grand vitupère à l'homme de jeter la viande hors du corps, le semblable est de la mettre dedans à la vue d'un chacun. Leurs

Manière d'accoutrement des gentilshommes d'Afrique.

femmes sont fort charnues, mais aucunement brunes, ayant les parties de derrière fort pleines et moufflettes, semblablement l'estomac et les mamelles, et étant de gentil corsage, et fort plaisantes, tant en parler comme à se laisser toucher et manier; voire que quelquefois elles permettent bien, par courtoisie, d'être baisées; mais il est très-dangereux de s'avancer plus outre, parce que leurs maris, par semblables occasions irrités, se tuent les uns avec les autres sans merci aucune; car ils ne peuvent dissimuler en sorte que ce soit le regret qu'ils ont quand ils s'aperçoivent être ainsi vilainement outragés; car pour chose du monde ils ne voudroient porter les cornes. Ils se délectent merveilleusement à se faire connoître libéraux, combien que (à cause de la grande sécheresse) peu de gens passent par leurs pavillons ; joint aussi qu'ils n'habitent sur les grands chemins : mais les voituriers qui traversent leurs déserts sont tenus de payer quelques gabelles à leurs princes, laquelle est un petit drap ou linge pour chacune charge, qui peut monter jusqu'à la valeur d'un ducat. Il n'y a pas long-temps que j'y passai avec la caravane; et étant parvenus sur la plaine d'Araoan, le prince des Zanaga nous vint à l'encontre, accompagné de cinq cents hommes

<small>Caravane qui est une manière de chars traînés par chameaux.</small>

tous montés sur chameaux, auxquels ayant délivré ce qui étoit dû de gabelle à leur seigneur, toute la compagnie fut par lui invitée de se transporter jusqu'en ses pavillons, et là séjourner trois ou quatre jours pour se rafraîchir et reposer; mais pour autant que ses pavillons étoient hors du chemin par l'espace de octante milles, et nos chameaux trop chargés, les marchands refusèrent cette offre le plus honnêtement qu'ils purent; ce que voyant, le prince, pour nous donner meilleure occasion et commodité de demeurer, ordonna que la caravane, avec les chameaux, passeroient outre, suivant leur route, et que les marchands s'en viendroient loger avec lui en ses pavillons, auxquels nous ne fûmes pas plutôt arrivés, que le bon seigneur fit tuer grande quantité de chameaux jeunes et vieux, avec autant de moutons, et quelques autruches qu'ils avoient prises par le chemin; mais les marchands lui firent entendre qu'on ne doit point tuer de chameaux, et qu'outre ce ils n'avoient accoutumé, mêmement en présence d'autrui, de manger chair de mouton; à quoi il fit réponse qu'entre eux cela étoit réputé à grande honte de faire leurs banquets de petits animaux, et spécialement pour nous autres étrangers, qui n'avions jamais été en leurs

Chameaux et autruches apprêtés pour viande.

pavillons ; ce que par les marchands entendu, nous ne fîmes plus difficulté de manger ce que nous étoit présenté et mis au-devant. Le banquet fut fait de chair rôtie et bouillie; les autruches rôties et servies à table, taillées avec des herbes et quantité d'épices de la terre nègre : le pain étoit fait de millet et graine de navette fort bien pilée. Pour issue de table, on servit force dattes et grands vases pleins de lait ; et, pour rendre ce festin encore plus somptueux et recommandable, le seigneur y voulut être en présence, accompagné de quelques-uns de ses parents et plus nobles de sa compagnie ; mais ils mangèrent séparés de nous autres. Il fit encore assister aucuns religieux, et tous gens de lettres qu'il avoit avec lui, lesquels, durant le festin, ne touchèrent aucunement le pain, mais se repûrent seulement de lait et de chair qu'on avoit servis devant eux. Or, ayant pris garde, le prince, à nos manières de faire, et que nous étions étonnés grandement de voir une telle nouveauté, se prit à nous dire, avec un gracieux parler, que ceux qui s'abstenoient de toucher au pain étoient nés aux déserts, qui ne produisent aucuns grains, et que pour cette cause ils ne goûtoient que de ce qui croissoit aux lieux de leur naissance, faisant provision chaque

<small>Religieux et gens de lettres du désert de Lybie ne mangent point de pain.</small>

année de grain seulement pour honorer et recevoir amiablement les étrangers; mais que les jours de fêtes solennelles ils avoient coutume de se réserver, comme aux jours de Pâques et des sacrifices, pour manger du pain et s'en rassasier; tant y a qu'il nous retint en ses pavillons par l'espace de deux jours, pendant lesquels il ne cessa jamais de nous entretenir humainement, et montrer grand signe d'amitié. Le tiers jour, nous prîmes congé de lui; mais il voulut lui-même accompagner les marchands jusqu'au lieu où ils étoient attendus par la caravane; nous assurant véritablement que le prix des bêtes qu'il avoit fait tuer pour nous bien recevoir et traiter, excédoit de beaucoup, et sans comparaison, la valeur de la gabelle qu'il se fait payer. Et pouvoit-on facilement juger, à son gracieux parler et à ses effets pleins d'humanité naïve, qu'il étoit autant accompagné de noblesse comme il s'étoit montré envers nous courtois et libéral; combien que son langage ne nous fût moins inconnu que le nôtre lui sembloit étrange; mais cette difficulté étoit éclaircie par le moyen d'un trucheman, de sorte que chacun de son côté pouvoit comprendre le sens de ce qui se disoit. La vie, mœurs et coutumes des autres quatre peuples, qui sont écartés par les dé-

Marginal note: Grande courtoisie d'un des princes d'Afrique au désert.

serts de Numidie, ne diffèrent en rien à la façon de vivre qui vous a été récitée de ce peuple-ci.

De la manière de vivre, et coutume des Arabes habitant en Afrique.

Tout ainsi que les Arabes habitent en divers lieux, semblablement ils ont diverses mœurs et différentes coutumes de vivre : donc ceux qui demeurent entre Numidie et Lybie vivent fort misérablement, et sont atteints de grande pauvreté, ne différant en aucune chose aux peuples susnommés qui font leur résidence en Lybie; mais ils ont plus de jugement et meilleur esprit, vu qu'ils trafiquent et exercent le train de marchandise en la terre des Nègres, là où ils troquent leurs chameaux et tiennent des chevaux en grande quantité, qu'on appelle en Europe *chevaux barbares*, s'adonnant journellement à la chasse des cerfs, daims, autruches et autres animaux. Et faut bien noter que la plus grande partie des Arabes qui sont en Numidie sont rimeurs qui composent de beaux chants, où ils décrivent leurs combats avec la manière de chasser, et les passions d'amour d'une si grande grâce et façon, que c'est merveille; et font leurs compositions en

Chevaux barbares.

vers et mesures à la mode des vulgaires d'Italie, comme stances et sonnets. Ce sont gens fort enclins à la libéralité; mais le moyen défaut à la bonne volonté ne pouvant se montrer courtois ni maintenir leur réputation comme ils en ont bien l'envie, parce que, dans ces déserts, ils se trouvent mal fournis de toutes choses. Ils vont vêtus à la mode des Numides, sinon que leurs femmes retiennent quelque différence d'entre celles de Numidie. Les déserts auxquels ces Arabes-ci font leur demeurance étoient premièrement occupés par les peuples d'Afrique, où étant passée cette génération d'Arabes, déchassa avec armes les Numides, élisant pour sa demeurance les terres et pays prochains de ceux qui produisent les dattiers; et les Numides allèrent demeurer aux déserts qui confinent avec la terre Noire. Les Arabes habitant dans l'Afrique, c'est à savoir entre le mont Atlas et la mer Méditerranée, sont mieux et en plus grandes richesses que les autres, de quoi rendent assez ample témoignage leurs somptueux ornemens, superbes harnois des chevaux et l'admirable valeur de leurs magnifiques pavillons. Ils ont encore des chevaux de plus belle taille, mais ils ne sont pas si légers à la course que ceux du désert. Ces Arabes font bien et diligem-

Les Arabes déchassent les Numides et occupent leur pays.

ment cultiver leurs terres, tellement qu'ils en retirent des grains en grande abondance, joint aussi qu'ils ont des bœufs et brebis un nombre quasi infini, à cause de quoi il ne leur tourneroit à profit de s'arrêter toujours en un même lieu, pour autant qu'un seul endroit de pays ne seroit pas suffisant (encore qu'il fût bien fertile) à porter pâture pour une si grande multitude de bétail. Ils ont une façon de faire qui est vile et mécanique, laquelle les rend plus barbares que ceux du désert; mais nonobstant cela, ils sont fort libéraux, et une partie de ceux qui habitent au royaume de Fez est sujette au roi. Il fut un temps que ceux qui demeurent tout autour du royaume de Maroc et de Ducale, vivoient exempts de tributs, et se maintinrent en cette sorte jusqu'à ce que les Portugais usurpèrent le domaine d'Azafi et Azémor. A cette heure-là commencèrent à se formaliser et bander les uns contre les autres, qui donna grande commodité et moyen au roi de Fez et de Portugal de ruiner l'une et l'autre partie, avec ce qu'une grande famine survint de ce temps-là en Afrique, qui les oppressa, et mit tellement en bas, que les misérables Arabes passèrent volontairement, et de leur bon gré, au royaume de Portugal, se réputant bien heureux quand quelqu'un

<small>Arabes esclaves de ceux qui leur donnent à vivre.</small>

d'entre eux les daignoit recevoir pour esclaves, en leur donnant de quoi ils puissent déchasser la famine qui journellement les molestoit; et par ce moyen, et en même temps, Ducale fut délivrée de ceux-ci. Mais les autres, qui possèdent les déserts prochains du royaume de Télensin et ceux qui confinent à Tunis, ensuivent la façon de faire de leurs seigneurs, un chacun desquels a très-bonne et ample provision des rois, et icelle distribue à son peuple, pour éviter tous discors et dangers qui en pourroient survenir, et pour les maintenir en bonne paix et amitié. Ceux-ci ont merveilleusement bonne grâce à se tenir bien en ordre, et maintenir leurs chevaux en bon point et équipage, ayant coutume d'aller quérir en temps d'été leurs provisions jusqu'aux confins de Tunis, là où ils se fournissent pour tout le mois d'octobre de tout ce qu'ils savent leur être nécessaire, comme de vivres, de draps et d'armes, puis ils se mettent au retour à la route des déserts, là où ils séjournent tandis que l'hiver dure; passé l'hiver et le printemps revenu, ils vont à la chasse, avec chiens et oiseaux, après toute espèce de sauvagine, et ai plusieurs fois été avec eux, là où je me suis aidé de plusieurs choses, ayant trouvé leurs pavillons (qui sont d'assez bonne grandeur) mieux fournis de draps, d'archal fer et cuivre, que ne sont plusieurs bonnes boutiques dans les grosses cités même. Si est-ce qu'il ne fait pas bon se fier de ces prud'hommes, parce qu'ils sont merveilleusement enclins à dérober et brigander. Au reste, vous les trouverez amiables, courtois et traitables. Ils tiennent grand compte et admirent fort la poésie, à laquelle s'adonnant, ils composent des carmes le plus souvent enrichis de parfaite élégance, combien que leur langue soit en beaucoup d'endroits corrompue; et un poète, tant peu soit-il entre eux renommé, est fort bien venu devant leurs seigneurs, lesquels, pour le plaisir qu'ils reçoivent de leurs vers, les récompensent largement, vous assurant que ce me seroit chose impossible de vous pouvoir exprimer la grande grâce qu'ils ont en leurs carmes. Leurs femmes se tiennent fort bien en ordre selon le pays, usant pour leurs habits de certaines chemises noires, avec les manches larges, sur lesquelles elles portent un linceul de même couleur, ou bien azuré, qui les environne, et l'attachent en telle sorte, que rebracé sur leurs épaules deçà et delà, est crocheté avec certaines boucles d'argent faites assez industrieusement, et portent aux oreilles plusieurs anneaux d'argent, et aux doigts sem-

<small>Poètes bien estimés, même entre les Barbares, et honorés et bien récompensés des seigneurs.</small>

<small>Accoutrement des femmes d'Afrique.</small>

blablement, puis, avec certains petits cercles, s'entortillent les jambes avec le talon, comme c'est la coutume des Africains. Elles portent encore certains voiles sur le visage, lesquels sont percés au droit des yeux, et venant à apercevoir aucun qui ne leur soit parent, incontinent avec icelui se couvrent le visage sans faire autre semblant. Mais s'il advient d'aventure qu'elles se trouvent au chemin devant leurs maris ou parents, toujours tiennent le voile haussé. Et quand les Arabes se veulent transporter d'un lieu en un autre, ils mettent leurs femmes sur des chameaux assises sur selles toutes propices, qui sont faites en mode de paniers, mais couvertes de très-beaux tapis, et si petits, qu'il n'y a lieu que pour une femme seule. Le jour qu'il leur faut combattre, il les mènent avec eux expressément pour leur reconfort, et afin qu'ils soient moins craintifs. Elles ont encore cette coutume avant que venir au mari, de se peindre la face, l'estomac, les bras et les mains, réputant cela être fort gentil et plaisant; ce qu'elles ont retenu des Arabes africains du temps qu'ils vinrent habiter parmi ceux-ci, car ils ne savoient ce que c'étoit auparavant; mais cette façon de faire n'a trouvé lieu entre les nobles et citoyens de la Barbarie; aussi les femmes d'iceux prennent plaisir à

Des femmes d'Afrique, et comme elles se fardent.

maintenir seulement le teint que nature leur a donné. Vrai est que parfois elles prennent certains fards composés avec fumée de gale et safran, de quoi se teignant la moitié de la joue, s'y forme un rond en manière d'un ducat; puis entre les sourcils, tracent une figure en triangle, et sur le menton je ne sais quoi ressemblant à une feuille d'olive; et d'autres encore se teignent les sourcils entièrement. Et pour autant que cette coutume est louée par les Arabes et nobles, elles l'estiment de fort bonne grâce et gentille. Mais elles ne portent cette espèce de fard plus haut de deux ou trois jours, parce qu'elles n'oseroient comparoître, ni se présenter devant leurs parents ainsi atournées, mais seulement devant leurs enfants et maris, à cause qu'elles ne tendent par cela à autre fin qu'à provoquer les hommes à lasciveté et paillardise, leur semblant se teignant en cette sorte, que leurs grâces et beautés en reçoivent un plus grand lustre.

Des Arabes qui habitent aux déserts qui sont entre la Barbarie et l'Égypte.

Ceux-ci mènent une très-misérable et calamiteuse vie, pour autant que les pays auxquels ils habitent sont âpres et stériles là où ils nourrissent les brebis; mais pour le peu d'herbe qui y croît, ils en font petit profit; et en tant que se peut étendre la longueur des campagnes, il n'y a aucun lieu là où quelque grain que ce soit y puisse profiter après y avoir été semé, hors en quelques petites villettes et places, en manière de bourgades, qui se trouvent parmi ces déserts, là où y a aucuns petits clos de dattiers, et là peut-on bien semer du grain, mais en si petite quantité, que cela se peut quasi appeler rien; qui fait que ceux qui demeurent en ces bourgades sont continuellement par ces Arabes molestés; et combien qu'ils soient coutumiers de troquer quelquefois leurs brebis et chameaux avec leurs grains et dattes, néanmoins ce qu'ils en rapportent est si peu de chose, qu'il n'est suffisant à substanter une si grande multitude de personnes; à cause de quoi il advient que l'on trouve en tout temps beaucoup d'enfants de ces Arabes entre les Siciliens, qui leur sont délaissés en gage, pour les grains que les pauvres gens prennent à crédit, sous telle condition que s'ils ne restituent à leurs créditeurs la somme des deniers dont ils leur sont redevables, les enfants délaissés sont détenus esclaves, pour lesquels racheter il faudroit consigner trois fois autant que le principal monte; de sorte que les pères sont contraints de les

Les Arabes donnent leurs enfants en gage aux Siciliens, pour les grains qu'ils prennent à crédit.

laisser en cette misérable servitude; et de là vient que ces Arabes sont les plus dangereux et terribles voleurs qui soient sous le ciel; lesquels, après avoir mis à blanc les étrangers qui tombent en leurs mains, et leur avoir volé tout ce de quoi ils les ont trouvés saisis, les vendent aux Siciliens; ayant si bien décrié la rivière de la mer qui environne le désert auquel ils font leur demeurance, par leurs voleries et larcins, que depuis cent ans en ça il n'y a passé marchands ni voituriers; et s'il avenoit que la nécessité contraignît quelqu'un d'y passer, ils ont coutume de s'acheminer par terre ferme, loin de la marine environ cinq cent milles. Ainsi qu'une fois que je voulois fuir le danger de leurs ravissantes mains, j'errai partoute cette rivière avec trois vaisseaux de marchands; mais ils ne nous eurent pas plutôt découverts, qu'ils vinrent à grande course au port, faisant semblant que leur vouloir étoit de troquer avec nous aucunes choses dont nous ne recevrions petit profit. Mais eux étant ainsi suspects, personne de nous ne voulut prendre terre, que premièrement ils n'eussent consigné quelqu'un de leurs enfants entre nos mains; ce qu'ayant fait, nous achetâmes d'eux des moutons et du beurre, puis soudainement nous rembarquâmes, et fîmes voile, craignant pour si peu que nous eussions séjourné, d'être surpris par les corsaires et pirates de Rhodes et de Sicile. Tant y a qu'ils sont tous difformes, mal vêtus, maigres et défaits, par l'extrême famine qui les moleste, voire et si âpre, qu'il semble à voir que de tout temps la malédiction de Dieu veuille demeurer sur cette damnable et perverse génération, sans jamais s'en départir.

De Soava (à savoir ceux qui pâturent les brebis), nation africaine, et qui suit la façon de vivre des Arabes.

Il y a beaucoup de générations en Afrique qui s'adonnent à gouverner les bœufs et pâturer les brebis, dont la plus grande partie habite au pied du mont Atlas, et dans la montagne même; et quelle part qu'elles soient, toujours demeurent tributaires au roi ou aux Arabes. J'en excepte ceux qui demeurent en Témesne, lesquels sont libres et fort puissants en terres et seigneuries. Ils parlent le langage africain; et aucuns, pour être prochains des Arabes, et pour la continuelle conversation qu'ils ont avec ceux qui demeurent aux campagnes de Urbs, aux confins de Tunis, retiennent la forme de la langue arabesque. Un autre peuple y a, qui réside là où confine Tunis avec le pays qui produit les dattes, lequel plusieurs fois a bien osé entreprendre de mouvoir guerre contre le roi, comme il advint ces ans passés, que s'étant parti, le fils du roi de Constantine, pour retirer les tributs de ce peuple-ci, le chef d'icelui, qui s'étoit embuché avec deux mille chevaux, assaillit ce jeune prince fort vivement; si bien que, combattant d'un courage magnanime et de grande hardiesse de cœur, défit sa compagnie tellement, qu'à la fin, destitué de forces, finit misérablement ses jours. Cela fait, il se saisit de la dépouille, et s'en alla victorieux, en l'an de l'Hégire 915. Depuis cette défaite, ce peuple commença à être renommé et tenu en réputation, recevant les Arabes qui vouloient être au service du roi de Tunis qui s'en étoient enfuis des lieux qu'il avoit réduits sous sa puissance; en sorte que les forces de ce chef sont tellement accrues, qu'il est tenu pour l'un des plus grands terrains qui soient dans l'Afrique.

Défaite et mort du fils du roi de Tunis.

De la foi des anciens Africains.

Au temps passé, les Africains furent quasi tous entachés du péché de l'idolâtrie, comme sont les Persans, qui adorent le feu et le soleil, élevant temples somptueux et superbes en l'honneur et révérence de l'un et de l'autre, tenant un feu continuellement brûlant; et de nuit, de peur qu'il vienne à s'éteindre, est soigneusement gardé; en cela imitant les Romains, quant aux cérémonies de la déesse Vesta; ce qu'est amplement contenu aux histoires d'Afrique et de Perse. Les Africains de Numidie et Lybie vouloient adorer les planètes, et à icelles dévotement offrir et sacrifier. Aucuns des Noirs eurent en révérence Guighimo, qui vaut autant à dire comme seigneur du ciel, sans avoir été induits à cette bonne créance par docteur ni prophète aucun; puis de là à certain temps, reçurent la loi et doctrine judaïque, qu'ils retinrent constamment par long espace de temps, jusqu'à ce que plusieurs de leurs royaumes furent endoctrinés en la religion chrétienne, et s'entretinrent en icelle jusqu'au temps que la damnable secte mahométane commença à se divulguer, en l'an de l'Hégire 268. A cette heure-là étant venus prêcher en ces parties aucuns disciples de Mahomet, firent tant par paroles déceptives et fausses exhortations, qu'ils attirèrent les cœurs des Africains à leur méchante et satanique loi; tellement que tous les royaumes des Noirs qui confinent à la Lybie (laissant à part la religion chré-

Cérémonies des Africains.

tienne) adhérèrent aux commandements de Mahomet. Toutefois il y a encore quelques royaumes auxquels se sont maintenus constants les habitants d'iceux, qui retiennent jusqu'à présent la doctrine de Jésus-Christ. Et ceux qui tenoient la loi judaïque, furent totalement ruinés par les chrétiens et Africains. Ces autres qui habitent au plus près de la mer océane, sont tous païens servant aux idoles, lesquels ont été vus par les Portugais, qui ont encore pratiqué quelquefois avec eux. Les habitants de Barbarie demeurèrent aussi par un long temps détenus en idolâtrie, mais deux cents cinquante ans avant l'avénement du faux prophète Mahomet, ils reçurent la loi évangélique, parce que cette partie où sont situés Tunis et Tripoli, fut subjuguée par quelques seigneurs de la Pouille et Sicile, et fut semblablement la rivière de Césarie et Mauritanie, gouvernée par les Goths. En ce temps-là aussi, plusieurs princes chrétiens donnant lieu à cette fureur gothique, et abandonnant leurs propres contrées d'Italie tant douces et fertiles, vinrent habiter aux terres prochaines de Carthage, là où ils dressèrent puis après un domaine. Mais il faut entendre que ces chrétiens de Barbarie ne suivoient en rien les statuts et ordonnances de l'église romaine, ains obser-

Les juifs ruinés par les Africains.

Les Goths en Mauritanie.

Chrétiens de Barbarie.

voient les règles, et adhéroient à la doctrine arriane; et du nombre d'iceux étoit saint Augustin. Or, du temps que les Arabes vinrent pour conquêter la Barbarie, ils trouvèrent que ces chrétiens l'avoient subjugée, s'en étant déjà faits seigneurs ; ce qui fut cause qu'il y eut entre eux de très-cruelles et grandes batailles. Mais à la fin (comme c'étoit le vouloir du souverain moteur) les Arabes se trouvèrent jouissant de la victoire, chassant hors les terres d'Afrique ces Arrians, qui passèrent les uns en Italie, et les autres en Espagne. Mais après le décès de Mahomet, environ deux cents ans, la Barbarie se trouva quasi toute infectée de la secte d'icelui. Vrai est que souventefois ces peuples se révoltèrent, en délaissant cette doctrine malheureuse, mettant à mort leurs prêtres et gouverneurs. Néanmoins, toutes les fois que cela parvenoit aux oreilles des pontifes, ils y tenoient main-forte, expédiant de grandes armées pour marcher contre ces Barbares, et entretinrent cela jusqu'au temps que les schismatiques arrivèrent en Barbarie, c'est à savoir ceux qui s'enfuirent de la main des pontifes de Bagaded; par quoi, à l'heure, la loi de Mahomet assura son fondement. Toutefois il y a toujours eu, et sont demeurés entre eux, beaucoup de doutes

Les Arabes chassent les Arrians hors d'Afrique.

et hérésies. Quant à la loi mahométane, mêmement aux choses qui sont de plus grande conséquence, et de la diversité qui est entre les Africains et ceux de l'Asie, je pense (Dieu aidant) en parler plus amplement en une autre œuvre, après avoir premièrement donné fin à celle-ci.

Lettres dont usent les Africains.

Les historiographes tiennent pour tout sûr que les Arabes n'avoient autre sorte de lettre que la latine, disant que lorsque l'Afrique fut par les Arabes subjuguée, et mêmement la Barbarie, là où fut et est encore toute la civilité d'Afrique, qu'ils n'y trouvèrent autre espèce de lettre que la latine. Ils confessent bien que les Africains ont une langue propre et à eux particulière, mais que le plus souvent ils s'aident de la latine, comme font les Allemands en Europe. Donc toutes les histoires que les Arabes tiennent des Africains, ont été traduites anciennement de la langue latine, qui sont œuvres antiques, les unes écrites du temps des Arrians, et les autres devant, dont les auteurs sont bien nommés, mais je n'en ai pas mémoire. Je pense que telles œuvres soient fort prolixes, parce que les interprètes allégant souventefois leurs autorités, disent : Telle chose est contenue au septantième livre. Il est vrai que les œuvres susnommées ne furent par les Arabes traduites selon l'ordre des auteurs, mais prirent le sommaire du nom des seigneurs, et selon leur ordre compartirent les temps, les accordant avec ceux des rois de Perse, ou de ceux des Assyriens, ou des Chaldées, ou d'Israël. Et lorsque les schismatiques revinrent en Afrique (ceux-là, dis-je, qui abandonnèrent Bagaded), commandèrent qu'on eût à brûler tous les livres auxquels étoient contenues les histoires et sciences des Africains, parce qu'ils étoient de cette opinion, que ces livres étoient occasion de toujours maintenir et renouveler l'ancien orgueil et superbe accoutumée des Africains, et que, par le moyen de la lecture d'iceux ils ne vinssent à renier la loi de Mahomet. Quelques autres de nos historiographes soutiennent que les Africains avoient lettres particulières ; mais après que les Romains mirent le pied en Barbarie, la subjuguant, et par long-temps après que les chrétiens fugitifs d'Italie, pour éviter la fureur gothique, s'en emparèrent, et la dominèrent ; qu'alors ils laissèrent perdre leurs lettres, parce qu'il est nécessaire à tous ceux qui sont réduits sous la puis-

On doute que ce ne soient les livres de Tite-Live.

sance de quelqu'un, s'accommoder au vouloir de ceux qui leur peuvent commander, s'ils veulent acquérir leur grâce, et leur être agréables, comme il est advenu aux Perses sous le domaine des Arabes, qui ont semblablement laissé anéantir leurs lettres, et furent leurs livres tous brûlés par le commandement des mahométans, qui estimoient qu'en leur laissant toujours ces livres, où étoient contenues les mathématiques, les lois, et foi des idoles, entre leurs mains, qu'ils ne sauroient être bons ni affectionnés disciples de Mahomet; et leurs livres brûlés, les sciences leur furent défendues. Le semblable fut fait par les Romains et Goths, lorsque (comme nous avons déjà dit) ils vinrent à usurper la Barbarie; et me semble que pour bonne et suffisante preuve de ceci, peut suffire qu'en toute la Barbarie toutes les épitaphes qui se lisent sur les sépultures, ou contre les parois des édifices, tant par les cités maritimes comme de la campagne (c'est à savoir celles qui furent anciennement édifiées), sont toutes écrites en lettres latines simplement; et ne saurois croire que pour tout cela les Africains les eussent pour leurs propres lettres, ni qu'ils eussent en icelles écrit, parce qu'il ne faut point douter que quand les Romains, qui leur étoient

Les Arabes mahométans firent brûler les livres des Persans, et le semblable firent les Romains et les Goths des livres arabes.

ennemis, les rendirent tributaires et sujets, pour leur faire plus grand outrage (comme est la coutume des vainqueurs), leur commandèrent de canceler tous leurs titres et lettres, en y posant les leurs, pour en effacer ensemble, avec la dignité, toute la mémoire des Africains, et faire celle du peuple romain florir à perpétuité ; comme aussi avoient proposé les Goths faire des édifices de Rome, et les Arabes de ceux des Persans; ce que font encore les Turcs pour le jourd'hui, aux places qu'ils peuvent gagner sur les chrétiens, effaçant non-seulement la mémoire et les honorés titres, mais les images des saints et saintes qui sont aux églises. « Ne se voit-il pas
» encore dedans Rome, même à présent, que
» le plus souvent le commencement d'un bel
» œuvre et excellent édifice, par quelque pape
» non sans grands frais et dépense bien avancé,
» et par mort puis après délaissé imparfait,
» sera, par celui qui succédera au pontificat,
» démoli jusqu'aux fondements pour en redres-
» ser un nouveau bâtiment. Ou posé le cas que
» l'édifice fût parachevé, et qu'il le laisse en son
» être, pour peu qu'il y ajoute de nouveau, il
» veut et commande que les armes du pontife
» décédé soient ôtées et effacées, et en lieu d'i-
» celles les siennes gravées et élevées; ou bien,

Les Turcs effacent les titres des chrétiens, et abattent les images des églises.

» s'il y a en lui tant de discrétion de les y lais-
» ser, néanmoins les siennes, avec grandes
» épitaphes bien compassées, tiendront le plus
» honorable lieu. » Il ne faut donc point s'émerveiller si les lettres d'Afrique sont perdues,
ni pour quelle occasion, depuis neuf cents ans
en ça, les Africains usent de lettres arabesques. Mais touchant ceci, Ibnu Rachich, historien africain, fait en sa chronique une longue dispute, à savoir si les Africains auroient
telles lettres propres ou non, et conclut que
pour certain ils les avoient, disant que qui
veut nier cela pourroit nier semblablement
que les Africains eussent eu une langue propre. Il dit encore être impossible qu'un peuple
ayant un langage particulier, en choisisse un
autre pour en user et s'en servir.

Situation de l'Afrique.

Tout ainsi que l'Afrique est divisée en quatre
diverses parties, semblablement elles sont en
assiètes différentes, dont la rivière de la mer
Méditerranée, c'est à savoir depuis le détroit
de Zibeltar jusqu'aux confins d'Égypte, est
toute occupée de montagnes qui se jettent au
large sur le côté du midi, environ cent milles,
en aucuns endroits plus, et en d'autres moins.

Depuis ces montagnes jusqu'au mont Atlas, il y a des plaines et petits côteaux, et partoutes les montagnes de cette rivière se trouvent plusieurs fontaines qui se convertissent puis après en petits fleuves cristallins, à l'œil fort plaisants et délectables. Après ces plaines et côteaux, le mont Atlas se vient présenter, qui prend son commencement de l'Océan vers les parties occidentales, s'étendant devers le levant jusqu'aux fins d'Égypte, et puis se découvrent les plaines là où est située la Numidie, où sont produits les dattiers, qui est un pays quasi tout sablonneux. Laissant la Numidie, l'on entre aux déserts de Lybie, lesquels sont tout pleins d'arênes jusqu'à la terre Noire ; néanmoins ils ne sont pas du tout exempts de montagnes ; et le chemin des marchants ne se dresse par iceux, parce qu'entre ces montagnes il y a plusieurs beaux et larges passages. Après les déserts de Lybie est la terre Noire, dont la plus grande partie est en plaines sablonneuses, fors que du côté du fleuve Niger, et de ces lieux auxquels arrivent les eaux du fleuve, de quoi les habitants se servent.

Le mont Atlas.

Des lieux raboteux d'Afrique, et pleins de neige.

Toute la rivière de Barbarie et les montagnes prochaines d'icelle, tiennent plutôt du froid qu'autrement, parce que la neige y tombe en aucune saison de l'année, et y croissent partout fruits et grains en bonne quantité; mais le froment y est rare, à cause de quoi les habitants de ces lieux mangent de l'orge ordinairement. Les fontaines qui y sourdent, jettent certaines eaux qui sentent le terroir, et sont aucunement troubles, mêmement aux parties qui confinent avec la Mauritanie. Il y a aussi sur ces montagnes de grands bois, où se trouvent des arbres d'une merveilleuse hauteur; et le plus souvent on y voit parmi les feuillées plusieurs animaux, dont les uns sont paisibles et traitables, les autres, au contraire, très-fiers et dangereux. Les petites plaines et collines qui sont entre ces montagnes et le mont Atlas, sont toutes fertiles, produisant en grande abondance de grains et bons fruits; et tous les fleuves qui proviennent du mont Atlas, traversent toutes ces collines et plaines; puis, continuant leur cours de droit fil, s'en vont rendre dans la mer Méditerranée. Mais en cette partie il y a peu de bois, et sont plus grasses et fertiles les plaines qui sont entre le mont Atlas et la mer océane, comme est la région de Maroc, la province de Ducale et tout le pays de Tedle, Témesne avec Azgar, jusqu'au détroit de Zibeltar. La montagne d'Atlas est fort froide et stérile, produisant peu de grains, étant partoutes ses parties chargée de bois obscurs et touffus, et d'icelle descendent quasi tous les fleuves d'Afrique. Les fontaines qui y sourdent sont fort froides au cœur de l'été; de sorte que si quelqu'un se hasardoit d'y mettre la main, pour si peu que ce soit, il ne faudroit de la perdre. La froidure ne continue pas également en toutes les parties de la montagne, parce qu'il y a aucuns lieux qui sont comme tempérés, lesquels ne sont moins habitables qu'habités, ainsi qu'il vous sera particulièrement récité en la seconde partie de notre livre. Les parties qui sont inhabitables sont ou trop froides ou trop âpres: celles qui sont au-devant de Témesne sont âpres, et celles qui regardent la Mauritanie sont froides; si est-ce que ceux qui gardent le bétail ne laissent à s'y acheminer en temps d'été, et y conduire leurs troupeaux pour pâturer, ce que seroit à eux grande folie, et chose impossible d'entreprendre en temps d'hiver, pensant y pouvoir résider en

Le mont Atlas est si froid, et les fontaines d'autour, que quelqu'un mettant la main dedans est en danger de la perdre.

sorte que ce soit, parce que la neige n'est pas plutôt tombée, qu'il s'élève un grand vent de tramontane, si transperçant et dommageable, qu'il tue tous les animaux qui se trouvent en ces lieux-là, et beaucoup de personnes y donnent fin à leurs jours, à cause que là est le passage d'entre la Mauritanie et la Numidie; et comme c'est la coutume des marchands de dattes de faire leur charge et de partir à la fin d'octobre, quelquefois ils sont surpris de la neige, si bien qu'il n'en demeure pas un en vie; car si la nuit la neige commence à tomber, le lendemain l'on trouve les voituriers, avec leurs charges, plongés et ensevelis dans icelle; et non-seulement la caravane, mais les arbres aussi s'en voient tout couverts, tellement qu'on ne sauroit apercevoir ni sentier ni route, pour savoir en quelle part gisent les corps morts; vous assurant que par deux fois, et par grande aventure, je suis échappé d'un tel genre de mort, du temps que je passois par ces dangereux chemins; au moyen de quoi il vous plaira entendre ce qu'il m'advint une fois. A la départie de plusieurs marchands de Fez, nous nous trouvâmes environ le mois d'octobre au mont Atlas; puis, à soleil couchant, une très-épaisse et plus froide neige se va mettre à tomber, et lors plu-

Marchands de dattes et voituriers qui meurent dans la neige.

Expérience de l'auteur, qui échappa d'un grand danger.

sieurs Arabes (qui étoient de dix à douze chevaux) se mirent ensemble, lesquels, m'exhortant de laisser la caravane, m'invitoient de m'acheminer avec eux en un bon logis. Or, me commandant l'honnêteté de ne refuser le gracieux parti qu'ils me présentoient, et toutefois doutant de quelque cascade, me va soudainement tomber en fantaisie de me décharger d'une bonne somme de deniers que j'avois sur moi; et pour autant qu'ils commencèrent à s'avancer, me pressant de me hâter, fis semblant (mettant pied à terre) d'aller à mes affaires, et me retirai à l'écart sous un arbre, là où, au moins mal qu'il me fût possible, et comme le temps et le lieu m'en donnèrent la commodité, je cachai mon argent entre des pierres et mottes de terre, remarquant avec grande diligence l'arbre auprès duquel je l'avois laissé. Cela fait, je me mis à suivre la route des autres, lesquels ayant atteints, chevauchâmes ensemble en grand silence, et sans prononcer aucune parole jusqu'à minuit. Alors un de ceux de ma compagnie (lui semblant avoir temps et lieu opportun pour mettre en exécution leur entreprise) me demanda si l'argent que je portois ne me blessoit point, et qu'il m'en déchargeroit volontiers pour me soulager et me faire plaisir. Mais moi, comme celui qui trouvoit ses propos fort étranges, et me semblant un peu plus courtois que je n'eusse voulu, lui fis réponse que ce peu que j'avois étoit demeuré avec la caravane, et que je l'avois laissé à un mien prochain parent; à quoi ils n'ajoutèrent point de foi, et, pour en être mieux acertenés, voulurent faire revue sur-le-champ, ne faisant point conscience de me dépouiller tout nu jusqu'à ma chemise, sans avoir aucun égard à la grande froidure et à la neige qui tomboit pourlors. Mais après que ces pillards ne trouvèrent ce qu'ils cherchoient, pour m'acoutrer de tous points, commencèrent, pour toute récompense, à se moquer de moi, disant qu'ils ne l'avoient fait que pour jeu, et essayer si j'étois homme d'assez forte complexion pour endurer le froid au besoin. Or, suivant notre chemin toujours à l'obscur, tant à cause du temps comme de la nuit, nous entrevîmes (par le vouloir de Dieu) bêler des brebis là où nous nous adressâmes, traversant par bois touffus et par scabreux rochers, tellement que nous pensions bien être en un grand danger; mais nous fîmes tant, qu'à la fin, étant parvenus en certaines cavernes hautes, nous trouvâmes aucuns bergers, qui, bien à malaise et à grande peine, y avoient conduit leurs brebis, et ayant allumé

<small>L'auteur, étant entre les mains des brigands, fut dépouillé tout nu et moqué d'eux.</small>

un bon feu, étoient à l'entour, se chauffant, jusqu'à ce qu'ils nous eurent découverts et connus pour Arabes. Ceux de ma compagnie furent, de prime face, effrayés, craignant de recevoir d'eux aucun outrage et déplaisir; depuis commencèrent à s'assurer sur l'indisposition du temps, et montrant assez bon visage, nous firent un très-joyeux accueil, nous donnant à manger de ce peu de pain et fromage qu'ils avoient. Après que nous eûmes soupé, tremblans tous de froid, mais moi plus que les autres, à qui on avoit mis le derrière à découvert un peu auparavant, avec la peur qui m'étoit encore en partie demeurée, nous nous mîmes à dormir; mais continuant toujours le temps de mal en pis, fûmes contraints de demeurer avec ces bergers deux jours et deux nuits; car, tandis que la neige ne cessa de tomber, laquelle au tiers jour prenant cesse, les pasteurs se mirent en grande diligence à ôter celle qui avoit bouché l'entrée de la caverne; ce qu'ayant fait, ils nous menèrent là où ils avoient mis nos chevaux, qui étoient en d'autres cavernes prochaines, là où ils n'endurèrent aucun malaise ni faute de foin; et les ayant trouvés tous en bon point, montâmes dessus et fîmes départ. Ce jour-là le soleil se découvrit fort clair, exhalant les vapeurs et chassant partie de la froidure des jours précédents. Les pasteurs nous accompagnèrent une bonne pièce de chemin, nous enseignant certains petits sentiers et détours là où ils présumoient que la neige ne pouvoit être guère haute ; mais avec tout cela les chevaux y étoient toujours jusqu'aux sangles. Or, étant parvenus aux confins de Fez, en une ville, on nous donna nouvelle certaine que les voituriers étoient demeurés dans la neige étouffés et ensevelis. Alors les Arabes, hors de toute espérance d'être salariés de leur peine pour avoir accompagné et assuré la voiture, saisirent un juif qui étoit en notre compagnie, lequel ils retinrent prisonnier en leurs pavillons, faisant compte de le détenir là jusqu'à tant qu'il eût payé pour tous, et m'ôtèrent mon cheval, me commandant à Dieu; parquoi ayant pris un mulet à louage, avec un certain bât de quoi ils usent en ces montagnes, suivis la route de Fez, là où j'arrivai le tiers jour, et trouvai qu'on étoit déjà averti de la triste aventure; au moyen de quoi mes gens croyoient que j'y eusse fini mes jours comme les autres; mais j'en échappai, ainsi qu'il plut au Seigneur Dieu, avec un tel danger que vous avez ouï réciter. Or, maintenant, laissant à part mes défortunes, je retournerai sur mes brisées, et à la matière interrompue. Donc, par-delà le mont Atlas, il y a des pays qui tiennent du froid et du chaud, auxquels se trouvent peu de fleuves prenant leur origine à cette montagne; mais ceux qui y passent dressent leur cours par les déserts de Lybie, là où ils s'épandent par l'arène, formant les aucuns d'iceux un lac; et en ces pays ne se trouvent guère de terres qui soient bonnes pour semer, mais elles produisent des plantes de dattiers infinies. Il y a encore quelques autres arbres portant fruits, toutefois ils sont rares et en petit nombre; et aux lieux de Numidie qui confinent avec la Lybie, il y a certaines montagnes âpres, ne produisant arbre que ce soit, ayant au pied des lieux où sortent des arbres couverts d'épines, et qui ne portent point de fruits; semblablement il n'y a ni fleuves ni fontaines, sinon aucuns puits qui ne se peuvent trouver qu'à bien grande peine entre ces montagnes et déserts. Il se trouve, parmi le

Dangereux scorpions et serpents de Numidie. pays de Numidie, plusieurs scorpions et serpents, qui font, par leur venin et morsure, mourir tous les ans une grande multitude de

Lybie. personnes. Lybie est un pays qui est fort sec, désert, et en tout ce qu'il s'étend, sablonneux, sans qu'il y ait fleuves, fontaines ni eaux, hors

Puits d'eau salée. seulement quelques puits dont l'eau est plutôt salée qu'autre chose, et s'en trouve encore bien peu. Il y a aucuns lieux par lesquels on chemine bien par l'espace de cinq ou six jours sans trouver de l'eau, à cause de quoi il faut que les marchands en portent avec eux sur les chameaux dans aucuns grands barreaux, mêmement par le chemin qui va de Fez à Tombut, ou de Télensin à Agadez; et est beaucoup plus fâcheux le chemin retrouvé par les modernes, qui est pour aller de Fez au grand Caire par le désert de Lybie : toutefois, en faisant ce voyage, l'on passe à côté d'un grand lac à l'entour duquel habitent les peuples de Sin et Ghorran. Mais pour aller de Fez à Tombut, se trouvent quelques puits qui sont fourrés par-dedans de cuirs de chameaux, ou murés avec les os d'iceux; et n'y a pas petit danger pour les marchands, quand ils se mettent sur les chemins en autre saison que l'hiver, parce que le siloch se lève soufflant avec d'autres vents méridionaux, lesquels enlèvent l'arène si dru, qu'elle remplit et couvre ces puits, tellement que les marchands, qui départent sous espérance de trouver l'eau aux lieux accoutumés, ne pouvant discerner en quel lieu ils puissent rencontrer ces puits, étant cachés sous le sable, sont contraints, par faute d'eau, de demeurer roides en place; là où les pas-

<small>Puits fourrés de peaux de chameaux, ou murés de leurs os.</small>

sants voient souventefois les os d'iceux et de leurs chameaux blanchir en divers lieux parmi le désert. A ce grand péril gît un seul remède fort étrange, qui est tel, qu'ayant tué un de leurs chameaux et épuisé l'eau qu'ils trouvent dans les boyaux, la boivent, et départent entre eux jusqu'à tant qu'ils arrivent en quelque pays habitable; mais leur désastre étant si grand qu'ils ne puissent trouver de l'eau, la seule mort donne fin à leur soif. On peut encore voir deux sépultures au désert d'Azaoad, enlevées d'une pierre étrange, en laquelle sont gravées quelques lettres, qui donnent à entendre comme deux corps sont là-dessous gisans, l'un desquels, durant ses jours, fut un très-riche marchand, qui, traversant le désert avec une soif extrême, et à la fin par icelle abattu, acheta une tassée d'eau, d'un voiturier qui étoit avec lui, la somme de dix mille ducats; ce nonobstant il ne laissa de mourir pour n'avoir d'eau suffisamment, et le voiturier aussi qui s'étoit défait de son eau. Il y a en ce désert un grand nombre de dommageables animaux, et d'autres aussi qui n'offensent personne; mais je me déporterai, pour le présent, d'en parler, pour vous déclarer l'espèce et nature d'iceux au quatrième livre, auquel je traiterai de Lybie, ou bien là où je ferai mention particulière des animaux qui se trouvent en Afrique. J'espère encore de vous raconter autre part les périls et grands inconvénients auxquels je suis encouru en errant par la Lybie, mêmement sur les chemins de Gualata, tellement que vous en demeurerez merveilleusement étonnés ; pour autant que souventefois, ayant perdu la route des puits, notre guide même s'égaroit ; et quelquefois nous reconnoissant être parvenus aux puits, nous les trouvions tous étoupés de sable ; et du temps que les ennemis empêchoient le passage de l'eau, il nous fut bon besoin d'épargner ce peu que nous en avions le mieux qu'il nous fut possible, en départant celle de notre provision pour cinq jours par l'espace de cinq autres. Mais si je me voulois étendre sur la particularité d'un voyage seulement, il faudroit que ma plume ne fût entretenue à autre chose ; et pour passer outre, il y a en la terre des Noirs des pays qui sont fort chaleureux, tenant toutefois encore de l'humide pour être prochains du fleuve Niger, dont toutes les régions qui sont autour d'icelui ont fort bonnes terres, qui produisent des grains en grande abondance, et du bétail une infi- nité ; mais il n'y croît aucune espèce de fruits, hors quelques-uns que portent certains arbres

<small>Terres très-fertiles près le fleuve Niger</small>

d'une merveilleuse grandeur, et leur fruit ressemble aux châtaignes, tenant quelque peu de l'amer. Ces arbres croissent assez loin de la mer, en terre ferme; et le fruit duquel je vous ai parlé est nommé, en leur langue, goro. Il est vrai qu'ils ont grande quantité de coucourdes, oignons, citrouilles et autres fruits; et ne sauroit-on trouver le long du fleuve Niger, encore moins aux confins de Lybie, une colline ou montagne, mais bien plusieurs lacs délaissés par l'inondation du fleuve; et il y a au contour d'iceux de grands bois, auxquels se nourrissent plusieurs éléphants et autres animaux, comme aussi particulièrement et par rang on en traitera.

Goro, fruit.

Mutations de l'air, naturelles en Afrique, et de la diversité qui provient d'icelles.

La moitié d'octobre n'est pas plutôt passée, que les pluies et froidures commencent à venir quasi partoute la Barbarie; et environ le mois de décembre et janvier, le froid y est plus véhément (comme il advient aussi aux autres lieux), mais le matin seulement; de sorte que personne n'a besoin de s'approcher du feu pour se chauffer. En mars, il s'élève des vents terribles, et si impétueux, du côté de ponant et tramontane, qu'ils font boutonner les arbres et avancer les fruits de la terre, lesquels en avril prennent leur forme naturelle, tant qu'aux plaines de Mauritanie, au commencement de mai et encore à la fin d'avril, on commence à manger des cerises nouvelles; et ainsi qu'on est dans le mois de mai environ trois semaines, on se met à cueillir les figues, qui sont mûres comme si c'étoit au cœur de l'été; et trois semaines dedans juin, les raisins commencent à taveler et devenir mûrs, de sorte qu'on en y mange dès ce temps-là. Les pommes, poires, abricots et prunes mûrissent entre juin et juillet. Les figues de l'automne deviennent mûres au mois d'août, semblablement les jujubes; mais au mois de septembre vient l'abondance des figues et pêches. Passé la mi-août, ils s'adonnent à faire sécher les raisins, les mettant au soleil; et, si d'aventure il pleut en septembre, de ce qui leur est resté de raisin ils en font des vins et moust cuit, principalement en la province de Rif, comme plus particulièrement et au long il vous sera récité. A mi-mois d'octobre, les habitants de ce pays cueillent les pommes, les grenades et les coings, puis venant le mois de novembre, les olives, non pas avec l'échelle comme c'est la coutume en Europe, les

<small>Jujube, un fruit de la couleur et grosseur des cerises.</small>

prenant avec la main, car on ne pourroit trouver échelle, pour longue qu'elle fût, qui pût atteindre à la hauteur des arbres, qui sont excessifs et d'une merveilleuse grosseur, mêmement ceux de Mauritanie et Césarie. Mais les oliviers qui croissent au royaume de Tunis sont de telle hauteur que ceux de l'Europe; et lorsque les habitants veulent aller cueillir les olives, ils montent sur les arbres, avec longs bâtons en main, et ramenant de toute leur force sur les rameaux, font tomber les olives en bas, et ils s'aperçoivent, en y procédant de la sorte, de combien ils font leur dommage et tort aux arbres, car le coup vient à briser les rejetons qui sont encore tendres.

<small>Olives d'Afrique.</small> Il y a telle année que les olives sont à bon marché en Afrique, et il y en a en grande abondance; aussi d'autres fois advient qu'elles s'achètent chèrement ; et il s'en trouve de grosses, lesquelles ne sont bonnes à faire de l'huile, mais elles sont singulières à manger confites. Aussi en toutes les saisons, termes et qualités de l'an, coutumièrement les trois mois de la primeur sont tempérés, et commence la primeur le quatrième de février, puis finit le dix-huitième de mai, durant laquelle saison l'air se rend doux, le ciel clair et serein ; mais si le temps n'est pluvieux

depuis le vingt-cinquième d'avril jusqu'au cinquième de mai, la cueillette de l'année sera petite, et l'eau qui tombe en cette saison est, par les habitants de cette région, appelée *naisan*, laquelle ils estiment être bénite de Dieu; tellement que, suivant cette opinion, plusieurs en gardent soigneusement dans des vases et fioles en leur maison, par une très-grande et singulière dévotion. L'été dure jusqu'au sixième d'août, durant lequel il fait de grandes et extrêmes chaleurs, spécialement aux mois de juin et juillet, pendant lesquels il fait toujours beau; mais si d'aventure il vient à pleuvoir par le mois de juillet ou d'août, les eaux engendrent une très-grande corruption d'air, tant que plusieurs en tombent malades avec une fièvre continue dont l'on en voit peu réchapper. La saison de l'automne, selon l'usage de ces peuples, entre au dix-septième d'août, finissant au seizième de novembre, et sont ces deux mois, à savoir août et septembre, moins chaleureux; combien que les jours qui sont entre le cinquième d'août et le quinzième de septembre ont été, par les anciens, appelés le *four du temps*, parce que le mois d'août fait venir en maturité les figues, grenades, pommes de coing, et sèche les raisins. Au quinzième de novembre,

L'eau de pluie gardée par dévotion dans des fioles, au pays d'Afrique.

le temps d'hiver commence, et s'étend jusqu'au quatorzième de février. A l'entrée de cette saison, l'on commence à semer les terres qui sont en la plaine, et celles qui sont en la montagne à l'entrée d'octobre. Les Africains sont d'opinion qu'il y ait en l'an quarante jours fort chaleureux, qui commencent au douzième de juin; aussi, par le contraire, ils trouvent pour chose certaine qu'il y en ait autant de froids en toute extrémité, qui commencent au douzième de décembre, et approuvent aussi les équinoxes étant au seizième de mars et décembre. Ils croient encore que le soleil retourne au seizième de juin et décembre; aussi cette règle est entre eux gardée et diligemment observée, tant pour acenser leurs possessions, semer et recueillir, comme à naviguer et trouver les degrés et révolutions des planètes; faisant instruire leurs enfants aux écoles en plusieurs choses à ceci appartenantes, et à iceux plus profitables avec grande cure et diligence. Il se trouve encore des paysans arabes et autres, lesquels (sans avoir jamais feuilleté ni manié livre aucun pour apprendre les lettres) parlent assez suffisamment de l'astrologie, amenant raisons de leur dire bien vives et apparentes. Les règles et connoissances qu'ils ont sont tirées de la

Africains et Arabes non lettrés, devisant bien de l'astrologie.

langue latine, et mises en langue arabesque, avec la description des mois à la même mode et forme des Latins. Outre ce, ils ont un grand volume, divisé en trois parties, qu'ils appellent, en leur langue, *le Trésor de l'Agriculture*, qui fut traduit de langue latine en arabesque, à Cordoue, du temps que Mansor régnoit en Grenade, et traite de toutes choses qui peuvent servir et qui appartiennent à la connoissance de l'art d'agriculture ; c'est à savoir au temps qu'il fait bon, et comme il faut procéder à semer, planter, anter les arbres, et faire produire au terroir toute espèce de fruit, grain et légumage; et ne me puis assez émerveiller que les Africains aient plusieurs livres traduits de latin en leur vulgaire, desquels il n'est fait aujourd'hui aucune mention entre les Latins. Le compte et les règles que tiennent les Africains, et encore les Mahométans, pour les choses concernant leur foi et religion, sont toutes selon le cours de la lune, faisant l'an de trois cent cinquante-quatre jours, parce qu'ils ont six mois de trente jours, et autres six de vingt et neuf; ce qui, étant réduit en un, revient à ce nombre même. Donc l'an des Africains et Arabes est plus court que n'est celui des Latins d'onze jours, lesquels font retourner notre an en ar-

<small>Ce livre pourroit être celui de Magon, Carthaginois, qui traite de l'agriculture.</small>

<small>L'an des Africains et Arabes est de trois cent cinquante-quatre jours.</small>

<small>Des mois.</small>

rière. Leurs fêtes et jeûnes viennent en divers temps de l'année; et faut encore noter qu'à la fin d'automne, et le long de l'hiver et partie de la primeur, surviennent des tempêtes émouvant de terribles grêles, foudres et éclairs, et se trouve beaucoup de lieux où la neige tombe bien épaisse, et là sont fort dommageables trois vents, siloch, midi et levant, mêmement au mois de mai, parce qu'ils gâtent et consomment tous les grains, empêchant iceux de recevoir leur nourriture de la terre, et les fruits de venir en leur parfaite maturité. Outre ce, les brouillards sont fort contraires aux grains, mêmement ceux qui tombent quand ils viennent en fleur, car le plus souvent ils durent tout le long de la journée. Au mont Atlas l'an n'est que de deux saisons, à cause que depuis octobre jusqu'en avril ce n'est qu'hiver, et d'avril jusqu'en septembre été; mais à la sommité de cette montagne les neiges y sont continuelles. En Numidie, le cours des saisons est plus soudain qu'en autres lieux, parce que les grains se cueillent en mai, et les dattes en octobre. Depuis la moitié de septembre jusqu'en janvier est la plus grande froidure de l'année. S'il tombe de la pluie en septembre, tous les dattiers, ou la plus grande partie, se gâtent; au moyen de quoi il s'en fait une bien pauvre et maigre cueillette. Toutes les terres de Numidie veulent être arrosées pour la semence, dont il advient que ne tombant point de pluie au mont Atlas, tous les fleuves de la région demeurent quasi à sec, de sorte que le terroir d'iceux ne peut être arrosé; et avenant encore que le mois d'octobre ne soit pluvieux, alors on rejette toute espérance de pouvoir semer le grain en terre. Semblablement que l'eau vient à manquer au mois d'avril, on ne sauroit recueillir aucun grain en la campagne, mais on fait très-bonne cueillette de dattes, ce qu'advient mieux aux Numides que non pas avoir des grains en abondance, parce que quand ils auroient bien du grain il ne leur suffiroit pour la moitié de l'année; mais ayant recueilli les dattes en grande quantité, le grain pourlors ne leur sauroit manquer, à cause que les Arabes et voituriers de chameaux, qui en font marchandise, apportent une infinité de grains pour troquer contre icelles dattes. Outre plus, si le temps se change à la mi-août aux déserts de Lybie, et que les pluies ne cessent jusqu'au mois de novembre, et au semblable pour tout décembre, janvier et quelque peu de février, elles causent une grande abondance d'herbes, d'où provient qu'on n'a faute de lait, et trouve-t-on plusieurs lacs par la Lybie ; à cause de quoi les marchands de la Barbarie se transportent en la terre Noire, là où les saisons sont un peu plus avancées, et commence à y pleuvoir à la fin de juin, mais c'est si peu que rien, ayant toutefois la pluie telle propriété en la terre Noire, qu'elle ne nuit ni aide en rien, parce que les eaux du Niger sont suffisantes à arroser le terroir, lesquelles, débordant, engraissent et rendent fertiles toutes les campagnes, non autrement que fait le Nil en Égypte. Il est vrai que quelques lieux de ce pays-là ont besoin de pluie ; et croît le Niger au même temps que le Nil se déborde, qui est au quinzième de juin ; il s'enfle et se fait gros par quarante jours, et demeure autant à retourner en son entier ; et quand il se déborde, on pourroit facilement aller partoute la terre des Noirs avec une barque. Les fossés et vallées s'emplissent, mais il est fort dangereux de naviguer avec aucunes barques dont on use en ces pays-là, comme nous donnerons suffisamment à entendre à la cinquième partie de notre œuvre.

Qualité des âges.

Le plus haut âge que puissent atteindre les habitants de toutes les cités et lieux de Barbarie, n'est que de soixante à septante ans, et s'en trouve bien peu qui surpassent ce terme-là ; toutefois, il y en a, aux montagnes de cette région, qui accomplissent et passent encore les cent ans, et sont tels personnages fort gaillards et de robuste vieillesse ; vous assurant que j'ai vu moi-même des vieillards de quatre-vingts ans labourer et cultiver la terre, fossoyer aux vignes, et faire d'une promptitude et dextérité incroyables tout ce qui y étoit nécessaire ; et, qui plus est, je me suis trouvé au mont Atlas avec aucuns personnages âgés de quatre-vingts ans, venir au combat, et s'éprouver contre de jeunes hommes forts et puissants, desquels ils se savoient merveilleusement bien défendre, dont la plus grande partie desdits vieillards faisoit quitter la place à l'ennemi, obtenant bravement la victoire de lui. En Numidie, au terroir des dattes, les habitants y sont de longue vie, mais les dents leur tombent bientôt, et ont la vue courte ; ce qui procède d'un vent soufflant du levant qui les moleste fort, à cause qu'il enlève tant

Vieillards de quatre-vingts ans, fort dispos au labourage et au combat.

d'arène en haut, que la poussière leur vient à entrer aux yeux le plus souvent, et leur gâte la vue, et le trop continuel manger de dattes est cause que les dents ne leur demeurent longuement dans la bouche. Ceux de Lybie ne sont de si longue durée que les habitants des autres régions, mais ils se maintiennent gaillardement et sains jusqu'à l'âge de soixante ans, encore qu'ils soient maigres et de petite corpulence. Les habitants de la terre Noire sont de plus courte vie que ceux des autres contrées ; mais ils se maintiennent toujours robustes, sans être sujets aux douleurs de dents, étant fort enclins à luxure ; de quoi ne sont aussi exempts ceux de Lybie et Numidie, ni ceux de Barbarie, qui sont ordinairement plus foibles.

Trop user de dattes fait tomber les dents.

Maladie des Africains.

Coutumièrement en la tête des petits enfants, et en celle des vieilles matrones, vient à naître une espèce de teigne qui ne se peut guérir qu'avec bien grande difficulté. Plusieurs hommes sont grandement sujets à douleur de tête, qui les surprend aucunes fois sans aucun excès de fièvre. Il s'en trouve qui sont merveilleusement tourmentés du mal de dents, et estime-t-on que cela leur vient de boire l'eau froide incontinent après avoir mangé leur potage tout chaud. Ils sont semblablement molestés de douleur d'estomac, laquelle ils appellent (comme ignorants) douleur de cœur. A plusieurs advient grands tourments et coliques; passions fort véhémentes quasi journellement, et cela parce qu'ils boivent de l'eau trop fraîche. Sciatiques et douleurs de genoux y sont assez souvent, provenant de se coucher ordinairement par terre et de ne porter point de chausses. Il y en a bien peu qui deviennent goutteux, sinon quelques seigneurs, parce qu'ils s'accoutument à boire du vin, manger hetoudeaux et autres viandes délicates. Par trop manger olives, noix et telle manière de viandes grossières, plusieurs sont le plus souvent rogneux, ce qu'ils supportent très-impatiemment. Ceux qui sont de complexion sanguine, pour trop souvent se seoir en terre, ils prennent une toux qui leur apporte un grand ennui et fâcherie; au moyen de quoi les gens prennent un singulier plaisir de s'assembler le vendredi (le même jour qu'ils se transportent dans leurs temples, par milliers, pour ouïr le prêche), lorsque le prêtre est fort affectionné à poursuivre sa matière encommencée, pour avoir le passe-temps de ceux qui ont cette toux; car s'il advient que quelqu'un prenne envie de tousser, il est par un autre secondé, que le tiers ensuit, puis le quart, et ainsi conséquemment à la file, tant que toute l'assemblée se met à tousser comme si c'étoit à l'envi, de sorte qu'on ne cesse jusqu'à ce que la prédication soit parachevée, et s'en va-t-on du temple aussi bien instruit comme quand l'on y entra; et quand à ce mal, qu'on appelle communément en Italie *mal françois,* et en France *mal de Naples,* je me pense que la dixième partie de toutes les villes de Barbarie en soit échappée, et vient avec douleurs, aposthumes et plaies très-profondes; toutefois plusieurs en ont trouvé le remède et en guérissent. Mais au territoire et montagnes d'Atlas, ce mal est inconnu des habitants d'icelles; semblablement partoute la Numidie (j'entends du pays seulement où sont produites les dattes), il n'y a personne qui en soit atteint, encore moins en la Lybie ni en la terre Noire, ne s'en parle aucunement; et s'il se trouve aucun qui en soit entaché, et qui s'achemine en la terre Noire, il n'a pas plutôt senti l'air de cette région, qu'il retourne soudainement en sa première santé et convalescence, demeurant aussi net comme si jamais il n'en eût été malade; vous assurant que j'ai vu de mes propres yeux plus de cent personnages qui, sans chercher autre remède, pour le seul changement de l'air, ont recouvert entière guérison. Cette espèce de maladie n'avoit point couru auparavant par l'Afrique, mais elle prit son commencement du temps que Ferrand, roi des Espagnes, expulsa les juifs hors les limites de son royaume, lesquels s'en vinrent de là habiter en la Barbarie, là où quelques méchants Maures, et de perverse nature, se couplèrent avec les femmes de plusieurs de ces juifs, qui étoient entachés de cette maladie que prit cette canaille; de là, suivant d'un à autre, et à la file, commença d'infecter toute la Barbarie; tellement qu'il ne se trouve génération que ce mal n'ait entaché; et tiennent les Africains pour tout sûr, qu'il a pris son origine des Espagnes, suivant laquelle opinion plusieurs l'appellent *mal d'Espagne;* mais ceux de Tunis le nomment *mal françois,* en imitant les Italiens, sur lesquels il a bien fait connoître, par aucun temps, comment il fait miner jusqu'aux entrailles. Pareillement il a eu son cours en l'Égypte et Surie, là où il a retenu encore un autre nom : les aucuns sont sujets au mal de côté. En Barbarie, bien peu se sentent grevés de ce mal, qui est par les Latins appelé *Hernia;* mais en l'Égypte plusieurs s'en trouvent

Quand commença la grosse vérole en Barbarie.

vexés; à aucuns s'enflent les génitoires si fort, que c'est piteuse chose à voir; et estime-t-on que cela vienne pour manger trop de fromage salé. Les enfants d'Afrique sont souvent surpris du mal caduc; mais venant à croître, il décroît et se passe. Ce mal même survient à plusieurs, et mêmement en la Barbarie, là où, par sottise et ignorance, on estime que ceux qui en sont entachés soient vexés du malin esprit. La peste se jette coutumièrement sur la Barbarie au bout de dix, quinze et vingt-cinq ans; mais, quand on la sent venir, beaucoup de personnes abandonnent le pays, pour autant qu'on ne fait autre remède pour la fuir et s'en garder, sinon qu'avec certains oignements et terre d'armenic, dont ils oignent l'aposthume tout autour. Les Numides ne savoient ce que c'étoit, sinon depuis cent ans en ça; mais la terre Noire en est totalement exempte.

<small>Remède contre la peste en Barbarie.</small>

Des vertus et choses louables qui sont entre les Africains.

Les Africains, c'est à savoir ceux qui demeurent aux villes et cités de Barbarie, et mêmement sur la rivière de la mer Méditerranée, sont gens qui se délectent grandement de savoir ; au moyen de quoi ils vaquent avec grande cure et diligence aux lettres ; et l'étude de l'humanité et des choses qui concernent leur foi et loi, tiennent le premier rang parmi eux, qui se souloient fort adonner aux mathématiques, et à la philosophie semblablement. Mais depuis quatre cents ans en çà (comme avons déjà dit), plusieurs sciences leur furent défendues par les docteurs et par leurs seigneurs aussi, comme la philosophie et l'astrologie judiciaire. Ceux qui habitent aux cités d'Afrique sont fort dévots, et pleins de religion touchant leur foi, prêtant obéissance en toute humilité à leurs prêtres et docteurs, et mettent grande peine à apprendre et savoir les principaux points de leur foi. Ils vont ordinairement en leurs temples pour en iceux faire leurs oraisons accoutumées ; quoi faisant, ils ont des appréhensions qui leur causent de grandes fâcheries, pour ne pouvoir se per- suader que leurs prières soient suffisantes pour leur purger tous les membres, et parfois se lavent tout le corps entièrement, comme j'ai délibéré de vous faire entendre au premier et second livre de la foi et loi mahométanes. Aux cités de Barbarie se trouvent encore des habitants fort ingénieux, comme en rendent assez ample témoignage plusieurs somptueux

Folle appréhension des Africains.

Les habitants de Barbarie ingénieux et loyaux aujourd'hui, bien que les anciennes histoires disent le contraire.

ouvrages sortant de leurs mains; et ne sont moins de bonne nature, comme innocents en malice, sans qu'ils profèrent jamais une parole qui contrarie à ce qu'ils ont dans le cœur, encore qu'on les eût anciennement (comme en font foi les histoires romaines) en estime autre que bonne, et du tout contraire à la naïve bonté qui les accompagne; maintenant sont gens vaillants et courageux, mêmement ceux qui habitent aux montagnes, ayant la foi sur toutes les choses du monde en singulière recommandation, en observant diligemment toutes les cérémonies et ordonnances d'icelle, avec ce que plutôt permettoient la vie leur être ôtée que de contrevenir en rien à leur serment et promesse; mais ils sont merveilleusement enclins à la jalousie; au moyen de quoi ils endureroient plutôt quelque grande injure que de supporter qu'on leur fît aucune honte ou vergogne procédant du côté de leurs femmes, et sont convoiteux de richesses, et ambitieux d'honneur outre mesure; errants et s'acheminant par toutes les parties du monde en état de marchands, et outre ce sont bien reçu pour lecteurs et maîtres en diverses sciences. Ils fréquentent par l'Arabie, Égypte, Éthiopie, Perse, Inde et Turquie, là où ils sont très-bien venus, voire fort honorablement reçus quelle part qu'ils se puissent trouver, parce que l'art auquel ils s'adonnent est si bien par eux pratiqué, qu'ils en font une très-parfaite et suffisante issue. Outre ce, ils sont honnêtes, honteux et modestes, ne s'oubliant jamais de tant que de proférer en quelque part qu'ils soient une parole déshonnête. Le moindre rend honneur au supérieur, soit en parlant, ou en toute autre particularité, et ont un tel respect, que l'enfant, en présence du père, ou de l'oncle seulement, n'oseroit prendre la hardiesse, ni s'aventurer à tenir propos lubriques, ou d'amour lascif, ayant encore grande honte de chanter chansons amoureuses là où ils voient leurs supérieurs. Telles sont les bonnes et louables coutumes que tiennent les citoyens de Barbarie. Quant à ceux qui habitent aux pavillons, c'est à savoir les Arabes et pasteurs, ce sont gens grandement adonnés à libéralité, plaisants, pitoyables et de joyeuse nature. Ceux qui font leur résidence aux montagnes, sont semblablement libéraux, courageux, modestement honteux, et honnêtes en conversation commune. Les Numides sont plus ingénieux que ceux-ci, parce qu'ils s'adonnent aux vertus et étudient en leur loi, mais ils n'ont pas grande connoissance des sciences naturelles : ils sont magnanimes,

Honnêteté et modestie des Africains.

Des citoyens de Barbarie.
Des Arabes.

Des Numides.

pleins de grande humanité, très-adroits et expérimentés aux armes. Ceux qui résident en la Lybie, c'est à savoir les Africains et Arabes, se délectent à montrer une grande libéralité, à être plaisants, et s'employer pour les affaires d'un leur ami, et caressent grandement les étrangers. Les Noirs mènent une bonne vie, et sont de fidèle nature, faisant volontiers plaisir aux passants, et s'étudiant de tout leur pouvoir à se donner tous les plaisirs de quoi ils se peuvent aviser, à se réjouir en danses, et le plus souvent en banquets, convis et ébats de diverses sortes. Ils sont fort modestes, et ont en grand honneur et révérence les hommes doctes et religieux, ayant meilleur temps que tout le reste des autres peuples, lesquels demeurent en Afrique.

Des Lybiens.

Des Noirs.

Des vices, et sotte manière de vivre des Africains.

Il n'y a point de doute que cette nation ne soit entachée de plusieurs vices à elle particuliers, de même qu'elle est ornée et illustrée de beaucoup de vertus : mais je donnerai à cette heure matière suffisante pour pouvoir discerner et juger si la grandeur des vices pourroit égaler le nombre des vertus. Les habitants des villes de Barbarie sont pauvres et superbes,

Les Africains superbes et dépiteux.

et, plus que le devoir ne le comporte, dédaigneux outre mesure, tellement que la moindre injure qu'on leur sauroit faire est par eux gravée (comme on dit en commun proverbe) en marbre, sans que, par le laps de temps ou autrement, ils la puissent mettre en oubli, ni effacer de leur cerveau, quand elle y est une fois imprimée; et sont si déplaisants et mal gracieux, qu'il n'y a nul étranger qui puisse (qu'à bien grande peine) être en la grace d'eux, ni acquérir leur amitié. Avec cela, ils sont simples, croyant toutes choses, et y ajoutant foi, encore qu'elles semblent être impossibles. Le populaire est fort ignorant des choses naturelles, tant qu'il estime le mouvement des cieux et l'influence d'iceux n'être d'un cours naturel, mais comme un miracle, et fait divin. Ils sont autant extraordinaires à prendre leur réfection, comme inconsidérés à pourvoir à leurs affaires; et grandement colères, ne parlant guère qu'ils n'usent d'une voix arrogante et de paroles braves et superbes; et en voit-on journellement en mille rues à grands coups de poing démêlant leurs querelles et différends. Davantage ils sont de vile nature, mécaniques, et peu estimés de leurs seigneurs, qui tiennent communément plus de compte d'une bête brute qu'ils ne font de l'un de leurs citoyens même, qui n'ont nuls gouverneurs ni supérieurs pour les conseiller touchant leur régime et manière de vivre. Semblablement ils sont peu expérimentés à exercer le train de marchandise, n'ayant nuls changes ni banquiers, encore moins personne qui, d'une cité en une autre, fasse expédition des affaires. Mais qui veut trafiquer, il se faut toujours tenir près de sa marchandise, et la suivre en tous lieux. Ils sont par trop avaricieux, de sorte qu'il y en a beaucoup qui ne voulurent jamais loger ni recevoir étrangers par courtoisie, encore moins par charité; toutefois il s'en trouve aucuns qui reconnoissent les plaisirs qu'on leur a fait. Ils sont la plupart du temps pleins de mélancolie, ne s'adonnant volontiers à ébat, ni aucun passetemps que ce soit; et leur advient cela pour être incessamment occupés et détenus par leurs affaires, parce que leur pauvreté est grande et le gain petit. Les pasteurs, tant de la montagne comme de la campagne, vivent fort misérablement au labeur de leurs mains, étant en nécessité et misère continuelle; et s'en trouve bien peu qui ne soient brutaux, larrons et ignorants, qui ne paient jamais la chose qu'ils prennent à crédit, et y en a plus de couars et timides que d'autres. Là est permis à toutes les jeunes filles, avant que se marier, de choisir un amant tel que bon leur semble, et jouir du fruit de leurs amours, tant que le père même caresse l'amoureux de sa fille, et le frère de sa sœur; de sorte qu'il n'y en a pas une qui se puisse vanter d'avoir porté la virginité à son mari. Il est bien vrai qu'elles étant mariées, ne sont plus suivies ni sollicitées par leurs amants, qui vont ailleurs chercher pâture et faire l'amour avec d'autres. La plus grande partie de ceux-ci n'est ni mahométane, ni de la secte judaïque, encore moins de la religion chrétienne; mais sans foi, sans religion et sans aucune ombre d'icelle, tellement qu'ils ne font oraison, ni bâtissent églises, vivant comme bêtes brutes. Et si, par cas fortuit, il advient (ce qui ne se voit guère souvent) qu'il se trouve quelqu'un, lequel soit le moins du monde touché de religion, à faute de règle et de prêtre, est contraint d'ensuivre les autres en leur brutale manière de vivre. Les Numides sont fort éloignés de la connoissance des choses, et ignorants de la façon et mode du vivre naturel, traîtres, homicides et larrons sans mesure; ils sont de vile nature, au moyen de quoi ils ne se sauroient employer sinon à choses viles, comme à être cure retrais, à cuisiner, souillarder, et le plus souvent se mettent à être valets d'étable; tant y a, que pour argent on

Les filles de Barbarie ne se soucient de garder leur virginité aux maris qu'elles ont après.

Gens sans foi, sans secte ni religion.

Les Numides.

leur fera mettre la main à tout labeur, tant vil soit-il. Ceux de Lybie sont ruraux, ignorants, larrons, voleurs, brigands, et hors de toute connoissance des lettres, ne différant en rien leur manière de vivre à celle des animaux sauvages. Ils vivent aussi sans règle ni statuts, et ont toujours mené une très-misérable vie ; ne se trouvant si grande et énorme trahison qu'ils ne machinent et commettent pour en recevoir récompense ; et n'est animal qui soit mieux ramé, ni qui porte plus longues cornes que fait cette canaille, qui emploie tout le temps à chasser, faire mal, et guerroyer les uns contre les autres, ou à mener paître les bêtes au désert, tout nus, et déchaus. Ceux de la terre Noire sont gens fort ruraux, sans raison, sans esprit ni pratique, n'étant aucunement expérimentés en chose que ce soit, et suivent la manière de vivre des bêtes brutes, sans lois ni ordonnances. Entre eux, il y a une infinité de putains, et par conséquent de cornards, et sont bien habiles ceux qui en peuvent échapper, sinon aucuns de ceux qui sont aux grandes cités, ayant meilleur jugement et sens naturel que les autres. Je suis par trop assuré que ce ne me devroit être peu de reproche de publier et découvrir les vices vitupérables des Africains, vu que j'ai eu l'Afrique pour ma nourrice, là où j'ai été élevé, et en laquelle j'ai consommé la meilleur et plus belle partie de mes ans : mais en ceci me servira et sera suffisant (pour me purger de tout blâme que l'on me pourroit, touchant ceci, imputer) l'office d'historien, qui est de ne tenir la vérité des choses sous silence, et tâcher de toutes ses forces à la découvrir, sans s'accommoder ni complaire au vouloir particulier des personnes, qui cause que je suis contraint de publier ceci ; ne désirant de pallier les choses, et tâchant, tant qu'il m'est possible, de ne m'éloigner en rien de la vérité ; laissant à part l'embellissement de paroles et ornement de langage ; et prie bien fort à un chacun de gentil esprit qui voudra tant se travailler que de faire lecture de ce mien petit œuvre, et travail, suffire l'exemple de cette briève nouvelle pour excuse.

« On dit donc qu'en mon pays il y eut une *Nouvelle d'un qui fut fouetté, et des paroles qu'il eut avec le bourreau.*
» fois un jeune homme de basse condition, de
» mauvaises mœurs, et méchante vie, lequel
» étant atteint et convaincu d'un larcin de pe-
» tite valeur, fut condamné à être fouetté. Or,
» le jour venu qu'il devoit être puni par jus-
» tice, après avoir été livré entre les mains
» du ministre de la justice, reconnut le bour-
» reau comme pour celui qui auroit été un de

» ses plus grands amis, à cause de quoi il se
» tenoit tout assuré qu'il useroit d'autre trai-
» tement envers lui qu'il n'étoit accoutumé
» d'user envers les autres; mais, au contraire,
» commença à le charger et fouetter cruelle-
» ment, lui donnant des singlades cuisantes
» et démesurées; ce que sentant, le pauvre
» compagnon, tout étonné, commença à s'é-
» crier, et lui dire : Frère, certes, tu me trai-
» tes assez rigoureusement pour un ami tien.
» Alors le bourreau, recommençant de plus
» belle, et à l'étriller de plus âpre sorte, lui
» répondit: Compagnon, mon ami, je suis tenu
» et obligé d'exercer mon office sans varier,
» et ainsi qu'il appartient; au moyen de quoi
» l'amitié d'entre nous deux n'a point ici de
» lieu; et continuant, lui donna tant comme il
» avoit été par le juge ordonné. »

Ce que considéré, en taisant les vices des Africains, je pourrois encourir une juste ré- préhension, donnant grande matière à plusieurs de se persuader que je m'en serois déporté, me sentant moi-même entaché de semblables tares, et n'ayant les vertus dont les autres sont anoblis. A quoi (puisqu'il ne me reste autre chose pour mes défenses) je fais mon compte de me gouverner selon l'exemple d'un petit oiseau, l'histoire duquel vous voulant

Autre nouvelle d'un oiseau.

faire entendre, il faut que je m'aide d'une autre briève et plaisante nouvelle, qui est telle :

« Du temps que les animaux exprimoient
» par paroles leurs conceptions, à l'imitation
» des humains, il se trouva un très-plaisant oi-
» seau et de merveilleuse nature, lequel avoit
» cet avantage, qu'il pouvoit autant bien vivre
» dessous les eaux entre les poissons, comme
» sur la terre avec les oiseaux, qui, pour-lors,
» étoient tenus de payer et rendre à chacun
» an à leur roi un certain tribut; ce qu'étant
» parvenu aux oreilles de cet oiseau, délibéra
» du tout s'en affranchir, et (suivant son
» projet) quand le roi envoya vers lui un de
» ses officiers pour recevoir le tribut, donnant
» paroles en paiement, prit sa volée, laquelle
» il ne cessa jusqu'à tant qu'il fût parvenu à
» la mer, là où il se cache sous les ondes; ce
» que voyant, les poissons, émerveillés au
» possible d'une telle nouveauté, l'environ-
» nèrent tous à grandes bandes, pour s'en-
» quérir et savoir de lui l'occasion qui l'avoit
» mue de s'en venir retirer en leurs régions
» et seigneurie. O bonnes gens! (dit-il) est-il
» possible que n'ayez encore été avertis com-
» ment le monde est maintenant réduit à telle
» extrémité, que c'est chose impossible qu'on

Les propos de l'oiseau aux poissons.

» n'y puisse plus vivre ni faire séjour? Je dis
» ceci, nobles seigneurs, parce que notre roi,
» pour je ne sais quelle rêverie qui lui est
» montée en la tête, me fait poursuivre vive-
» ment pour m'écarteler tout vif pièce par
» pièce, nonobstant ma prud'homie, qui est
» telle, qu'entre tout le genre des oiseaux il
» ne s'en trouvera un moins vicieux ni autant
» honorable gentilhomme que moi, et sur le-
» quel il y ait moins à redire ; par quoi je vous
» prie, gens de bien, si aucune pitié et béni-
» gnité a trouvé dans vos cœurs lieu, de me
» vouloir permettre que je puisse héberger
» avec vous, à celle fin que je me puisse van-
» ter et faire étendre la renommée par toutes
» régions d'avoir trouvé plus de pitié et ami-
» tié avec les étrangers qu'entre les miens
» propres. L'oiseau, par ses mensonges palliés
» et paroles alléchantes, sut si bien persuader
» à la multitude des poissons, qu'ils lui accor-
» dèrent libéralement sa requête, et demeura
» parmi eux sans être aucunement molesté,
» ni recevoir aucun outrage. Or, il y séjourna
» par l'espace d'un an, à la fin duquel, vou-
» lant le roi des poissons recevoir son tribut
» ordinaire, envoya un de ses domestiques
» vers le petit oiseau pour lui demander son
» droit, lui faisant entendre la coutume. Cela

» est bien raisonnable (répondit l'oiseau);
» mais en disant ceci et ébranlant ses ailes,
» se mit hors de l'eau, et s'envola, laissant le
» messager avec une grande honte, et le plus
» scandalisé du monde. Tant il y a que si le
» roi des oiseaux lui demandoit tribut, il s'en
» alloit sous les eaux; là où étant, sollicité par
» semblable demande du roi des poissons, il
» s'en retournoit sur terre. » Je veux inférer
par ceci que l'homme tire le plus droit qu'il
peut là où il connoît son avantage; par quoi,
si les Africains viennent à être vitupérés, je
dirai que je suis natif de Grenade, et non en
Afrique; et si mon pays reçoit aucun blâme,
j'alléguerai en faveur de moi que l'Afrique est
le pays auquel j'ai pris ma nourriture, et là
où j'ai été endoctriné; mais je serai en ceci
aux Africains favorable, qu'en publiant leurs
vices je raconterai seulement ceux que je penserai être à un chacun notoires et manifestes.

FIN DU LIVRE PREMIER.

LIVRE SECOND.

POÈME.

Ayant décrit, en la première partie de mon œuvre, généralement les cités, termes, divisions, et les choses des Africains qui m'ont semblé dignes de mémoire perpétuelle à la postérité, j'ai délibéré de vous bailler particulière information de diverses provinces, des cités, montagnes, assiètes des lieux, lois et coutumes d'iceux, n'omettant rien, et ne laissant en arrière chose que je penserai mériter d'être rédigée par écrit; et pour avec meilleur ordre parfaire, je commencerai du côté de ponant, suivant de lieu à autre, jusqu'à ce que je vienne donner fin à cette description à la terre d'Égypte; ce que je diviserai en huit parties, auxquelles j'en ajouterai une autre, et en icelle (moyennant la bonté et permission de celui par le vouloir duquel toutes choses sont régies et gouvernées, baillant perfection à toutes choses) mon intention est de décrire les fleuves notables, la diversité des animaux, plantes, fruits et herbes qui se trouvent en Afrique, avec leurs vertus et propriétés.

De l'assiète et qualité de Héa, région occidentale.

Héa, région de Maroc du côté de ponant et septentrion, confine avec la mer Océane; devers le midi se joint avec le mont Atlas; de la partie orientale se termine au fleuve d'Esifnual, lequel, sourdant en cette montagne, entre dans le fleuve Tensift, qui sépare Héa d'avec l'autre région prochaine. Cette région est assise en un pays âpre, qui est rempli de montagnes fort hautes et scabreuses, de bois, valées et petites rivières, encore qu'il soit bien peuplé et habité. Il y a autant grande quantité de chèvres et ânes comme le nombre des brebis y est petit, et encore moindre celui des bœufs et chevaux. On y trouve aussi peu de fruits; ce qui ne procède aucunement par le défaut de la terre, mais de l'ignorance et sottise des habitants; car j'ai vu plusieurs lieux qui produisoient des figues et pêches en grande abondance. Le froment y est bien rare; mais l'orge, millet et graine de navette y croissent en assez bonne quantité, et le miel aussi, que les habitants du pays mangent ordinairement; et pour autant qu'ils ne se sauroient servir de la cire, ils n'en tiennent compte. Là se trouvent plusieurs arbres épineux, lesquels portent un gros fruit, comme sont les olives qui viennent d'Espagne, et est appelé ce fruit en leur langue *arga*, lequel est de forte et puante odeur; néanmoins les habitants en mangent et en font de l'huile.

<small>Arbres épineux.</small>

<small>Arga, fruit.</small>

Manière de vivre de ce peuple.

Les peuples qui habitent en cette région ont coutume d'user quasi en tout temps de pain d'orge, lequel est plutôt fait en forme de gâteau qu'autrement, et sans levain, le faisant cuire d'une terrible manière, car ils le mettent en certaines poêles de terre faites à la mode de celles dont on couvre les tartres en Italie, et s'en trouve peu qui le fassent cuire dans le four. Ils ont encore une autre usance de faire le pain, lequel est très-fort et sans saveur, qu'ils appellent en leur langue *elhasid*, pour lequel apprêter font bouillir de l'eau dans une grande chaudière, là où ils mettent de la farine, et avec un bâton la remuent souvent, jusqu'à ce qu'elle soit cuite, puis la renversent dans un grand bassin ou autre chose, et après y avoir fait une fosse au milieu, la remplissent de telle huile qu'ils ont; lors toute la famille de la maison se met tout autour, assise ou autrement, et, sans s'aider de cuillers, chacun ravit à belles mains ce qu'il en peut avoir, ne cessant de dévorer cette viande jusqu'à ce qu'il n'y en demeure un seul morceau. Mais quand ce vient à la saison de primeur, ils ont coutume de faire bouillir la farine avec du

<small>Elhasid, une sorte de pain que mangent ceux de Héa.</small>

lait, et au lieu d'huile ils y mettent du beurre, faisant ceci au souper seulement, parce qu'en temps d'hiver, à l'heure du dîner, ils saucent leur pain dans le miel, et l'été le mangent dans le lait et avec le beurre. Ils usent de chair bouillie avec des fèves et oignons, ou bien avec une autre viande qui est par eux appelée *cuscusu*, et à leur repas ne s'aident de nappes, tables ni tréteaux, mais étendent sur la terre quelques cuirs en forme ronde, sur lesquels ils prennent leur réfection.

<small>Des cuirs dont usent ceux de Héa au lieu de nappes.</small>

Des habits, et coutumes du même peuple.

La plus grande partie de cette nation porte pour habillement un gros drap de laine, qu'ils appellent elchise, lequel est fait à la semblance d'un simple loudier, de quoi l'on couvre les lits en Italie, et se l'entortillent autour d'eux bien étroitement, se ceignant au-dessous des hanches avec un bandeau de laine, duquel ils se couvrent les parties secrètes. Sur la tête portent quelques petites bandes de laine, qui ont cinq coudées en longueur, et deux en largeur, qu'ils teignent avec l'écorce qu'ils tirent de la racine des noyers, et s'en enveloppent la tête, en les attachant de manière que le sommet leur vient à paroître, qui demeure toujours découvert; et ne se trouve personne qui use de porter bonnets, sinon les vieillards et gens de savoir, s'il y en a, et sont ces bonnets doubles, ronds, et de même hauteur que ceux lesquels portent les médecins en Italie. Il s'en trouve bien peu qui portent chemises, tant parce que les terres de ce pays-là ne produisent point de lin, comme pour n'y avoir personne qui les sache accoutrer ni ourdir. Leurs siéges sont de certaines couvertures pelues, et de joncs, sans être tissues; leurs lits sont faits de quelques esclavines pelues, qui ont en longueur de dix à vingt coudées, dont une partie sert de materas, et l'autre de linceul et couverture, et en temps d'hiver mettent le poil par dedans, et l'été par dehors. Les coussins et oreillers sont faits en sorte de petits sacs pleins de laine, fort gros et âpres, en manière des couvertures de chevaux qui viennent de Turquie. Les femmes, pour la plus grande partie, vont la face découverte, et use ce peuple de vases de bois qui sont faits non pas au tour, mais avec le couteau ou burin, et les pots et chaudrons sont tous de terre. Ceux qui n'ont encore pris femme ne portent point de barbe; néanmoins, après s'être mariés, ils la laissent croître. Ils ont peu de chevaux; toutefois ils sont usités à courir et galoper parmi ces montagnes d'une course si prompte et agile, qu'ils ressemblent chats, et n'ont point de fers aux pieds. On use de labourer les terres avec ânes et chevaux en cette région; et il y a grande quantité de cerfs, chevreuils et lièvres, à la chasse desquels les habitants du pays ne s'adonnent aucunement; et une chose semble fort étrange, qu'il ne s'y trouve nuls moulins, vu qu'il y a assez fleuves et rivières, ce qui advient à cause que chacun a dans sa maison des instruments tout propres pour faire moudre le blé, et les femmes gouvernent et tournent ces instruments avec leurs propres mains. Là il n'y a moyen de pouvoir apprendre science aucune, et ne se trouve personne qui en ait la connoissance, sinon quelque simple légiste, lequel n'est chargé d'aucune autre vertu ni savoir que bien à la légère. Il n'y a semblablement homme qui entende un seul point en médecine, ni qui fasse profession de barbier, encore moins d'apothicaire; et le seul point où consiste la plus grande partie de leurs remèdes, est à cautériser avec le feu comme les bêtes. Vrai est qu'il y a aucuns barbiers, mais ils ne se mêlent d'autre chose que de circoncir les enfants. En ce pays-là ne se fait aucun savon, en faute de quoi on use de cendres. Finalement ce peuple est toujours en guerre, laquelle est démenée en telle sorte, que tous étrangers peuvent s'acheminer en leur pays à sûreté, sans qu'il leur soit dit ou fait aucun outrage; et advenant que quelqu'un d'entre eux se voulût transporter d'un lieu en un autre, il faut que l'un de ceux de la partie adverse (femme ou religieux, qui que ce soit) lui fasse escorte et serve de guide. Quant à la justice, ceux-ci ne savent ce que c'est, et ne s'en parlent en leur pays en sorte que ce soit, mêmement entre ces montagnes, là où il n'y a prince ni seigneur pour les gouverner, et à peine peuvent tenir les principaux et apparents quelque apparence de magistrat dans les murailles des cités, lesquelles sont en petit nombre; mais il y a plusieurs petites villes, châteaux et bourgades, dont les unes sont plus grandes, les autres plus petites, et commodément situées, comme je vous ferai entendre le tout particulièrement.

Des villes et cités contenues en la région de Héa, et premièrement de Tednest.

Tednest est une ancienne cité située en une assez belle et plaisante plaine, toute ceinte de murailles, qui sont faites de briques et craie; de même matière sont bâties les maisons et boutiques de la cité, qui peut contenir environ deux mille cinq cents feux, et plus. Hors d'icelle sort un petit fleuve qui côtoie les murailles, où se voient quelques boutiques de marchands de draps qui se portent en ces parties-là, et de toiles qu'on y transporte du royaume de Portugal. Là il n'y a point d'artisans autres que maréchaux, couturiers et de juifs orfèvres; il n'y a point d'hôtelleries, étuves ni boutiques de barbiers en aucun endroit de cette cité, qui fait que, passant par icelle, un étranger va loger en la maison de quelque sien ami; et n'y ayant aucune connoissance, les gentilshommes de la ville jettent par sort qui sera tenu de l'héberger; tellement que, par ce moyen, tous étrangers ne sauroient avoir faute de logis, à cause que les habitants se délectent merveilleusement de caresser un passant et lui faire honneur, en reconnoissance duquel, par honnêteté et courtoisie, l'étranger est tenu de laisser quelque présent à celui qui, avec humanité grande, l'a reçu en sa maison. Et s'il y a aucun passant lequel ne se mêle de marchandise, il est en son libéral arbitre d'élire et prendre tel logis de gentilhomme qui meilleur lui semblera, et y loger sans payer aucune chose s'il ne lui vient à gré; mais si, par cas fortuit, un pauvre homme survient, il

La manière de loger les étrangers en la ville de Tednest.

lui est ordonné un hôpital qui n'a été fait à autre fin que pour y recevoir et héberger les pauvres. Au milieu de la cité, il y a un temple fort grand et très-antique, assez bien édifié de pierre et chaux, lequel fut bâti du temps que ce pays-ci étoit réduit sous la puissance du roi de Maroc; et il y a une grande citerne au milieu de ce temple, où est ordonné un grand nombre de prêtres et autres gens pour la garde et gouvernement d'icelle. Il y a bien encore d'autres temples et lieux pour faire oraison, mais ils sont petits, étroits, enlevés et illustres toutefois d'une belle fabrique, et avec très-bon ordre et police gouvernés. En cette cité il y a cent maisons de juifs, qui ne sont sujets à payer tributs ordinaires; mais, en donnant honnêtes présents, sont favorisés et supportés des gentilshommes. Il n'y a guère d'autres habitants que des juifs qui tiennent le logis de la monnoie, et en font battre qui est d'argent, une once duquel suffira pour faire jusqu'à la quantité de cent soixante âpres, qui sont semblables à certaine monnoie qui court en Hongrie, ne différant en rien à icelle, sinon en quadrature; et n'y a en la cité douane, gabelle ni aucun autre office pour lever les droits seigneuriaux. Mais s'il advient que, pour aucune urgente affaire, la commune soit con-

Hôpital.

Cent maisons de juifs en Tednest.

Apres, semblable monnoie que celle de Hongrie.

trainte de faire quelque dépense, alors tous les gentilshommes s'assemblent, et compartissent également l'impôt selon que la qualité des personnes le peut comporter. Cette cité fut ruinée l'an neuf cent dix-huit de l'Hégire, au moyen de quoi tous les habitants d'icelleg agnèrent les montagnes de Vitesse, et de là se transportèrent à Maroc. La cause de cette prise fut que le peuple s'aperçut comme les Arabes voisins de cette cité avoient fait complot et arrêté avec le capitaine des Portugais (qui demeuroit en Azafi) de la livrer entre les mains des chrétiens; et vis cette cette cité après qu'elle fut démolie, dont les murailles étoient toutes par terre, et les maisons qui servoient de nids aux corneilles et autres oiseaux, qui fut en l'an neuf cent vingt.

<small>La cité de Tednest ruinée.</small>

De Téculeth.

Téculeth est une cité assise en la côte d'une montagne, et contient environ mille feux. Elle est prochaine de Tednest du côté d'occident dix-huit milles, et à côté d'icelle prend son cours un petit fleuve, le long duquel, sur toutes les deux rives, sont assis plusieurs jardins pleins de diverses sortes de fruits. Dans la cité se trouvent plusieurs puits d'eau douce et claire; outre ce, il y a un temple d'assez belle perspective, avec quatre hôpitaux pour les pauvres, et un autre pour les religieux. Les habitants de cette cité sont plus opulents que ceux de Tednest, pour autant qu'elle est fort prochaine d'un port qui est sur la mer Océane, lequel est appelé Goz, et vendent là du grain en grande quantité, à cause qu'il y a devers un des côtés d'icelle une très-belle et spacieuse plaine. Ils vendent semblablement et délivrent de la cire aux Portugais; au moyen de quoi ils vont assez bien en ordre, et maintiennent leurs chevaux fort bien en harnois et bon équipage. Au temps que je fus en ce pays-là, il y avoit un gentilhomme en cette cité qui avoit telle prééminence sur le conseil que sauroit avoir un prince; et s'appuyoit-on sur lui de tout le gouvernement, tant pour distribuer les tributs dont ils sont redevables aux Arabes, comme à traiter paix et passer accord entre iceux et le peuple de la cité, dans laquelle celui-ci possédoit de grandes richesses, qu'il dépensoit libéralement à se faire bien vouloir et acquérir les cœurs d'un chacun s'il eût pu, et convoiteux au possible de se voir en la grace de tous; avec cela il avoit les pauvres en singulière recommandation, aidant et survenant avec le sien propre aux affaires du peuple, tellement qu'il n'y avoit

Des vertus d'un gentilhomme de Teculeth.

celui qui ne lui portât affection telle que de fils à père. Et de ceci je puis rendre bon et suffisant témoignage, car je ne fus seulement à la vérité acertené de ces choses, mais encore logeai par plusieurs jours en la maison de ce bon seigneur, là où je vis et lus beaucoup d'histoires et chroniques d'Afrique. Néanmoins, quelque temps après, il perdit la vie, avec un sien fils, en une guerre qu'ils eurent contre les Portugais. Ceci advint en l'an de Mahomet neuf cent vingt-trois, et de Jésus-Christ mil cinq cent quatorze. Cette cité aussi fut mise en ruine, et partie du peuple prise, l'autre passée par le tranchant de l'épée, et le reste gagna le haut, comme nous en avons amplement traité aux histoires modernes d'Afrique.

Fin et ruine de la cité de Téculeth par les Portugais.

De Hadéchis.

Huit milles près de Téculeth, en la plaine, est assise la cité Hadéchis, du côté de midi, laquelle fait environ cent feux, et sont faites les murailles d'icelle, aussi les temples, boutiques et maisons, de pierre vive et dure. Il y a un fleuve qui traverse cette cité, sur les rives duquel il y a plusieurs vignes et treilles, et dans le circuit d'icelle se trouve un grand nombre de juifs artisans. Les habitants y font battre la monnoie d'argent, et vont assez bien en ordre, avec ce qu'ils se délectent fort d'avoir de beaux chevaux, à cause qu'ils trafiquent toujours et exercent le train de marchandise, ayant coutume, une fois l'année, de faire entre eux une foire où s'assemblent ceux des montagnes circonvoisines, qui ont plutôt (à dire vrai) conformité avec les bêtes brutes qu'aucune apparence de raison humaine; et se trouve en cette foire, qui dure l'espace de quinze jours, une grande quantité d'animaux, beurre, huile d'argan, et aussi du fer et des laines et draps du pays. Parmi ce peuple-ci, il se trouve des femmes douées d'une parfaite beauté, blanches, médiocrement replettes, et surtout plaisantes et de bonne grâce; mais les hommes sont bestiaux et aiguillonnés d'une jalousie démesurée, tellement qu'ils ne seront jamais à leur aise que premièrement ils n'aient tiré la vie du corps de ceux qui ont affaire avec leurs femmes. Il n'y a juge entre eux, ni homme de lettres qui puisse obtenir le maniement des offices civils, parce que le tout est remis entre les mains des principaux, qui gouvernent selon que leur vouloir les guide, et comme ils l'entendent; toutefois ils ont des prêtres, et autres ministres, pour prendre garde aux choses spirituelles et icelles administrer. Les impôts et gabelles n'y sont plus

Belles et gracieuses femmes; hommes bestiaux et jaloux.

grièves qu'aux autres cités. Je logeai aussi une fois en la maison d'un de ces prêtres, qui étoit homme de prompt et subtil entendement, se délectant merveilleusement de la rhétorique arabesque; et, pour cette seule occasion, il me retint en sa maison plusieurs jours, pendant lesquels je lui lus un petit œuvre qui en traitoit amplement; au moyen de quoi il ne me pouvoit assez caresser, ni montrer suffisants signes d'amitié, et ne me laissa départir que premièrement il ne me fît plusieurs dons et présens. De là je fis retour à Maroc, là où il me fut dit que les Portugais avoient ruiné cette cité, dont les habitants se retirèrent aux montagnes en l'an neuf cent vingt-deux de Mahomet, au commencement de l'année que fis départ de mon pays, courant l'an de Jésus-Christ mil cinq cent treize.

Hadéchis ruinée par les Portugais.

Ileusugaghen.

Ileusugaghen est une petite cité faite en forme d'une forteresse sur une grande montagne, distante de Hadecchis deux milles devers midi, pouvant contenir environ quatre cents feux, et court un petit fleuve au-dessous de la cité dans laquelle ni au-dehors ne se voient aucunes vignes, jardins ni arbres portant fruits; et la raison est que les habitants sont si peu soigneux et tant lâches, qu'ils se contentent de peu, se passant légèrement avec un peu d'orge et d'huile d'argan, et vont nus pieds, hors quelques-uns, qui ont coutume de porter souliers de cuir de bœuf et de chameau. Ils sont en continuelle guerre avec ceux de la campagne, là où ils se tuent l'un l'autre sans s'épargner en sorte que ce soit. Là il n'y a ni juges ni prêtres, encore moins homme de réputation pour rendre droit à ceux qui le requièrent, parce qu'ils n'ont ni foi ni loi, sinon au bout de la langue. En toutes les montagnes de leur pourpris ne se trouve aucun fruit, sinon force miel, duquel ils usent et mangent, puis vendent le reste à leurs voisins, jetant la cire avec les autres immondices. Il y a un petit temple où ne sauroient résider plus de cent personnes, à cause qu'ils ne se soucient grandement de dévotion ni honnêteté; et, en quelque part qu'ils s'acheminent, ils portent poignards, piques, ou autres longs bois dont ils font plusieurs homicides, étant traîtres et méchants. Je fus une fois en cette cité avec le prince schérif de la région d'Héa, lequel y vint pour pacifier le peuple; et ne vous saurois exprimer combien de noises, discords, querelles, meurtres, brigandages et voleries forge cette canaille. Or, ne se trouvant auprès du prince au-

L'auteur prié du prince schérif pour juger du différend de quelques-uns du peuple de Ileusugaghen.

cun juge ni docteur, me pria très-instamment que je voulusse prendre la peine de les accorder et terminer leurs différends; par quoi comparut incontinent devant moi une grande assemblée de gens, entre lesquels tel y avoit qui, se plaignant, disoit qu'un autre avoit tué huit hommes de sa lignée, et lui d'en avoir mis à mort de la famille de l'autre jusqu'au nombre de dix, dont, pour être d'accord et faire paix, demandoit telle somme de ducats que la coutume ancienne le portoit; l'autre répliquoit qu'à meilleur droit la quantité de l'argent en l'ordonnance contenue lui devoit être adjugée, considéré qu'il avoit moins fait mourir des gens de celui qui contestoit à l'encontre de lui qu'il n'avoit fait des siens. Le premier alléguoit et mettoit en ses défenses que, irrité de juste querelle, il les avoit occis pour autant que, par fraude, ils lui avoient fait perdre et enlever une possession qui lui étoit échue par droit héréditaire; et que, suivant ceci, l'autre, à grand tort, avoit contaminé ses mains du sang de ses parents, seulement pour faire injuste vengeance de ceux qui à grande raison avoient été meurtris, pour autant que, contre tout droit, ils s'usurpoient le bien d'autrui là où ils n'avoient que contester. Cette cause-ci ne sut prendre fin, encore qu'elle fût débattue jusqu'à la nuit, et ainsi que plus je m'efforçois de tout mon pouvoir à les accorder et mettre en bonne paix, n'en pouvant nullement jouir. Environ l'heure de minuit, voici arriver l'une et l'autre partie qui vont donner commencement à une fort âpre et dangereuse mêlée, voire jusqu'à s'entrebattre ; ce que voyant le prince, et se doutant de quelque trahison, fûmes tous de cet avis, et pour le mieux, de nous absenter de là; au moyen de quoi le délibéré et mettre en effet fut quasi tout un, car nous prîmes incontinent la route d'Ighilinghighil. Et a été cette cité toujours jusqu'à présent habitée de gens qui craignent bien peu les outrages des Portugais, sans être en rien intimidés par leurs menaces, à cause que les montagnes leur servent de rempart.

De Teijeut.

Entre les montagnes dedans la plaine il y a une petite ville qui s'appelle Teijeut, distante de Ileusughaghen environ dix milles, laquelle contient trois cents feux, étant fermée et ceinte de briques ; et sont les habitants d'icelle tous laboureurs, dont le terroir est bon pour y semer de l'orge et non autres grains. Ils ont assez jardins qui sont pleins de vignes, figuiers, pêchers, et avec cela ils nourrissent des chèvres en grande quantité; il s'y trouve aussi plusieurs lions qui dévorent beaucoup de leurs bêtes. Nous y demeurâmes par cas d'aventure une nuit, et prîmes pour logis une petite cabane qui étoit à-peu-près ruinée, là où ayant mis bonne provision devant nos chevaux, et après les avoir attachés là où nous pensions qu'ils dussent être mieux, nous étoupâmes l'entrée de l'huis avec force épines; ce qu'ayant fait à cause de la grande chaleur qui nous prenoit (étant le mois d'avril), nous délibérâmes de grimper au plus haut de la maison pour prendre la fraîcheur et dormir découverts. Or il advint qu'environ le minuit vont arriver deux lions, grands et gros outre mesure, lesquels s'efforçoient d'ôter les épines, sentant l'odeur des chevaux, qui commencèrent à hennir, ronfler et jeter ruades, de telle sorte que nous doutions grandement que cette foible maison renversât, et que nous vinssions à tomber dans la gueule des lions, servant de proie et viande à ces cruelles et ravissantes bêtes, qui enfin s'écartèrent, ainsi que l'aube du jour commença à paroître, laquelle nous n'eûmes pas plutôt aperçue, qu'après avoir sellés et bridés les chevaux, nous reprîmes nos erres, suivant le prince à la trace; et à peine fûmes-nous guère éloignés de là, que la ruine de la cité s'ensuivit, dont le peu-

L'auteur fut en grand danger par les lions.

Teijeut ruinée par les Portugais.

ple fut en partie occis, et le reste mené en captivité au royaume de Portugal, qui fut en l'an de Mahomet neuf cent vingt.

Tésegdelt.

Tésegdelt est une assez grande ville assise sur une haute montagne, contenant environ huit cents feux, ceinte et environnée de très-hauts et inaccessibles rochers, tellement qu'elle n'a autrement besoin de murailles; elle est distante de Teijeut environ douze milles du côté du midi, et embellie d'un petit fleuve qui prend son cours par-dessous les rochers, là où il y a un grand nombre de vergers abondants en toute sorte d'arbres fruitiers, et mêmement en noyers. Les habitants de cette cité sont fort opulents, ayant des chevaux une bonne quantité et en bon équipage; tellement qu'ils ne rendent aucun tribut aux Arabes, avec lesquels ils sont continuellement à s'escarmoucher; si bien, que le plus souvent ils font de grands carnages d'iceux, pour la crainte desquels le peuple, qui fait sa résidence en la campagne, transporte tous les grains dans la cité. Les habitants sont assez civils et bien morigénés mêmement à se montrer autant courtois et affables, comme ils étendent volontiers leur libéralité, car ils commandent expressément aux gardes des portes qu'aussitôt qu'ils voient arriver un étranger, de savoir de lui s'il a aucune connoissance ou amis dans la cité ; et s'il répond que non, sont tenus de l'héberger en leur logis ; et combien que tous étrangers sont exempts de payer aucun tribut, ne laisse-t-on pour cela à leur faire un très-gracieux et doux accueil. Ce peuple est fort sujet à jalousie, mais, au demeurant, gardant sa foi inviolable Au milieu de la ville, il y a un somptueux temple entretenu par aucuns prêtres; et ont les habitants un juge docte et expert en la loi, lequel a coutume d'administrer justice en toutes choses, hors à l'endroit des criminels, sur lesquels il n'a nulle connoissance. Le terroir où l'on sème est tout sur les montagnes. Je fus aussi en cette ville par plusieurs jours avec le prince schérif en l'an de Mahomet neuf cent dix-neuf.

Gracieuseté envers les étrangers.

Tagtessa.

Sur une haute montagne et ronde, est édifiée une ancienne cité, nommée Tagtessa, pour à laquelle parvenir, il faut monter comme par une vis en tournoyant autour de la montagne, qui est distante de Tésegdelt par l'espace de quatre milles. Au-dessous de cette cité, prend son cours une petite rivière, de laquelle boivent les habitants, qui en sont éloignés environ six milles; combien qu'il sembleroit à celui qui seroit sur la rive que la cité ne fût pas qu'à un mille et demi de ce fleuve; et pour y parvenir, les femmes sont contraintes de descendre par un bien étroit chemin, dont les degrés ont été taillés à force de pics et autres ferrements. Les habitants de cette cité sont tous voleurs et haïs de leurs voisins. Ils tiennent leur bétail sur la montagne, étant tous leurs bois pleins de sangliers, et leur ville vide de chevaux, si bien qu'on n'en y sauroit trouver un seul. Les Arabes ne sauroient passer par-dedans la cité, ni au pourpris d'icelle, sans premièrement avoir sauf-conduit et licence expresse par les habitants. J'y arrivai en un temps qu'un grand nombre de locustes se posa sur le froment, qui étoit pourlors épié; mais la multitude d'icelles surpassoit le nombre des épis de plus de la dixième partie; tellement, qu'à grande peine pouvoit-on apercevoir la terre; et ce advint en l'an neuf cent de l'Hégire.

Citoyens de Tagtessa voleurs.

Eitdevet.

Eitdevet est une cité fort ancienne, édifiée par les Africains sur une haute montagne, ayant à la sommité une belle et spacieuse plaine. Elle contient environ sept cents feux, et est éloignée de Tagtessa quinze milles, ou peu s'en faut, du côté du midi. Au milieu sourdent des fontaines d'eau vive et fraîche, et est environnée de bois touffus épouventables, et de hauts rochers sur lesquels croissent des arbres en grande quantité. Il y a plusieurs juifs artisans, comme maréchaux, chaussetiers, teinturiers de draps et orfèvres. On dit qu'anciennement les habitants de cette cité furent juifs de la lignée de David ; mais puis les mahométans s'étant emparés de ce pays, les réduisirent à leur secte. Plusieurs d'entre eux sont merveilleusement doctes et experts en la loi, dont la plus grande partie d'iceux a les textes et décrets de la loi entièrement imprimés dans la mémoire. Et entre les autres, j'ai connu un vieillard qui savoit par cœur tout un grand volume intitulé *Elmudevuava*, qui signifie autant comme le recueil des lois, là où sont contenus trois volumes : et dans iceux sont les plus subtils et difficiles points de la loi, avec les conseils de Mélie sur icelle. Cette cité se pourroit quasi appeler un plaidoyer, ou parlement où l'on donne expédition de toutes les causes et différends, car on y fait citations, criées, accords, instruments et autres choses semblables ; tellement que

Des lois de Eitdevet.

tous les peuples prochains y accourent. Ceux qui font profession de légistes, ont le gouvernement, tant des choses qui concernent la spiritualité comme la temporalité. Mais le peuple ne leur rend pas grande obéissance quant aux choses criminelles, ayant en ceci bien peu d'égard à leur autorité et savoir. Du temps que je passai par cette cité, je fus logé en la maison d'un avocat, là où un soir, entre les autres, advint que plusieurs docteurs et légistes s'assemblèrent, où, à l'issue de table, fut mue une telle question et dispute, à savoir s'il étoit licite de vendre et aliéner ce que possédoit un seul citoyen en particulier, pour généralement survenir aux affaires publiques; et là se trouva un vieillard qui, après en avoir donné son avis, l'honneur lui en fut adjugé, pour avoir bien opiné sur tous les autres, et s'appela Hagazzare, dont, l'entendant ainsi nommer, me voulus enquérir d'aucuns quelle signifiance avoit ce nom; à quoi il me fut répondu qu'il dénotoit autant comme boucher. Car tout ainsi (me dirent-ils) qu'un boucher est très-expert à trouver la jointure des os d'une bête, ainsi est-il très-subtil et prompt à trouver le nœud des arguments, et soudre l'ambiguité d'une question appartenante à la loi. Ce peuple-ci mène une vie

Comparaison d'un avocat à un boucher.

fort austère et âpre, n'usant d'autre viande que de pain d'orge, huile d'argan et chair de chèvre, sans qu'on fasse aucune mention de froment. Les femmes sont belles et colorées, et les hommes fort agiles et maniables de leurs personnes, ayant naturellement l'estomac fort pelu, et sont très-libéraux, mais jaloux outre mesure.

Culeihat elmuridin.

Culeihat elmuridin est une petite forteresse située sur le sommet d'une très-haute montagne, entre deux autres qui l'égalent en grandeur, où se trouvent de très-hauts rochers et bois enserrés partout leur tour; et ne sauroiton monter en la forteresse, sinon par un étroit et bien petit sentier, qui est sur l'un des côtés de la montagne, dont d'une part sont les rochers, et d'autre le mont Tésegdet, qui est distant de Culeihat d'un mille et demi, et d'Eitdevet environ dix-huit milles. Cette forteresse a été, de notre temps, édifiée par un nommé Homar Seijef, rebelle, chef et conducteur des hérétiques, qui fut prédicateur pour son commencement; et ayant attiré à soi, par l'amorce de ses paroles alléchantes, plusieurs disciples qui lui étoient fidèles et obéissants, de prédicateur dissimulé, exerça publique tyrannie, et l'entretenant, il régna par l'espace de douze ans, auquel temps de lui procéda la ruine du pays. Mais enfin il fut occis par une sienne femme, qui le trouva gisant et paillardant avec sa fille, qu'elle avoit conçue d'un autre mari ; à quoi la grandeur de cette exécrable vice montra évidemment de combien sa méchanceté, qui le faisoit vivre et sans loi aucune, dérogeoit à la religion, qu'il dissimuloit par une hypocrisie palliée, en laquelle il se maintenoit du commencement. Par quoi, après sa mort, le peuple se mutina, faisant passer par le fil de l'épée tous ses disciples, et quiconque se trouvoit avoir été de sa secte adhérant à sa fausse doctrine ; et après, un sien neveu la soutenant, s'empara de cette forteresse, s'en faisant seigneur et maître, et soutint le siége de ses ennemis et du peuple d'Héa par l'espace d'un an entier, au bout duquel ils abandonnèrent le siége et leur entreprise, connoissant à vue d'œil leur effort être de nul effet. Ce seigneur-ci est fort mal voulu de ses voisins, à cause qu'il ne vit d'autre chose que de larcins et voleries, et pour cet effet a certains chevaux dont il fait des courses sur les passants, leur ôtant le bétail, et le plus souvent les détient encore prisonniers ; et avec certains fauconneaux (à cause que le grand chemin est prochain de la forteresse environ un mille) il tue

Un prédicateur étant trouvé couché avec sa fille, fut occis par sa femme.

souventefois les pauvres étrangers et passants;
quoi faisant, il a tellement irrité le peuple du
contour et acquis la malveillance d'un chacun,
qu'il ne sauroit labourer, semer, ni tenir en
sa puissance un demi-pied de terre seulement
hors le circuit de sa montagne, là où le corps
de son oncle a été par lui honorablement inhumé dans la forteresse, où il le fait adorer
comme saint. Une fois, je ne sais quelle fortune ou destin empêcha que je ne fusse, en
passant par-là, atteint d'un boulet; au moyen
de quoi je me fis amplement informer de la
vie et foi de cet hérétique, et des raisons qu'il
avoit contre le commun sentiment de la foi;
de quoi j'ai fait un recueil sur l'abréviation de
la chronique des mahométans.

<small>Danger où l'auteur se trouva.</small>

Ighilmghighil.

Ighilmghighil est une petite cité qui fut anciennement édifiée par les Africains sur une
montagne distante d'Eitdevet environ six milles
du côté du midi, contenant environ trois
cents feux, et en icelle plusieurs artisans font
leur résidence. Le terroir de cette cité est fort
bon pour les orges, et produit des huiles en
grande quantité, semblablement du miel abondamment. Pour monter à la ville, on ne sauroit autre chemin prendre qu'une bien étroite

fente à côté de la montagne, si très-difficile, qu'à grande peine y saurait-on aller à cheval. Les habitants sont fort libéraux, courageux et vaillants avec les armes en main, ayant continuelle guerre contre les Arabes, desquels ils rapportent ordinairement la victoire, à cause de la situation et qualité du lieu, qui est très-fort et quasi de nature inexpugnable, et se fait en ce lieu-là grande quantité de vases qui se vendent et transportent en divers lieux, et crois que ce soit la seule place où ils se font entre toutes ces régions.

Téfethne; cité de port.

Téfethne est une forteresse qui fut édifiée en la province de Héa, par les Africains, sur l'Océan, du côté du ponant, distante d'Ighilm-ghighil environ quarante milles, contenant jusqu'à six cents feux, et là où il y a un bon port pour petits navires, auquel aucuns marchands portugalois ont coutume d'aborder pour troquer leurs marchandises contre de la cire et peaux de chèvres. La campagne qui l'environne est toute montagneuse, et produit de l'orge en grande abondance. A l'un des côtés de la cité passe un fleuve assez spacieux pour recevoir les navires, lorsque fortune court sur la mer. Cette cité est ceinte de murailles faites de briques et pierres entaillées, où il y a douane avec gabelle, dont le revenu est distribué à tous les habitants qui sont capables et suffisants à la tuition et défense de la cité, en laquelle il y a assez de prêtres et juges, qui n'ont que voir sur ceux qui commettent homicides ou qui font blessures; ainsi, si quelqu'un tombe en l'un de ces deux crimes, et qu'il soit trouvé par les parents de celui qui est blessé ou tué, ils le mettent incontinent à mort; ce que n'avenant, la commune de la ville bannit pour sept ans celui qui a perpétré le délit; et puis, en payant ce qui est ordonné aux parents du défunt, il est absous de l'homicide. Les habitants sont fort blancs, traitables et plaisants, honorant plutôt un étranger qu'ils ne feront un de la cité même; et tiennent un grand hôpital pour respect des passants seulement, qui y sont reçus, combien que la plus grande partie soit logée le plus souvent aux maisons des citoyens mêmes. Je fus en cette cité en la compagnie du prince schérif, là où je séjournai par l'espace de trois jours, qui me semblèrent autant d'années, à cause de l'infinité de puces qui y sont, s'engendrant de la putréfaction de l'urine et fumier des chèvres, que les citoyens nourrissent en grande quantité, les envoyant le jour paître et brouter en leurs pâtis, et la nuit les mettent aux galeries et allées de leurs maisons, là où elles se mettent à dormir tout auprès des portes et entrées de leurs chambres.

Des montagnes contenues en la région de Héa, et des habitants d'icelles.

Puisqu'ainsi est que j'ai parlé jusqu'ici particulièrement des nobles cités qui sont en la province d'Héa, il m'a semblé bon de décrire ce que j'ai vu de recommandable par les montagnes de cette province même, n'omettant rien que je penserai digne d'être présenté devant tout bénévole lecteur : donc la plus grande partie du peuple habite en ces montagnes, bâtissant journellement plusieurs maisons et édifices. La première partie du mont Atlas (qui est le lieu auquel les habitants d'Idevacal font leur demeurance) prend son commencement à la mer Océane; et s'étendant du côté du levant jusqu'à Ighilinghighil, sépare la province d'Héa d'avec celle de Sus, étant située la cité de Téfethne sur le coupeau de sa côte auprès de la mer, devers Tramontane, dont de cet endroit-là jusqu'à l'autre pointe de la partie du midi entre cette cité et Messa, y a trois journées que j'ai chevau-

Première partie du mont Atlas.

chées moi-même. Ce mont-ci est bien habité
et enrichi de villes et bourgades, dont les habitants ne sont susbtantés d'autre chose que
de leurs chèvres, orge et miel. Ils n'usent
pour habillement d'aucune chemise, ni d'autre chose faite à l'aiguille, parce qu'entre eux
il ne se trouve personne qui sache l'art de
couture, mais portent des draps autour d'eux
attachés au moins mal qu'ils peuvent et savent.
La coutume des femmes est de porter quelques anneaux ou bagues d'argent, et massives,
aux oreilles, en chacune desquelles il s'en
trouve beaucoup qui en y portent jusqu'à quatre, et usent semblablement de certains anneaux en forme de boucle, de telle grosseur,
qu'ils viennent à peser une once, et avec iceux
attachent leurs habillements sur les épaules,
puis portent encore aux doigts et jambes certains cercles d'argent ; mais les nobles et riches seulement, parce que les pauvres n'ayant
le moyen de charger si gros état, n'en portent
que de fer ou cuivre. Il y a quelques chevaux
de petite taille qui ne sont jamais ferrés, néanmoins ils sont tant agiles et légers, qu'ils sautent contre-bas à guise de chats. Là y a force
gibier, cerfs et chevreuils, mais les habitants
n'en tiennent compte, et avec ce plusieurs
fontaines y sourdent en grande quantité. Il y

croît des arbres innumérables, dont la plus
grande partie est en noyers. Ce peuple-ci est
comme les Arabes, se transportant de lieu à
autre. Leurs armes sont poignards larges et
tors, de la même forme desquelles sont les
épées, qui ont l'échine grosse comme celle
d'une faux à faucher l'herbe. Et quand ils veulent aller en quelque combat, ils prennent en
main trois ou quatre pertuisanes. Là ne se
trouve aucun juge, prêtre, temple, ni homme
qui sache aucune doctrine ; et sont généralement traîtres et malins. Il fut dit au prince
schérif, en ma présence, que le peuple de cette
montagne pouvoit faire jusqu'au nombre de
vingt mille combattants.

Les armes des habitants du mont Atlas.

Démensera.

Démensera est une autre partie d'Atlas commençant aux confins d'icelui, et s'étend, du côté
de levant, environ cinquante milles jusqu'au
mont de Nisiffa, en la région de Maroc, séparant la plus grande partie de la province d'Héa
d'avec celle de Sus ; et à ses confins est le passage pour aller en cette province. Cette partie
est habitée d'une fort bestiale et barbare nation, mais fort propre quant aux habillements, et très-bien fournie de chevaux, suscitant souventes fois guerre fort âpre contre

ses voisins et Arabes, empêchant de toutes ses forces qu'ils n'aient à fairé entrée dedans ses terres; et il n'y a sur la montagne cité ni châteaux, mais assez bourgades et petites villes, habitées d'un grand nombre de gentils-hommes, à qui le populaire s'assujettit et porte grande obéissance. Le territoire est fertile au possible en orge et millet, et y sourdent plusieurs fontaines qui dressent leur cours entre les vallées qui viennent à se joindre au fleuve de Siffaia. En cette montagne-là se tire du fer en grande quantité, que les habitants transportent et vendent en divers lieux, pour la délivrance duquel ils reçoivent une grande somme d'argent. Il s'y trouve beaucoup de juifs, qui sont volontaires jusqu'à exposer leur personne aux hasardeux combats, et prendre la querelle en main en faveur de leurs maîtres, qui sont les habitants de cette montagne; mais ils sont, par les autres juifs de l'Afrique, tenus et réputés hérétiques, qui s'appellent Carraum. Cette montagne produit de grands et gros arbres de lentisques et de buis, et noyers d'une merveilleuse grosseur, dont les habitants ont coutume de mêler les noix avec l'huile d'argan, de quoi ils tirent une certaine liqueur tenant plutôt de l'amer qu'autrement, et s'en servent à brûler et à manger. Je

Mines de fer.

me suis laissé dire par plusieurs que dans cette montagne se peuvent lever de vingt à vingt-cinq mille combattants, tant de gens de pied comme de cheval. A mon retour de Sus, je suivis la route de ce pays-là, où (à cause des lettres de faveur que j'avois du prince schérif) on me fit de grandes caresses, et fus reçu fort humainement, en l'an neuf cent vingt de l'Hégire.

Gébèle Ihadih, autrement *montagne de fer*.

Cette montagne ne dépend pas proprement de celle d'Atlas, parce qu'elle commence sur le rivage de la mer Océane, du côté de Tramontane, s'étendant devers midi à côté du fleuve Tensift, et sépare la province Héa d'avec la région de Maroc et Ducale. En icelle réside un peuple appelé Regraga; et il y a de très-grands bois, beaucoup de fontaines, du miel en quantité, et force huile d'argan. Quant au grain, il y est bien clair semé; dont voulant les habitants en avoir à suffisance, il faut qu'ils le fassent charier de Ducale. Ils sont pauvres, mais fort gens de bien et très-dévotieux. A la sommité de cette montagne, se trouvent plusieurs ermites qui vivent d'eau et du fruit des arbres. Les habitants sont fidèles, amateurs de paix et simples outre mesure; tellement que si quelque ermite, par accident ou autrement, vient à faire quelque œuvre ou chose tant soit peu admirable, ils la réputent et tiennent pour un grand miracle; et s'il se trouve aucun qui soit accusé de larcin, qui commette homicide, ou fasse quelque autre mal, incontinent est par la commune banni du pays pour quelque espace de temps. Les Arabes qui sont leurs voisins, les tourmentent et molestent grandement, voire de jour en jour, pour laquelle chose pacifier et amortir, désirant demeurer en une vie plus tranquille, ont coutume de leur rendre quelque tribut. Mahomet, roi de Fez, se banda une fois contre ces Arabes, ce qu'eux voyant, prirent la fuite, et gagnèrent les montagnes pour refuge; mais les montagnards se fortifièrent, et leur vinrent au-devant, et, supportés par la faveur du roi de Fez, leur firent une charge, au détroit des passages, si rude, que, moyennant icelle et la gendarmerie du roi, les Arabes furent tous accablés et mis en pièces; trois mille et octante chevaux furent menés au roi, et, par ce moyen, les habitants du mont s'affranchirent du tribut. Je me trouvai pour lors au camp du roi, qui fut en l'an neuf cent vingt-un de Mahomet. Ceux-ci peuvent mettre en campagne de dix à douze mille combattants.

Guerre de Mahomet contre les Arabes.

De la région appelée Sus.

Venant maintenant à parler de la région de Sus, elle est par-delà le mont Atlas, du côté de midi, à l'endroit de la province Héa, aux dernières fins d'Afrique; et commençant sur l'Océan, de la partie du ponant, se termine devers midi aux arènes du désert; du côté de Tramontane, se jette jusque sur le mont Atlas, aux confins d'Héa; de la partie occidentale, se joint au grand fleuve appelé Sus, duquel elle a pris et retient son nom. Je commencerai du côté du ponant pour vous décrire par le menu toutes ces cités et les lieux plus notables qui sont en icelle.

Des villes et cités contenues en la région de Sus.

Messa, cité.

Sous ce nom de Messa sont contenues trois petites cités, prochaines l'une de l'autre l'espace d'un mille, édifiées par les anciens Africains sur le rivage de l'Océan, sous la pointe qui fait le commencement du mont Atlas, étant ceintes de pierre crue, et entre icelle prend son cours le grand fleuve Sus, qui, en temps d'été, se peut passer à gué, ce qui ne se peut faire en la saison d'hiver; au moyen de quoi les citoyens ont certaines barques, mais elles ne sont pas fort commodes pour traverser n tel endroit. Le lieu auquel sont situées ces petites cités est dans un bois non pas sauvage, mais embelli de belles palmes que les habitants tiennent pour leur usage; vrai est que les dattes qui y sont produites ne sont pas fort exquises, parce qu'on ne les peut garder en leur perfection tout le long de l'année. Les habitants sont tous laboureurs, nourrissant peu de bétail; mais ils labourent la terre lorsque le fleuve croît, qui est en septembre et à la fin d'avril, puis en mai recueillent le grain; que si la rivière ne venoit à croître l'un de ces deux mois, ils n'en pourroient recueillir en sorte que ce soit. Dehors de Messa sur la marine il y a un temple, lequel ils tiennent en grande dévotion, et, disent plusieurs historiens, que d'icelui sortira le juste pontife prophétisé et promis par Mahomet; et, outre ce, racontent que Jonas fut jeté sur la plage de Messa après avoir été transglouti par la baleine. Les petites traves de ce temple sont toutes de côtes de baleine, et advient souvent que la mer en jette sur la grève de fort grosses et monstrueuses, dont la grandeur cause aux regardants une grande merveille avec terreur. L'opinion du popu-

De la plage où Jonas fut jeté, ayant été englouti par la baleine.

faire est que toute baleine qui passe au droit de ce temple (par la vertu que Dieu lui a donnée) est incontinent privée de vie; à quoi j'eusse ajouté peu de foi, sinon que voyant le jour même une baleine flottant sans vie dessus les ondes, me fit demeurer quelque peu suspens; mais, comme je tenois propos un jour à un juif sur cette matière, me dit que ce n'étoit chose dont on se dût aucunement étonner, parce qu'il y a dans la mer, environ deux milles près du rivage, aucuns gros rochers et pointus, et étant les ondes par les vents agitées, les baleines sont portées de lieu en autre, au moyen de quoi celles qui heurtent trop lourdement contre ces rochers, se tuent facilement, puis la mer les jette sur le rivage telles que nous les voyons; cette raison me sembla trop plus apparente et vraisemblable que non celle du populaire. J'arrivai en cette cité lorsque le prince schérif y étoit, là où je fus invité par un gentilhomme lui faire compagnie à dîner en un jardin qui étoit hors le circuit de la cité, et, par cas d'aventure, trouvâmes en notre chemin la côte de l'une de ces baleines courbée en façon d'un arc, sous laquelle passant sur deux chameaux, nous n'y pouvions toucher de la tête, tant elle étoit de hauteur démesurée; et dit-on qu'il y a cent ans passes qu'elle demeure en ce même être, dont le peuple la tient comme pour une chose très-admirable. Sur la grève et lieux plus prochains de la mer, on trouve de l'ambre gris très-parfait, lequel se vend aux marchands de Portugal, ou à ceux de Fez, à petit et vil prix, qui est quasi moins d'un ducat par once, et plusieurs sont de cette opinion qu'il provienne de la fiente de la baleine; d'autres veulent dire qu'il se forme du sperme qui distile des génitoires du mâle quand il veut se coupler avec la femelle, et qu'il est par l'eau endurci et congelé.

Ambre gris.

Teijéut.

Teijéut est une cité anciennement par les Africains édifiée en une belle plaine, ayant d'un côté le fleuve Sus; et est divisée en trois parties, distantes l'une de l'autre quasi par l'espace d'un mille, lesquelles ensemble forment le trait d'un triangle, et peut son tour contenir environ quatre mille feux. Le terroir d'icelle est fort abondant en froment, orge, légumage et autres grains, avec ce qu'il produit des dattes et sucres en grande quantité; mais les habitants ne le font pas bien cuire ni purger, à cause de quoi il ne vient à prendre sa parfaite blancheur, ainsi demeure noir au-

Sucre noir.

cunement; néanmoins plusieurs marchands de Fez et Maroc en viennent acheter en cette cité, en laquelle ne court autre monnaie que l'or tout pur, comme ils le tirent de la terre, et semblablement partout le territoire d'icelle, et est la coutume des habitants à dépendre et acheter, d'employer certains petits draps ou bandes de la valeur d'un ducat pour pièce. L'argent y est bien rare, et encore ce peu qu'ils ont est par les femmes porté pour ornement, usant, en lieu de deniers ou menue monnoie, de petites pièces de fer qui pèsent environ une once. Il y croît peu de fruits, sinon raisins, pêches et dattes, et en grande abondance. Les oliviers n'y croissent aucunement, mais vont quérir l'huile en aucunes régions de Maroc, et se vend en la région de Sus quinze ducats le quintal, qui fait cent cinquante livres d'Italie, là où la livre est de douze onces; mais ils font la leur de dix-huit, qu'ils appellent *rethl*, dont il en faut cent pour parfaire le quintal. Le prix de la voiture, lorsqu'elle n'excède la raison, est de trois ducats pour charge de chameau, pesant sept cent livres italiennes, et cela se fait en hiver, car en été on ne chargeroit moins de cinq ou six ducats. En cette cité se corroient ces beaux cordovans qu'on appelle maroquins, qui se ven-

Monnoie d'or pur.

Petites pièces de fer pour monnoie.

Maroquins de cordovan.

dent six ou huit ducats la douzaine, tous portés en la cité de Fez. Du côté qui regarde vers la montagne d'Atlas, se trouvent beaucoup de villages et petites bourgades; mais devers midi, le pays est tout inhabité, parce que la plaine est sur les appartenances des Arabes leurs voisins. Au milieu de la cité se voit un beau temple qui s'appelle le temple Majeur, pardedans lequel ils font passer un bras du fleuve. Les habitants sont de nature si terrible et sanguine, qu'ils font journellement la guerre entre eux-mêmes, tellement qu'ils ne demeurent guère souvent en paix. Une chacune des trois parties crée un recteur, dont les trois ensemble ont le gouvernement de la cité, et ne demeurent en leur magistrat plus haut que de trois mois seulement. La plus grande partie de ce peuple use de tels habillements que font ceux d'Héa, et tel y a qui s'habille de drap et chemise avec un turban de toile noire. L'aune de gros drap, comme est la frise, coûte un ducat et demi : la toile portugalaise ou de Flandres, qui est un peu déliée, se vend quatre ducats, et contiennent toutes les pièces vingt-quatre brasses de Toscane. On tient dans la cité juges et prêtres, n'ayant autre prééminence ni autorité que sur les choses spirituelles; quant aux temporelles, ceux qui sont de plus grande autorité ont plus de faveur. Et avenant que quelque citoyen en tue un autre, si les parents du défunt peuvent user de même vengeance envers l'homicide, on n'en fait autre poursuite; et se pouvant garantir de ceux qui le guettent, il est banni par l'espace de sept ans, s'il ne veut tenir bon dans la cité contre ses adversaires, ce qui lui est permis; sinon étant banni, et retournant au terme, fait un festin ou banquet à tous gentilshommes de la ville, au moyen de quoi il se pacifie avec ses ennemis en payant ce qui est ordonné, comme il me souvient vous avoir récité par ci-devant. En cette cité y a plusieurs juifs artisans sans qu'on leur impose aucun tribut, sinon que parfois ils font quelques petits présents aux gentilshommes, qui les rendent quittes de toute imposition.

Tarodant.

Tarodant est une assez grande cité édifiée par les anciens Africains, contenant environ trois mille feux, distante de la montagne Atlas un peu plus que de quatre milles devers le midi, et trente-cinq de Teijéut du côté du levant. Cette cité en coutumes et abondance se peut comparer aux autres, sinon qu'elle est de plus petite étendue, mais d'autant plus civile, parce que du temps que la maison de

Marin possédoit le royaume de Fez, la province de Sus étoit encore sous l'obéissance d'icelle, au moyen de quoi cette cité étoit le siége du lieutenant du roi; et encore peut-on apercevoir jusqu'à présent une forteresse ruinée, qui fut jadis par ces rois édifiée. Mais depuis que ce royaume commença à s'ébranler et laisser la seigneurie de cette famille, elle retourna à sa première liberté. Il y a beaucoup d'artisans, et les habitants se vêtent de toile et de drap noir. La puissance de gouverner et mettre police aux choses, appartient à quatre gentilhommes, qui tiennent le magistrat tous ensemble, mais ils n'y demeurent pas davantage de six mois. Ce sont gens pacifiques, craignant merveilleusement d'offenser et faire tort à leurs voisins. Au territoire du côté d'Atlas, y a plusieurs villages et hameaux. Les plaines qui sont à l'objet du midi, sont pâtis au domaine et territoire des Arabes, auxquels le peuple de cette cité rend un gros tribut, tant pour leurs terres (à la mode du pays de Sus) que pour maintenir les chemins en sûreté. De notre temps ils se sont révoltés contre les Arabes, se soumettant à la seigneurie du prince schérif, l'an de l'Hégire 920.

Guarguessem.

Guarguessem est une forteresse assise sur une pointe du mont Atlas, qui est au-dedans de l'Océan, tout auprès du lieu où s'y embouche le fleuve Sus. Autour d'icelle y a fort bon terroir, lequel depuis vingt ans en ça a été occupé par les Portugais, ce qui étant venu à la notice du peuple d'Héa et Sus, s'accordèrent ensemble pour ravoir cette forteresse, et vint à leur secours une grande fanterie de lointaines régions, élisant pour capitaine et chef de l'armée, un gentilhomme schérif, c'est à savoir noble de la maison de Mahomet, lequel s'étant campé devant la forteresse avec tout l'exercite, y eut de grandes tueries tant d'un côté que d'autre, à cause de quoi partie des assaillants, ennuyés de si long siége, fit retour en ses pays, laissant avec le schérif quelques compagnies qui démontroient être assez affectionnées à la poursuite des chrétiens; ce que voyant, le peuple de Sus s'accorda de délivrer telle somme de deniers au schérif, qui serait suffisante à soudoyer cinq cents chevaux, lequel, après avoir touché plusieurs paies et s'être emparé de tous les lieux du pays, se révolta, en occupant la tyrannie. Et lorsque je fis départ de lui, il tenoit plus de trois mille chevaux, avec une infinité d'argent et grande multitude de soldats, comme nous avons donné à entendre en nos abréviations.

Tedsi.

Tedsi est une grande cité contenant environ quatre mille feux, bâtie anciennement par les Africains, distante de Tarodant, du côté du levant, environ trente milles, de l'Océan soixante, et vingt de la montagne Atlas; étant située en pays très-fertile et abondant en graines, sucre et guède; au moyen de quoi il s'y trouve plusieurs marchands de la terre des Noirs qui y sont habitants. Le peuple d'icelle s'étudie de vivre en paix, à être civil et honnête; tenant le gouvernement et la cité en sorte de république. La seigneurie d'icelle est entre les mains de six, qui sont créés par sort, puis exercent l'office de magistrats par l'espace de seize mois. Le fleuve Sus côtoie la cité, et en est distant par l'espace de trois milles. Il y a plusieurs juifs artisans, comme orfèvres, maréchaux et autres; puis un temple, au service duquel sont ordonnés plusieurs prêtres et ministres. Outre ce, il y a des juges et lecteurs en la loi, qui sont stipendiés par la commune de la cité, où se fait un marché le lundi, là où s'assemblent les Arabes paysans et montagnards. En l'an 920,

Marginalia: Sucre et guède en abondance.

ce peuple se réduisit sous la puissance du prince schérif, lequel tenoit sa chancellerie en cette cité.

Tagavost.

Tagavost est une cité la plus grande qui soit en la province de Sus, contenant huit mille feux, environnée de pierre crue, distante de l'Océan environ soixante milles, et du mont Atlas cinquante, du côté du midi. Elle fut édifiée par les Africains loin du fleuve Sus environ dix milles. Au milieu d'icelle y a des places, boutiques et artisans. Le peuple est divisé en trois parties, et le plus souvent suscitent guerre entre eux-mêmes, appelant à leur secours et à la ruine des uns et des autres les Arabes, qui prennent le parti, et bataillent pour la partie qui leur présente plus grosse solde. Dans le pourpris de la cité y a des terres fort fertiles et beaucoup de bétail ; mais la laine s'y vend à petit prix, et y fait-on des draps en grande quantité, qui sont transportés, par les marchands de la cité, une fois l'an, à Tombut et à Gualata, pays des Noirs. Le marché s'y tient deux fois la semaine, et vont les habitants assez proprement en leur manière de vêtir, ayant des femmes très-belles et gracieuses. Il s'y trouve plusieurs personnes qui sont de couleur brune, à cause que les noirs et blancs les ont engendrés. Là n'y a point de seigneurie déterminée; mais celui gouverne qui en puissance et avoir excède les autres. Je séjournai par l'espace de treize jours en cette cité, avec le secrétaire du prince schérif, expressément pour lui acheter des esclaves, en l'an 919.

De Hanchisa et Ilalem, montagnes en la province de Sus.

La montagne d'Hanchisa dépend quasi de celle d'Atlas devers ponant, et s'étend environ quarante milles du côté du levant. Au pied d'icelle est située la cité de Messa, et autres pays de la province de Sus. Ceux qui y habitent sont gens fort hardis à pied, et belliqueux tellement, qu'un simple soldat ne craindra point d'exposer sa personne au hasard du combat, contre deux hommes à cheval, et marchent contre avec certaines petites pertuisanes qu'ils ont coutume de porter. Cette montagne ne produit nul froment, mais l'orge et le miel y croissent en grande abondance, et y tombe la neige en tout temps de l'année. Les habitants font bien semblant de ne craindre guère le froid, parce que tout le long de l'hiver ils vont vêtus fort à la légère. Le prince schérif a souventefois essayé de les rendre ses tributaires, mais ses desseins ne sortirent jamais leur effet.

Halem.

Halem prend son commencement, du côté du ponant, aux confins de l'autre montagne, et se termine à la région de Guzzula, devers levant ; de la partie du midi finit aux plaines de Sus. Les habitants sont nobles et magnanimes, ayant grande quantité de chevaux, et y a toujours entre eux une guerre civile, pour cause d'une veine d'argent qui est en la montagne, étant contraints les vaincus de quitter la jouissance d'icelle à ceux qui ont le dessus et demeurent vainqueurs.

Veine d'argent.

Assiète de la région de Maroc.

Cette région de Maroc prend son commencement, du côté du ponant, au mont de Néfisa; suivant de la partie du levant jusqu'à celui de Hadiméi, puis descend tout au plus près du fleuve Tensift, tant qu'il vient se joindre avec le fleuve d'Asifinval, là où, du côté du levant, on entre dans les fins et terres de la province Héa. Cette région est quasi en forme triangulaire, et fort abondante en froment et autres sortes de grains, bétail, eau, fleuves, fontaines et fruits; comme dattes, raisins, figues, pommes et poires de toute espèce, et est cette province quasi toute en plaine, comme la Lombardie. Les montagnes sont très-stériles et pleines de grandes froidures, qui empêchent qu'elles ne puissent produire autre chose que orge. Or, maintenant, commençant du côté du ponant, nous viendrons à décrire les particularités de toutes ses montagnes et cités, en suivant l'ordre encommencé.

Elgiumuha. Des villes et cités de cette même région.

Elgiumuha est une petite cité en la plaine, auprès du fleuve appelé Sesséna, distante environ sept milles du mont Atlas, édifiée par les Africains, mais depuis occupée par quelques Arabes, au temps que la famille de Muachidin fut privée de son royaume et domaine. Il n'apparoît aujourd'hui autre chose de cette cité, sinon quelques vestiges, mais bien rares. Les Arabes ensemencent si grand pays de terre, qu'elles produisent assez de grains pour le vivre de tous les habitants, laissant le demeurant sans cultiver. Mais du temps que cette cité étoit habitée, elle contenoit environ six mille feux, et pouvoit rendre tous les ans de profit cent mille ducats. Je passai à côté d'icelle, et logeai avec les Arabes, où je trouvai une fort grande libéralité; mais ils sont pleins de grande tromperie et déloyauté.

Imégiagen, forteresse.

Imégiagen est une forteresse située sur une montagne d'Atlas, et n'est aucunement ceinte de murailles, de quoi elle n'a aussi besoin, vu qu'elle l'est de la nature, et assiète du lieu et distante de l'autre cité, du côté du midi, environ vingt-cinq milles. Elle étoit tenue jadis par les nobles de ce pays-là : mais puis après Homar Essuef, hérétique (duquel nous avons par ci-devant fait mention), s'en empara, et la réduisit sous son obéissance, y usant de grandes inhumanités, mettant à mort jusqu'aux enfants innocens; et faisoit ouvrir le côté aux femmes qu'il pensoit être enceintes, puis tiroit les petites créatures, qu'il démembroit sur l'estomac des mères mêmes, leur faisant goûter l'amertume et dur passage de la mort, premier qu'ils eussent essayé la douceur de la vie. Ainsi est demeurée cette forteresse inhabitée en l'an neuf cent. Il est vrai que l'an neuf cent vingt on commença quelque peu à y bâtir et faire demeure; mais il n'y a terre qui soit labourable, autre part

Grande cruauté de Homar Essuef sur les femmes et petits enfants étant encore au ventre de leur mère.

que sur les ailes de la montagne, ni là où l'on sût semer et cultiver les fruits qui sont nécessaires à la vie humaine, parce qu'on n'oseroit passer par la plaine, tant pour crainte qu'on a du côté des Arabes, comme de celui des Portugalois.

Ténezza.

Ténezza est une forte cité anciennement édifiée par les Africains, en une côte de l'une des parties du mont Atlas, qui s'appelle Ghedmina, distante de Asifinval quasi par l'espace de huit milles du côté du levant. Au-dessous d'icelle y a de grandes plaines fort fertiles en grains ; mais les habitants (pour être trop molestés des Arabes) ne peuvent cultiver le terroir ; au moyen de quoi ils sèment seulement sur les traverses et détroits de la montagne, entre le fleuve et la cité, payant aux Arabes, pour cette occasion, la tierce-partie du revenu des biens de l'année.

Delgumuha.

Delgumuha, cité neuve, est une grande forteresse assise sur une très-haute montagne environnée de plusieurs autres, sous laquelle sourd Asifinval, qui, en langue africaine, est interprété fleuve bruyant, parce qu'il tombe d'une montagne de telle impétuosité, qu'elle rend merveilleusement grand bruit, cavant et formant un lieu profond, comme l'enfer de Tivoli au territoire de Rome. Cette forteresse, qui contient environ mille feux, fut édifiée par aucuns seigneurs de notre temps, et puis occupée par un tyran de la famille du roi de Maroc ; néanmoins elle peut bien encore mettre en équipage grand nombre de chevaux et d'infanterie, retirant des villages et bourgs du mont Atlas bien près de dix mille ducats de revenu par chacun an. Le peuple d'icelle a fort grande amitié avec les Arabes, qui reçoivent d'icelui souventefois de fort beaux présens, de quoi le seigneur de Maroc en a été plusieurs fois irrité. Les habitants sont civils tant en leurs habillements qu'autrement ; et est la cité bien habitée et garnie d'artisans, parce qu'elle est prochaine de Maroc environ cinquante milles. Entre les montagnes des appartenances de cette cité, y a de beaux jardins en toute perfection, produisant des fruits en grande abondance. Les habitants ont coutume de semer lin, orge et chenevi, et ont des chèvres en grande quantité. Outre ce, ils ont des prêtres et juges : mais au reste, ce sont gens de fort lourd entendement, et merveilleusement enclins à jalousie. Je logeai dans

L'enfer de Tivoli au contad de Rome.

cette cité en la maison d'un mien parent, lequel étant en la cité de Fez, se trouva redevable d'une grosse somme de deniers pour s'être voulu adonner à souffler l'alquemie ; au moyen de quoi nécessité le contraignit à venir demeurer en ce lieu-ci, là où, avec le temps, vint à être secrétaire du seigneur.

De Imizmizi, cité grande.

Imizmizi est une assez grande cité édifiée par les anciens, assise sur le rocher d'une montagne d'Atlas, d'où elle est distante environ quatorze milles du côté du ponant ; et au-dessous d'icelle y a un pas qui traverse la montagne d'Atlas, par où l'on se peut acheminer à la région de Guzzula, et est appelé Burris, c'est-à-dire pluvieux, parce que la neige y bat continuellement, retenant puis après aucune semblance de la plume blanche qu'on voit voler d'aucune fois en l'air. Il y a encore sous la cité de grandes plaines et spacieuses, qui sont joignantes à Maroc, ayant trente milles en longueur, et produisent le grain gros et beau, rendant la plus belle et parfaite farine que je pense avoir jamais vue : mais les habitants de cette cité sont trop oppressés par les Arabes et seigneurs de Maroc, tellement que la plus grande partie de cette belle campagne en est déshabitée : voire et de sorte que les citoyens commencent à abandonner la cité même, pour se voir nécessiteux d'argent, au demeurant riches en grains et possessions à merveilles. J'y logeai avec un ermite appelé Sédicanon, homme de grande estime et réputation.

De Tuméglast, nom de trois châteaux.

Tuméglast sont trois petits châteaux en la plaine, distants d'Atlas environ quatorze milles et trente de Maroc, qui sont tous environnés de dattes, raisins et autres fruits, avec une belle campagne qui s'étend tout autour, étant très-fertile en grains ; mais elle demeure sans être cultivée, pour la trop grande importunité et moleste des Arabes. Ces châteaux sont quasi tous inhabités, parce qu'il n'y a plus de dix ou douze familles qui fassent leur résidence, et toutes prochaines en consanguinité à l'ermite susnommé, en faveur duquel il leur est permis de cultiver une bien petite partie de la campagne sans que les Arabes leur en demandent aucun tribut ; mais quand il leur prend envie de s'acheminer en ces châteaux (dont les eaux sont salées), les habitants sont tenus de les recevoir et loger en leurs maisons, fort petites et mal commodes, ayant plutôt la forme d'étables d'ânes, que d'habitations de personnes; tellement qu'elles sont toujours pleines de puces, punaises et d'autre telle vermine, ordure et punaisie. Je logeai en iceux avec Sidi Jéhie, qui étoit venu recevoir les tributs de ce pays au nom du roi de Portugal, duquel il avoit été fait capitaine de la compagnie des Azafis.

Tesrast.

Tesrast est une petite cité assise sur la rive du fleuve Asifelmel, distante de Maroc, devers ponant, par l'espace de quatorze milles, et vint du mont Atlas, environnée de terres fort fertiles en grains, et de jardins produisant dattes en abondance, au moyen de quoi tous les habitants se mettent a être jardiniers pour les cultiver; et n'ont autre incommodité, sinon que ce fleuve venant parfois à déborder, gâte à-peu-près tous les jardins, avec ce que les Arabes se transportent en temps d'été dans iceux, ravissant et mangeant tout ce qu'ils y trouvent de bon. Je séjournai en cette cité autant que les chevaux mirent à manger leur avoine, et fus bien pour-lors fortuné, quand je pus éviter d'être volé par les Arabes.

De la grande cité de Maroc.

Maroc est estimée et tenue pour l'une des grandes villes qui soient au monde, et des plus nobles d'Afrique, située et assise en une grande plaine, distante de la montagne d'Atlas environ quatorze milles, et fut édifiée par Jusef, fils de Jessin, roi sur le peuple de Lontune, avec l'avis et conseil des plus industrieux architectes et experts ouvriers qui se trouvassent du temps qu'il entra avec ses gens en cette région, la députant au siége présidial de tout son royaume, à côté du pas d'Agmet, qui traverse le mont Atlas, suivant jusque-là où sont les habitations dudit peuple. Son circuit est d'une merveilleusement grande étendue, où (durant le règne de Hali, fils de Jusef, roi) étoient compris environ cent mille feux, et plutôt davantage que moins. Il y avoit vingt-quatre portes, et étoit ceinte de fortes murailles, dont la maçonnerie étoit à chaux vive et à sable, puis côtoyée d'un fleuve qui étoit distant par l'espace de six milles. Il y a plusieurs temples, colléges, étuves et hôtelleries, selon la coutume d'Afrique, dont les aucuns de ces temples ont été édifiés par les rois de Lontune, et les autres par leurs successeurs, c'est à savoir des Elmuachidin. Mais entre les autres si somptueux, il y en a un qu'on peut acertener (sans aucunement s'éloigner de la vérité) est admirable et beau en toute perfection, qui fut érigé par Hali, fils de Jusef, premier roi de Maroc, qui le nomma le temple d'Haliben Jusef : toutefois il fut démoli, et puis redressé par un qui succéda au royaume, seulement pour en ôter les premiers titres d'Hali, et y apposer les siens; mais il travailla en vain, car cet honoré titre ancien est demeuré éternel à la postérité. Il y a aussi tout au plus près de la forteresse, un autre temple que Habdul Mumen (qui fut le second à s'emparer du royaume) commanda être rasé; et depuis par Mansor, son successeur, fut accru de cinquante coudées de chacun côté, l'enrichissant de plusieurs belles colonnes, qu'il fit transporter des Espagnes en cette cité; et fit encore icelui une citerne voûtée de telle grandeur qu'étoit le plan du temple, voulant que les couvertures fussent faites de plomb avec gargouilles, selon le plan des corniches, en manière que toute la pluie qui s'écouloit de dessus la couverture, venoit à se vider par ces gouttières dans les tuyaux, par où elle descendoit dans la citerne. Outre ce, il fit dresser une tour dont la maçonnerie étoit de pierres

<small>Tour de cent brasses de circuit.</small>

fort grosses et entaillées, comme celles du colysée qui est à Rome, et contenant de circuit environ cent brasses de Toscane, et est plus haute que la tour des Asemels, à Bologne la Grasse. La vis par où on y monte est pleine et large de neuf paumes; la grosseur de la muraille de dehors de dix, et le fond de la tour de cinq autres, ayant au-dedans sept chambres fort commodes et aisées, pour aller, ayant assez clarté, à cause que le long de la vis, jusqu'à la sommité d'icelle, sont de belles et grandes fenêtres, compassées avec une industrie grande, étant plus larges au dedans que par dehors. Et ainsi qu'on est parvenu jusque sur le cube de la tour, on en trouve une autre petite fondée sur icelle, dont la pointe est en forme d'une aiguille, ayant de tour vingt-cinq coudées, quasi autant comme le comble de la principale, et est de la hauteur de deux lances; puis y a au-dedans trois architraves courbes en voûte, là où on est conduit par certaines échelles de bois. Sur la pointe y a un épieu fort bien anté et fiché, où sont enfilées trois pommes toujours augmentant en grosseur, à commencer par celle de dessous. Et ainsi qu'on est parvenu au plus haut étage, il faut tourner la tête comme quand on est dans la gabie d'un navire; d'où jetant la vue contre bas, les hommes de la plus grande stature n'ont montre que de petits enfants; et de ce lieu même se peut voir la montagne d'Azafi, qui en est distante d'environ trente milles, puis se découvrent aussi de là toutes les plaines qui sont à l'entour jusqu'à cinquante milles. Le temple n'est pas fort bien paré par-dedans, hors que les colonnes sont toutes de bois, toutefois avec une merveilleuse architecture, comme nous en avons vu plusieurs aux églises d'Italie; et est ce temple-ci l'un des plus grands qui soient en tout le monde; mais il est aujourd'hui abandonné, parce que les habitants n'ont coutume d'y faire leurs oraisons autre jour que le vendredi seulement, étant la cité fort diminuée de maisons, et mêmement aux rues qui sont plus prochaines de ce temple, où à bien grande peine peut-on parvenir à cause des ruines et masures qui occupent et tiennent tout le chemin. Sous le porche souloient être cent boutiques de libraires à chacun côté, vis-à-vis l'une de l'autre; mais maintenant on feroit beaucoup d'en pouvoir trouver une seule dans toute la cité, dont les deux tiers sont déshabités, et ce qui est vide dans icelle est planté de palmes, vignes et d'autres arbres fruitiers, parce que les habitants ne sauroient être jouissant hors la ville d'un seul pied de

Le porche du temple souloit avoir cent boutiques de libraires à chacun côté, vis-à-vis l'une de l'autre.

terre, pour être trop outrageusement par les Arabes molestés, tellement qu'on peut bien dire avec vérité que la cité soit venue en décadence devant son temps; car il n'y a pas encore cinq cents ans accomplis qu'elle fut édifiée; mais les guerres avec la mutation des seigneuries sont la seule occasion de son malheur. Jusef, fils de Jeffin, commença à l'édifier, et à sa seigneurie succéda Hali son fils, et après lui le royaume parvint entre les mains d'Abraham, fils de Hali; mais durant ce temps, se révolta un prédicateur appelé Elmahéli, homme qui étoit né et nourri aux montagnes. Celui-ci ayant assemblé un bon nombre de soldats, suscita guerre contre Abraham, le tenant si court qu'il le contraignit de sortir en campagne avec sa gendarmerie, qui, avec le roi, expérimenta ce jour la fortune lui être peu favorable, car tous deux furent rompus; joint aussi que cet Elmahéli fit trancher chemin au roi et aux siens, tellement qu'il lui fut impossible se retirer ni sauver dans la cité, au moyen de quoi fut contraint tirer du côté du levant, et en s'enfuyant côtoyoit toujours la montagne d'Atlas avec ce petit nombre de gens qui lui étoit demeuré; mais Elmahéli, ne se contentant de ce premier hasard de fortune, donna charge à l'un de ses disciples, qui étoit nommé Habdul

Elmahéli, prédicheur, s'empare de Maroc à belles armes.

Mumen, de poursuivre le roi avec la moitié de son exercice, lui demeurant avec l'autre moitié campé devant Maroc. Cependant le roi ne peut trouver lieu de défense et refuge jusqu'à ce qu'il parvint dans Oran, cité là où, avec le reste de ses gens, prit peine à se remparer et fortifier au mieux qu'il peut ; mais Habdul Mumen l'assiégeant (ainsi que son cruel destin le permettoit) lui fait entendre par la commune qu'on n'étoit pas délibéré de recevoir aucun outrage pour son fait, dont, par ces paroles, le pauvre et misérable roi, intimidé et destitué de toute espérance, ne sachant plus à qui avoir recours, monta la nuit à cheval, sur la croupe duquel il fit mettre sa femme, puis sortit d'emblée hors la porte de la cité, et se dressa vers une haute roche qui étoit vis-à-vis de la mer, et étant parvenu jusqu'au-dessus, talonnant le cheval, se précipita en bas ; de sorte que, tombant de lieu en autre, se démembra lui et sa femme, et fut trouvé sur un petit rocher, là où il reçut pauvre sépulture. Or, Habdul Mumen s'étant emparé de la cité, triomphant de la victoire, fit retour à Maroc, là où (comme voulut sa bonne fortune) trouva Elmahéli trépassé, au moyen de quoi il usurpa son lieu, et fut élu roi et pontife par quarante disciples et dix secrétaires du défunt (coutume nouvelle et eu

Misérable mort du roi de Maroc et de sa femme.

Elmahéli mort, le cruel Habdul Mumen, son disciple, lui succède ; et dura sa lignée 244 ans.

la loi de Mahomet auparavant inusitée). Or celui-ci maintint bravement le siége devant la cité, puis l'an révolu la subjugua, et étant entré dedans, saisit le petit Isaac, fils unique d'Abraham, qu'il meurtrit cruellement de ses propres mains, puis fit tuer la plus grande partie des soldats qui étoient dedans, avec plusieurs citoyens. La lignée de cet Habdul Mumen régna successivement depuis l'an cinq cent seize jusqu'en l'an six cent soixante-huit de l'Hégire, et au bout elle fut expulsée du royaume par la famille de Marin ; et par ces novalités et grandes mutations, se peut connoître combien sont grands et incertains les effets de l'inconstante fortune. Cette famille-ci s'entretint en son domaine jusqu'en l'an sept cent octante-cinq. Depuis, fut encore Maroc mise en bas et dominée par certains seigneurs qui étoient en la vieille montagne prochaine de la cité; mais en tant de changements elle ne reçut si grand dommage, ni ne fut tant affligée de nul autre que de la famille de Marin, qui transporta le siége royal de Maroc pour le colloquer en la cité de Fez, là où se tenoit la cour; et en Maroc demeuroit le lieutenant du roi, tellement que Fez obtint le titre de cité capitale du royaume, et métropolitaine de toute la région occidentale; de quoi nous avons parlé plus amplement en l'abréviation ou épitome des Chroniques mahométanes. Maintenant, pour nous être aucunement éloignés du droit fil de notre matière, il est temps de reprendre nos erres, et retourner à la description de la cité, où il y a une forteresse de la grandeur d'une ville, étant les murailles bien fortes et épaisses, avec belles portes faites de pierre tiburtine, et toutes ferrées. Au milieu de cette forteresse se trouve un beau temple, sur lequel il y a une tour, et à la sommité un épieu de fer, transperçant trois pommes d'or, pesant cent trente mille ducats africains; la plus basse d'icelles est la plus grosse, et la dessus plus petite, dont la valeur incitant les cœurs avares de plusieurs à leur jouissance, a fait que se sont trouvés beaucoup de seigneurs qui les ont voulu ôter de là pour s'en aider à leur besoin; mais il leur est toujours survenu quelque sinistre accident, par lequel ils ont été contraints de n'attenter plus à chose si hasardeuse, de sorte qu'ils ont estimé à mauvais présage pour quiconque les voudroit enlever et bouger de leur place. L'opinion vulgaire est que ces pommes furent là posées sous telle constellation, qu'elles ne peuvent jamais en être bougées; d'autres disent, outre cela, que celui par qui elles y furent fichées, fit une certaine conjuration magique, contrai-

Sur la tour du temple un pieu de fer perçant trois pommes d'or du poids de 130,000 ducats.

Opinion vulgaire que constellation, ou art magique, conserve lesdites pommes d'or.

gnant aucuns esprits à les garder à perpétuité ; et pour confirmer ce commun dire, plusieurs acertènent que de notre temps le roi Mansor, pour prévenir aux inconvénients et nécessités qui lui eussent pu survenir par les assauts impétueux qui lui étoient journellement donnés des chrétiens portugais, vouloit, quoi qu'il en fût (méprisant et se moquant au possible de cette vulgaire opinion), les ôter d'où elles étoient; ce que les habitants de Maroc, tous d'un commun consentement, lui dénièrent franchement, ne lui voulant, en sorte que ce soit, permettre, alléguant icelles être la plus grande noblesse de Maroc. Nous lisons aux histoires que la femme de Mansor, pour (entre les ornements et choses plus rares du temple qu'avoit fait ériger son mari) laisser encore quelque mémoire d'elle-même à l'avenir, vendit ses propres bagues et autres joyaux, tant d'or comme d'argent, avec autres dorures et pierreries qui lui avoient été données par sondit mari lorsqu'il l'épousa, et en fit faire trois pommes pour rendre (comme nous avons récité) cette sommité très-riche et décorée. Semblablement il y a en cette forteresse un très-noble collége, là où plusieurs écoliers étoient entretenus, et se trouvent en icelui trente chambres; puis au plan une salle où l'on

Les trois pommes d'or faites par le commandement de la reine de Maroc.

souloit lire anciennement. Tous ceux qui y étoient reçus avoient leurs dépens, et étoient vêtus une fois l'an, autant bien que les docteurs avoient leurs salaires, qui montoient à la valeur de cent ducats ordinairement; toutefois il y en avoit d'aucuns qui en recevoient deux cents, les uns plus, les autres moins, selon la qualité de leurs lectures. Et ne pouvoit là être admis ni reçu pour écolier nul qui ne fût bien fondé et instruit dès le commencement aux bonnes disciplines. Ce lieu-là est enrichi de belles mosaïques; et où il n'y a des mosaïques, le pan des murailles est revêtu par-dedans de certaines pierres cuites en losanges entaillées avec feuillages subtils et autres ouvrages diversifiés, mêmement la salle où l'on souloit lire, et les allées toutes couvertes, étant le niveau de ce qui reste découvert, tout pavé à carreaux émaillés, qui s'appellent ezzuléia, comme l'on en use encore par les Espagnes. Au milieu du corps de cet édifice, il y a une fontaine construite de marbre blanc subtilement ouvré, mais basse, à la mode d'Afrique. Jadis un grand nombre d'écoliers vouloient aller à ce collège comme je puis entendre, mais pour aujourd'hui ne s'y en trouvent que cinq ou six, qui sont enseignés par un très-ignorant lecteur et légiste, entendant bien peu en l'humanité, et moins les autres disciplines. Quand j'étois à Maroc, je m'accointai et pris familiarité avec un juge, homme qui (à dire vrai) étoit autant docte ès histoires africaines, comme bien fondé en richesses et biens de fortune, mais peu expérimenté en la loi, comme ne s'y étant aucunement adonné, pour vaquer à la pratique qu'il avoit exercée par l'espace de quarante ans, pendant lesquels il avoit été notaire, et obtint cet office du roi, duquel il avoit été grandement favori. Les autres qui administroient les offices publics, me semblèrent gens fort rudes d'esprit, selon l'expérience que j'en fis, quand je fus avec ce seigneur en campagne, où je le trouvai la première fois que j'arrivai en la région de Maroc. Davantage il y a encore dans la forteresse onze ou douze palais somptueux et excellents, qui furent édifiés par Mansor; au premier qui se présente de front, étoit posée la garde des arbalêtriers chrétiens, qui souloient être cinq cents, toujours cheminant devant le seigneur en quelque part qu'il allât. Au palais (qui est à côté de celui-ci) y avoit un tel nombre d'archers. En l'autre (qui étoit un peu plus outre) demeuroient les chanceliers et secrétaires; et ce palais, en leur langue, est appelé la maison des états. Le tiers est nommé le palais

Onze palais en la susdite forteresse.

de la victoire, parce qu'en icelui étoient les armes et munitions de la cité. Le quart, qui est encore plus avant, étoit ordonné pour la résidence du grand écuyer du roi; et tout joignant, il y a trois étables à voûtes, et en chacune peuvent loger deux cents chevaux. Il y en a deux autres pour les mulets; l'une de telle grandeur, que cent mulets y peuvent chenir, et l'autre étoit expressément pour les juments et mulets que le roi chevauchoit. Auprès de ces étables y avoit des greniers faits à voûtes et à deux étages, dont l'un étoit pour tenir la paille; en celui de dessous se mettoit l'orge pour les chevaux, et au dernier se tenoit le froment, étant si ample, qu'il en pouvoit tenir plus de trente mille setiers, et tel nombre pouvoit chenir encore dans l'autre, sur le couvert duquel il y a certains pertuis qui sont faits expressément avec des degrés de pierre fort unis, par où les bêtes montent leurs charges jusqu'à l'égal du couvert, sur lequel se mesure le froment qu'on jette, puis après dans le grenier par les pertuis; et le voulant mettre dehors, il y a autres trous par le dessous du plancher qu'ils détoupent; et ainsi le peuvent y mettre et tirer hors sans grande peine. Plus outre encore, se voit un beau palais qui avoit été construit pour y endoctriner les enfants du roi et autres de sa famille; et en celui-ci il y avoit une belle chambre, dont le diamètre est compassé en quadrature ceinte de certaines galeries et fenêtrages à claires vitres de diverses couleurs, avec aucunes tables et armoires autour d'icelle, entaillées, peintes et dorées de fin or et pur azur en plusieurs parties. Il y a encore un autre palais où semblablement étoit assise une autre garde de corselets, et un autre fort grand, où le seigneur de la cité donnoit publique et générale audience. En un autre logeoient les ambassadeurs et secrétaires quand il les vouloit ouir. En un autre (dont la masse de l'édifice étoit divisée en plusieurs corps et parties) étoient les fils dudit seigneur un peu grandets. En un autre plus éloigné, et près les murailles de la forteresse qui répondoient à la campagne, il y a un très-plaisant jardin, produisant arbres, et diapré de toutes fleurs colorées et odorantes, là où se trouve une loge carrée toute enlevée de marbre et profonde trois pieds et demi; au milieu est érigée une colonne qui soutient un lion fort industrieusement taillé sur un base à la sommité d'icelle, qui de sa gueule dégorge assez abondamment une eau très-claire et déliée, qui vient à s'épandre par l'aire de la loge, et à chacun angle est posé un léopard de marbre blanc, martelé

<small>Léopard du marbre blanc, martelé de marques vertes et rondes.</small>

de taches vertes, et rondes de nature, tellement qu'il ne s'en trouve de tel en nul autre lieu, hors qu'en un endroit de mont Atlas, qui est distant de Maroc cent cinquante milles. Joignant ce jardin, il y a un parc où souloient être encloses plusieurs bêtes sauvages, comme girafes, éléphants, lions, cerfs et chevreuils; mais les lions étoient séparés d'avec les autres animaux; et est appelé ce lieu, encore à présent, la demeure aux lions. Ce peu donques qui demeure en être dans cette cité peut faire foi, rendant très-ample témoignage de la pompe, grandeur et magnificence dont elle étoit décorée régnant icelui Mansor. Mais aujourd'hui, en toute la forteresse, il n'y a d'habité que le palais de la famille, et celui des arbalêtriers, où font résidence les portiers et muletiers du seigneur qui y est à présent demeurant; tout le reste est pour retraite des pigeons, corbeaux, corneilles et autres oiseaux. Le jardin jadis tant plaisant, où nature employoit tous ses trésors, est aussi réceptacle des immondices de la cité. Le palais où étoit entretenue bien soigneusement la librairie, est en partie occupé pour jucher les poules, et le reste est converti en colombiers pour attirer les pigeons, qui font leur nid dans les armoires où l'on tenoit jadis religieusement les livres où les bonnes sciences étoient comprises. Certainement ce Mansor-ci fut un très-grand et puissant seigneur, parce qu'il dominoit depuis Messa jusqu'à Tripoli de Barbarie, qui est la plus noble partie d'Afrique, est de si grande étendue, qu'elle ne peut être tenue d'un bout à autre en moins de nonante jours, ni traversée en moins de quinze. Et occupoit davantage en Europe cette partie des Espagnes que l'on nomme Grenade, qui contient, depuis Tariffa jusqu'en la province d'Arragon, une bonne partie de la Sicile et de Portugal ; toutefois il ne fut pas seul sous la puissance de qui fussent sujettes tant de régions et provinces ; car elles furent semblablement sous le domaine de son aïeul Habdul Mumen son père, Jusef, Jacob, Mansor, et son fils Mahomet Evasir, qui fut défait, et rompu avec son exercite au royaume de Valence, et furent accablés et meurtris de ses gens tant de pied que de cheval, jusqu'au nombre de soixante mille hommes, après laquelle route il fit retour à Maroc. Mais les chrétiens, auxquels cette victoire par eux ainsi glorieusement obtenue avoit augmenté avec le courage les forces, et animés au possible, suivirent leur pointe et leur fortune ensemble ; au moyen de quoi, en moins de trente ans, ils recouvrèrent Valence, Denie, Alicante,

Ce Mansor fut celui auquel Rasis, médecin, dédia ses livres.

Défaite de 60,000 hommes.

Murcie, Carthage la neuve, Cordoue, Sicile, Laen et Uben. Par cette recommandée et mémorable déconfiture, la famille de ces seigneurs commença à décliner et amoindrir ; si que après le décès de Mahomet, demeurèrent dix enfants siens hommes parfaits, qui chacun à part soi ayant envie de dominer, furent eux-mêmes (se meurtrissant l'un l'autre) cause de leur perdition et occasion de la ruine du peuple, donnant moyen à ceux de Marin s'emparer de la seigneurie de Fez. Pendant ces novalités et mutations, les habitants de Habdulvad se révoltèrent, saisissant le royaume de Télensin, élisant un recteur à Tunis, et donnant le royaume à qui leur fût plus agréable. Voilà la fin que prirent les successeurs de Mansor, le domaine desquels parvint puis après entre les mains de Jacob, fils d'Habdulach, premier roi de la famille de Marin. Tant

Maroc bien rabaissée.

y a, que la pauvre cité de Maroc a été à grande extrémité, et tenue en peu de réputation, étant continuellement molestée et oppressée par l'âpre violence des importuns Arabes, pour le moindre refus qu'elle fasse d'obtempérer à leur insatiable vouloir. Tout ce que vous avez entendu de Maroc, j'ai vu en partie ; et de ce que le temps ne m'a permis avoir la connoissance, ayant recours aux histoires d'Ibnu Habdul Malich, chroniqueur de Maroc, divisées en sept parties, j'ai été bien acertené de ce que j'ai rédigé dans mes abréviations des chroniques mahométanes.

Agmet, cité en ladite région de Maroc.

Agmet est une cité prochaine de Maroc environ vingt-quatre milles, édifiée par les anciens Africains sur la côte d'une montagne de celles d'Atlas, contenant environ six mille feux, et fut du temps de Mansor fort adonnée à civilité, à cause de quoi elle étoit appelée la seconde Maroc. Le tour d'icelle donne contentement fort grand aux personnes pour cause de la diversité des fruits savoureux qui sont produits (avec grande abondance de raisins) dans les jardins situés en la plaine et montagne. Sous cette cité y a un pays qui traverse la montagne d'Atlas jusqu'en la région de Guzzula, là où prend son cours un beau fleuve descendant de la montagne d'Atlas, se venant joindre avec celui de Tensest, l'eau duquel tire sur le blanc. Et y a, outre ces deux fleuves, une merveilleusement belle et beaucoup plus fertile campagne, rendant le plus souvent au semer (comme l'on dit) cinquante pour un. Cette cité, avec le fleuve qui la côtoie, ressemble à celle de Narne et à la Noire, fleuve d'Umbrie qui (ainsi

Agmet, seconde Maroc.

qu'aucuns afferment) va jusqu'à cette cité, là où se fondant, est conduit par certains canaux sous terre, sans qu'on en puisse voir aucune trace ni canal jusqu'à la cité de Maroc. Plusieurs seigneurs voulurent une fois expérimenter de quel côté pouvoit venir cette eau, au moyen de quoi ils firent entrer dans ce canal aucuns hommes, leur faisant porter, pour leur éclairer, une lanterne avec de la lumière, et après s'être quelque peu avancés, pour la force d'un merveilleux et terrible vent, se sentirent repoussés d'une impétuosité si véhémente, qu'il leur semblait ne s'être jamais trouvés en telle affaire : tellement que leur lumière éteinte, se trouvaient en danger et sur le point de ne pouvoir jamais faire retour d'où ils étaient venus, parce que le cours de cette rivière était souvent interrompu par très-grosses et grandes pierres, contre lesquelles heurtant les ondes, tressaillaient deçà et delà par un élancement si rude, qui venait à rendre dans cette concavité un épouvantable et horrible son. Si que, ayant trouvé plusieurs cavernes qui les rendaient incertains de ce qu'ils désiraient savoir, furent contraints d'abandonner leur entreprise, dont voulant poursuivre à icelle, ne se trouva depuis personne qui s'y voulût hasarder. Il y a aucuns historiens qui disent que celui par qui fut Maroc édifiée, avec la doctrine de savants astrologues, prévit que plusieurs guerres lui devaient survenir; ce qu'ayant connu, fit, par art magique, que telle nouveauté fût là-dedans, afin que la source de l'eau étant occulte à ses ennemis, ne pût être par moyen aucun d'iceux détournée. Cette cité sert maintenant de spelonque et caverne aux loups et renards, et de nid aux corbeaux et à tels autres oiseaux, sinon que de mon temps y résidait un ermite accompagné de cent disciples, qui étoient tous fournis de beaux chevaux, commençant à s'en vouloir faire seigneurs, mais ils ne trouvoient personne sur qui ils pussent dominer ni user de commandement. Je logeai par l'espace de dix jours avec cet ermite, qui avoit un frère qui étoit fort mon ami, parce que nous avions été en la cité de Fez compagnons d'étude, là où nous ouïmes ensemble l'épître de Nenséfi en théologie.

De Hanimméi, cité.

Hanimméi est une petite cité sur la côte du mont Atlas, devers la plaine distante de Maroc environ quarante milles du côté du levant, au passage de la cité de Fez, c'est à savoir de ceux qui veulent côtoyer la montagne, et le fleuve d'Agmet passe à côté d'Hanimméi, distant de quinze milles, depuis lequel jusqu'à la cité y a une bonne campagne pour semer, comme est celle d'Agmet; et ce qui se trouve depuis Maroc jusqu'audit fleuve, est tout sous le domaine du seigneur de Maroc; et ce qui est entre Maroc et Hanimméi, est en la puissance du seigneur d'Hanimméi, vaillant et courageux, parce qu'il maintient bravement la guerre contre le seigneur de Maroc; ce qu'il peut faire facilement, étant seigneur de plusieurs peuples aux montagnes, joint aussi la grande magnanimité et libéralité qui lui fait compagnie. Et n'avoit encore atteint la douzième année de son âge, que laissant la vie un sien oncle, s'empara de ses seigneuries, au moyen de quoi ainsi jeune qu'il étoit, voulut faire preuve de sa personne, et montrer évident signe de sa valeur; car une grande multitude d'Arabes, avec trois cents chevaux légers de chrétiens, vinrent faire une course à l'impourvu jusqu'aux portes de la cité; ce que voyant, le jeune prince se défendit avec un tel courage, et les repoussa si rudement, qu'après avoir défait la plus grande partie des Arabes, usa d'un si doux traitement à l'endroit des chrétiens, qu'il les contraignit de demeurer tous en la place accablés, de sorte que le plus brave d'eux n'eut loisir d'aller porter les nouvelles en Portugal, de leur tant soudaine route, que leur avoit été causée pour le trop peu de pratique et connoissance qu'ils avoient du pays, et cela fut en l'an neuf cent vingt. Or, ces choses ainsi passées au grand honneur et avantage de ce seigneur, le roi de Féz lui envoya demander tribut, qui, lui étant refusé, fit marcher un gros exercite de gens à cheval et arbalétriers, dont la présence d'iceux n'amoindrissant en rien la grandeur du courage et magnanimité de ce petit prince, sortit bravement en campagne ; mais, se rangeant en bataille, son cruel destin ou désastre envieux de son bien et gloire, permirent qu'il fût frappé d'un boulet d'haquebute en l'estomac, qui le fit renverser froid et mort entre les siens, qui, par cette infortune et à eux dommageable accident, se rendirent tributaires ; avec ce que la femme de ce seigneur rendit plusieurs nobles prisonniers enchaînés au capitaine du roi, qui, après avoir délaissé un gouverneur en cette cité, fit retour en l'an de l'hégire neuf cent vingt.

<small>Le seigneur de Hauimmei tué en bataille.</small>

Des montagnes contenues en la région de Maroc, premièrement Nisipha.

Puisque nous avons traité de la région de Maroc, comme il nous a semblé assez amplement, maintenant nous viendrons à la description de l'assiète des plus renommées montagnes; pour à quoi donner commencement, nous traiterons du mont de Nisipha, lequel, devers le ponant, a en tête la province de Maroc, qu'il sépare d'avec la province d'Héa. Il est fort habité; et combien que le plus souvent les neiges tombent sur la sommité d'icelui, on ne laisse pourtant d'y semer de l'orge. Les habitants sont tous gens de sauvage nature, ignorant que c'est de civilité; et venant à apercevoir aucun citoyen, ne s'émerveillent moins de sa présence que de son habillement, comme je leur causai un grand hébaïssement par l'espace de deux jours que je séjournai en ce lieu-là, durant lesquels ils ne purent jamais recevoir assez de contentement, tant pour contempler ma personne, comme pour toucher et manier l'habillement que je portois, qui étoit une robe blanche et longue en écolier; de sorte qu'avant que me pouvoir défaire d'eux, ils me la laissèrent toute telle qu'un torchon de cuisine, tant grande fut la multitude de ceux qui la voulurent toucher; et s'en trouva entre les autres auquel mon épée revint si bien, et lui prit si grande envie de la voir sienne, que m'importunant jusqu'à l'extrémité, me contraignit de la troquer contre un cheval qui pouvoit valoir dix ducats beaucoup plus raisonnablement que mon épée un et demi, que j'en avois payé dans la cité de Fez; et ne saurois croire que cette sottise leur procède d'autre part que pour ne trafiquer aucunement et ne se transporter en nulle part; à quoi ils sont quasi contraints, étant les chemins tout battus de larrons, brigands et méchante canaille. En ce mont-ci se trouve grande quantité de chèvres, miel et huile d'argan, que l'on commence à trouver de là en avant.

Seméde.

Cette montagne prend son origine aux confins de l'autre, étant séparées par le fleuve Sefsava, et s'étend celle-ci du côté du levant environ vingt milles; dans son pourpris y a assez fontaines et grandes neiges en tout temps de l'année. Les habitants sont fort rustiques, pauvres et mécaniques, sans avoir entre eux aucun qui puisse décider leurs controverses, sinon que parfois ils retiennent quelque étranger passant, qui leur semble être personne suffisante et entendue. Et m'y retrouvant une fois, je logeai avec un religieux qui avoit entre ce peuple les premiers honneurs et prééminences; là où il me convint contenter (pour n'y pouvoir remédier) des viandes qu'ils ont coutume de manger, c'est à savoir farine d'orge détrempée dans l'eau bouillante, avec chair de bouc, que je discernois mieux avec les dents être très-dure, que je n'eusse jugé à la vue si elle étoit vieille; combien que je me rendis assez certain de l'une et l'autre chose, car je trouvai la chair fort vieille, mais l'expérimentai beaucoup plus dure au mâcher, essayant après cela comme il faisoit bon coucher sur la dure, d'où m'étant levé sans avoir affaire de valet de chambre, faisant mon compte de déloger à bonne heure (comme celui qui ignoroit totalement leur coutume et manière de faire), me trouvai environné de plus de soixante personnes, qui vont commencer à me faire un grand discours et long procès de leurs différends, non autrement que si j'eusse été leur juge ordinaire, et expressément député pour décider leurs débats; ce que voyant, je ne sus autre chose faire, sinon m'excuser, pour dire que je ne voulois avoir connoissance de cause, vu mêmement que je ne savois rien de leurs

Viande de farine d'orge avec chair de bouc.

affaires. Mais trois gentilshommes des plus honorés s'avancèrent, dont l'un commença à m'user d'un tel langage : « Pourroit bien être, seigneur, que vous ignoriez notre coutume ; par quoi je vous la ferai maintenant entendre, et est telle, qu'il n'est permis à nul étranger, de quelque qualité qu'il soit, passant par ici, de déplacer, que premièrement il n'ait diligemment écouté, et puis, selon ce qu'on lui a proposé, déterminé les différends de nos causes. » Il n'eut pas plutôt mis fin à ses paroles, qu'il me vint saisir mon cheval, si qu'il me fut forcé passer neuf jours en cette montagne, et neuf nuits avec autant de regret et grand malaise qu'il est possible d'endurer, tant pour la mauvaise saveur des viandes, qui me sembloient de très-dure digestion, que pour le dormir, qui ne m'étoit moins ennuyeux ; et avec ce (chose qui me sembloit bien étrange), outre leurs débats intrinsèques, on n'eût pu trouver entre eux tous un seul qui eût tant d'esprit que de former une seule lettre, au moyen de quoi il me falloit exercer la dignité de juge et office de greffier tout ensemble. Or, les huit jours accomplis, la commune s'assemble, et me dirent les plus apparents qu'ils avoient bonne envie, en récompense de mes labeurs, me faire un présent, qui ne seroit de moindre valeur qu'honorable, dont l'envie que j'avois d'avoir et voir ce notable et magnifique présent, me fit encore sembler la nuit plus longue de la moitié qu'elle n'avoit de coutume, discourant en moi-même quelle grande somme de deniers je pourrois recevoir, et de fait faisois déjà mon compte d'être tout plongé en or, quand le matin me menèrent seoir sous le portique du temple, là où, après qu'ils eurent présenté leurs vœux et oraisons, commencèrent l'un après l'autre et de rang en rang, à me baiser le chef, me présentant, l'un un poulet, l'autre une écaille de noix; l'un une liasse d'oignons, l'autre des os; et le plus noble d'entre eux m'offrit un bouc bien mignonnement et avec une grâce et façon de faire qui me sentoit tout plein sa cour. Voyant cette grande abondance, si je me trouvai lors bien étonné, je le remets à votre jugement, vu mêmement que toutes ces choses n'avoient pas bonne vente, et ne savois comment en retirer profit, à cause qu'il n'y a point d'argent en ce lieu-là, et pour ne traîner toutes ces tracasseries après moi, je vins trouver mon hôte en sa maison, auquel je fis présent de mon salaire, que j'avois reçu en récompense des travaux et mésaises que j'avois endurés et soutenus pendant que je séjournai avec cette canaille, qui me donna cinquante

<small>Présens à l'auteur pour récompense de sa peine et du séjour qu'il avoit fait.</small>

hommes, qui m'accompagnèrent une bonne partie du chemin, à cause qu'il n'étoit pas fort sûr.

Sevsava.

Après qu'on a passé la montagne susdite, on vient à trouver celle-ci, de laquelle sort un fleuve dont elle retient son nom, étant battue de neige quasi en tout temps de l'année. Le peuple qui y habite est fort bestial, néanmoins il mène continuelle guerre contre ses voisins, usant pour ses armes offensibles de gros et pesants cailloux, qu'ils ruent dépiteusement avec des frondes. Ils vivent d'orge, de miel et chair de chèvre, et se trouvent parmi eux plusieurs juifs qui, exerçant l'art de maréchal, forgent des marres, épieux, faucilles et fers de cheval, se mêlant outre ce de maçonnerie ; combien qu'ils aient peu de besogne entre les mains, parce qu'il n'y a que les murailles qui se fassent de pierre et craie ; car le couvert est de paille, sans qu'on puisse trouver de quoi faire de la chaux, tuiles ni briques ; et en cette façon sont bâtis tous les autres édifices des montagnes précédentes. Entre ces habitants il y a plusieurs légistes, usant de leur conseil en certaines choses ; et en ai connu plusieurs d'iceux que j'avois vu étudiants à Fez, lesquels, après m'avoir reçu fort humainement, s'offrirent assez de me vouloir accompagner.

Secsiva.

Secsiva est une montagne fort sauvage, haute et revêtue de grands bois, là où sourdent plusieurs fontaines et pleins de neiges, au moyen de quoi la froidure n'y faut jamais; et ont coutume es habitants d'icelle de porter en la tête certaines perruques blanches. Là prend son origine le fleuve Assifinval, où se trouvent plusieurs cavernes larges et profondes, où ils ont coutume de tenir leur bétail trois mois de l'année, qui sont novembre, décembre et janvier, avec du foin, quelques feuilles et ramées de grands arbres. S'ils veulent avoir des vivres, il faut qu'ils en pourchassent aux autres prochaines montagnes, parce que celle-ci ne produit aucune chose. En la saison de primeur, ils ont du lait, beurre et fromage, et sont gens qui vivent longuement, parvenant jusqu'à l'âge de quatrevingts et de cent ans, avec une vieillesse robuste, et totalement délivrée de mille et mille incommodités qui accompagnent les anciens; et jusqu'à tant que la mort les vienne surprendre, ils ne cessent de suivre les troupeaux des bêtes sans jamais voir passer ni avoir la connoissance de personne que ce soit. Ils ne portent jamais de souliers, mais seulement quelque chose sous le pied qui les garde de l'âpreté et rudesse des pierres et graviers, avec certaines pièces entortillées autour de la jambe, et gros bourras, qui les défendent de la neige.

Tenmelle, montagne et cité.

Tenmelle est un mont autant merveilleux pour sa démesurée hauteur, comme les froidures y sont trop grandes et excessives; combien que pour cela il ne laisse d'être bien peuplé et habité en toutes ses parties; et sur la sommité d'icelui est située une cité qui retient le nom du lieu où elle a été construite, qui est semblablement bien remplie d'habitants, et non moins réparée par le cours d'un plaisant fleuve qui la traverse, comme embellie par l'excellente architecture et industrieux compartiments d'un somptueux temple d'icelle, là où gisent Elmahéli, prédicateur, et Habdul Mumen son disciple, dont nous avons auparavant fait mention. Les habitants qui résident en ce lieu-là, sont très-malins et pervers, se contentant assez de leur savoir parce qu'ils ont tous étudié en la théologie et doctrine de ce prédicateur hérétique; et n'est pas plutôt arrivé un passant, qu'ils le mettent expressément en propos pour avoir occasion de disputer à l'encontre de lui. Ils se tiennent mal en ordre quant aux habillements, à cause qu'il y fréquente beaucoup d'étrangers, et vivent bestialement en tant que concerne le gouvernement et police de la cité, où ils ne tiennent qu'un prêtre, et se substantent communément d'orge et d'huile d'olive; mais le terroir leur produit grande quantité de pignes et noyers.

Gedméva.

Gedméva est une montagne qui commence au mont Semméda du côté du ponant, s'étendant devers le levant environ vingt-cinq milles, tant qu'elle vient à se joindre avec Itbizmizi. Les habitants d'icelle sont pauvres paysans, étant tributaires aux Arabes, pour autant que leurs habitations sont auprès de la plaine, à l'aspect du midi, là où est assis le mont Tenmelle. Sur les côtes, et pendants de cette montagne, y a assez oliviers et terres pour semer de l'orge avec des bois de haute futaie, et plusieurs fontaines qui sourdent à la sommité d'icelle.

Hantéra, montagne très-haute.

Cette montagne-ci est d'une si merveilleuse et démesurée hauteur, que je ne pense point (ou ma vue me déçoit) en avoir jamais vu une autre qui s'y puisse égaler de bien loin, prenant son origine du côté du ponant aux confins de Gedméva, se jetant sur le levant environ quarante-cinq milles, jusqu'au mont Adimméi. Les habitants sont fort opulents tant en chevaux comme en autre chose : et se trouve en cette montagne-là une forteresse que tient un seigneur parent de celui de Maroc; mais proposant tout respect de parentage, s'efforcent de mettre fin à leur querelle avec les armes et armées qu'ils mettent souventefois en campagne, à cause d'un certain village et territoire qui est entre leurs confins. Plusieurs juifs artisants résident en cette montagne, rendant tribut à ce seigneur, approuvant tous en leur loi l'opinion de Carraïn, et sont (comme il a été déjà dit) vaillants et courageux avec les armes au poing. Le sommet est toujours couvert de neige; de sorte que, l'ayant la première fois aperçu, me sembloit à voir pour tout sûr que ce fût une nuée bien haute en l'air, étant déçu pour la terrible et quasi incroyable hauteur d'icelle, dont les côtes sont vides de tous arbres, et stériles en herbes. Mais il y a plusieurs lieux où l'on pourroit tirer beaucoup de marbre de parfaite blancheur, de quoi on tient peu de compte, parce que les habitants ignorent l'usage de le savoir tirer et polir. Davantage il s'y trouve plusieurs lieux là où il y a des colonnes, chapiteaux, fragments, et fort grands vases propres pour faire fontaines, qui furent taillés du temps que ces grands et puissants seigneurs (dont nous avons déjà parlé) régnoient ; mais les guerres survinrent, qui rompirent leurs desseins. Je vis encore des choses autant merveilleuses à ouïr, comme le croire en est difficile, qui ne me peuvent être toutes par la mémoire représentées ; mêmement l'ayant déjà détenue et occupée en choses plus nécessaires et de plus grand profit.

Adimméi.

Adimméi est une montagne très-haute, qui commence aux confins du mont Hantéra, de la partie du ponant, et s'étend devers levant jusqu'au fleuve de Téséut. Là est située la cité où résidoit et dominoit ce magnanime seigneur que nous avons dit avoir été tué en la guerre contre le roi de Fez. Cette montagne est peuplée de plusieurs bois de noyers, d'oliviers et de coingniers, et semblablement de plusieurs peuples fort courageux, se délectant au possible de nourrir quantité et à force sortes d'animaux, pour autant que l'air y est bien tempéré, le terroir merveilleusement bon, et où sourdent des fontaines en quantité, avec deux fleuves, dont nous ferons mention au livre là où nous avons réservé à en parler particulièrement. Or, puisque nous avons mis fin à la description du pays de Maroc, qui est des termes d'Atlas de la partie du midi, nous viendrons maintenant à décrire les particularités de la région de Guzzula, qui traverse la montagne, d'où se va joindre au royaume de Maroc, et qui sépare Atlas d'entre les deux régions.

De la région de Guzzula.

La région de Guzzula est fort peuplée, et confine avec Ilda, montagne de Sus, de la partie du ponant devers Tramontane, avec Atlas, quasi aux pieds de la montagne, et du côté du levant, se joint avec la province d'Héa. Les habitants sont gens bestiaux, et légers de pécune, mais fort abondants en orge et bétail. Là se trouvent plusieurs minières de fer et cuivre, faisant avec iceux de vases,

Mines de fer et cuivre.

qu'ils font, puis après transporter en divers lieux et pays, les troquant contre draps, chevaux, épices, et toutes choses qu'ils voient leur être nécessaires. En toute cette région, il n'y a ni ville ni château, mais bien de bons et grands villages, qui, communément, ne contiennent pas moins de mille feux, les uns plus, et d'aucuns moins. Les habitants n'ont point de seigneur, mais se gouvernent d'eux-mêmes ; si que le plus souvent ils sont en dissension et guerres, dont les trèves (si aucunes en y a) ne durent pas plus haut de trois jours en la semaine, cependant peuvent trafiquer les uns avec les autres, s'acheminant d'une à autre cité ; mais s'ils se rencontrent les trèves expirées, ils se tuent sans rémission aucune. Et fut auteur de ces trèves (du temps que je traversois ce pays-là) un bon ermite, qui est entre eux réputé et estimé saint, n'ayant, le bonhomme, qu'un œil dont il se voit conduire, et le trouvai tout pur, innocent et rempli de charité. Ce peuple use de certaines camisoles faites de laine, courtes, sans manches, qu'ils portent par en haut assez étroites, portant en tête une manière de chapeaux faits de feuilles de palme. Leurs poignards sont tors et larges, mais fort minces, et aigus devers la pointe, taillant des

Trèves de trois jours.

deux côtés. La forme de leurs épées est comme celles que portent les habitants d'Héa ; et font une foire en ce pays-là qui dure par l'espace de trois mois, où tous étrangers qui y abordent sont par les habitants reçus et traités fort humainement, sans qu'ils paient aucune chose, ni qu'il leur soit rien demandé, encore qu'ils fussent bien dix mille. Et le jour venu que la foire se doit ouvrir, ils font trêve entre eux, élisant pour chacune partie un capitaine, auquel ils donnent cent hommes de pied pour garde et sûreté d'icelle, et vont ces gardes tournoyant, punissant les malfaiteurs et délinquants avec une telle peine, qu'elle peut égaler la grandeur de leurs démérites. Mais ceux qui sont atteints et convaincus du crime de larcin, sont, sans nul délai ni rémission aucune, traversés de part en autre, de certaines pertuisanes qu'ils portent partie pour semblable effet, laissant les corps gisants, qui demeurent pour pâture aux animaux. Cette foire se fait en une plaine entre certaines montagnes, là où les marchands tiennent leur marchandise dans pavillons ou petites loges et ramées, divisant les espèces de marchandise l'une d'avec l'autre ; tellement que là où sont parqués les marchands de draps, ceux qui vendent les merceries en sont éloi-

Foire de trois mois, où les étrangers sont bien traités sans rien payer.

Punition de larcin durant la foire.

gnés, et hors de leur rang, et ainsi conséquemment ceux qui vendent le bétail sont hors du circuit des pavillons : auprès d'un chacun, y a une petite ramée, là où logent les gentilshommes, et se donne à boire et manger à tous les étrangers. Et combien que cela leur cause grande dépense, néanmoins, à la vente et délivrance de leur marchandise, ils rapportent double profit, parce que tous les habitants de cette région se transportent à cette foire, et semblablement ceux de la terre Noire, qui y démènent des affaires de grande importance. Toutefois les peuples de Guzzula sont gens de lourd entendement, mais admirables à maintenir en paix le peuple, et garder qu'il n'y ait sédition en la foire, qui entre au jour de la nativité de Mahomet, qui est le douzième jour du mois rabich, troisième de l'an arabesque, selon leur compte. Je me trouvai en cette foire avec le prince schérif, en la compagnie duquel je séjournai quinze jours par manière d'ébats.

De la région de Ducale.

La région de Ducale, de la partie du ponant, commence à Tensift, devers Tramontane, se termine à l'Océan; du côté du midi, au fleuve d'Habid, et à celui de Ommirabih devers ponant. Cette province peut contenir en longueur trois journées, et deux en largeur, étant fort habitée, mais d'un peuple fort malin et ignorant, et y a peu de cité. Toutefois nous parlerons de ce que nous avons vu en icelle, de lieu à autre, digne d'être publié.

Des villes et cités contenues en la région de Ducalo, premièrement Azafi.

Azafi est une cité assise sur le rivage de la mer Océane, édifiée par les anciens Africains, bien peuplée, là où il y eut jadis grande quantité d'artisans, jusqu'au nombre de cent maisons de juifs, et contient environ quatre mille feux; mais elle est peu civile. Le terroir est très-bon et fertile, étant les habitants gens de gros esprit, à cause qu'ils ne sauroient trouver le moyen de le cultiver, ni planter la vigne. Ils s'adonnent à faire jardinages, et dès-lors que les forces des rois de Maroc commencèrent à caler, la cité vint à être gouvernée par une certaine famille appelée la famille de Farhon. Si que de mon temps elle étoit entre les mains d'un vaillant seigneur, se faisant appeler Hebdurrahman, qui avoit tué un sien oncle par trop grande convoitise de régner, dont après sa mort pacifia tellement le peuple, qu'il régna paisiblement. Celui de quoi je vous parle, avoit une fille accompagnée d'une merveilleuse et rare beauté, laquelle étant fort affectionnée à l'endroit d'un homme de basse condition, et chef d'une grande faction, appelé Haly, fils de Guésimen, qui, par le moyen d'une esclave, et la mère de ce seigneur fait tant, qu'il eut commodité de se coupler avec sa dame, dont entre ses bras (étant conduit par celui même qui doucement avoit nâvré leurs cœurs) se trouva jouissant du principal point en amour prétendu, et par lui si longuement souhaité; de quoi étant averti le père par l'esclave, reprit fort aigrement sa femme, ajoutant de rigoureuses menaces; mais par laps de temps faisoit semblant que l'ardeur de sa colère fût du tout amortie. Elle néanmoins connoissant le peu d'amitié qu'il lui portoit, et la haine occulte qui l'enflammoit de plus en plus envers Haly, le fait secrètement avertir qu'il se tînt sur ses gardes; ce qu'ayant entendu d'un courage constant, et non intimidé, fait son compte de le priver plutôt de vie que de se laisser ôter la sienne; et ayant découvert son projet à un jeune homme, son ami, fort hasardeux, et semblablement capitaine d'une grande fanterie, sur la fidélité duquel il se pouvoit assurément reposer, tous deux d'un même courage et vouloir, n'attendoient autre chose, sinon que le temps leur donnât occasion de faire sortir heureux effet à leur dessein projeté. D'autre part, le seigneur ayant fait entendre à Haly, le jour d'une fête solennelle, qu'il avoit envie (après les cérémonies accomplies) d'aller prendre l'air, et chevaucher quelque espace de temps avec lui par manière d'ébat, et pourtant qu'il l'allât attendre à un certain lieu où il avoit bien délibéré de donner fin par même moyen à sa vie et à son amour trop outrecuidé, s'en alla au temple. Haly, après avoir bien attentivement écouté ce message, connut incontinent où le seigneur visoit, à quel effet tendoient ces paroles, et là où gisoit la ruse; au moyen de quoi il appela secrètement son compagnon, lui faisant entendre que le temps s'étoit offert le plus commode, et mieux à propos qu'ils l'eussent su souhaiter, pour donner fin à ce qu'ils avoient proposé. Après qu'il lui eut fidèlement remontré toutes ces choses, ayant pris avec eux dix de leurs domestiques et plus familiers pour escorte, et bien armés (non toutefois sans premièrement faire apprêter un brigantin sous ombre de le vouloir faire dévaler en Asamur, afin qu'ils eussent meilleur moyen de prendre la fuite s'ils ne se voyoient avoir du meilleur), s'acheminèrent au temple droitement sur le point que le seigneur y étoit entré, qui faisoit oraison, étant le temple tout comblé de peuple, dont la presse, par les courageux et fidèles compagnons fendue et traversée, s'accostèrent du seigneur, qui étoit prochain du prêtre, sans qu'ils fussent en rien par la garde détournés ni repoussés, laquelle, sachant combien ils étoient favoris et bien venus auprès de sa personne, ne se douta de rien, tellement que l'un passa devant le seigneur, et l'autre (qui fut Haly) demeurant derrière, lui traversa le corps de son épée, le faisant expirer et mourir ; dont le peuple, apercevant ce meurtre, s'émut grandement, et s'avança la garde pour assaillir ces deux ; mais étant devancé et prévenu par les dix autres avec les épées nues, estima être une émotion populaire qui le fit mettre en fuite, et le semblable firent les autres qui étoient au temple, où les conspirateurs se trouvèrent tout seuls ; ce que voyant, sortirent hors d'icelui emmi la place, là où, par vertu d'arguments et longues harangues, surent si bien pallier leur défaut pour l'appât de leurs paroles alléchantes, et persuader au peuple, qu'ils l'incitèrent à

Mort du roi de Azali.

croire que non sans cause ains à bon droit ils avoient fait mourir leur seigneur, pour autant qu'il avoit en propos ferme et délibéré de leur faire goûter les passions de la mort ; à quoi la commune ajouta foi, et consentit que ces deux-ci succédassent à la seigneurie, qu'ils tinrent bien peu de temps d'accord, à cause que l'un se montroit affectionné envers un personnage, et l'autre à l'endroit d'un autre. Or est-il que les marchands portugalois, lesquels, journellement et en grand nombre, fréquentoient dans la cité, persuadèrent à leur roi de mettre sus une armée, par le moyen de laquelle il se pourroit facilement emparer de la cité ; mais il ne voulut tenter l'entreprise jusqu'à tant qu'après la mort du seigneur défunt, les marchands lui firent entendre comme la ville étoit pleine de ligues, avec le chef de l'une desquelles ils avoient fait complot, moyennant aucuns dons, tant que par l'aide d'icelui il pourroit facilement réduire la cité en son obéissance. Et de fait, les marchands avoient su tant bien dire, qu'ils avoient induit le chef à consentir qu'ils fissent une maison forte du côté de la mer, pour pouvoir retirer leur marchandise ; disant qu'à la mort du seigneur ils furent saccagés et privés d'une bonne partie d'celle ; pour à quoi obvier à l'avenir, commencèrent à jeter les fondements avec une si grande diligence, qu'en peu de temps ils la rendirent en sa perfection, et forte ainsi qu'ils la desiraient, puis donnèrent ordre que bonne quantité de pistolets et haquebutes y furent portées secrètement empaquetées dans des balles de marchandise, qui ne furent aucunement revisitées en payant la gabelle. Et se sentant assez bien munis d'armes offensives et défensives, ils vont tâcher peu à peu d'émouvoir le peuple à l'encontre d'eux, suscitant novalités avec ces Maures; de sorte qu'un domestique des marchands, en achetant de la chair, provoqua si bien le boucher, que tout embrasé de colère, fut contraint impatient lui décharger un soufflet; au moyen de quoi le serviteur mit la main à un poignard, duquel il lui transperça l'estomac, dont il tomba mort en la place; ce qu'ayant fait, se sauva de vitesse en la maison des marchands. La commune, émue par la mort de celui-ci, se leva en armes, et courut vers la maison pour la saccager, et accabler tous ceux qui s'y trouveroient. Mais après que les plus braves ou téméraires se furent accostés, sentirent un son d'arquebusades, un sifflement de boulets avec une pluie de traits d'arbalète si dru, que cette manière d'accueil les rendit un peu plus froids et modérés qu'ils n'étoient venus, et mêmement après qu'ils eurent vu terrasser devant eux de leurs gens environ cent cinquante hommes; néanmoins ils ne furent si intimidés pour cette première touche, qu'ils ne se missent aux approches, combattant la maison par plusieurs jours, jusqu'à tant qu'il survint une armée de Lisbonne que le roi de Portugal avoit fait expressément dresser avec toutes sortes d'armes, grosse munition de vivres, cinq mille hommes d'infanterie et deux cents chevaux, lesquels étant par les Maures découverts, surpris d'une crainte soudaine, fuyant tretous à veau de route, gagnèrent les montagnes de Benimegher, après avoir quitté la ville, où ne demeura autre, hors ceux de la famille du chef qui avoit consenti à la fabrique de la maison. Ces choses ainsi passées, le général de l'armée s'empara de la cité, et envoya le chef, appelé Ichia, au roi de Portugal, qui lui donna honnête provision, et vingt serviteurs, puis le renvoya en Afrique pour gouverner la campagne de cette cité, parce que le capitaine ne savoit pas la coutume de ce peuple ignorant, ni la bêtise d'icelui. Je me suis un peu étendu sur cette histoire, mais je l'ai fait pour vous donner à connoître comme une femme, et les factions et les novalités

Secours du roi de Portugal contre les Maures.

d'une cité furent non-seulement cause qu'elle vint en ruine, mais de la perdition totale du peuple et pays de la province Héa; vous avertissant que de ce temps-là je pouvois avoir environ douze ans; mais puis ayant atteint la quatorzième année de mon âge, je fus parler au gouverneur de la campagne susdite au nom du roi de Fez et du schérif de Sus et Héa, lequel gouverneur vint avec une armée de cinq cents chevaux portugais, et environ douze mille chevaux arabes, contre le roi de Maroc, retirant tout le revenu du pays pour le roi de Portugal, en l'an neuf cent vingt, comme nous avons dit aux Abréviations des Chroniques.

De Conte et Tit, cités en la même province.

Conte est une cité distante d'Azafi environ vingt milles, édifiée par les Goths au temps qu'ils régnèrent sur cette rivière; mais elle est maintenant ruinée, et tout son territoire réduit sous la puissance des Arabes de Ducale.

Tit est une ancienne cité, loin d'Azamur environ vingt-quatre milles, édifiée par les Africains sur la marine de l'Océan, environnée d'une belle campagne, produisant de bon grain et en grande abondance. Le peuple est de très-rude esprit, ne sachant par quel moyen il faut procéder à cultiver les jardins, ni faire aucune gentillesse. Vrai est qu'il va assez honnêtement en ordre, pour avoir continuelle conversation avec les Portugais. Et du temps qu'Azamur fut prise, cette cité se rendit, par sa composition, au capitaine du roi, en lui rendant tribut. De mon temps, le roi de Fez alla donner secours au peuple de Ducale; mais voyant son effort être de nul effet, après avoir fait prendre un chrétien trésorier, et un juif son commissaire, fait passer le peuple de cette province au royaume de Fez, lui donnant pour habiter un petit pays de terre qui étoit inhabitée, prochaine de la cité de Fez environ douze milles.

De Elmédina, cité.

Elmédina est une cité en Ducale, et comme capitale de toute la région, environnée de telles quelles murailles. Le peuple (qu'on peut dire ignorant sans répugner aucunement à la vérité) s'habille de draps de laine qui se font en ce pays-là, et les femmes se parent de divers atours et ornements d'argent. Les habitants sont vaillants, ayant grande quantité de chevaux, et furent appelés par le roi de Fez en son royaume, pour le doute qu'on avoit des Portugais, parce que sa majesté fut avertie comment un vieillard, chef de faction, étoit de cet avis, et persistoit grandement qu'on dût rendre tribut au roi de Portugal, et le vit mener lié, garrotté et nus pieds, dont la gravité de son âge, accompagnée de cette misère et captivité, m'émut merveilleusement à compassion, vu mêmement qu'il avoit été contraint à faire ce qu'il en fit, aiguillonné par l'affection grande envers la commune, considérant, comme homme sage et bien expérimenté, qu'il étoit beaucoup meilleur s'assujettir au tribut, que de se trouver au hasard de perdre en un même instant les personnes et les biens. Et y en eut plusieurs qui s'employèrent du meilleur de leur cœur, priant instamment le roi de Fez pour sa délivrance, tellement qu'avec importunité grande, moyennèrent sa liberté; mais depuis ce temps-là cette cité est demeurée sans habitants, en l'an neuf cent vingt-un.

De Centopozzi, cité.

Centopozzi est une petite ville sur une colline dont le roc est de pierre tivertine, et hors d'icelle y a plusieurs fossés, là où les habitants souloient étuyer leurs grains, qui (comme disent ceux de ce pays-là) s'y gardoit sans moisir ni corrompre par l'espace de cent ans continuels; et de la grande quantité de ces fosses, la ville en a retenu ce nom, *Centopozzi*, qui vaut autant à dire comme *cent puits*. Le peuple d'icelle est de petite valeur, et d'autant moins estimé, parce qu'il ne s'y trouve nul artisan, hors quelques maréchaux, qui sont de nation judaïque. Et du temps que le roi de Fez appela le peuple d'Elmédine, voulut semblablement conduire celui-ci en son domaine pour y faire résidence, là où ne voulant se transporter, ni changer d'air, s'enfuit en Azafi, de peur d'abandonner le pays; ce voyant, le roi mit à sac la ville de Centopozzi, où ne se trouva autre chose que grain, miel et choses autant de légère valeur comme massives et pesantes.

Fosses où les grains s'y gardent cent ans

De Subéit.

Subéit est une petite cité sur le fleuve Ommirabih, devers le midi, et distante d'Elmédine environ quarante milles, étant sujette aux Arabes, et fort fertile en grain et miel; mais, par l'ignorance de ce peuple, il ne s'y trouve aucunes vignes. Le peuple d'icelle, après la ruine de Bulahuan, fut retiré au royaume de Fez par le roi, qui lui donna une petite cité inhabitée, au moyen de quoi Subéit demeura déserte.

De Témaracost.

Témaracost est une petite cité en Ducale, assise sur le fleuve Ommirabih, édifiée par le seigneur qui fit construire Maroc, du nom de laquelle elle participe aucunement, et étoit bien peuplée, tellement qu'elle venoit à faire quatre cents feux. Elle souloit être tributaire au peuple d'Azamur; mais en l'an qu'elle fut prise des Portugais, elle demeura en ruine, et le peuple se transporta en la cité d'Elmédine.

De Terga.

Terga est une autre petite cité assise sur le fleuve Ommirabih, distante d'Azamur environ trente milles, fort habitée, et contenant près de trois cents feux. Les Arabes de Ducale en eurent par espace de temps le gouvernement; mais depuis qu'Azafi fut prise, Hali, chef de la partie qui attenta contre les Portugais, se retira en cette cité, là où il habita quelque temps, accompagné de braves hommes et vaillants; mais puis après le roi de Fez le fit passer en son royaume avec sa famille, qui délaissa cette cité pour la retraite des chahuans et chouettes.

De Bulahuan.

Bulahuan est une petite cité édifiée sur le fleuve Ommirabih, contenant jusqu'au nombre de cinq cents feux, qui étoit habitée en la partie qui regarde sur le fleuve et sur le milieu du chemin qui va de Fez à Maroc, de plusieurs nobles et libérales personnes. Les habitants bâtirent un corps de maison garni de plusieurs chambres; avec une grande étable pour recevoir tous passants et étrangers, qu'on invitoit en cette maison aux frais et dépens de la commune, parce qu'elle est fort abondante en grains et bétail, si qu'il n'y a citoyen qui ne nourrisse plus de deux cents bœufs, les uns plus, les autres moins. Et se trouvera tel entr'eux qui recueillera environ mille, voire le plus souvent jusqu'à trois mille sommées de grain, que les Arabes achètent pour faire leur provision de l'année. En l'an neuf cent dix-neuf, le roi de Fez expédia un sien frère à la défense et gouvernement de la province de Ducale, lequel y étant parvenu, nouvelles vinrent comme le capitaine d'Azamur devoit venir pour saccager la cité, et emmener prisonniers les habitants; ce qu'ayant entendu, ne fit faute de dépêcher deux capitaines, avec deux mille chevaux, et un autre sous la charge duquel étoient cent arbalêtriers, en faveur de cette cité, lesquels, tous serrés, ne furent pas plutôt arrivés, que l'armée portugaise se vint affronter avec eux, et les choquer si vivement, qu'ils furent vaincus par le moyen de deux mille Arabes qui survinrent au secours des Portugais, qui firent passer par le fil de l'épée toute la compagnie des arbalêtriers du roi de Fez, qui s'étoient rangés ensemble au milieu de la plaine, hors dix ou douze, qui, avec ce peu qui étoit resté de l'exercite, gagnèrent les montagnes de vitesse. Vrai est que les Maures peu après se rallièrent, et faisant visage, donnèrent la chasse aux Portugais, desquels ils tuèrent cent cinquante chevaux à la poursuite. En ces entrefaites, le frère du roi de Fez étant parvenu en Ducale, reçut le tribut, et promettant aux habitants de cette province leur donner toujours faveur, fut trahi par les Arabes, au moyen de quoi il fut contraint de retourner d'où il étoit venu. Voyant donc ce peuple qu'il emportoit le tribut, et que sa venue n'avoit apporté nul profit, grandement intimidé, quitta la cité pour se retirer aux montagnes de Tedle, craignant que les Portugais ne vinssent, et lui imposassent plus grosses tailles, et ne les pouvant fournir, fût détenu et mis en captivité. Je me trouvai à cette route, étant présent lorsque les arbalétriers furent accablés et mis en pièces; mais je m'en tenois le plus loin qu'il m'étoit possible, pour plus à mon aise, et avec moins de danger, contempler cet horrible spectacle, sur une jument fort légère et agile, à cause que je m'acheminois à l'heure en la cité de Maroc, pour faire entendre au seigneur d'icelle, et au schérif prince, comme le roi de Fez (mon seigneur) n'attendoit que l'heure que son frère dût arriver en Ducale, pour faire provision contre les Portugais.

Azamur, cité.

Amazur est une cité en Ducale, édifiée par les Africains près la mer Océane, et sur l'entrée du fleuve Ommirabih en icelle. Elle est fort grande et bien peuplée, contenant environ mille feux; et journellement fréquentée par les marchands portugais, tellement que les habitants, pour cette conversation, se sont rendus fort civils, allant très-bien en ordre, et sont divisés; néanmoins ils ont toujours vécu se maintenant en bonne paix. La cité est très-abondante en grains qui provient de la campagne; mais il n'y a ni jardins ni vergers, hors aucuns arbres de figuiers. On tire au long de l'année de la gabelle du poisson qui se pêche en ce fleuve, une fois six, et l'autre sept mille ducats; et se commence la pêche au mois d'octobre, continuant jusqu'au mois d'avril. Le poisson qui s'y prend est de plus haute graisse que n'est pas la chair, qui fait qu'on n'y met bien peu d'huile le voulant frire; car il ne sent pas plutôt la chaleur, qu'il rend une grande quantité de graisse qui est comme huile, et de laquelle on se sert pour brûler dans les lampes, parce que ce pays ne produit aucun fruit d'où on puisse tirer huile en sorte que ce soit. Les marchands de Portugal vont trois ou quatre fois l'année acheter et enlever grande quantité de ce poisson, étant ceux qui paient là cette grosse gabelle, tellement qu'ils conseillèrent une fois au roi d'assaillir cette cité, l'exhortant qu'il y envoyât une grande armée par mer; ce qu'il fit; mais pour le trop peu d'expérience qu'avoit le général d'icelle en telles affaires, fut à l'embouchure du fleuve défait et vaincu, finissant la plus grande partie de ses gens, parce qu'ils ne pouvoient résister à l'encontre, et aussi qu'ils avoient perdu leurs forces pour avoir trop bu et s'être enivrés. Deux ans après cette déconfiture, étant le roi alléché par le bon rapport qu'on lui faisoit de l'abondance de ce fleuve, mit sur mer une autre armée de deux cents vaisseaux, laquelle étant, par les habitants de cette cité, découverte, furent surpris de si grande frayeur par la grand'montre d'icelle, qu'ils en perdirent cœur et hardiesse; de sorte que, se mettant en fuite, et à qui sortiroit le premier, se trouva une si grande foule à l'issue de la porte, que quatre-vingts hommes y furent étouffés. Et de fait un pauvre prince qui étoit expressément venu en la cité avec secours, ne sachant quel autre parti prendre, se laissa couler le long d'une corde du plus haut de la muraille. Le peuple épars par la cité, fuyoit à vau de route, tantôt çà, maintenant là, l'un déchaux et à pied, l'autre à cheval et sans armes; tellement que la grande angoisse, perplexité et misère extrême où étoient réduits ces désolés citoyens, eût été suffisante d'émouvoir à compassion tout cœur diamantin; et même venant à contempler d'autre côté les misérables vieillards, enfants, filles et honorables matronnes déchevelées, courir par-ci par-là tout éplorées, sans pouvoir trouver lieu pour leur plus sûr réfuge, ni qui pût mettre fin à leurs pleurs et profonds sanglots pour aucunement soulager le merveilleux deuil et grand ennui qui les oppressoit. Mais avant que les chrétiens livrassent l'assaut, les juifs (qui avoient capitulé et fait accord avec le roi de Portugal un peu aupara-

Azamur sous la puissance des Portugais.

vant de lui rendre la cité, sous telle condition qu'ils ne recevroient aucun déplaisir ni injure, et ne seroient en rien par ses soldats molestés) avec le consentement d'un chacun, ouvrirent les portes aux chrétiens, qui en déchassèrent le peuple, s'en allant habiter partie à Salla et le reste à Fez; non toutefois sans premièrement endurer tourment, tel que la grandeur des démérites et l'effréné luxure sodomitique de ses habitants le méritoit; et où étoient tellement enclins et adonnés ces infâmes paillards, que peu d'enfants pouvoient échapper d'entre leurs mains de cet énorme et exécrable vice polues et contaminées.

De Méramer.

Méramer est une cité édifiée par les Goths loin d'Azafi quatorze milles, et contient environ quatre cents feux. Le pays du contour est fort fertile en grains et huile, et fut autrefois sujette au seigneur d'Azafi; mais étant prise par les Portugais, les habitants gagnèrent les champs, la laissant quasi par l'espace d'un an déshabitée; et depuis, ayant fait quelques conventions avec iceux, y retournèrent faire résidence, ets ont demeurés jusqu'à présent tributaires au roi. Mais, laissant à part maintenant la description des villes, pour les avoir toutes discourues, nous écrirons quelque chose touchant la singularité des montagnes qui sont en cette région.

Des montagnes contenues en la région de Ducale.

Bénimegher.

Cette montagne est distante d'Azafi de dix à douze milles, habitée de plusieurs artisans qui possédoient tous, devant sa ruine, des maisons en icelle. Entre les autres choses qui y sont produites en abondance, elle est fertile en grains et huile. Au temps passé, elle souloit être sous le gouvernement du seigneur d'Azafi cité, laquelle étant prise, les citoyens n'eurent autre recours qu'à cette montagne, qui fut depuis tributaire du roi de Portugal. Mais à l'arrivée du roi de Fez en ces pays, aucuns d'entre ce peuple entrèrent dans Azafi, et d'autres furent menés à Fez par le roi même, qui les y fit gratuitement retirer, pour autant qu'ils ne vouloient nullement endurer que les chrétiens eussent domination sur eux, ni vivre sous leur gouvernement et seigneurie.

De Monté Verdé, ou Verdmont.

Monté Verdé, qui signifie *Verdmont*, est une haute montagne qui prend son origine au fleuve Ommirabih de la partie du levant, et s'étend devers le ponant jusqu'aux montagnes d'Hésara, séparant Ducale d'avec une partie de la région de Tedle, et est fort âpre, et revêtue de bois, mêmement de chênes, qui produisent le gland en grande quantité; davantage plusieurs pigues et arbres portant le fruit rouge, qu'on appelle aux *Itales Africains*, y croissent. Là font demeurance plusieurs ermites qui ne sont substantés d'autre chose que des fruits qu'ils trouvent en la montagne, parce que toute habitation est éloignée par l'espace de vingt-cinq milles de cette montagne, qui est arrosée de plusieurs fontaines, et où se trouvent plusieurs autels érigés à la mode des Mahométans, avec quelques masures et édifices d'Africains. Sous icelle se voit un beau lac et ample, comme est celui de Bolsène, au teritoire de Rome, où y a grande quantité de poissons, comme anguilles, gardons, brochets et une infinité d'autres, et de cette espèce n'en ai vu aucun en Italie, et sont tous singulièrement bons, étant d'un goût savoureux et parfait, combien qu'il ne soit licite ni permis à personne ni tendre filets, ni pêcher en sorte que ce soit. Du temps que Mahomet, roi de Fez, s'achemina en Ducale, il voulut séjourner, par l'espace de huit jours, sur le rivage de ce lac, donnant charge à quelques-uns de pêcher, qui (comme je le vis moi-même), ayant cousu les manches et collet de leurs chemises, et après avoir lié aucuns hauts-de-chausse par le bas, les mirent, et dévalèrent dans l'eau, d'où ils tirèrent une grande quantité de poissons, vous laissant à penser quel plus grand nombre en pêchèrent ceux qui tendirent les filets, étant le poisson étourdi, pour la raison que je vous dirai. Le roi fit entrer, par l'espace d'un mille avant dans le lac, tous les chevaux de son exercite, qui pouvoient être jusqu'au nombre de quatorze mille des Arabes, venus en faveur d'aucuns vassaux de sa majesté, et amenèrent avec eux si grande multitude de chameaux, qu'ils excédoient la quantité des chevaux de plus de la tierce partie, avec les chameaux des charrois du roi et de son frère, qui pouvoient être environ cinq mille, et une infinité d'autres qui étoient dans l'exercite; pour raison de quoi l'eau vint à être si fort troublée, qu'on n'en pouvoit avoir pour boire, qui rendit le poisson si hors de soi et étourdi, qu'on le pouvoit prendre facilement à la main. Or, retournant sur mes brisées, je dis que sur les rivages y a plusieurs arbres qui ont les feuilles comme celles du pigne, dont entre les branches se trouvent toujours plusieurs nids de tourte-

Nouvelle mode pour pêcher.

Arbres semblables au pin.

relles, et principalement alors, qui étoit la saison du mois de mai, de sorte qu'on les avoit quasi pour rien. Après que le roi se fut reposé par l'espace de huit jours, il lui prit envie d'aller à Verdmont, là où nous l'accompagnâmes plusieurs que nous étions, tant prêtres que courtisans ; et à tous les autels qui se présentoient en son chemin, nous faisoit arrêter, puis en toute révérence mettre les genoux en terre, dont soupirant profondément, disoit : « Mon Dieu, je suis par trop assuré
» que tu connois mon intention (pour laquelle
» je me suis acheminé en ce pays) ne tendre
» à autre fin, sinon à délivrer et ôter de sous
» le joug de misérable servitude ce pauvre
» peuple de Ducale, où ces pervers Arabes et
» infidèles chrétiens, nos plus grands et mortels
» ennemis, les veulent soumettre. Mais si
» ta divinité, seigneur, ayant sondé mon cœur,
» le trouve feint et tout autre que mes paroles
» le publient, qu'elle retourne sa dextre punition
» inexorable à l'encontre de moi-même,
» afin que je porte seul le supplice que mon
» hypocrisie palliée par paroles mensongères
» aura mérité, sans que ceux de ma compagnie,
» ni le troupeau que tu m'as donné en
» charge, pour n'en être aucunement coupa-
« ble, sentent en rien le redoutable courroux

» de ta souveraine justice. » Et continuant en ces belles cérémonies, nous séjournâmes tout ce jour-là en cette montagne; et la nuit venue, nous retirâmes dans nos pavillons jusqu'au matin, que le roi, voulant avoir le déduit de la chasse, commanda qu'elle fût faite dans un bois sur le circuit du lac; ce que l'on fit avec les chiens et oiseaux, de quoi le roi ne se trouvoit jamais dépourvu; et ne fit-on autre proie que d'oies sauvages, bécasses et autres oiseaux de rivières, et tourterelles. Le jour suivant, on dressa une autre chasse avec lévriers, faucons, aigles, et courûmes le lièvre; puis, donnant la chasse aux cerfs, porcs-épics, chevreuils, loups, que nous prîmes, avec des perdrix et grives une infinité, parce qu'on n'avoit chassé en cette montagne de cent ans en là. Après ces choses, nous fîmes départ; et se dressa l'armée à la route d'Elmédine et Ducale, au moyen de quoi les prêtres et docteurs qui étoient avec sa majesté, eurent congé pour s'en retourner à Fez, en envoyant une partie à Maroc pour ambassade, et fus élu entre les autres pour m'y acheminer, en l'an 921 de l'Hégire.

De la région d'Hascora.

Hascora est une région prenant son commencement des montagnes qui sont aux termes de Ducale, du côté de Tramontane, et se finit du côté de ponant au fleuve de Quadelhabid, qui sépare Hascora d'entre Tedle et Ducale avec ses montagnes, départ Hascora d'avec l'Océan. Les habitants de ce pays savent mieux user de civilité que ceux de Ducale; pour autant qu'il y a grande abondance d'huile et quantité de maroquins, qu'ils savent quasi tous corroyer, et leur apporte-t-on toutes les peaux des montagnes prochaines pour maroquiner. Ils ont une infinité de chèvres, dont de la peau ils font de beaux draps à leur mode, avec des selles de chevaux. Les marchands de Fez pratiquent fort en ce pays, troquant des toiles contre les maroquins; et use ce peuple de la même monnoie qui court en la région de Ducale. Les Arabes ont coutume s'y fournir d'huile et autres choses que je laisserai à part, pour vous décrire l'assiette et particularité des cités qui sont en cette région.

Des cités contenues en la région d'Hascora, premièrement Elmédine.

Elmédine est une autre cité en la côte d'Atlas, édifiée par les peuples d'Hascora, contenant environ deux mille feux, étant distante de Maroc du côté de levant environ nonante milles, et d'Elmédine et Ducale, environ soixante. Cette cité est fort peuplée d'artisans, comme corroyeurs, selliers et autres, avec beaucoup de juifs, partie marchands et partie artisans, étant située emmi une grande plaine couverte d'oliviers, côtes de vignes, et de très-hauts noyers. Les habitants sont toujours en factions et novalités entre eux, ou bien suscitent guerre contre une autre cité, qui leur est prochaine de quatre milles; tellement que personne, de quelque autorité que ce soit, ne se sauroit permettre le chemin sûr pour aller visiter ses possessions, hors seulement les femmes et esclaves. Et s'il advenoit qu'un marchand étranger voulût passer d'une cité en une autre, il faut qu'il pense de prendre bon nombre des gens pour lui faire escorte, à cause de quoi ils ont coutume tenir pour ce fait même chacun un haquebusier ou arbalétrier en leur maison, auxquels ils ne présentent moins de douze de leurs ducats (qui en valent seize des nôtres) par mois. En cette cité se trouvent des personnes assez expertes en la loi, qui viennent à exercer l'office de juge et notaire. Les gabelles des étrangers sont tenues par aucuns des plus apparents, qui les lèvent et reçoivent, employant ce qu'ils en peuvent retirer au profit public, et paient aux Arabes pour l'amodiation de leurs possessions, qui sont situées en la plaine, un certain tribut ; mais ils gagnent encore dix fois autant avec eux. A mon retour de Maroc, je me trouvai en cette cité, là où je logeai en la maison d'un grenadin fort opulent, qui avoit touché la solde d'arbalêtrier par l'espace de dix-huit ans, et défraya moi et mes compagnons (qui étoient neuf, sans les pages) jusqu'à ce que nous fîmes départ au tiers jour, pendant lequel temps il s'évertua de nous faire tous les bons traitements qu'il lui fut possible. Et combien que les habitants voulussent que nous fussions logés au commun logis des étrangers, si ne voulut-il jamais permettre pour tout cela (pour être de mon pays) que nous en prissions d'autre que le sien, là où (pendant que nous y fîmes séjour) la commune nous faisoit présenter des veaux, agneaux, et à force chapons. Et voyant qu'il y avoit en la cité si grande quantité de chevreaux, je demandai à mon hôte (puisque les habitants usoient de si grande courtoisie et libéralité en notre endroit) pourquoi ils se travailloient tant de nous envoyer de ces choses, sans nous présenter un de ces chevreaux; à quoi il me répondit, que l'animal le plus abject, et de vile réputation en ces pays-là, étoit le chevreau, et que le plus tôt, et avec plus grande honnêteté, on feroit présent d'un bouc ou d'une chèvre. Les femmes de cette cité sont fort belles, blanches, et toutes en général merveilleusement envieuses d'expérimenter si les étrangers n'ont point d'avantage sur les hommes de par-delà, portant quelque marchandise qui fût duisible et mieux séant en leur boutique. Ce qu'elles savent bien faire (se rendant résolues de ce doute), et se donner un peu de bon temps à la rengette, n'en laissant passer la moindre occasion qui se présente, quand elles se sentent le temps et lieu commode.

De Alemdin.

Alemdin est une cité prochaine de l'autre par l'espace de quatre milles devers ponant, édifiée dans une vallée de quatre hautes montagnes environnée, qui lui rendent une très-âpre froidure, et est habitée de gentilshommes, marchands et artisans, contenant environ mille feux. Les habitants de cette cité-ci sont journellement à la mêlée avec ceux de la cité susnommée ; et de toutes les deux le roi de Fez s'empara, il n'y a pas long-temps, par le moyen d'un marchand de Fez, qui fut en telle sorte. Ce marchand donc étant épris de l'amour d'une belle jeune pucelle, sut si bien démener ses affaires et conduire son amoureuse entreprise, qu'elle lui fut promise à femme par son père même. Mais fortune, qui ne sauroit endurer qu'on se puisse rien promettre d'elle, lui montra, en un instant, un vrai effet de sa façon accoutumée ; car le jour même qu'il pensoit parvenir au but de son attente, et en épousant sa dame, se trouva jouissant du premier bien que les amants savent désirer : elle lui fut volée, et enlevée par un qui étoit chef et plus apparent de la cité. Or, s'il étoit troublé et réduit en perplexité extrême, je m'en remets au jugement de ceux qui ont mieux expérimenté les passions d'amour que moi : tant il y a, que, dissimulant son fait avec une constance plus contrainte que volontaire, prit congé de celui qui lui avoit ravi le comble de ses désirs, lui déguisant l'occasion de son retour, par excuses controuvées, pour mieux pallier le dessein de son

Alemdin et Elmédine réduites sous la puissance du roi de Fez par un moyen mémorable d'un marchand.

entreprise. Ce piteux et misérable amant, à demi-transporté par l'âpre passion qui le molestoit, fit tant, par ses journées, qu'il arriva à Fez, là où il ne fut pas plutôt parvenu, qu'il présenta au roi certaines choses rares et singulières qu'il avoit apportées de ce pays, lui demandant de grace qu'il lui plût faire tant de faveur que de lui donner cent arbalêtriers, trois cents chevaux et quatre cents hommes de pied, qu'il entendoit tous soudoyer à ses propres frais et dépens, promettant à sa majesté qu'il n'espéroit rien plus que de prendre la cité, et, s'en étant emparé, de la tenir à son nom; en reconnoissance de quoi il s'offrit de lui rendre sept mille ducats par chacun an du revenu du pays; à quoi obtempéra volontiers le roi; et lui voulant autant montrer de libéralité comme il avoit été courtois en son endroit, ne voulut permettre qu'il soudoyât autres gens que les arbalêtriers, lui donnant une lettre par laquelle il enchargeoit au gouverneur de Tedle de lever tel nombre de gens que le marchand avoit requis, et qu'il les mit sous la charge de deux capitaines en faveur d'icelui; lequel, étant assez bien en ordre et équipage, s'alla camper devant la cité, laquelle il n'eut pas à peine tenue assiégée l'espace de six jours, que les habitants d'icelle firent entendre au chef que, pour son occasion, ils n'avoient délibéré se rendre le roi de Fez ennemi d'eux et de leur pays, encore moins en être molestés ni endommagés, tant peu fût-il; ce qu'ayant entendu, en habit de gueux sortit hors de la cité; mais étant incontinent remarqué, fut saisi ainsi mignonnement accoutré, et conduit en la présence du marchand, qui lui fit mettre les fers aux pieds. Cependant, le peuple ouvrit les portes, mettant la cité entre les mains du marchand, qui en reçut le gouvernement au nom du roi de Fez. Et les parents de la fille (où il s'étoit totalement voué) se vinrent humblement excuser, disant qu'ils avoient été contraints (intimidés par l'autorité tyrannique de ce chef) à endurer ce forfait; et que la fille, de droit, lui devoit appartenir, d'autant qu'il étoit le premier à qui elle avoit été promise. Mais à cause qu'elle étoit enceinte, le marchand différa jusqu'à temps qu'elle fût délivrée de son fruit pour l'épouser, ce qu'il fit pour la seconde fois; et le chef, comme violateur et fornicateur, fut condamné à la mort, n'ayant autre délai que ce jour-là même, auquel il fut finissant misérablement ses jours, ayant telle issue que sa tyrannique oppression le méritoit. Le marchand demeura gouverneur de la cité, la pacifiant avec l'autre, qui lui étoit auparavant ennemie, et s'acquitta fidèlement envers le roi, lui rendant ordinairement le tribut qu'il lui avoit promis. Je fus en cette cité-là, où j'eus la connoissance du marchand qui la gouvernoit, et étois à Fez quand ces choses prirent telle fin ; puis me mis de ce temps-là même en chemin pour passer à Constantinople.

De Tagodast.

Tagodast est une cité assise sur le coupeau d'une montagne, environnée de quatre autres, et hors le pourpris des murailles y a de très-beaux et délectables jardins, embellis par le plant de plusieurs arbres fruitiers, vous assurant y avoir vu des abricots de la grosseur d'oranges. Leurs vignes sont élevées à tonnelles, et appuyées sur les arbres ; les raisins et grumes sont rouges, qu'ils appellent œufs de poules, qui est un nom qui ne leur convient pas mal, pour cause de la grosseur d'iceux. Là y a grande abondance d'huile bonne en toute perfection, et de miel de naïve blancheur, avec de l'autre, qui ne cède en rien à l'or quant à la couleur. Dedans la cité sourdent plusieurs fontaines vives et ruisseaux courants, ayant à la rive d'iceux certains petits moulins à moudre le blé. Il y a, outre ce,

Abricots de la grosseur d'oranges.

Grosses grumes de raisins comme œuf de poule.

Miel blanc.

plusieurs artisans des choses ordinairement nécessaires, et s'efforce le peuple grandement à se montrer civil. Leurs femmes sont fort belles, portant de très-beaux ornements d'argent, parce que les habitants ont bonne délivrance de leur huile, qu'ils portent par les cités prochaines au désert, entre Atlas du côté du midi, et transportent leurs cuirs à Fez et Mecnasa. La plaine a d'étendue en longueur l'espace de six milles; le terroir est très-fertile en grains, et sont les paysans redevables aux Arabes de quelques cens pour leurs possessions, et est la cité provenue de prêtres, juges et d'un grand nombre de gentilshommes. Du temps que j'y fus, il y avoit un seigneur, lequel, encore qu'il fût vieux et aveugle, il étoit merveilleusement obéi et honoré. Celui-ci (comme il me fut dit) avoit été en sa jeunesse fort vaillant et de magnanime courage, ayant tué, entre plusieurs autres, quatre chefs d'une ville, qui, par leurs factions, opprimoient tout le peuple, dont, après leur mort, il usa d'une grande clémence et douceur, moyennant laquelle il sut si bien applaudir la commune et attirer à soi le cœur des gens, qu'ayant réduit à bonne paix toutes les dissensions et discors, rendit les parties diverses non-seulement amies, mais moyenna par tant de façons, qu'elles s'unirent ensemble par parentage, sans qu'il voulût occuper la prééminence de gouverner, ains laissa à un chacun la liberté et autorité égale ; toutefois le peuple lui portoit un tel respect, qu'on n'eût pas rien déterminé sans son conseil et avis. Je logeai en la compagnie de quatre-vingts hommes de cheval dans la maison de ce bon gentilhomme-ci, lequel se montra en notre endroit merveilleusement magnifique et libéral, faisant journellement chasser, à celle fin de nous faire toujours goûter viandes nouvelles. Et me fit récit, cet honorable vieillard, des grands périls hasardeux où il avoit souventefois exposé sa personne pour mettre paix en cette cité, sans me déguiser ni donner les choses à entendre autrement qu'elles n'étoient passées, ni plus ni moins que si j'eusse été son frère, ou plus grand familier. Si que, connue sa grande honnêteté, il me sembloit nous oublier par trop, venant à faire départ, sans user de récompense en son endroit, pour la dépense excessive qu'il avoit faite, en s'évertuant de tout son pouvoir, et n'épargnant chose quelconque à nous bien traiter. Mais il me rejeta bien loin, disant qu'il étoit ami et serviteur du roi de Fez, combien que le recueil qu'il nous avoit fait n'étoit pas cause que nous étions familiers dudit roi, mais pour avoir cela comme par succession de leurs anciens, qui leur avoient enseigné de se montrer ainsi courtois et gracieux envers les passants de leur connoissance, en les logeant et traitant aussi les étrangers humainement, tant par honnèteté que par noble gentillesse; ajoutant à ceci que le souverain seigneur (dont la providence est incompréhensible) leur avoit envoyé cette année-là un recueil de biens, jusqu'à sept et mille setiers de froment et d'orge, tellement que l'abondance du grain surpassoit la multitude des personnes, et qu'il avoit plus de cent mille chèvres et brebis, tirant profit seulement de leur dépouille, parce que le laitage demeuroit aux pasteurs, qui lui en rendoient certaine quantité de beurre; car tout cela n'étoit pas de vente, mais trop bien que les peaux, laines et huiles se vendoient à sept ou huit journées de là. Et avenant (dit-il) que votre roi passe à son retour de Ducale par ici, je veux aller au-devant de sa majesté, m'offrant pour très-humble et affectionné serviteur et meilleur ami d'icelle. Or, après que nous eûmes pris congé de la magnificence de ce courtois seigneur, nous n'employâmes les heures et le chemin à autre chose, hors qu'à louer et exalter la grande honnêteté et libéralité d'icelui.

De Elgiumuha.

Elgiumuha est une cité prochaine de l'autre environ cinq milles, édifiée de notre temps dessus une haute montagne, entre deux autres de non moindre hauteur. Là y a plusieurs fontaines et jardins qui produisent divers fruits, et mêmement un grand nombre de noyers très-hauts, sans qu'il se trouve colline autour de ces montagnes qui ne soit fort bonne pour y semer de l'orge, avec une grande quantité d'oliviers qui y croissent. La cité est fort habitée d'artisans, et entr'autres de corroyeurs, selliers et maréchaux, pour autant qu'il s'y trouve une assez profonde mine de fer, de quoi ils font à force fers de cheval, transportant tous leurs ouvrages et marchandises au pays qu'ils savent en avoir faute, et les troquent contre des esclaves, guède et cuirs de certains animaux qui sont au désert, de quoi ils font de bonnes et fortes targues, puis amènent toutes choses à Fez pour les troquer contre des toiles, draps et autres choses qui ne se trouvent entre eux. Cette cité est fort sequestrée du grand chemin, de sorte que s'il y passe aucun étranger, tous les habitants, depuis le petit jusqu'au plus grand, accourent pour le voir, et mêmement s'ils lui voient porter habits entre eux inusités. Ils se règlent et gouvernent selon les statuts et coutumes de Tagodast, qui fut édifiée par le peuple qui y habite, parce que les gentilshommes ayant pris la pique l'un encontre l'autre, la commune (ne voulant ployer deçà ni delà) quitta la cité, et édifia Elgiumuha, laissant Tagodast aux nobles, y ayant jusqu'à présent fait demeurance, et en l'autre résident les non-nobles.

De Bzo.

Bzo est une cité ancienne, édifiée sur une fort haute montagne, distante d'Elgiumuha environ vingt milles du côté du ponant. Au-dessous d'icelle passe le fleuve Sérui, côtoyant la côte de la montagne par l'espace de quatre milles. Les habitants sont tous marchands, et gens de bien, qui s'accoutrent honnêtement, et font porter au désert des cuirs et huiles, en quoi leur montagne est fort abondante, produisant à force grains, et de toute sorte de fruits, avec une grande quantité de figuiers, ayant le pied fort gros et haut. Les noyers en ce lieu sont d'une démesurée grandeur, de sorte que les milans y peuvent sûrement brancher et faire leur nid, parce qu'il n'y a homme d'agilité si grande qui se puisse vanter d'y gravir. La descente qui conduit de la montagne au fleuve, est toute pleine de beaux jardins, s'étendant jusqu'au rivage de ce fleuve. Je me trouvai là par un été qu'il y avoit des fruits en grande abondance, et principalement des abricots et figues, et logeai en la maison d'un prêtre de la ville auprès du temple, dont les murailles sont baignées par les eaux d'un petit fleuve qui sourd en la place de la cité.

Des montagnes qui sont en la région d'Hascora.

Tenvèves.

Tenvèves est une montagne assise à l'opposite de la région d'Hascora, qui fait la face d'Atlas à l'opposite du midi, peuplée et habitée par gens braves et vaillants avec les armes en main, tant à pied comme à cheval, dont ils en ont en grand nombre, mais de petite taille. Cette montagne produit de guède et orge, mais elle est quasi stérile en froment, de sorte que l'orge est la seule substance et nourrissement des habitants. Sur ce mont l'on voit la neige en toutes les saisons de l'année. Là se trouvent plusieurs nobles chevaliers qui ont un prince gouvernant comme seigneur, recevant toutes les grandes rentes, pour puis après les employer à faire et maintenir la guerre contre les habitants de la montagne de Tenzita. Il tient environ mille chevaux, avec cent hommes arbalêtriers et arquebutiers. Lorsque j'y fus, il y avoit un seigneur libéral tout outre, qui recevoit un plaisir indicible de se voir haut louer, et d'ouïr publier et raconter ses faits, qu'il pensoit être mémorables; vous assurant qu'il me sembleroit impossible qu'en sût trouver son second, et qui se peut égaler à lui en courtoisie et libéralité; parce que ce qu'il avoit ne se pouvoit aucunement appeler sien, d'autant que son bien étoit au commandement et à l'abandon d'un chacun, ne se réservant quasi rien; et prenant merveilleusement grand plaisir à ouïr la langue arabesque, combien qu'il n'en eût aucune connoissance, et lui faisoit-on un singulier plaisir quand l'on venoit à lui exposer quelque sentence qui touchât aucunes de ses louanges. Or, avant que mon oncle (en la compagnie duquel je me retrouvois) fût délégué ambassade du roi de Fez vers celui de Tombut, dont, pour s'acheminer vers lui, il se mit sur les champs, et ne fut pas plutôt parvenu en la région de Dara, distante de l'habitation de ce seigneur environ trente milles, qu'ayant ouï la renommée de mon oncle (qu'à dire vrai étoit un très-excellent poète et éloquent orateur) récrivit au sei-

gneur de Dara, le priant lui faire tant de bien que de le lui envoyer, parce que la plus grande envie qui l'aiguillonnoit pour lors, étoit de la jouissance et vue de sa personne, pour les rares et singulières vertus qu'on publioit être en lui. « Mon oncle, usant d'excuse la plus
» honnête et plus recevable qu'il peut, répon-
» dit qu'il n'étoit pas licite à un ambassade
» d'un roi s'écarter de son droit chemin pour
» aller visiter les seigneurs, vu que cela seroit
» cause de retarder grandement leur affaire ;
» mais que, pour ne ressembler trop mal cour-
» tois, et vouloir tenir sa réputation envers
» les personnes qui lui pouvoient comman-
» der, il enverroit un sien neveu baiser les
» mains de sa magnificence. » Ainsi, par son commandement, après m'avoir fait présent d'une paire d'étriers gravés à la moresque, du prix de vingt-cinq ducats, une paire de cordons de soie porfilés de fil d'or, dont l'un étoit bleu et l'autre violet, avec ce un fort beau livre, là où étoit amplement narrée et contenue la vie des saints Africains, et une chanson faite à la louange de ce seigneur, me mis en chemin avec deux chevaux, où je demeurai l'espace de quatre jours, composant une chanson en laquelle étoit récité ce que je pouvois avoir entendu de ses vertus. Et étant

Etriers de vingt-cinq ducats.

arrivé en cette cité, il me fut dit qu'il étoit un peu auparavant sorti avec une belle compagnie pour aller à la chasse ; mais il n'eut pas plutôt entendu mon arrivée, qu'il me fait appeler en sa présence, là où étant parvenu, lui fis la révérance en lui baisant les mains ; ce qu'ayant fait, me demanda en quelle disposition j'avois laissé mon oncle ; à quoi je fis réponse qu'il se portoit fort bien, comme celui qui prendroit un merveilleusement grand et singulier plaisir d'avoir moyen pour lui donner à connoître la grande envie qu'il avoit de faire chose qui fût agréable à son excellence. Ayant mis fin à mes paroles, me fit ordonner logis, me disant que je me reposasse jusqu'à son retour de la chasse, d'où étant revenu, m'envoya dire que je m'acheminasse en son palais, auquel me transportai ; et lui ayant baisé une autre fois les mains, commençai, par louanges diffuses, le mettre jusqu'au ciel, qui lui causa une grande joie. Finablement lui présentai la chanson de mon oncle, de quoi il fit faire incontinent, et sur-le-champ, lecture par un sien secrétaire, pendant laquelle on pouvoit facilement conjecturer, par les altérations et changements de son visage, combien étoit grand le plaisir qu'il recevoit par le contenu d'icelle ; et, étant achevée de lire, il se mit à

table, me faisant seoir un peu à côté de soi. Les viandes qui furent servies étoient chair de mouton et d'agneau rôtie et bouillie, qui étoit dans certains replis de pâte subtile faite en sorte de lazagnes, mais plus ferme et matérielle, avec d'autres dont je n'ai su retenir l'espèce. Or, enfin de table je me levai, commençant à user envers le seigneur de telles paroles : « Monsieur, l'intention de mon oncle
» n'a pas été de vous envoyer ce présent,
» comme l'estimant suffisant d'être offert à
» votre grandeur, mais pour toujours vous
» maintenir affectionné en son endroit, lui
» donnant place entre le moindre de vos sou-
» venirs, comme à celui qui n'est né pour
» autre chose qu'à complaire et obéir à tous
» ceux qui çà-bas naïvement représentent la
» vraie image de noblesse et vertu ; du nom-
» bre desquels à bon droit il estime que teniez
» le premier rang. Mais moi son neveu, qui
» me trouve vide et dénué de toutes choses
» suffisantes pour honorer si grand person-
» nage que chacun vous sait être, je ne vous
» puis faire présent sinon que de paroles, et
» par celles pourrez connoître que je n'ai moin-
» dre envie d'obéir à vos commandements,
» et demeurer vôtre à perpétuité, que vos
» vertus infinies et incomparable grandeur le

Harangue de l'auteur au seigneur de la montagne de Tenrèves.

» méritent. » Je n'eus pas plutôt mis fin à mon dire, que je donnai commencement à la lecture de la chanson que j'avois composée à la louange de ses vertus, lesquelles entendant réciter avec une joie indicible, s'enquéroit des choses par lui non entendues, jetant attentivement la vue sur moi, qui ne pouvois encore excéder l'âge de dix-sept ans. Après que j'eus achevé de la lire, étant le seigneur encore travaillé de la chasse, et pour être l'heure du dormir, me donna licence jusqu'au matin, qu'il m'invita à dîner avec lui, puis me fait donner cent ducats d'or pour porter à mon oncle, et trois esclaves pour se servir durant le voyage. Davantage, il me donna, et à ceux de ma compagnie, dix ducats pour personne, m'enchargeant de dire à mon oncle que ce petit présent étoit en récompense de la chanson, non pour échange de ce qu'il avoit reçu de lui, parce qu'il se réservoit, à son retour de Tombut, lui montrer et donner à connoître par effet combien ce qu'il lui avoit envoyé lui avoit été agréable. Finalement, il commanda à l'un de ses secrétaires de m'enseigner le chemin; puis, m'ayant touché la main, me donna congé de partir le lendemain; auquel jour il devoit faire une saillie sur ses ennemis: au moyen de quoi je retournai pardevers mon oncle. Je me suis un peu distrait de la matière par le discours de cette histoire, mais ce n'a été à autre fin que pour vous donner à entendre que l'Afrique n'est du tout vide ni dénuée de gentilshommes, qui se délectent de courtoisie et libéralité, entre lesquels le seigneur de cette montagne doit être à bon droit nombré.

De Tensita.

Tensita est une montagne qui dépend d'Atlas, confinant avec icelle du côté d'occident, suivant son étendue jusqu'à la montagne de Dèdes, devers levant, et de la partie du midi se termine au désert de Dara, étant fort peuplée, et contenant en son circuit cinquante châteaux, dont l'environnement d'iceux est bâtie de craie avec pierre crue, et pour autant que le mont pend du côté du midi, il n'y tombe guère de pluie. Ces châteaux sont tous assis sur le fleuve de Dara, distant l'un de l'autre de trois à quatre milles, qui sont tous sous le gouvernement d'un seigneur qui peut faire jusqu'à cinq cents chevaux, et de gens à pied en aussi grand nombre que le seigneur duquel avons par ci-devant parlé, et avec icelui grande consanguinité ; mais ils sont mortels ennemis, se guerroyant l'un l'autre journellement. La plus grande partie de cette montagne est fertile en dattes, et les habitants marchands et laboureurs. Elle produit outre ce de l'orge en grande abondance, mais il y a grande cherté de froment et de chair, à cause qu'on y nourrit peu de bétail. Néanmoins, le seigneur en tire de revenu vingt mille ducats d'or, qui trébuchent deux tiers plus que les nôtres, qui sont douze carates. Ce seigneur est grandement ami du roi de Fez, laissant passer peu d'années qu'il ne lui envoie quelques présents, étant incontinent secondés par le roi avec autres infinies singularités, comme de chevaux enharnachés de fourniments fort exquis, draps d'écarlate, de soie, et plusieurs beaux pavillons. De ma souvenance, ce seigneur envoya au roi un fort somptueux et magnifique présent, qui étoit de cinquante esclaves mâles noirs, et d'autant de femelles ; dix eunuques, douze chameaux à selle, une girafe, dix autruches, seize chats de ceux qui font la civette, une livre de fin musc, une de civette, une autre d'ambre gris, et environ six cents cuirs d'animaux qui s'appellent élam, desquels on couvre de fortes targues, dont la pièce se vend huit ducats dedans Fez. Les esclaves furent estimés chacun à vingt ducats, les femmes quinze, et quarante les eunuques.

Présents au roi de Fez de la part du seigneur de la montagne de Tensita.

Les chameaux, sur les terres de ce seigneur, se vendent cinquante ducats, les chats deux cents par pièce; le musc, la civette, l'ambre gris peuvent valoir soixante ducats la livre, l'une comportant l'autre. Il y avoit encore des dattes, sucre, poivre d'Éthiopie, et autres choses une infinité, d'où je me tairai pour le présent, vous assurant que je me trouvai en présence lorsque tout ceci fut présenté au roi de la part de ce seigneur par un homme noir, court, trape et barbare autant de façon comme de langage, qui, outre ce, présenta au roi une lettre écrite en assez rude et gros style ; mais pirement prononça de bouche le contenu de son ambassade, de sorte qu'il provoqua le roi et toute l'assistance à rire, dont on fut contraint s'étouper la bouche et couvrir le visage ou avec le pan de la robe, ou bien avec les deux mains. Toutefois, le seigneur ayant plus d'égard au devoir d'honnêteté, que non à l'imbécilité et lourdise de ce mignon courtisan, le fait assez honorablement traiter et caresser, le logeant en la maison du prédicateur du temple majeur, là où il le défraya pendant son séjour, avec quatorze bouches, tant ses compagnons comme serviteurs, jusqu'à ce qu'il eût sa dépêche, et fût expédié.

De Gogidème.

Gogidème est une montagne qui confine avec la précédente, mais seulement habitée en la partie qui répond devers Tramontane, pour autant que celle qui regarde devers midi est toute inhabitée. La raison est que du temps qu'Abraham, roi de Maroc, reçut cette mémorable route par le disciple de Elmahéli, et qu'il fuyoit devers cette montagne, les habitants d'icelle furent touchés d'une grande compassion, le voyant réduit à si grande misère, et de fait avoient bien délibéré le secourir à telle extrémité, mais son cruel destin ne le voulut aucunement permettre. Toutefois le bon vouloir seulement de ce peuple-ci envers le roi, enflamma tellement de colère l'ennemi à l'encontre d'eux, qu'il brûla les villages et hameaux, tuant et chassant les habitants hors leurs limites et confins. Ceux qui font résidence en cette partie habitée sont en liberté, à cause de l'assiette et qualité de la montagne qui les y maintient; mais vils et mécaniques, allant mal en ordre, faisant marchandise d'huile, duquel ils vivent sans avoir autre chose en cette montagne qu'orge et olives. Ils nourrissent assez de chèvres et mulets, qui sont fort petits, pour autant que leurs chevaux sont semblablement de petite taille.

De Tésévon, double mont.

Tésévon sont deux montagnes l'une à côté de l'autre, ayant leurs confins à la précédente de la partie de ponant, et se terminent au mont de Tagodast, habitées de très-pauvres gens, parce qu'il n'y croît autre chose qu'orge et millet; et d'icelles descend un fleuve qui, par son cours, fend une belle plaine; mais les habitants de cette montagne n'ont que voir en la campagne, parce que les Arabes en sont possesseurs. Maintenant, laissant à part les montagnes, nous commencerons à parler des régions.

De Tedle, région.

Telde est une région qui n'a pas grande étendue, et commence au fleuve de Servi du côté de ponant, prenant fin à la source du fleuve Ommirabih; de la partie du midi finit à la montagne d'Atlas, et devers Tramotane s'étend jusques là où le fleuve Servi vient se joindre avec celui d'Ommirabih. Cette région retient à-peu-près la forme triangulaire, à cause que les fleuves proviennent tous du mont

Atlas, suivant leurs cours envers Tramontane, là où ils viennent se restreignant jusqu'à ce qu'ils se joignent ensemble.

Des villes et cités contenues en la région de Tedle.

Tefza.

Tefza est la principale cité en la région de Telde, édifiée par les Africains en la côte d'Atlas, prochaine de la campagne environ cinq milles, étant ceinte de pierre tivertine, qui, en leur langue, est appelée *tefza*, et de là provient le nom de la cité, qui est fort peuplée et habitée de personnes opulentes. Il y a environ deux cents maisons de juifs, tous marchands et riches artisans, où s'adressent plusieurs marchands étrangers qui s'acheminent en la cité pour acheter certains manteaux noirs qui sont tissus avec leurs rabats de même, et les nomment *ilbernus*, dont les aucuns se transportent jusqu'en Italie, nonobstant qu'ils sont plus fréquents en Espagne qu'aux autres lieux. La plus grande partie des marchandises qui se font à Fez, à délivrance en celle-ci, comme toiles, couteaux, épées, selles, mors, brides, bonnets, aiguilles et beaucoup d'autre mercerie, de laquelle la dépêche en est encore plus briève quand on la veut troquer, à cause que

Pierre tivertine.

les paysans ont bien le moyen de rendre le contre-échange, comme de chevaux de barnusses ou gabans, guède, esclaves, cuirs, cordovans et semblables choses, lesquelles voulant vendre argent en main, ils sont contraints les laisser pour beaucoup moindre prix, et leur paiement est en lingots d'or en forme de ducats, sans qu'ils aient aucune espèce de monnoie d'argent. Cette manière de gens se tient bien en ordre, leurs femmes magnifiquement parées et fort plaisantes. En cette cité y a plusieurs temples, prêtres et juges, qui se souloient jadis gouverner en mode de république; mais depuis, par les séditions, les habitants commencèrent à se formaliser et bander les uns contre les autres, tant qu'il s'en ensuivit une grande tuerie, pour occasion de quoi deux chefs de ligue expulsés, se transportèrent par devers le roi de Fez, lui demandant que de grace il plût à sa majesté leur donner aide et faveur pour entrer dans leur ville, lui promettant (moyennant son secours) icelle mettre entre ses mains; à quoi il s'accorda, expédiant et envoyant avec eux mille chevaux, cinq cents arbalêtriers et deux cents arquebutiers, tous bien montés et en bon équipage; outre ce, il manda à quelques Arabes ses vassaux qui s'appellent Zvaïrs (qui font environ quatre

Le roi de Fez baille secours aux habitants de Tefza, moyennant leur promesse.

mille chevaux) qu'ils ne faillissent d'accompagner et suivre ces deux chefs, avenant qu'ils eussent besoin de leurs secours. Ces choses ainsi ordonnées, la gendarmerie marcha sous la charge et conduite d'un fort brave et vaillant capitaine, appelé Ezzeranghi, lequel ne fut pas plutôt arrivé, qu'il mit ses bandes en ordre serré, commençant à donner le choc à la cité qui étoit tenue par l'autre partie, laquelle s'étoit fortifiée dedans, ayant appelé à son aide les Arabes voisins qu'on nomme Bénigébirs, pouvant mettre en campagne environ vingt mille chevaux ; de quoi étant assez amplement informé le capitaine, il leva incontinent le siége de devant la cité; puis, se jetant en campagne, vint à affronter les Arabes, qu'il suivit en trois jours si vivement, qu'il les mit tous en route et les défroqua; au moyen de quoi il demeura maître de la campagne, dont ceux de la cité se sentant totalement privés et dévêtus (sans aucun espoir d'attendre plus le moindre secours qui fût) transmirent incontinent ambassades au capitaine pour traiter la paix, se soumettant de rembourser le roi de tous ses frais, et outre ce, de lui rendre tous les ans dix mille ducats, par tel si que la faction de dehors pourroit bien librement retourner dans la cité, mais sans s'entremêler d'aucune chose ni avoir connoissance des négoces publics. Le capitaine ayant fait entendre tout ceci aux deux chefs de partis, lui firent telle réponse : « Seigneur, nous connoissons notre portée; » poussez hardiment; car nous vous promet- » tons de rendre cent mille ducats et plus, » sans nous oublier de tant que d'user d'injus- » tice aucune, encore moins s'augmenter la » moindre chose qui soit. Mais trop bien fe- » rons restituer à notre adverse partie les usu- » fruits de nos possessions, dont ils ont été » jouissant par l'espace de trois ans conti- » nuels, qui pourront monter jusqu'à la somme » de trente mille ducats, que nous vous don- » nerons libéralement et du meilleur de notre » cœur, en récompense des frais et dépens qui » ont été faits en notre faveur. Outre ce, nous » vous ferons jouir du revenu de cette cité, » qui peut valoir chacun an environ vingt mille » ducats. Joint aussi que nous tirerons tribut » des juifs pour un an, qui viendra jusqu'à dix » mille ducats. » Après que le capitaine eut ouï cette belle offre, fit soudainement entendre à ceux de la cité ceci : « Seigneurs, le roi a » donné sa foi à ces gentilshommes de ne les » abandonner à leur besoin, ainsi leur aider » tant que ses forces se pourront étendre. Et » pour autant que son plaisir est qu'ils ob-

Harangue de ceux qui avoient assiégé la cité de Tefza au capitaine d'icelle.

Harangue du capitaine de Tefza aux habitants de la cité.

» tiennent le gouvernement de la cité, et qu'il
» soit plutôt entre leurs mains qu'autrement,
» plusieurs causes à ce le mouvant. Je vous
» veux bien avertir comme je suis suffisant (si
» vous voulez toujours être obstinés), avec
» l'aide de Dieu, vous donner à connoître qu'il
» est en moi de vous faire payer le tout. » Ces
paroles, ainsi bravement prononcées, suscitèrent un grand discord entre le peuple, pour
autant que les uns se vouloient donner au roi,
et les autres aimoient mieux se hasarder à
maintenir la guerre; au moyen de quoi il s'éleva dans la ville une terrible escarmouche,
dont le capitaine fut averti par les épies, qui,
sans tarder, fit mettre pied à terre à la plus
grande partie de ses gens, et venir aux approches de la cité avec les arbalêtriers et arquebutiers, d'une si grande ruse, accompagnée
d'un merveilleux effort, qu'en moins de trois
heures ils se trouvèrent dans la cité, sans que
pas un d'eux perdît la moindre goutte de son
sang, à cause que ceux de dedans (qui tenoient
pour le roi) s'étant unis ensemble, s'accostèrent d'une porte de la ville, laquelle étoit murée, qu'ils mirent par terre, la démurant par-dedans; et au dehors étoit le capitaine, qui
n'en faisoit pas moins de son côté, ne se trouvant personne sur les murailles qui lui donnât

empêchement; avec ce, que la mêlée ne prit fin que le capitaine et la partie de dedans n'eussent fourni leur entreprise, de laquelle étant venu à chef, les assaillants entrèrent dans la cité, plantant les étendards du roi sur les murailles et au milieu de la place. Cela fait, le capitaine envoya les chevaux courir autour de la cité, pour retenir les fuyards, faisant publier à son de trompe, de la part du roi, et défendre sur peine de la vie, à toute personne, soldat ou citoyen, de ne sacmenter chose que ce fût, ni faire aucun homicide. La crie faite, tout le tumulte cessa, et furent rendus prisonniers tous les chefs des principaux de l'adverse partie, auxquels le capitaine fit entendre qu'ils seroient détenus jusqu'à ce que le roi en eût autrement ordonné, et qu'il fût remboursé entièrement de tous ses frais et dépens qu'il avoit frayés un mois durant à la solde de la cavalerie, qui montoient à la valeur de douze mille ducats, laquelle somme fut, par les femmes et parents de ces chefs, restituée. Mais les deux autres se présentèrent puis après, disant qu'ils vouloient être remboursés des usufruits de leurs possessions pour trois ans, à quoi le capitaine fit réponse que cela ne lui touchoit en rien, et qu'il falloit que les juges et docteurs en eussent la connoissance, pour rendre droit à qui il appar-

Défense par le capitaine de Tefza aux habitants.

tiendrait, par quoi les autres pourroient encore garder les prisons cette nuit. Toutefois les prisonniers commencèrent à dire : Comment, seigneur capitaine, nous voulez-vous manquer de foi, vu que vous nous avez promis que le roi étant satisfait, vous nous remettriez en liberté? « Je ne contreviens en rien
» à ma parole (répondit le capitaine), d'autant
» que vous n'êtes maintenant détenus à l'aveu
» du roi, mais pour ce de quoi vous êtes re-
» devables à ceux-ci, qui vous demandent leur
» bien; vous assurant que je tiendrai fait, et
» aurai pour agréable ce qu'en sera par les ju-
» ges ordonné, comme je pense que ce soit
» votre meilleur. » Le matin ensuivant, après que messieurs les docteurs et juges furent assemblés en la présence du capitaine, les procureurs des captifs entamèrent premièrement le propos, donnant commencement à la cause :
« Seigneurs, nous sommes ici comparus au
» tribunal et en votre présence, à l'instance
» et requête de l'adverse partie de ceux qui
» sont prisonniers; mais nous ne savons à
» quelle fin, vu qu'ils ne se sentent en rien être
» redevables à icelle, qui n'a aucune occasion
» quant à ce point de les traiter en cette sorte.
» Il est vrai que ces gens ont eu la jouissance
» de leurs possessions; mais ce a été pour

» cause que les parents et aïeuls d'iceux avoient
» possédées celles des prisonniers par l'espace
» de plus de vingt ans. » A quoi répliqua le procureur des deux chefs : « Ceci, qu'ils amènent
» en jugement pour leur défense (messei-
» gneurs), ne doit être aucunement recevable,
» d'autant que la chose a été faite il y a cin-
» quante ans passés; au moyen de quoi per-
» sonne ne se trouvera qui en puisse porter
» témoignage ni montrer aucun instrument
» pour faire apparoître leur dire véritable. »
Lors l'avocat des prisonniers dupliquant va
dire : « La preuve en est facile, pour autant
» que le commun bruit est tel. — Ce n'est pas
» preuve suffisante, que la commune opinion
» (répond l'autre), ni sur laquelle on doive as-
» seoir jugement; car qui sait combien de temps
» elles ont été tenues par les prédécesseurs?
» et se pourroit bien encore faire qu'ils les tien-
» dront à bon droit, parce qu'on dit encore
» partout qu'anciennement les aïeuls des pri-
» sonniers se révoltèrent contre la couronne
» de Fez, et furent ces possessions (dont il est
» question) de la chambre royale. » Lors le capitaine (de ruse) se prit à dire au procureur
qu'il traitât plus humainement ces pauvres prisonniers. « Vous semblent-ils si pauvres que
» vous les faites, seigneur capitaine? (répondit

» le procureur). Il n'y en a pas un d'entre ces
» pauvres personnages qui n'eût bien le moyen
» de fournir cinquante mille ducats, étant sor-
» tis hors de prison ; et vous apercevrez bien
» avec le temps comment ils vous sauront faire
» **vider la cité**; vous avertissant que fortune
» se montre en votre endroit bien favorable,
» quand à votre arrivée les prîtes à l'impourvu
» comme ils étoient. » Les paroles du procureur rendirent le capitaine soucieux, dont, sous
couleur de se vouloir mettre à table, licencia
toute l'assemblée, laquelle ne se fut pas plutôt écartée, qu'il se fit amener devant lui les
prisonniers, auxquels il dit qu'il vouloit leurs
adversaires être par eux récompensés, ou en
défaut de ce faire, les assura qu'il ne faudrait
de les faire mener à Fez, liés et garrottés devant le roi, son seigneur, là où ils seroient
par aventure contraints de payer au double.
Au moyen de quoi les prisonniers envoyèrent
quérir leurs mères et femmes, auxquelles ils
en chargèrent de moyenner en sorte que leurs
adversaires fussent satisfaits. Car (dirent-ils
tout haut pour être ouïs) on a donné à entendre au seigneur capitaine que nous étions
plus opulents de la dixième partie de ce qui
est véritable. Ainsi, avant huit jours accomplis, on apporta à la partie adverse vingt-huit

Le capitaine de Tefza fait amener devant soi ces prison-niers.

mille ducats, tant en anneaux et bracelets d'or, comme en autres dorures et atours de femmes, en présence du capitaine; parce que les femmes vouloient donner à entendre finement de n'avoir autre trésor que cela. Et après que cela fut distribué, le capitaine dit aux prisonniers qu'il avoit récrit au roi touchant leur affaire, combien qu'il s'en repentoit grandement; pour autant qu'il ne les pouvoit élargir sans que premièrement il n'eût eu réponse de sa majesté; mais qu'il ne se pouvoit faire autrement que leur délivrance ne fût bien briève, et pour qu'ils ne se donnassent aucune fâcherie; puis appela la nuit un sien conseiller, lui demandant son avis touchant ceci, et comment il seroit possible de tirer une autre somme de deniers de ces taquins, sans qu'il en pût avoir reproche ni acquérir nom déloyal entre eux. Il faudroit (dit-il) donner à entendre que vous avez reçu le paquet du roi, par lequel il vous en charge expressément que vous leur fassiez trancher les têtes; mais feignez d'en être merveilleusement passionné, et que n'avez aucune envie de vous en mêler, mais que pour meilleur respect vous les voulez envoyer à Fez. Le dire et le mettre en effet fut quasi tout un; car ils se mirent à contrefaire une lettre comme venant de la part du roi, laquelle, montrant le matin

Moyen pour le capitaine de tirer argent de ses prisonniers.

aux prisonniers, qui étoient quarante-deux, le capitaine commença à leur dire ainsi, avec un visage tout troublé : « Je ne saurois, sei-
» gneurs, vous exprimer l'extrême passion
» qui ronge mon cœur, et la grande altération
» qui surprend mes esprits pour les mauvaises
» nouvelles que j'ai reçues du roi monsei-
» gneur touchant votre affaire, qui sont telles,
» que lui étant assez informé de vos novalités
» et séditions, et comme vous avez tenu bon
» contre sa majesté, avec autres choses qui lui
» ont été rapportées par gens qui ne vous sont
» pas fort affectionnés, dont la moindre seroit
» suffisante pour mériter une punition de mort;
» pour telles causes, le roi me mande que je
» vous fasse trancher les têtes, chose qui me
» déplaît autant comme je suis sûr qu'elle ne
» vous est aucunement agréable; car il semble,
» à voir à un chacun que je me sois montré
» déloyal en votre endroit, et que j'aie faussé
» ma foi. Mais il faut aussi considérer qu'étant
» sujet, je ne saurois faire autrement qu'exé-
» cuter ce qui m'est étroitement par mon maî-
» tre enjoint et commandé. » Ces dures et étranges nouvelles, par ces pauvres prisonniers entendues, leur furent de si dure digestion, et émurent tellement leurs entrailles, qu'il ne leur fut possible retenir la larme, cer-

tain témoignage de la douleur qui les oppressoit; et, se recommandant à Dieu, prioient très-instamment le capitaine de leur prêter en ce cas sa faveur, qui, avec larmes feintes, leur disoit qu'il ne les sauroit mieux conseillés, ni trouver meilleur moyen, tant pour le bien d'eux, comme pour sa décharge de ce que faussement et à tort lui pourroit être imputé, sinon que les envoyer à Fez, sous espérance d'émouvoir le roi à pitié, se confiant en son humanité accoutumée, ou d'en ordonner ainsi qu'il sembleroit à sa majesté ; et de ce pas (dit-il) je vous vais expédier avec cent chevaux. Mais cela ne leur étoit que rengréger leur mal et renouveler leurs pleurs, lesquels piteusement continuant, prioient sans cesse le capitaine d'avoir aucune compassion de leurs vies, quand il survint quelqu'un de ses familiers aposté, qui lui dit : « Seigneur, sa ma-
» jesté vous envoya comme son lieutenant,
» vous revêtant de telle puissance et autorité
» comme s'il y étoit en personne; ce que con-
» sidéré le si et le non soit entre vos mains.
» Informez-vous donc un peu de la portée de
» ces gentilshommes-ci s'ils sauroient trouver
» le moyen de racheter leurs têtes pour quel-
» que somme de deniers, et selon le rapport
» qu'on vous en fera, et la délibération d'iceux,

Harangue au capitaine de Tefza par un de ses familiers.

» vous pourrez récrire au roi, et lui remon-
» trer comme vous leur avez donné la foi qu'il
» ne leur seroit par vous ni à votre aveu fait
» aucun déplaisir sur leurs personnes, priant
» sa majesté de leur vouloir pardonner, et lui
» faites entendre la somme et quantité d'ar-
» gent qu'ils sont délibérés donner; ce qu'ayant
» fait, pourroit bien être que le roi y condes-
» drait. » Les misérables prisonniers repri-
rent cœur, et leur apportèrent quelque espoir
de leur salut, les paroles emmiellées de celui-
ci; au moyen de quoi ils commencèrent à
prier le capitaine très-affectueusement, qu'il
lui plût vouloir condescendre à l'opinion de
l'autre, et qu'ils étoient contents de payer telle
somme de deniers qu'il plairait au roi leur
imposer, s'offrant, outre ce, de faire notable
présent au capitaine, qui feignoit toujours d'y
consentir mal volontiers; et leur demanda
ce qu'ils pourroient bien payer au roi. Il y en
eut qui dirent mille ducats, les autres huit
cents; les uns plus, les autres moins. Mais le
capitaine dit alors que, pour si petite somme,
il n'eût daigné mettre la main à la plume, ni
se travailler de tant que d'en récrire à sa majesté. Et vaudroit beaucoup mieux (dit-il) que
je vous envoyasse jusqu'à Fez, qui sera cause
que par aventure il se contentera de moins; ce

qui leur sembloit fort dur, et ajoutèrent tant de prières, que le capitaine leur dit : « Vous êtes quarante-deux gentilshommes, dont le moindre ne sauroit nier qu'il ne soit très-riche. Si vous me voulez promettre de débourser deux mille ducats pour tête, je me fais bien fort, récrivant au roi, de moyenner en sorte qu'il vous laissera les vies, sinon certainement j'ai délibéré de vous envoyer à Fez. » Or, combien que ceci leur semblât fort étrange, si est-ce que craignant d'un plus dangereux accident, s'y consentirent, pourvu que chacun fût tenu de payer selon sa possibilité et qualité. Faites (répondit le capitaine) comme bon vous semblera. Ils prirent donc quinze jours de délai, dont cependant le capitaine fit semblant de récrire au roi, duquel montrant la réponse feinte au bout du terme, leur porta la nouvelle comme sa majesté leur remettoit tous les crimes qui leur pouvoient être imposés; au moyen de quoi trois de leurs principaux parents et amis apportèrent octante-quatre mille ducats en or, que le capitaine fit peser, s'émerveillant au possible, comme en si petite cité se peut serrer tant grande quantité d'or par quarante-deux hommes, lesquels il délivra incontinent; et récrivit au roi, sans plus déguiser la ma-

Remontrance du capitaine à ses prisonniers.

tière, comme les choses étoient passées, et quelle fin elles avoient prise; avec ce qu'il plût à sa majesté lui faire entendre son vouloir, pour lequel mettre en effet il emploierait tout labeur et diligence. Le roi envoya deux de ses secrétaires avec cent chevaux pour recevoir ces deniers; et les ayant reçus, retournèrent à Fez, faisant les quarante-deux gentilshommes comme ils avoient promis, un présent au capitaine, qui pouvoit monter à la valeur de deux mille ducats, tant en esclaves et chevaux, comme en musc et autres choses, s'excusant qu'il ne leur étoit point resté d'argent, et le remercièrent grandement de ce qu'il s'étoit tant travaillé pour leur sauver la vie. Par tel moyen qu'il vous a été déduit, le roi de Fez s'empara de cette cité, qui demeura sous le gouvernement du capitaine Ezzeranghi jusqu'à ce que les Arabes le meurtrirent en trahison; et en tire le roi, de revenu, vingt mille ducats par an. Je ne me suis aucunement détourné de la matière pour vous réciter cette histoire, parce que j'étois présent en ces entrefaites, et m'aperçus comme cette menée fut malicieusement conduite, m'employant assez pour la délivrance de ces pauvres prisonniers; vous assurant que ce fut la première fois que je vis de l'or en si grande

Présents au capitaine de Tefza par ses prisonniers.

quantité; et vous avertis bien que le roi de Fez ne s'en vit jamais tant ensemble, parce qu'il est pauvre roi, n'ayant de revenu plus de trois cent mille ducats, encore ne s'en vit-il jamais cent mille en main, et son père encore moins. Or, maintenant vous pouvez conjecturer et comprendre combien de falaces et mensonges controuvent et déguisent les humains, pour cette convoitise d'en avoir et se rendre la main garnie. Ces choses-ci advinrent en l'an neuf cent quinze; mais une chose encore plus mémorable, qu'il se trouva un seul juif qui paya plus que tous les prisonniers ensemble; pour autant que l'on fut averti, par épies, de ses grandes richesses, lesquelles, avec le juif, furent mises entre les mains du roi, qui fut l'occasion que tous les juifs furent taillés à cinquante mille ducats, par voie de justice, pour avoir donné faveur à la partie adverse du roi; et me retrouvai pour-lors en la compagnie du commissaire qui leva cette taille.

Le revenu du roi de Fez.

De Efza.

Efza est une petite cité prochaine de Tefza environ deux milles, contenant environ six cents feux, qui fut édifiée sur une colline, au pied d'Atlas, bien peuplée de Maures et Juifs, étant tous artisans ou laboureurs, et ce fait la grande quantité de gabans. Les habitants sont sous le gouvernement des citoyens de Tefza. Les femmes sont excellentes et admirables à bien tirer de beaux ouvrages de laine, et gagnent plus que les hommes. Entre Tefza et cette cité passe un fleuve qui s'appelle Derne, qui prend son commencement en la montagne d'Atlas, et, traversant entre certaines collines, suit son cours jusqu'à ce qu'il vient tomber dans le fleuve Ommirabih et entre icelles collines, j'entends sur le rivage du fleuve où sont plusieurs beaux jardins, qui produisent de tant de sortes d'arbres et fruits qu'il est possible à l'appétit humain de désirer ni souhaiter.

Habitants de Efza libéraux et gracieux.

Les hommes sont libéraux et plaisants outre mesure, si que tous marchands et étrangers peuvent entrer privement dans leurs jardins, et cueillir de ce qu'ils y trouveront à leur plaisir; mais ils sont durs à payer leurs dettes, et pour autant les marchands ont coutume leur faire paiement avant que recevoir les gabans, leur donnant terme de trois mois, qu'ils laissent bien souventefois multiplier jusqu'à douze. Je fus en cette cité quand le camp de notre roi marchoit à Tedle, contre lequel elle ne fit nul semblant de vouloir résister, ains soudainement se rendit à sa merci, et présentèrent les habitants au capitaine à son retour, quinze chevaux et autant d'esclaves, dont un chacun conduisoit un cheval par les rênes ou chevètres, et outre ce, reçut deux cents moutons et quinze chefs de vaches, au moyen de quoi le capitaine les retint toujours comme pour ceux qui étoient très-fidèles et affectionnés à sa majesté.

De Cithiteb.

Cithiteb est une certaine cité édifiée par les Africains sur une haute montagne, distante de l'autre par l'espace de dix milles du côté de ponant, étant fort habitée et pleine de plusieurs nobles hommes et chevaliers. Et pour autant que là se font les gabans en grande quantité, il y a grande affluence de marchands étrangers. Sur la montagne de ladite cité, se voit de la neige en toute saison; et les vallées qui sont dans le territoire de cette cité sont toutes en vignes et jardinages, dont le fruit ne se vend aucunement, à cause de la grande abondance. Les femmes sont embellies d'une naïve blancheur, replètes, les yeux et cheveux noirs, mais plaisantes à merveille, portant plusieurs atours et ornements d'argent. Le peuple est fort dédaigneux; et lorsque le roi de Fez s'empara de la cité de Tedle, ne lui voulut jamais prêter obéissance, mais élut un capitaine gentilhomme, lequel, avec mille chevaux, s'osa bien exposer au hasard de s'affronter avec le capitaine du roi, le tenant de si court, que plusieurs fois se trouva en danger de perdre en un moment ce qu'il avoit acquis de longue main; ce que sachant, le roi le renforça de son frère pour soulager la gendarmerie; ce qui lui profita peu, car ce peuple maintint la guerre par l'espace de trois ans, moyennant ce brave capitaine, qui fut, à l'aveu du roi, empoisonné par un homme de nation judaïque, étant cause de faire rendre la cité par composition, en l'an neuf cent vingt et un.

<small>Le capitaine de Cithiteb empoisonné.</small>

De Eithiad.

Eithiad est une petite ville assise sur une montagne de celles d'Atlas, édifiée par les anciens Africains : là est fait environ quatre cents feux, étant murée d'un côté seulement, qui est devers la montagne, parce que devers la plaine elle est remparée de rochers qui lui servent de murailles, et est distante de la précédente environ douze milles. Il y a au-dedans un temple de petit circuit, mais d'autant plus beau, autour duquel y a un petit canal en forme de rivière. Cette ville est habitée de nobles hommes et chevaliers, avec plusieurs marchands étrangers du pays, et beaucoup de juifs artisans, qui semblablement exercent le train de marchandise. Plusieurs fontaines y sourdent, dont les ruisseaux, s'écoulant en bas, entrent dans une petite rivière qui prend son cours au-dessous de la cité, et sur les rivages d'icelle y a plusieurs beaux jardinages, là où se trouvent des raisins bons en toute perfection. Il y a aussi plusieurs grands figuiers et noyers de hauteur inusitée, et par toutes les côtes de cette montagne se trouvent de beaux rangs d'oliviers. Les femmes (à vrai dire) ne sont moins belles que plaisantes, s'accoutrant bien mignonnement avec beaux atours d'argent, anneaux et bracelets, et plusieurs autres ornements. Le terroir de la plaine est encore assez fertile en toute espèce de grain, et celui de la montagne très-bon à rapporter de l'orge en quantité, et pour le brout des chèvres. De notre temps se retira en cette cité Raoman Benguihazzan rebelle, là où il finit ses jours. J'y fus en l'an neuf cent vingt et un, et logeai en la maison d'un prêtre de la ville.

<small>Femmes de Eithiad belles et propres.</small>

De Segghème, Magran et Dèdes, montagnes en la même région.

Segghème.

Combien que la montagne Segghème regarde devers le midi, néanmoins elle est tenue par une montagne de Tedle, qui commence de la partie du ponant aux confins du mont de Tésavon, s'étendant devers levant jusqu'au mont de Magran, d'où provient le fleuve Ommirabib, et de la partie du midi se confine avec le mont Dèdes. Les habitants sont en partie issus du peuple de Zanaga, et sont des gens dispos, agiles et vaillants en la guerre, là où étant, usent de pertuisanes, épées tortes et poignards de même. Ils ruent aussi, quand besoin est, des pierres impétueusement d'une dextérité grande, et guerroient avec le peuple de Tedle, tellement que les marchands de ce pays-là ne sauroient passer sans sauf-conduit, ou sans consigner une grande somme d'argent à ceux des montagnes qui sont sauvagement habitées; car les maisons sont fort écartées les unes des autres, de sorte qu'on en trouvera bien peu souvent quatre ou cinq ensemble. Les habitants nourrissent des chèvres en grand nombre, et plusieurs mulets avec des ânes qui vont pâturant

Habitants de la montagne de Segghème issus du peuple de Zanaga.

par ces montagnes; mais la plus grande partie d'iceux est par les lions dévorée. Ce peuple ne connoît aucun seigneur, à cause que la montagne est tant scabreuse et âpre, qu'elle est inexpugnable. De ma souvenance il prit envie au capitaine qui expugna Tedle, de faire une course sur les terres de ceux-ci, qui, en ayant senti le vent après avoir levé une belle compagnie d'hommes vaillants et courageux, secrètement firent une ambuscade le long d'une petite fente qui étoit sur la rive par où devoient passer les ennemis, lesquels n'eurent pas plutôt aperçu et connu les chevaux avoir déjà monté une partie de la côte, qu'ils commencèrent à débarquer de leur aguet de tous côtés, en dardant pertuisanes, et faisant tomber sur leurs ennemis une pluie épaisse de très-gros, mais plus durs cailloux, et, avec une impétuosité grande et tumultueuse, déchargèrent si vivement sur eux, que le capitaine et ses gens perdirent en un même temps les deux principaux points qui sont requis à tout brave et belliqueux soldat; c'est à savoir la force et le courage, ne pouvant plus soutenir une si lourde et pesante décharge, et (qui pis étoit) tout moyen de se pouvoir avancer et démarcher leur étoit ôté, tellement que le lieu les contraignoit de venir aux prises, si que

Escarmouche entre ceux de Seggheme et le capitaine de Tedle.

plusieurs trébuchoient du haut en bas avec leurs chevaux, qui se dénouoient le col, et ceux qui demeuroient, ne recevoient pas plus doux traitement que les autres, qui se laissoient précipiter ; car ce que leur désastre ou malheureux destin leur nioit, les ennemis leur appareilloient, de sorte qu'il ne s'en sauva pas un qui ne fût mort ou pris. Si est-ce qu'en cette infortune les morts eurent plus grand avantage que les captifs ; car ceux-là avoient goûté une fois seulement ce dur breuvage, qui, pour son amertume grande, est odieux à tous, et ceux-ci mouroient mille fois le jour pour ne pouvoir mourir, parce que les vainqueurs rendirent les vaincus entre les mains de leurs femmes, qui, d'une inhumanité incomparable et trop grande cruauté, les tailloient et découpoient leur peau en cent façons, sans leur donner le coup de la mort, pour plus les rendre passionnés et rengréger leur martyre ; supplice que les hommes se dédaignoient leur faire endurer, à cause qu'ils réputent à grande honte et vilainie de mettre la main sur un captif ou prisonnier, au moyen de quoi ils les font ainsi caresser par leurs femmes, tant pleine d'inhumanité. Il est vrai qu'ayant exercé telles cruautés, ils ne s'osèrent plus trouver ni pratiquer dedans Tedle, qui étoit le moindre de leurs soucis et

Cruauté des femmes envers les captifs de Tedle

pensement, parce que leur montagne est abondante en orge, bétail et fontaines, dont le nombre excède celui des maisons, n'ayant autre incommodité, sinon qu'ils ne peuvent trafiquer ni exercer le train de marchandise.

Magran.

Magran est une montagne un peu plus outre que la précédente, située à l'aspect du midi devers la région de Farcla, aux confins du désert, et de ponant prend quasi son commencement aux frontières du désert; de la partie du levant se termine au pied du mont Dèdes, étant battue de la neige en toute saison de l'année. La sommité de cette montagne, dont les habitants nourrissent du bétail en si grande quantité, qu'il ne sauroit demeurer en un lieu, pour autant que l'herbage n'y sauroit fournir; à cause de quoi ils bâtissent leurs maisons d'écorce d'arbres, les fondant sur certains trabs et non trop gros, faisant les chevrons en forme de ces cercles qui se mettent sur les paniers où l'on met les femmes ou enfants pour les faire porter par des mulets; semblablement mettent ceux-ci leurs maisons sur mulets, et avec leur famille, se transportent tantôt deçà, maintenant delà, là où ils pensent trouver l'herbe plus drue et verte, puis se parquent en

Maisons d'écorces d'arbres, fondées sur des trabs.

Habitants de Magran mettent leurs maisons sur mulets pour les transporter ailleurs.

ce lieu-là, eux et leurs maisons, y séjournant jusqu'à ce que l'herbe défaille aux bêtes ; mais en temps d'hiver, ils rompent cette coutume, étant contraints de résider en un lieu arrêté, où ils font certaines étables basses qu'ils couvrent de rames et branches, sous lesquelles ils retirent, la nuit, leur bétail, faisant de grands feux, mêmement auprès des étables, pour échauffer les animaux ; de sorte qu'il advient quelquefois que le vent se lève, et soufflant, fait attacher le feu à ces étables, tellement qu'elles viennent à s'embraser ; mais le bétail, sentant la chaleur un peu trop cuisante, n'y fait pas long séjour, et craignant tel inconvénient, ils font leurs étables ainsi à la légère et sans murailles. Joint aussi qu'ils ne veulent pas que les étables soient privilégiées par-dessus leurs maisons. Les lions et loups font un grand carnage de ce bétail quand ils y peuvent mordre. Ce peuple-ci ensuit celui duquel nous avons ci-dessus parlé : quant aux coutumes et habits, il se règle selon icelui, sinon qu'il réside en pauvres cabanes, et l'autre en somptueux édifices. Je fus en cette montagne l'an neuf cent dix-sept de l'Hégire, à mon retour de Dara à Fez.

Dèdes.

Dèdes est une montagne fort haute et froide, en laquelle y a plusieurs bois et fontaines, prenant son commencement au mont Magran devers ponant, finissant aux confins du mont Adesan; puis du côté de midi, se termine à la plaine de Todga, pouvant avoir en longueur environ octante milles, et sur le coupeau d'icelle y eut jadis une cité ancienne, mais à présent rûinée, d'où on voit encore aujourd'hui aucuns vestiges, qui sont certaines grosses mâsures et dans aucunes apparoissent des caractères et lettres qui ne sont nullement intelligibles. La commune opinion est qu'elle fut jadis édifiée par les Romains, mais je ne trouve aucun qui en fasse mention dans les histoires africaines, hors schérif Essacalli, faisant mention en son œuvre d'aucune cité nommée Tedsi, située aux fins de Ségelmesse et Cara; mais il ne dit pas qu'elle fut édifiée au mont Dèdes; toutefois, par quelque conjecture, nous présumons que ce soit elle-même, parce qu'en cette région on ne voit aucune trace ni chose qui donnât matière de conjecturer qu'il y ait eu autre cité que celle-ci. Les habitants de la montagne sont inhabiles à tout, et négligents, résidant au creux des cavernes humides, là où ils

<small>Habitants de Dèdes inhabiles et négligents.</small>

se substantent de pain d'orge et de farine, qu'ils font bouillir avec du sel et de l'eau, comme nous avons dit au livre d'Héa, et sont contraints de vivre en cette pauvreté et misère, à cause que la montagne ne leur produit autre chose qu'orge. Ils ont des ânes et chèvres en grande quantité, et vient assez sâlpêtre dans les cavernes où ils habitent, m'assurant que si cette montagne étoit prochaine de l'Italie ou autre pays là où on le sait employer, qu'on en tireroit de revenu chacune année plus de vingt-cinq mille ducats; mais cette ignorante canaille sait autant à quoi il est bon comme ceux qui n'en ouïrent jamais parler. Davantage, ils se tiennent très-mal en ordre, de sorte que la chair nue leur apparoît en plusieurs endroits. Les lieux où ils habitent sont mal plaisants, jetant une odeur puante et mauvaise, comme de boucs et chèvres qu'ils y tiennent. En tout le pourpris de la montagne n'y a château ni cité qui soient fermés; mais leurs habitations se voient écartées, lesquelles sont bâties (et Dieu sait avec quelle industrie) de pierres posées l'une sur l'autre, sans chaux et comme par dépit, puis couvertes de laves noires et déliées, selon l'usance d'aucuns lieux du territoire de Sise et Fabriau. Le reste (comme nous avons dit) se tient dans les cavernes; vous assurant qu'en jour de ma vie je ne me trouvai en lieu où il y eût tant de puces comme en cette montagne, dont les habitants sont traîtres, larrons et voleurs, qui tueroient un homme pour un oignon, vu qu'entre eux-mêmes ils prennent bien la pique pour moindre chose; et n'ont juge, prêtre ni homme qui s'applique à vertu, mais demeurent oisifs, sans s'entremettre de faire la moindre chose que se soit avec industrie, au moyen de quoi il ne se trouve aucun marchand qui y trafique ni fréquente; et si, par cas d'aventure, quelqu'un vient à passer par cette montagne, ou il est par eux dévalisé, ou bien, s'il y a quelque sauf-conduit de leurs chefs et principaux pour passer marchandise, ils le contraindront à payer la quarte partie plus de gabelle que sa marchandise ne monte. Leurs femmes en difformité se pourroient égaler et parangonner aux plus hideux et dépiteux esprits ou fantômes qu'on sauroit feindre au plus profond d'enfer, attournées et revêtues de tels habits que peut mériter cette rare beauté et forme singulière; et si les hommes se tiennent mal en ordre, elles encore plus; voir et sont réduites quasi à plus grand travail que ne sont les ânes mêmes, pour autant qu'elles apportent le bois sur le dos et l'eau sur le cou, sans prendre peu

Femmes de Dèdes hideuses et laides

on point de repos ; tant y a que je n'ai aucun remords d'avoir été en aucun lieu d'Afrique, et n'en suis si fort repentant, comme d'avoir jamais mis le pied en celui-ci ; mais préférant le commandement de mon maître à toute peine qui m'eût pu survenir, je fus contraint de passer par ce maudit pays pour aller de Maroc à Ségelmesse, ne pouvant manquer à qui avoit puissance d'user de commandement en mon endroit.

FIN DU LIVRE SECOND.

LIVRE TROISIÈME.

Du royaume de Fez.

Le royaume de Fez prend son commencement au fleuve de Ommirabih du côté du ponant, et s'étendant devers le levant, finit au fleuve de Mulvia : d'une partie de la Tramontane, il se confine à l'Océan, et des autres parties à la mer Méditerranée, puis se divise en sept provinces, qui sont Témesne, le territoire de Fez, Azghar, Elhabet, Errif, Garet et Elchaüz, dont une chacune de ces provinces étoit réduite sous une seigneurie particulière, tellement que Fez n'avoit point de siége royal. Il est vrai qu'elle fut édifiée par un rebelle et schismatique, dont la famille posséda le royaume environ cent cinquante ans; mais depuis que celle de Marin vint à régner, alors elle fut la capitale cité du royaume, à cause que les rois y firent leur demeurance, pour les causes récitées aux Chroniques des mahométans. Or, je commencerai à cette heure à vous déduire particulièrement de province en province et de cité à autre, ce qui mérite d'être présenté à tout gentil esprit, comme il me semble avoir fait par ci-devant assez suffisamment.

De Témesne, région du royaume de Fez.

Témesne est une province au royaume de Fez, commençant au fleuve Ommirabih du côté du ponant, et finit à celui de Buragrag devers le levant. De la partie du midi se confine avec Atlas, et de Tramontane se termine à l'Océan; l'assiète est toute plaine, ayant d'étendue du ponant au levant environ octante milles; et en largeur, depuis Atlas jusqu'à l'Océan, environ soixante. Anciennement c'étoit la fleur de toutes les autres qui lui étoient prochaines, parce qu'en icelle étoient contenues quarante cités et trois cents châteaux, habités de plusieurs peuples du lignage des Africains barbares. En l'an de l'Hégire neuf cent vingt-trois, cette province se révolta, à la suasion d'un prédicateur hérétique, qui s'appeloit Chemin, fils de Mennal, lequel dissuada le peuple de rendre tribut et obéissance aux seigneurs de Fez, les publiant injustes; et d'autant qu'il se disoit prophète, on ajouta foi à ses paroles, qui fit que facilement tout le spirituel et tem-

Un prédicateur, sous couleur de prophète, usurpe la seigneurie de Témesne.

porel parvint entre ses mains; au moyen de quoi il commença d'entreprendre la guerre contre iceux seigneurs, lesquels étant détenus à repousser le peuple de Zénète qui les molestoit d'autre côté, furent contraints de venir à composition avec celui-ci, tellement qu'ils se devoient tenir à leur seigneurie de Fez, et à lui devoit demeurer cette province de Témesne, sans qu'à l'avenir ils entreprissent rien les uns sur les autres, et régna ce prédicateur par l'espace de trente ans, et à la fin laissa les siens héritiers de son domaine, qui le maintinrent et en jouirent paisiblement environ cent ans. Mais après que Jusef, avec le peuple de Luntune, eut parfaite l'édification de Maroc, il s'efforça de trouver tous les moyens pour joindre cette région avec ses seigneuries, envoyant plusieurs personnes catholiques et de bon savoir pour tâcher à les retirer de cette hérésie, et se rendre de leur gré sous son gouvernement, sans lui donner occasion de les y contraindre par guerre. Les habitants, après s'être retirés avec leur prince (qui étoit neveu du prédicateur défunt) en la cité d'Anfa, et ayant meurtri les ambassadeurs, mirent sur une grosse et puissante armée de cinquante mille combattants, avec bien bonne intention d'expulser Jusef de Maroc, et contraindre le peuple de Luntune de quitter et abandonner toute la région; de quoi Jusef incontinent averti, irrité au possible, fit un très-gros amas de gens, avec iceux ne voulant que ses ennemis prissent telles barres sur lui, que de les venir trouver pour assiéger Maroc, d'une diligence incroyable; au bout de trois jours marcha sur leurs terres et traversa le fleuve Ommirabih. Mais ses ennemis le voyant venir tant animé et avec une impétuosité si grande, furent incontinent surpris d'une merveilleuse crainte, et étant ainsi intimidés, fuyant la bataille et rencontre, passèrent le fleuve Buragrag devers Fez, abandonnant la province Témesne, qui demeura en la puissance de Jusef, lequel fit passer par la fureur du fil de l'épée tous ceux qui y restèrent, avec une cruauté si grande, que n'ayant respect ni égard à la tendre et innocente jeunesse, faisoit tout tuer, jusqu'aux enfants du berceau, ruinant toute la province en quelque part qu'il mit le pied par l'espace de huit mois qu'il y séjourna, tellement qu'il ne laissa cité ni château que tout ne fût rué par terre, laissant pour mémoire de sa cruauté, les seules mâsures à la postérité, et fondements qui encore pour le jourd'hui en peuvent témoigner. Or, sachant le roi de Fez tout le discours de ces émotions, fut averti de

Grande cruauté exercée à la prise de Témesne par Jusef.

ces entrefaites; et comme le peuple de Témesne vouloit passer le fleuve Buragrag pour s'acheminer à Fez, au moyen de quoi il assembla une grosse armée, après avoir fait trève avec le peuple de Zénète, et s'achemina vers ce fleuve, sur lequel il trouva ce misérable peuple, lequel ayant plutôt besoin d'avoir de quoi déchasser l'extrême famine qui l'oppressoit, que de s'attacher à l'ennemi qui le poursuivoit, s'évertuoit toutefois de passer la rivière; mais le pas lui fut clos par le roi de Fez, dont étant chaudement poursuivi, par désespoir se mit à grimper sur certains rochers, entre des broussailles fort difficiles et fâcheuses, là où il fut, par la gendarmerie du roi, environné, tellement qu'en un même temps trois misérables Maures donnèrent fin à leur langoureuse vie, parce que les uns, se jetant dans les ondes, étoient étouffés; les autres, se précipitant du haut des rochers en bas, se brisoient le corps; et le reste, qui, à force de bras, pouvoit traverser le fleuve, tomboit entre les mains des soldats du roi de Fez, qui les faisoient passer par le fil de l'épée. Ainsi fut éteint le peuple de Témesne en moins de huit mois, et estime-t-on que durant cette guerre fut exterminé jusqu'à un millier de personnes, tant d'hommes, que femmes et enfants. Après l'heureux

Misérable fin du peuple de Témesne.

succès de cette glorieuse victoire, le roi Jusef fit retour à Maroc pour renouveler ses gens et marcher contre le roi de Fez, laissant Témesne pour habitation aux lions, loups et autres bêtes, demeurant déshabitée par ce moyen l'espace de cent octante ans, qui fut jusqu'au temps que Mansor, revenant de Tunis, amena un certain peuple arabesque, avec les chefs et gouverneurs d'icelui, pour habiter en cette province, en laquelle il demeura par l'espace de cinquante ans; tant que la lignée de Mansor fut expulsée du royaume, à cause de quoi ce peuple arabe tomba en grande misère et extrémité, tellement qu'il fut déchassé par les rois de la famille de Marin, qui donnèrent Témesne au peuple de Zénète et Harara, en récompense des services et plaisirs qu'ils avoient reçus de ces deux peuples, parce que l'un et l'autre favorisa grandement icelle famille contre les pontifes et rois de Maroc; au moyen de quoi ils jouissent paisiblement de cette province, là où ils sont libres, et tellement multipliés en lignées et richesses, qu'ils en sont craints et redoutés des rois de Fez, et estime-t-on qu'ils peuvent faire jusqu'au nombre de soixante mille chevaux en bon équipage, et dresser deux cent mille piétons ou soldats. J'ai beaucoup fréquenté et pratiqué en cette

Témesne deshabitée pour cent octante ans.

province, par quoi je vous en pourrai donner plus particulière information.

Des villes et cités contenues en la région de Témesne.

Anfa.

Anfa est une grande cité édifiée par les Romains sur le rivage de la mer Océane, distante d'Atlas environ soixante milles devers Tramontane, et d'Azémur soixante du côté du levant, et de Rabat quarante de la partie du ponant. Cette cité fut jadis fort civile et très-abondante, parce que tout le terroir d'icelle est fort bon à produire toute sorte de grain, et située en la meilleure et plus belle assiète d'Afrique, environnée d'une plaine qui contient environ octante milles d'étendue, hors que de la partie de Tramontane là où bat la mer, et dans icelle souloit avoir plusieurs temples, belles boutiques et somptueux édifices, comme en peuvent faire foi les ruines et fragments qui en sont encore en être, avec ce beaucoup de vignes et jardins, où l'on cueilloit encore plusieurs fruits, et mêmement des citrouilles et melons, qui commencent à mûrir au mois d'Avril, auquel temps les habitants ont coutume de les porter vendre à Fez, là où ils sont plus tardifs. La grande et continuelle

Melons et citrouilles au mois d'avril.

conversation qu'ont les gens de cette cité avec les marchands de Portugal et Anglois, est cause qu'ils vont assez bien en ordre, et s'y trouvent des personnes assez doctes; mais deux choses furent la cause principale de leur dommage et ruine ; l'une, de vouloir vivre en liberté sans qu'ils eussent le moyen de s'y pouvoir maintenir ; l'autre, pour avoir certaines petites fustes dans leur port, avec lesquelles ils faisoient de grands dommages en l'île de Calix et sur toute la rivière de Portugal, tellement que le roi délibéra détruire cette cité, et pour l'assiéger, mit sur mer une armée de cinquante naus chargées d'une bonne quantité d'artillerie et de gens très-experts à combattre, qui étant, par ceux de la cité découverts après s'être chargés de leurs plus précieuses bagues, se mirent ensemble, et gagnèrent le haut pour s'en aller faire résidence aux cités de Rabat et Salla. Le capitaine des Portugais, qui étoit ignorant de ceci, mit ses gens en ordre et tout appareillés pour donner le choc; mais, connoissant puis après qu'il n'y avoit personne qui se mît en devoir, se va incontient douter de ce qui étoit véritable, et fit mettre en terre la gendarmerie, qui ne faillit de se jeter dans la cité, qu'ils saccagèrent en moins d'un jour, embrasant les maisons, et ruinant en plusieurs en-

Ruine de la cité d'Aufa par les Portugais.

droits les murailles, tellement qu'elle a depuis été toujours déshabitée; ce que voyant lorsque j'y fus, je ne me pus retenir ni faire que la larme soudaine qui s'écoula de mon œil ne témoignât manifestement le grand regret duquel mon cœur se vint saisir, s'offrant à ma vue un tel spectacle non moins piteux, certes, pour l'heure à regarder, que la structure du lieu avoit été jadis plaisante et magnifique, vu les temples somptueux, belles boutiques et superbes édifices qui sont encore sur pied, donnant à connoître que l'on se devroit quasi à bon droit rancurer et douloir de l'injure du temps et révolution des années, faisant foi de son triomphe et gloire passée, ce qui en reste encore à présent. On y peut voir avec ce les jardins, non pas jardins, mais déserts qui, retenant encore leur ancienne fertilité, produisent quelques fruits. Ainsi, par le peu de pouvoir en partie et nonchaloir des rois de Fez jusqu'à présent, on est hors de toute espérance qu'elle puisse plus être réhabitée.

Excellence de la ville d'Aufa avant sa ruine.

Mansora.

Mansora est une petite cité édifiée par Mansor, pontife et roi de Maroc, en une belle plaine, éloignée de la mer Méditerranée environ deux milles, et vingt-cinq de la cité de

Rabat, et autant d'Anfa, qui souloit faire quelque quatre cents feux, et auprès d'icelle passe une petite rivière qu'on appelle Guir, sur laquelle il y a plusieurs vignes et jardins qui sont maintenant déserts, parce que lorsqu'Anfa vint à être ruinée, les habitants de celle-ci, abandonnant leur ville, s'enfuirent semblablement à Rabato, craignant d'être par les Portugais surpris, la vidant par ce moyen et de gens et de bien ; néanmoins les murailles sont encore demeurées en leur entier, hors aucuns lieux que les Arabes de Témesne mirent par terre. Je passai par cette cité, qui m'émut aussi à grande compassion, d'autant qu'on la pourrait remettre en son premier état, et y habiter ; mais la perversité et mauvais courage des Arabes ne peut permettre que personne y fasse résidence.

Nuchaïla.

Nuchaïla est une petite cité au milieu de la région de Témesne, anciennement fort habitée, et s'y tenoit une foire du temps des hérétiques une fois l'an, en laquelle s'assembloit tout le peuple de Témesne, à cause de quoi les habitants étoient fort riches, et pour autant aussi que le territoire est fort ample, ayant de chacun côté quarante milles d'étendue. Je trouve, par les histoires, que du règne des hérétiques, ils avoient si grande quantité de grain, que le plus souvent la charge d'un chameau s'y donnoit pour un paire de souliers, et fut détruite à l'arrivée de Jusef comme les autres, combien que l'on y voie encore aujourd'hui des vestiges, comme quelque pan de muraille, masures et une certaine tour qui étoit au milieu du temple. Davantage, il y a plusieurs jardins et lieux où étoient les vignes, et aucuns arbres qui par le temps sont demeurés stériles, et cessent de plus produire leurs fruits. Incontinent que les Arabes ont achevé de cultiver leurs terres, ils ont coutume de mettre leurs ferrements auprès de cette tour, parce (disent-ils) qu'il y a un saint homme enseveli, à cause de quoi personne qui soit ne s'oseroit hasarder de prendre autre outil que celui qui lui appartient, pour la crainte qu'on a de provoquer à ire ce saint. Je traversai cette cité plusieurs fois pour être sur le chemin de Maroc.

Une charge de grain, en Nuchaïla, pour une paire de souliers.

Adendum.

Adendum est une petite cité entre des collines prochaines d'Atlas environ quinze milles, et vingt-cinq de la précédente, et fort bonnes pour semer le grain. Auprès des murailles de la cité,

sourd une grande fontaine de bonne eau, et à l'entour y a des palmes, mais petites et stériles, et prend son cours entre certains rochers et valées, là où l'on dit qu'il y a plusieurs mines dont on souloit tirer du fer en grande quantité; chose qui est bien vraisemblable, parce que le terroir tire sur la couleur. Il n'est demeuré autre chose de cette cité, hors quelque apparence de murailles et fragments de colonnes atterrées, pour autant qu'elle fut ruinée par les guerres des hérétiques comme les autres.

Mines de fer.

Tégéget.

Tégéget est une petite cité édifiée par les Africains sur le rivage du fleuve Ommirabih, au pas pour aller de Tedle à Fez; fort peuplée, civile et opulente, parce qu'elle est prochaine du grand chemin par lequel on va d'Atlas au désert, de là où les marchands se transportent en cette cité pour acheter du grain. Si est-ce qu'elle fut encore détruite par les guerres des hérétiques, et grand temps après réhabitée et redressée en manière d'un village, à cause qu'une partie des Arabes de Témesne y tiennent leur grain, le commettant en la garde des habitants d'icelle, là où il n'y a boutique ni artisan aucun, sinon quelque maréchal pour racoutrer leurs outils et ferrements, de quoi ils labourent la terre, et ferrent les chevaux. Les marchands qui y abordent paient, pour le péage ou gabelle, une réale pour charge de la toile ou draps qu'ils conduisent; mais le bétail et les chevaux sont exempts de toute imposition. J'ai passé souventefois par cette cité, plus par nécessité que pour aucun plaisir que j'ai pris, car il me satisfaisoit mal; mais le terroir est bon en perfection, fertile en grains et abondant en bétail.

Haïn Elchallu.

Haïn Elchallu est une petite cité qui n'est pas fort éloignée de Mansora, édifiée en une plaine couverte de plusieurs bois de cormiers et autres arbres épineux, produisant un fruit rond en manière de jujubes, mais de couleur jaune, ayant le noyau long et plus gros que celui de l'olive. Partout le circuit des vestiges de la cité y a des marais, où se trouvent plusieurs tortues et très-gros crapauds; mais (s'il est vrai ce que l'on dit) ils ne sont aucunement venimeux. Il n'y a aucun historien africain qui fasse mention de cette cité par aventure, pour être trop petite ou pour avoir été aucunement détruite. Et quant à moi, je suis de cette opinion qu'elle ne fut jamais bâtie par les Africains, mais plutôt que les Romains l'aient édifiée, ou quelque étrange et obscure nation d'Afrique.

Rabato.

Rabato est une fort grande cité, laquelle a été édifiée par les modernes sur le rivage de l'Océan, du temps de Mansor, pontife et roi de Maroc; et à côté d'icelle prend son cours le fleuve Buragrag, et là même s'embouchent dans la mer. Le fort de la cité est édifié sur la bouche du fleuve qui le côtoie, et de l'autre côté est environné de l'Océan. La cité, en murailles et bâtiments, ressemble à celle de Maroc, parce qu'elle fut par Mansor ainsi expressément construite; mais en grandeur de circuit elles sont fort différentes, et ne s'y pourroit celle-ci égaler de beaucoup. L'occasion de telle fabrique fut que Mansor dominoit toute la Grenade et partie des Espagnes, lesquelles, pour être trop éloignées de Maroc, se pensa qu'à grand peine elle pourroit être secourue, avenant qu'elle fût par les chrétiens assiégée. Par quoi il se va mettre à faire édifier une cité près la marine, en laquelle il put séjourner tout l'été avec un exercite, combien qu'aucuns lui conseillassent de demeurer en Setta, qui est une cité sur le détroit de Zibeltar. Mais le roi considéra qu'elle n'étoit pas pour endurer ni soutenir le siége d'un camp trois ou quatre mois, pour la stérilité du terroir; et se prit aussi garde qu'il eût fallu beaucoup incommoder ceux de la cité pour loger les courtisans et soldats; et toutes ces choses par lui diligemment considérées, en peu de temps fit édifier cette cité, l'embellissant de beaux temples, somptueux édifices, maisons de toute sorte, belles boutiques, colléges, étuves et épiceries. Et outre ce, fit enlever une tour hors la porte qui est à l'objet de midi semblable à celle de Maroc, sinon que celle-ci a la vis plus large, tellement que trois chevaux y peuvent monter de front; et dit-on que l'on peut découvrir (étant sur la sommité d'icelle) un navire de bien loin sur la mer : quant à moi, et selon mon jugement, je la tiens pour l'un des plus hauts édifices qui se puissent maintenant trouver. Le roi y voulut encore faire retirer plusieurs gens de lettres, marchands et artisans, ordonnant que tous les habitants (outre le gain qui leur proviendrait de leur labeur) fussent provisionnés de certaine quantité de deniers; au moyen de quoi plusieurs de tous métiers et conditions, alléchés par l'espérance de cette offre libérale, y accoururent à grandes bandes pour y élire leur dernière demeurance. Si qu'en pe-

Eglises, edifices, colléges, étuves dressées par Mansor.

Tour très-haute, où trois chevaux montent de front.

tit espace de temps elle se rendit l'une des plus nobles cités d'Afrique, parce que le peuple y faisoit double gain sur la provision du roi, et sur ce qu'il trafiquoit avec les courtisans et soldats; car Mansor y demeuroit depuis le commencement d'avril jusqu'en septembre. Et pour autant que la cité étoit en assiette qui lui apportoit grande faute d'eau (à cause que celle de la mer se mêle parmi le fleuve, montant environ deux milles, tellement que les puits en sont salés), Mansor fit venir l'eau douce d'une fontaine distante de là environ douze milles, par le moyen d'un conduit fabriqué de pierre de taille sur un arc, non avec moindre industrie qu'on en voit aujourd'hui en Italie et mêmement à Rome, et est le conduit divisé en deux parties, par lesquelles l'eau s'écoule aux temples, colléges, palais de seigneurs et fontaines communes, qui furent faites par toutes les rues de la cité, laquelle, après le décès du seigneur, commença peu-à-peu à venir en décadence, et manquer de telle sorte, que la dixième partie n'est demeurée en son entier; mêmement ce conduit, autant somptueux comme utile, fut ruiné, et défait par les guerres de la famille des Marins encontre celle de Mansor; et est encore la ville empirée de notre temps plus qu'auparavant; vous assurant qu'on ne trouvera dans cette cité (jadis tant peuplée et comble d'habitants) cent maisons habitées : ce qui en est resté a été mis en vignes et possessions. Tant y a que tout ce qui y est d'habité sont deux ou trois rues auprès de la forteresse, avec quelques petites boutiques; encore en grand danger ce peu qui y est d'être pris par les Portugais, à cause qu'il n'y a eu guère de rois en Portugal qui n'aient eu la dent dessus; car l'ayant en leur pouvoir, facilement se pourroient emparer de tout le royaume de Fez; mais le roi y a toujours tenu très-bonne garnison, la soutenant le mieux qu'il est possible. Passant par-là, considérant et remémorant en moi comme elle avoit été jadis le comble de gloire et magnificence, et conférant les somptueux et superbes édifices du temps passé avec les ruines et masures qui y sont à présent, je fus merveilleusement ému à pitié.

Salla.

Salla est une petite cité édifiée anciennement par les Romains, auprès du fleuve Buragrag, distante de la mer Océane environ deux milles, et de Rabato un mille; tellement que si quelqu'un veut s'acheminer à la marine, il faut qu'il passe par Rabato; mais elle fut détruite et ruinée par les hérétiques. Quelque temps après, Mansor redressa les murailles; on y fit bâtir un bel hôpital et palais pour retirer les soldats; semblablement érigea un somptueux temple, une salle fort magnifique enrichie de mosaïque, et fenêtrages garnis de vitres de diverses couleurs; puis, sentant déjà son âge fort décliner, et connoissant à vue d'œil la fin de ses jours approcher, ordonna, par son testament, qu'on le dût ensevelir et inhumer en cette salle, où (après être expiré et rapporté de Maroc) il reçut honorable sépulture, là où on lui posa, à la tête et aux pieds, deux platines de marbre blanc, où furent gravés plusieurs vers ornés d'une élégance fort grande, et composés par divers auteurs, qui contenoient les lamentables plaintes et regrets que délaissoit Mansor aux survivants. Et fut de là en avant cette coutume, observée par les seigneurs, de se faire inhumer dans cette salle; ce que firent semblablement les rois de Marin, pourlors que leur royaume étoit florissant. J'ai été en cette salle, là où j'ai vu trente-deux sépultures de ces seigneurs, avec leurs épitaphes, que je rédigeai toutes par écrit en l'an neuf cent quinze de l'Hégire.

La mort du roi Mansor, et où il fut enterré.

Mader Auvan.

Mader Auvan est une cité qui a été édifiée de notre temps par un trésorier du pontife Habdul Mumen, sur la rive du fleuve Buragrag, non à autre effet que pour connoître ces lieux être fort fréquentés, à cause des mines de fer. Elle est distante d'Atlas environ dix milles, entre laquelle et la montagne il y a plusieurs grands bois, là où se trouvent et repairent de grands lions et furieux léopards. Tandis que la famille et lignée du fondateur fut en être, cette cité se maintint assez bien, et civilement, étant fort habitée, et peuplée de belles maisons, temples et hôtelleries; mais les habitants ne furent guère repus d'un si doux appât, à cause que la guerre des Marins fut cause de sa ruine, où plusieurs d'entre eux prirent fin, et partie fut réduite en captivité; et le reste, pour le dernier et plus sûr refuge, se retira en la cité de Salla; et cet inconvénient-ci advint parce que le peuple (n'espérant rien moins que d'être secouru par le roi de Maroc) rendit la cité entre les mains de l'un des rois de Marin; ce que ne fut pas plutôt fait, qu'un capitaine du roi de Maroc arriva au secours de ce peuple, qui se révolta incontinent contre celui qui s'en étoit emparé;

tellement que le seul remède de sa vie ne consistoit en autre chose qu'en la fuite, qu'il prit incontinent en gagnant le haut. Et ne passa guère de temps après, qu'un roi de la race de Marin s'y achemina en personne, accompagné d'une grande gendarmerie, laquelle, marchant droit à Maroc, suivit la route de cette cité, dont le capitaine, après en avoir saisi le vent, estima lui être plus expédient de s'enfuir; ce qu'il fit; au moyen de quoi les habitants ne surent faire autre chose, hors qu'eux soumettre à la discrétion et miséricorde du roi, qui ruina leur cité, les faisant passer tretous par le fil de l'épée, qui fut cause qu'elle ne fut jamais depuis réhabitée; et n'en est demeuré autre chose, sinon les murailles, qui sont encore sur pied, et les tours des temples. Je la vis au temps que le roi de Fez et son cousin traitèrent paix et amitié ensemble, puis s'en vinrent à Thagia pour donner leur serment, et jurer sur le sépulcre d'un saint de leur religion, qui s'appelle Seudi Buhaza, en l'an neuf cent vingt.

Ruine de la cité de Mader Auvan par un des rois de Marin.

Thagia.

Thagia est une petite cité édifiée anciennement par les Africains entre certaines montagnes d'Atlas, qui lui rendent une froidure fort grande, et autour d'icelle y a un merveilleux bois, où se retirent des lions fiers et cruels, le terroir étant très-maigre et âpre, au moyen de quoi il est quasi stérile en grain, mais l'abondance des chèvres et miel y est grande. On n'y use d'aucune civilité : les maisons sont très-mal bâties, et y a, entre autres choses, le sépulcre d'un saint qui (vivant du temps d'Habdul Mumen, pontife) a montré de grands miracles envers les lions, avec ce qu'il avoit le don de deviner, tellement qu'un docteur, appelé Ettedle, a diligemment réduit sa vie par écrit, racontant particulièrement d'un à autre les miracles qu'on estime que ce saint avoit faits. Et pense, vu les œuvres miraculeuses contre les lions qu'on écrit de lui, qu'il fut magicien, ou qu'il fit cela par quelque secret de nature qu'il portoit contre iceux animaux. La grande renommée de ceci, et la révérence qu'on porte à ce corps, sont cause que la cité est beaucoup plus fréquentée qu'elle ne seroit, et mêmement du peuple de Fez, qui s'y transporte tous les ans après la pâque, pour visiter ce sépulcre; tellement qu'on diroit, à voir la grande multitude confuse, tant d'hommes et femmes que d'enfans, s'acheminant pour aller adorer ce saint, que c'est une grosse armée qui marche en bataille, parce

Un saint qui faisoit miracle sur les lions, et prédisoit les choses à venir.

Le peuple de Fez, par grande merveille, fait voyage au sépulcre de ce saint.

que chacun porte son pavillon ou tente, tant que toutes les bêtes en sont chargées, et de munition pour vivre, dont chacune compagnie n'a moins de cent cinquante pavillons, séjournant par les chemins, tant à l'aller qu'au revenir, par l'espace de quinze jours, pour autant que la cité est distante de Fez environ cent vingt milles. Etant parvenu en âge de discrétion, je m'y suis souventefois acheminé pour accomplir les vœux que je lui avois offerts au péril des lions auquel je me retrouvois.

Zarfa.

Zarfa fut une cité en la région de Témesne, édifiée par les anciens Africains, en une très-belle et plaisante plaine, par laquelle prennent leur cours plusieurs rivières et fontaines, et y a autour des ruines de la cité beaucoup de pieds de figuiers, cormiers et alisiers, avec certains arbres poignants qui produisent un fruit qui s'appelle, en langue arabesque, *Rabich, fruit.* rabich, et est encore plus petit que la cerise, et du goût des jujubes. Par toutes les plaines *Petites palmes sauvages.* croissent des palmes sauvages et fort petites, et jettent un fruit gros comme l'olive d'Espagne, mais ayant le noyau plus gros, ressemblant, quant au goût, à la corme avant qu'elle vienne en maturité. La cité fut ruinée par les guerres des hérétiques, et maintenant ce qu'elle souloit contenir en son circuit est ensemencé par les Arabes de Témesne, qui en recueillent en telle abondance, qu'elle leur revient le plus souvent à cinquante pour un.

Du territoire de Fez.

Le territoire de Fez commence, du côté du ponant, au fleuve Buragrag, s'étendant devers le levant jusqu'à celui d'Inaven, et y a entre l'un et l'autre d'étendue environ cent milles; du côté de Tramontane, se termine au fleuve de Suba, et de la partie de midi finit au pied d'Atlas. Ce territoire est merveilleusement abondant en grain, en fruits, et admirable pour la grande quantité et diversité des animaux dont il est plein, étant tous les côteaux et montagnes d'icelui bien peuplés de grands villages. Vrai est que les plaines, à cause des guerres passées, sont fort déshabitées; néanmoins, il y a toujours quelques bourgades et hameaux habités d'aucuns pauvres Arabes, sans nul pouvoir qui tiennent les possessions à moitié des citoyens de Fez ou du roi et de ses courtisans. Mais les campagnes de Salla et Mecnasa sont cultivées, et semées par d'autres nobles arabes et chevaliers; toutefois ils sont encore vassaux du roi, et sous sa puissance.

Des cités et lieux du territoire de Fez, et de ce qui est mémorable en iceux.

De Salla, cité.

Salla est une très-ancienne cité édifiée par les Romains, et depuis par les Goths conquise. Il est bien vrai que les mahométans entrèrent en cette région, laquelle fut, par les Goths, délivrée au capitaine Taric, qui tenoit pour les mahométans. Mais depuis que la cité de Fez fut édifiée, les seigneurs d'icelle la réduisirent sous leur puissance, et fut cette cité bâtie sur la mer Océane en un fort beau lieu, distant par l'espace d'un mille et demi de la cité de Rabato, et d'avec icelle elle est séparée par le fleuve Buragrag. Les maisons sont bâties à la mode des anciens, mais enrichies et embellies de mosaïque, et appuyées sur grosses colonnes de marbre : les temples sont érigés fort somptueusement et merveilleusement bien parés, comme aussi sont les boutiques, qui furent fabriquées sur des arcs et portiques, pour séparer (comme ils disent) les arts et métiers l'un de l'autre. Tant y a, que cette cité étoit illustrée de tous les ornements, qualités et conditions qui sont requises à rendre une cité civile et en telle perfection qu'elle doit être, avec ce qu'elle était fréquentée par diverses générations et marchands chrétiens, comme Genevois, Vénitiens, Anglais et Flamands, parce que là est le port de tout le royaume de Fez. Mais en l'an six cent soixante de l'Hégire, son malheur voulut qu'elle fût aussitôt prise qu'assaillie par une armée du roi de Castille, qui fit vider les citoyens pour la faire habiter des chrétiens, qu'ils n'y purent demeurer que dix jours, parce qu'ils furent surpris par Jacob, premier roi de la maison de Marin, et inavertamment, à cause qu'ils n'eussent jamais pensé qu'il eût voulu abandonner l'entreprise de Télensin, en laquelle il étoit déjà détenu; mais ils se mécontoient grandement; car en un instant il se transporta en cette cité, dont les nouveaux habitants ne l'eurent pas à peine aperçu, qu'ils sentirent le glaive sur leur gorge, sans que l'ennemi eût aucun égard à la qualité ou condition des personnes, usant envers eux de toute extrême inhumanité, hors à l'endroit de ceux qui purent évader une telle furie impétueuse, pour être plus prompts à la course que les poursuvants. Par ce moyen, il acquit les cœurs et bénivolence de tous les peuples des régions prochaines, s'estimant être grande-

Salla, jadis fréquentée des Genevois, Vénitiens, Anglois et Flamands.

Salla prise par le roi de Castille.

ment redevable à lui et aux siens. Si est qu'encore que cette cité n'ait guère été sous la puissance des ennemis, elle est fort déchue, tant en édifices comme en civilité; tellement, que partout le dedans d'icelle (et mêmement auprès des murailles) on trouve des maisons vides et déshabitées, là où sont plusieurs colonnes fort belles, et fenêtrage de marbre de diverses couleurs, mais les habitants n'en tiennent compte. Le contour est tout sablonneux, et y a certains endroits là où il ne croît pas beaucoup de grain; toutefois il y a force beaux jardins et champs qui produisent grande quantité de coton, de quoi les habitants de la ville font des toiles fort déliées et belles, qui est la cause qu'ils sont quasi tous tisserands en la cité, là où se font aussi beaucoup de pignes, qui se transportent au royaume de Fez, à cause qu'on y trouve force buis à l'entour et d'autres bois tout propices à tel effet. Maintenant les habitants s'adonnent fort à la civilité, constituant gouverneurs, juges et autres officiers, comme sur le péage et gabelle, pour autant que plusieurs marchands genevois y trafiquent et démènent grandes affaires; au moyen de quoi ils sont les bien-venus avec le roi, lequel leur fait de grandes caresses, à cause que la pratique d'iceux lui est fort utile; et ont leur ha-

<small>Le roi de Salla caresse les Genevois.</small>

bitation les uns à Fez, les autres à Salla : tant qu'à la délivrance des marchandises, ils expédient les uns pour les autres, tellement qu'en toutes leurs affaires je les ai connus pleins de noblesse, courtoisie et loyauté, dépendant assez libéralement pour s'acquérir la bénivolence d'un chacun, et se rendre aimables des seigneurs et courtisans d'iceux, sans en espérer autre profit ni avantage, mais pour mieux avoir le moyen de démener plus commodément et honorablement leur train de marchandise en étrange pays. Si qu'il y eut de mon temps un fort honnête gentilhomme non moins accompli en toute perfection que riche et opulent, et qui étoit tenu du roi en merveilleuse estime et réputation, lequel étant venu, à la fin de ses jours, et ayant ordonné que son corps seroit transporté à Gênes, comme il en avoit eu l'envie tandis qu'il vivoit, délaissa plusieurs enfants-mâles tous riches, desquels le roi et tous ceux de sa cour faisoient grand compte et estime.

Habitants de Salla courtois et libéraux.

Fanzara.

Fanzara est une petite cité située en une plaine fort ample et large, par un des rois de Muachidin, distante de Salla par l'espace de dix milles, dont la plaine est fort fertile en froment et autres grains, et auprès de cette cité sourdent plusieurs fontaines qui furent faites par Albuchésen, roi de Fez, l'oncle duquel, appelé Sahid, se voyant prisonnier du roi de Grenade (au temps que régnoit Abusaïde, qui fut dernier roi de la maison de Marin), l'envoya prier de vouloir complaire à certaine demande du roi de Grenade, pour moyenner sa liberté, à quoi se montrant rétif, n'y voulut aucunement entendre; ce qui indigna si fort Habdilla, qu'il délivra Sahid, le remettant en franchise, et l'expédia avec une grosse armée en très-bon équipage; et étant bien fourni d'argent et munition, fit voile, étant bien délibéré de montrer le peu d'affection qu'il portoit à son neveu le roi de Fez, qui se vit incontinent assiégé dans sa cité par la gendarmerie de Sahid et d'aucuns Arabes montagnois; et avec leur aide et secours, il entretint le siége sept ans, saccageant et ruinant de fond en cime toutes les villes et villages qu'il put trouver en ce pays-là; de sorte qu'à la fin, d'assaillant il se trouva assailli, mais d'autre chose que d'armes; car la peste se mit dans son camp si âprement, qu'étant le premier exterminé, la plus grande partie de son exercite en fut atteinte, et mourut en l'an de l'Hégire neuf cent dix-huit. Les cités qui furent par cette guerre détruites et démolies, n'ont été depuis réhabitées, hors Fanzara, qui fut donnée pour habitation à quelques-uns des Arabes qui vinrent au secours de Sahid.

Mahmora.

Mahmora est une petite cité édifiée par l'un des rois de Muachidin à l'entrée du fleuve Subo, là où il cheoit dans la mer, dont elle est distante un mille et demi, et de Salla environ douze milles. Elle est située dans l'arène, où elle fut édifiée non à autre fin que pour garder et empêcher la descente sur la bouche du fleuve, afin que les ennemis n'y pussent faire entrée, et auprès d'icelle y a un bois fort grand et touffu, dans lequel se trouvent des arbres d'une excessive hauteur, dont le fruit est gros et long comme des prunes de damas, mais plus savoureux et délicat, tirant sur le goût de la châtaigne, à cause de quoi aucuns Arabes prochains d'icelui ont coutume d'en faire porter en grande quantité à Fez sur leurs chameaux, avec muletiers, semblablement de cette cité, s'en souloient charger qui ne leur revenoit pas à petit profit. Mais le danger est grand et ennuyeux à ceux qui vont errant par ce bois, parce que dans icelui se trouvent de grands lions, les plus affamés et cruels qui

<small>Grands lions plus affamés et cruels de toute l'Afrique.</small>

soient en Afrique. Depuis six vingt ans en ça, la cité a été ruinée par les guerres de Sahid contre le roi de Fez, et n'en sont demeurés autres vestiges, par lesquels on peut bien présumer que le circuit n'étoit pas de grande étendue. En l'an neuf cent vingt et un de l'Hégire, le roi de Portugal expédia une armée pour dresser un fort sur la bouche de ce fleuve, laquelle ne fut pas plutôt arrivée, que l'on commença donner commencement au dessein du roi, en jetant les fondements, qui furent bien avancés en peu de temps, tellement qu'on levoit la muraille avec une diligence fort grande; et étoit déjà la moitié de l'armée dans le fleuve, quand elle fut surprise par le frère du roi de Fez, et accabla et mit en pièces trois mille hommes, non par lâcheté ou poltronnerie qui fût en eux, mais par leur désordre, parce qu'une nuit ils sortirent des tentes avec bonne intention de prendre d'emblée l'artillerie des ennemis; mais ils s'exposèrent en un grand hasard, n'étant que trois mille à entreprendre de venir à chef d'une telle faction, vu que les autres étoient cinquante mille soldats et quatre mille chevaux. Mais ils faisoient leur conte avant qu'ils fussent découverts d'avoir déjà enlevé et conduit l'artillerie dans leur fort, qui étoit distant du

Les Portugais voulant bâtir un fort sur la bouche du fleuve Subo, furent accablés et occis.

lieu auquel ils s'acheminoient par l'espace de deux milles; et étoient ordonnés à la garde d'icelle jusqu'au nombre de six à sept mille hommes, qui, au point du jour, étoient endormis d'un profond sommeil, au moyen de quoi la chose succéda si heureusement aux autres, qu'ils avoient quasi cheminé un mille avec l'artillerie avant que les ennemis s'en aperçussent : mais les gardes, éveillées en sursaut, et ayant connu la perte qu'ils avoient faite, levèrent un si grand bruit, que tout le camp s'en éveilla, et donna longue alarme tant qu'on suivit la route des chrétiens, qui se serrèrent et réduisirent tous en bonne ordonnance, sans être aucunement par la grande huerie des ennemis intimidés; puis, marchant en tel ordre, se défendoient vaillamment, et ne s'étonnoient nullement de se voir ainsi environnés de toutes parts, encore qu'ils eussent le chemin coupé, ains faisant tête, se maintenoient si bravement, que, malgré leurs ennemis, ils se faisoient faire place; et de fait se fussent sauvés en dépit des adversaires, n'eût été la feinte d'aucuns esclaves reniés qui savoient la langue portugaise, leur criant qu'ils missent bas les armes, et que le frère du roi leur donneroit la vie; ce qu'ayant fait trop à la légère (pour ne se douter de la cassade),

Grand cœur des Portugais.

Défaite des Portugais par les Maures. furent tous détranchés et mis en pièces par les Maures, hommes brutaux et sans pitié; de sorte qu'il n'en réchappa de cette sanguinolente boucherie, sinon quatre, encore avec grande faveur de certains capitaines du roi de Fez. La nouvelle de cette route parvenue aux oreilles du capitaine du fort, peu s'en fallut qu'il ne se mît en désespoir, à cause que toute la force et plus grande défense de sa gendarmerie consistoit à la roideur des bras et magnanimité de courage de ceux qui avoient été défaits, à cause de quoi il envoya demander secours au général de l'armée, qui étoit accompagné de plusieurs gentilshommes portugais à côté de l'entrée du fleuve, dans lequel il ne peut entrer, étant empêché par la garde des Maures; laquelle, avec soudaines canonnades, enfonça quelques vaisseaux portugais, dont nouvelles vinrent comme le roi d'Espagne étoit trépassé; ce qu'entendu par aucuns navires envoyés par icelui seigneur en leur faveur, s'en voulurent retourner; au moyen de quoi le capitaine, voyant qu'il ne pouvoit être secouru, abandonna le fort; quoi voyant, les navires qui étoient dans le fleuve voulurent faire voile; mais la plus grande partie périt au sortir, pour autant que voulant les pilotes éviter la batterie du canon, tour-

nèrent la proue de l'autre côté, là où ils donnèrent en terre, et s'engravèrent, à cause que l'eau étoit basse en cet endroit-là, auquel les Maures se vinrent ruer sur ceux des navires, tuant la plus grande partie; les autres se jetèrent dedans le fleuve, pensant nager jusqu'aux grosses nefs; mais l'onde leur trancha le chemin et le filet de leur vie; ou bien fuyant une mort, puis épouvantés de l'autre qui leur étoit prochaine, retournoient encore rendre les abois ou derniers soupirs là où ils avoient eu la première chasse. Les navires furent brûlés, et l'artillerie alla en fond, avec un si grand carnage de chrétiens, que la mer en retint couleur vermeille par l'espace de trois jours; de sorte qu'en cette défaite prirent fin (comme le bruit est) environ dix mille chrétiens. Le roi de Fez fit depuis tirer l'artillerie de dessous l'eau, et en trouva quatre cents pièces de cuivre. Cette route-ci fut causée par deux désordres; le premier vint par les Portugais, qui, ne prisant rien les forces de l'ennemi, se hasardèrent avec si petit nombre de gens pour défraquer une tant grosse armée de toute l'artillerie. « Le second fut, qu'étant en
» la puissance du roi de Portugal à dresser une
» armée à ses propres dépens, sous la con-
» duite de ses capitaines mêmes, voulut y

<small>Grande défaite.</small>

<small>La mer devenue rouge durant trois jours, pour la grande défaite des chrétiens.</small>

» ajouter celles des Castillans ; car il advient
» toujours que deux armées de deux seigneurs
» unies et marchant ensemble, seront par
» une seule défaite, par les désordres, diver-
» sité de conseils des chefs, qui ne peuvent
» bien s'accorder ensemble. Et tiennent les
» Africains ceci pour un signe d'une infaillible
» victoire future à celui qui est assailli par
» deux armées de divers seigneurs. Je me
» trouvai présent en cette guerre, laquelle je
» vis particulièrement, et comme le tout se
» passa. »

L'auteur présent à cette guerre.

Téfelfelt.

Téfelfelt est une petite cité édifiée en une plaine sablonneuse, distante de Mahmora environ quinze milles devers le levant, et douze du côté de la mer Océane. Auprès de cette cité passe un fleuve, sur les rivages duquel y a aucuns bois là où repairent les lions beaucoup plus cruels et horribles que les susnommés, qui font de grands maux sur les passants; et mêmement ceux qui sont surpris dans ce bois par la nuit, sont en grand hasard de leur vie. Mais sur le grand chemin de Fez, hors la cité, y a une petite cabane déshabitée, là où se trouve une chambre faite en voûte, dans laquelle (comme l'on dit) se retirent les mule-

Lions très cruels.

tiers et passants, étoupant et remparant la porte contre la fureur des bêtes, avec force épines, branches, rames et autres choses qu'ils trouvent autour de la maison, laquelle, par le passé, souloit être une hôtellerie, pendant que cette cité étoit habitée, qui fut aussi abandonnée par les guerres de Sahid.

Mecnase.

Mecnase est une grande cité édifiée par un peuple ainsi nommé, duquel elle a retenu le nom, et est distante de Fez par l'espace de trente-six milles, de Salla cinquante, et quinze d'Atlas, contenant près de six mille feux; car elle est bien habitée et peuplée de gens qui vécurent longuement en bonne paix et union pendant qu'ils habitèrent en la campagne; mais depuis se formalisèrent, émouvant noises et débats entre eux, tellement qu'ils vinrent à s'attacher, dont la partie qui se trouva victorieuse priva l'autre du bétail, et l'expulsa de la campagne, au moyen de quoi elle se mit à fabriquer cette cité, qui est située en une fort belle plaine, près d'un fleuve qui la côtoie; et le contour, par l'espace de trois milles, est tout en jardins, dont les fruits sont bons en toute perfection, mêmement les pommes de coing savoureuses et odorantes, avec des grenades de grosseur autant admirable, comme de singulière et rare bonté, parce qu'elles n'ont point d'os, et néanmoins elles se donnent comme pour rien. Il y a semblablement des pommes de damas blanches en grande quantité, et des jujubes, que les habitants mettent sécher pour les manger en temps d'hiver, puis en portent vendre à Fez la plus grande partie. Les figues y sont aussi en grande abondance, et des raisins de treilles, qu'ils mangent frais, et les figues par même moyen; car, les voulant faire sécher, elles se convertissent en poudre comme farine; et le raisin, quand il est sec, demeure sans humeur et saveur. Ils ont aussi des abricots et pêches, de quoi ils ne tiennent compte, partie pour l'abondance, et pour autant aussi qu'elles ne sont pas fort savoureuses, pour être toutes pleines d'eau, et de couleur tirant sur le vert. Les olives y croissent en quantité, et se vendent le quintal, qui est de cent livres italiennes, un ducat et demi. Finablement, ce terroir est très-fertile, et produit avec ce une infinité de lin, dont la plus grande partie est transportée à Fez. La cité est bien en ordre, et embellie de temples fort somptueux, colléges et étuves fort grandes, et on y tient le marché chaque lundi au dehors, là où s'achemine grande

[marginale:] Pêches vertes et pleines d'eau.

quantité d'Arabes, qui en sont prochains, lesquels y mènent bœufs, moutons et autres bêtes, portant du beurre et de la laine, qu'ils laissent à bon marché. De notre temps, le roi a donné cette cité au prince pour ce qui lui peut appartenir, dont (selon la commune opinion) le revenu du territoire d'icelle peut autant valoir comme la tierce partie du royaume de Fez. Mais les guerres passées qui ont été entre les princes de ces régions-là l'ont fort incommodée; et ne s'est faite guerre qui ne l'ait empirée de trente ou quarante mille ducats, voire jusqu'à soutenir quelquefois le siége par l'espace de sept ans continuels. De ma souvenance que le roi de Fez qui est à présent, entra en possession de son royaume; un sien cousin, qui avoit gagné le peuple, se révolta; ce que voyant le seigneur, fit marcher sa gendarmerie, et le vint assiéger dans cette cité, où il demeura campé par l'espace de deux mois; de quoi ne faisant compte les citoyens, le roi gâta toutes leurs possessions, qui fut cause de l'endommager de vingt mille ducats. Par ce peu de temps, je vous laisse à penser quel plus grand dommage elle reçut lorsqu'elle fut assiégée par l'espace de cinq, six et sept ans! Enfin, quelques-uns favorisant le roi, trouvèrent moyen d'ouvrir une porte,

La cité de Mecnaso soutint le siége par sept ans.

et soutenant bravement la charge des contrariants, donnèrent bon loisir au roi d'y pouvoir entrer. Ainsi la cité retourna encore sous sa puissance, et mena son cousin prisonnier à Fez, lequel trouva puis le moyen d'échapper et gagner le haut. Or cette cité est belle, abondante, bien fermée, et très-forte; les rues belles, bien aérées et plaisantes, avec ce que l'eau y est souverainement bonne, s'écoulant par un conduit qui vient de trois milles loin dans la cité, la distribuant par les temples, forteresses, colléges et étuves. Les moulins sont tous hors de la cité environ deux milles, et sont les habitants fort belliqueux, bien exercés en la discipline militaire, libéraux et civils, mais plutôt de gros esprit qu'autrement, et exercent tous l'état de marchandise, tant gens nobles comme non-nobles; tellement, que venant au besoin, le plus apparent citoyen de la ville ne se dédaignera de charger une bête de semence pour l'envoyer aux champs. Les habitants de cette cité ont le peuple de Fez en grande haine, sans savoir pourquoi ni comment. Les femmes des gentilshommes ne sortent point de leur maison sinon la nuit, et se couvrent le visage, ne voulant être vues couvertes ni découvertes, à cause que leurs maris sont jaloux et dangereux quant aux choses qui

Le roi de Fez recouvre la cité de Mecnase.

Louanges de la ville.

concernent l'état de leurs femmes. La cité n'est pas fort plaisante pour les eaux et fanges qui y sont en temps d'hiver.

Gémiha Elchmen.

Gémiha Elchmen est une cité ancienne située en la plaine près un bain, distante de Mecnase environ quinze milles du côté de midi, et de Fez près de trente devers ponant, et du mont Atlas est éloignée par l'espace de dix milles. C'est le passage à qui veut aller de Fez à Tedle. Le territoire d'icelle fut autrefois occupé par certains Arabes, parce qu'elle fut aussi détruite par les guerres de Sahid, combien que toutes les murailles (ou peu s'en faut) sont demeurées en leur entier, et sont tombés les couverts des temples, mais les pignons sont toujours demeurés sur pied.

Camis Metgara.

Camis Metgara est une petite cité édifiée par les Africains en la campagne de Zuaga, distante de Fez environ quinze milles devers ponant ; le terroir est fort fertile ; et autour de la cité quasi deux milles, y a de beaux jardins, produisant figues et raisins qui ont tous été remis sur bout, car ils avoient été ruinés par les guerres de Sahid ; au moyen de quoi toute la cité, avec ses dépendances, demeura déserte environ cent vingt ans. Mais depuis qu'une partie du peuple de Grenade passa en Mauritanie, elle commença d'être réhabitée, et y planta-t-on grande quantité de mûriers blancs, pour autant que les Grenadins s'adonnent fort à la trafique des soies. On y planta aussi des roseaux de sucre, mais on n'en retire pas si grand profit comme des cannes d'Andalousie. Cette cité ne s'est pas maintenue toujours en la civilité qui la rendoit anciennement illustre ; car maintenant les habitants d'icelle sont tous laboureurs et gens qui s'adonnent à cultiver la terre.

Mûres blanches.

Banibasil.

Banibasil est une autre petite cité édifiée par les Africains sur un petit fleuve, au pas qui va de Maroc à Mecnase, distante de Fez du côté du ponant environ dix-huit milles ; autour d'icelle y a une ample campagne, là où plusieurs petits fleuves dressent leur cours, étant baignée par grosses sources d'eau et cultivée par les Arabes, qui y sèment de l'orge et du lin, à cause que le terroir est fort âpre et couvert d'eau, au moyen de quoi autre grain n'y sauroit profiter. Cette plaine dépend du temple majeur de Fez, dont les prêtres en retirent tous les ans vingt mille ducats de revenu. Autour de cette cité y souloit avoir plusieurs beaux jardins, comme il en appert encore quelque chose, mais ils furent ruinés, et la cité semblablement comme les autres, par les guerres passées. Mais après que le roi fut retourné de Ducale, il y envoya habiter la moitié de ce peuple, lequel ne garde civilité aucune, et y habite plutôt par contrainte que volontairement.

De Fez, grande cité et chef de toute la Mauritanie.

La cité de Fez fut édifiée par un hérétique au temps d'Aron, pontife, qui fut en l'an 185 de l'Hégire, et fut nommée Fez, pour autant que le premier jour auquel on jeta les fondements, quelque quantité d'or fut trouvée, qui, en langue arabesque, se nomme *fez* ; et crois que la vraie étymologie de son nom soit descendue de là, combien qu'aucuns soient d'opinion que le lieu où elle fut premièrement édifiée s'appela Fez, à cause d'un fleuve qui y passe, auquel les Arabes imposèrent semblable nom. Or, quoi qu'il en soit, celui qui donna commencement à la structure d'icelle, s'appeloit Idris, qui étoit fort proche parent du pontife duquel nous avons parlé auparavant,

De l'étymologie de Fez.

Idris, fondateur de la ville de Fez.

encore que selon l'ordre et coutume de la loi, il devoit plutôt obtenir et exercer le pontificat qu'Aron, d'autant qu'il étoit neveu de Hali, qui fut cousin de Mahomet, ayant épousé sa fille, nommée Falerne. Par ainsi, il prenoit son origine de la lignée du côté de père et de mère, ce que ne faisoit Aron, sinon d'un côté tant seulement, étant neveu d'Habbus, oncle d'icelui Mahomet. Toutefois, et les uns et les autres de cette famille furent enfin privés et dévêtus du pontificat, par les raisons amplement déduites aux Chroniques anciennes, car Aron l'usurpa et s'en saisit frauduleusement, pour autant que son oncle (comme caut et bien expérimenté qu'il étoit), feignant de favoriser la maison d'Hali pour la rendre jouissante de cette dignité, expédia ses ambassades par tout le monde, et moyenna tant, que la maison d'Umève s'en trouva dessaisie, et qu'elle parvint entre les mains d'Habdulla Seffec, premier pontife, lequel, connoissant qu'autres que ceux de la maison d'Hali ne pouvoient succéder à cette dignité, les poursuivit si vivement, que les principaux furent contraints d'en prendre la fuite, s'écartant les uns en Asie, et les autres en Inde, tant que d'eux tous n'en demeura qu'un en Elmédine, qui pour la caduque vieillesse et religion non feinte qu'on connoissoit

Aron se fait pontife.

être en lui, ne fut aucunement molesté. Mais deux de ses enfants croissant non moins en faveur de ceux d'Elmédine, comme en corpulence, voulant éviter la fureur de ce pontife (qui ne demandoit autre chose que les avoir en sa puissance) vouloient gagner le haut, quand l'un d'eux étant attrapé, fut misérablement étranglé, et l'autre (qui avoit nom Idris) suivit la route de Mauritanie, où il s'acquit tel crédit, qu'en peu de temps ces peuples ne l'emparèrent seulement du domaine temporel, mais encore vint à obtenir le spirituel ; et faisoit sa résidence en la montagne Zaron, prochaine de Fez cent trente milles, et sut si bien y procéder, qu'il se rendit toute la Mauritanie tributaire ; et l'ayant gouvernée pendant certain temps, il décéda sans hoir, hors qu'il laissa une esclave de nation gothique (qui avoit prise sa loi) enceinte d'un enfant mâle, qui, en souvenance de son père, porta le nom d'Idris, et le voulut le peuple avoir pour seigneur ; au moyen de quoi on le fit nourrir fort soigneusement et avec grandes gardes, puis fut endoctriné et instruit par l'un des plus vaillants capitaines qu'eût point le roi décédé, et s'appeloit Rasid. Ce jeune prince n'eut pas plutôt l'âge de quinze ans, qu'il donna un très-beau commencement à hautes prouesses et glorieuses entreprises; et par icelles il fournit à son domaine plusieurs pays, de sorte qu'il augmenta beaucoup ses familles et exercites, dont lui semblant (et non sans cause) que l'habitation de feu son père ne fût suffisante pour recevoir et loger son train, projeta en soi-même de faire fabriquer une cité, et délaissant la montagne, faire résidence en icelle. Donc, pour faire sortir à son effet dessein, fit assembler plusieurs architectes et gens industrieux, lesquels ayant, avec telle et laborieuse diligence que la grandeur de la matière le requéroit, considérées et revisitées toutes les campagnes qui étoient prochaines de la montagne, tombèrent tous en cet avis, et même exhortèrent le roi que cette cité fût bâtie là où se voit Fez à présent; pour autant qu'ils connoissoient le lieu très-futile et commode pour une ville, à cause des fontaines et d'un grand fleuve, lequel sourdant en une plaine fort prochaine de là, passe entre certains petits côteaux et valées fort plaisantes à voir, s'écoulant tout coiement par l'espace de huit milles de plaine. Ils prirent aussi garde que du côté de midi il y avoit un grand bois qui poúvoit très-bien survenir aux nécessités de la cité. Ainsi, toutes ces choses par les menus considérées, le roi fit sur ce fleuve édifier une petite cité qui contenoit environ trois mille feux, la faisant bien munir, selon ses qualités, de toutes choses qui sont requises à la civilité. Après le décès de cet Idris, un de ses fils édifia une autre cité vis-à-vis de celle-ci du côté du ponant, tant que par laps de temps l'une et l'autre accrurent et multiplièrent tellement, qu'une bien étroite rue les séparoit, à cause que plusieurs seigneurs tâchoient à l'augmenter chacun de son côté et à l'envi. Mais cent quatre-vingts ans après qu'elle fut édifiée, les habitants, d'un côté et d'autre, commencèrent à se formaliser, élisant un prince pour chacune partie, continuant une si âpre et cruelle guerre entre eux, qu'elle ne prit cesse par l'espace de cent ans. Depuis, survint Jusef, roi de Luntune, qui se banda contre ces deux peuples, faisant marcher sa gendarmerie vers cette cité ; et s'en étant emparé, la saccagea, et fit mourir cruellement les habitants d'icelle, qui furent trente mille de compte fait ; ce qu'ayant exécuté, il se délibéra de réduire ces deux peuples en un, au moyen de quoi il fit raser les murailles qui divisoient la cité, puis fit asseoir plusieurs ponts sur le fleuve, par où l'on passoit facilement d'un lieu à l'autre ; tellement que ce qui étoit en deux et divisé, fut réduit en un, et uni, faisant de deux petites cités une très-belle et magni-

Cité édifiée par les enfants d'Idris, et depuis saccagée par Jusef, roi de Luntune.

Trente mille habitants occis en une ville.

fique ville, qui fut divisée en douze parties. Or, puisque vous avez entendu l'origine de la fondation de la cité, je poursuivrai ma matière, vous spécifiant ses qualités par le menu, et en quel être elle se retrouve à présent.

Particulière description de la cité de Fez.

Fez est une très-grande cité ceinte de très-belles et hautes murailles, n'ayant au-dedans quasi autre chose que montagnes et côteaux, hors seulement au milieu qui est en une plaine, étant environné par tous les quatre côtés de montagnes et collines, recevant l'eau par deux endroits, d'autant que le fleuve se divise en deux parties, dont l'une passe à côté de Fez la neuve devers midi, et l'autre prend son cours devers ponant; puis dans la cité l'eau s'écoule par plusieurs canaux qui sont écartés par les maisons des citoyens courtisans du roi, et en d'autres lieux. Semblablement chaque temple et mosquée a quelque petit ruisseau avec les collèges, hôpitaux et hôtelleries. Auprès se voient des latrines bâties en forme quadrangulaire, et à l'entour y a des cabinets avec leurs petits guichets, et en chacun d'iceux se trouve une fontaine, dont l'eau qui en sort tombe en terre dans une petite auge de

Industrie des cabinets, et commodité de l'eau.

marbre; et, pour si peu qu'elle sorte avec impétuosité, elle vient à s'écouler dans les latrines, emmenant l'ordure avec les immondices de la cité dans le fleuve. Au milieu de la maison des latrines y a une fontaine basse et profonde de trois coudées, large de quatre, et longue de douze, et autour y a trois canaux, là où l'eau prend son cours, s'écoulant dans les privés, qui sont en nombre de cent cinquante. Les maisons de cette cité sont fabriquées de brique et de pierre fort subtilement taillée, dont la plus grande partie est fort belle, et enrichie de mosaïque, et les lieux découverts et portiques sont pavés de certaine brique à l'antique, diaprée et variée de couleurs en forme de vases de majolique. Les habitants ont aussi coutume de peindre le plancher des chambres de beaux ouvrages et riches couleurs, comme d'or et d'azur, et le couvre-t-on avec des ais et lattes, pour plus facilement pouvoir tendre les draps partout le comble de la maison, afin d'y dormir en temps d'été, et sont tous les édifices ordinairement élevés jusqu'à deux étages, et s'en trouve beaucoup qui en contiennent jusqu'à trois, ayant puis en haut et en bas des allées ou galeries qui leur servent d'ornement, étant fort commodes pour passer d'une chambre à autre, sous la pente du cou-

De la richesse et façon des bâtiments de Fez.

vert, parce que le milieu de la maison est tout découvert, et les chambres assises d'un côté et d'autre; les portes fort larges et hautes; mais ceux qui se sentent de quoi, les font faire de bois entaillé, mettant dans les chambres des armoires du plus beau bois qu'ils puissent trouver, de la longueur et largeur de la chambre, là où ils serrent les choses qui leur sont plus chères et agréables, après avoir fait peindre bien gentiment icelles armoires; et y en a plusieurs qui les demandent de la hauteur de trois pieds seulement, afin qu'ils puissent asseoir et accommoder un lit au-dessus. Tous les portiques des maisons sont posés sur colonnes de brique, la moitié chargée de majolique, et y en a d'autres soutenus par colonnes de marbre, faisant des arcs d'une à autre, tous enrichis de mosaïque; et les architraves qui portent sur les chapiteaux des colonnes qui soutiennent les étages, sont de bois entaillé, avec beaux ouvrages, et exquis, peinturés de vives couleurs, et avec une industrie fort grande. On y trouve beaucoup de maisons qui ont quelques citernes d'eau en diamètre quadrangulaire, de cinq et six coudées en largeur, et de dix à douze en longueur, profondes de trois ou quatre pieds, toutes découvertes, et en leur comble revêtues de majolique, ayant à cha-

Braveté de porches, ou portiques des maisons.

cun angle de la longueur des fontaines basses et belles faites à majolique ; en aucunes d'icelles (comme on est accoutumé de faire aux fontaines d'Europe) on met quelque vase de marbre blanc ; d'où l'eau s'écoulant, s'en va dans ces citernes, tombant par certains conduits couverts et bien accoutrés tout autour ; et quand les citernes sont combles, l'eau regorge tout autour, qui s'en va par certains autres conduits auprès des citernes, et de là prend son cours par des petits canaux, si bien qu'elle vient à courir et passer par ces latrines, puis s'en va tomber dans la rivière. Ces citernes sont tenues bien nettes et bien en ordre, mais elles ne servent qu'en temps d'été, car alors les femmes et enfants se mettent à baigner et nager dans icelle. Ils ont semblablement coutume de faire une tour sur leurs maisons, où sont des chambres fort commodes et aisées, auxquelles les femmes se viennent récréer lorsqu'elles sont ennuyées du travail de l'aiguille, à cause que de la sommité d'icelles on peut facilement découvrir tout le pourpris de la cité, ayant environ sept cents temples et mosquées, qui sont petits lieux là où l'on a coutume de prier, et s'en y trouve d'iceux temples jusqu'au nombre de cinquante de fort belle structure, appuyés sur colonnes de marbre, et un

Sept cents temples ou églises, en la cité de Fez, et de leur beauté.

chacun avec sa belle fontaine élevée de même pierre, et d'autres rares à nous inconnues; et toutes les colonnes sont, par-dessus leur tribunes, toutes ouvrées de mosaïque, et entaillées fort somptueusement. La retube ou comble des temples est faite à la mode de ceux d'Europe, couverts d'ais, et le niveau du pavé tout couvert de nattes fort belles, cousues et assemblées d'une si grande industrie, que le pavé ne se voit en sorte que ce soit. Les murailles sont semblablement toutes tendues de nattes de la hauteur d'un homme seulement, et en chacun d'iceux temples y a une tour, où l'on monte ceux qui ont charge de crier et annoncer les heures ordinaires et députés à faire oraison, qui ne peut être faite que par un prêtre seul pour chaque temple, lequel a la charge d'avoir égard au revenu d'icelui, et en tenant bon compte de ce qui lui passe par les mains, le distribuer aux ministres du temple, comme à ceux qui tiennent toute la nuit des lampes allumées, à ceux qui sont commis à la garde des portes, et aux autres qui crient la nuit sur la tour en temps des oraisons; car celui qui les annonce le jour n'est aucunement salarié, sinon qu'on l'exempte de toute imposition et décime. Et entre tous les autres temples en y a un pricipal et majeur, lequel est appelé le temple de Carauven, qui tient de circuit environ un mille et demi, ayant trente-une portes fort grandes et hautes. Le couvert contient en sa longueur cent cinquante brasses toscanes, et n'en tient guère moins de quatre-vingts en largeur. La tour d'où on crie est fort haute; le couvert en la longueur est soutenu par trente-huit arcs, et la largeur en a vingt, étant le temple, c'est à savoir du ponant, du levant et de Tramontane, environné de certains portiques, dont un chacun a de largeur trente coudées et quarante en longueur, et sous iceux y a des magasins là où se gardent l'huile, lampes, nattes et autres choses nécessaires en icelui, dans lequel on tient toutes les nuits neuf cents lampes ardentes; car chacun arc a la sienne, et mêmement le rang de ceux qui traversent le milieu du chœur du temple, qui en a cent cinquante, avec grands chandeliers de bronze, où pouvoient demeurer le nombre de mille cinq cents lampes, et ont été faites des cloches que les rois de Fez prirent dans quelques temples des chrétiens. Dans ce temple, auprès des murailles, y a des chaises de toute qualité, là où les maîtres et docteurs montent pour instruire le peuple en leur loi spirituelle et temporelle; et, pour ce faire, commencent une heure avant la pointe du jour,

Le temple majeur a trente-une portes, et tient demi-lieue de circuit, appelé Carauven.

Tour du temple.

Neuf cents lampes ardentes, la nuit, au grand temple de Fez.

Chandeliers tenant lieu pour quinze cents lampes.

ce qui ne se fait en temps d'été, sinon depuis huit heures du soir, et durent leurs lectures jusqu'à une heure et demie de nuit. Leur coutume est, outre ce, de lire tant aux sciences morales comme spirituelles, et concernant la loi de Mahomet; mais en été la leçon ne se fait que par gens privés et peu renommés. Les autres sont faites par gens pleins de savoir, d'autorité et bien expérimentés en la loi, dont un chacun est fort bien salarié, outre ce qu'on est tenu les fournir de livres et chandelles. Le prêtre de ce temple n'a autre charge que de faire l'oraison; mais il faut qu'il rende compte des deniers et autres choses qui lui sont offertes pour les pupilles, distribuant le revenu qui a été délaissé pour les pauvres de la cité, comme argent et grain, auxquels il en fait part aux uns plus et aux autres moins, et là où il connoît l'indigence être plus grande. Le receveur des rentes du temple a un office à part, avec provision d'un ducat par jour, tenant sous lui huit notaires, qui ont pour leurs gages chacun six ducats par mois, et six hommes qui reçoivent les deniers des louages des maisons, des boutiques et semblables choses, prenant pour leur peine cinq pour cent. Il y a encore vingt facteurs, qui n'ont autre chose à faire que d'aller par les possessions solliciter

En quoi le revenu du temple est employé.

et mettre au labeur les laboureurs, vignerons et jardiniers, leur distribuant ce qui leur est nécessaire touchant leur vie et l'ouvrage, et ont de salaire trois ducats le mois pour homme. Près de la cité un mille, il y a environ vingt fourneaux où se cuit la chaux, et autant d'un autre côté, là où se cuit la brique et matière pour la fabrique des possessions du temple, qui a deux cents ducats par chacun jour de revenu, la moitié duquel est employé aux choses ci-dessus nommées, avec ce qu'il accommode de plusieurs choses les autres temples et mosquées, qui n'ont nul revenu. Et se sont les rois de Fez, le plus souvent, fait prêter grande somme d'argent par le prêtre du temple, mais à jamais rendre. Il y a dans la cité deux colléges d'une belle structure, et embellis de mosaïque, avec les architraves entaillés. L'un d'iceux est pavé de majolique, et l'autre de marbre, ayant beaucoup de chambres, mais l'un plus que l'autre ; car celui qui en a le plus en contient jusqu'au nombre de cent, et l'autre moins ; et furent tous deux édifiés par plusieurs rois de la maison de Marin, qui rendirent l'un à une merveilleuse grandeur et beauté ; et le fit fabriquer le roi Habu Hénon, qui y dressa une belle fontaine de marbre, contenant autant que deux ton-

Le temple a deux cents ducats de revenu par jour.

Collége ayant cent chambres.

neaux; et au-dedans passe un petit fleuve, par un canal qui a le fond bien poli et les bords de marbre et majolique; puis s'y voient trois loges, avec les cuves couvertes, d'une industrie admirable, où sont dressées des colonnes à huit angles, et une chacune est attachée à la muraille, étant de diverses couleurs, soutenant certains arcs enrichis de mosaïque d'or fin et pur azur. Le couvert est fait en beau compartiment de menuiserie très-excellente et bien ordonnée; puis, hors les portiques, il y a des rez en mode de jalousies, par lesquelles ceux qui sont dedans peuvent voir dehors sans être aperçus. Les murailles sont toutes revêtues de majolique de la hauteur d'un homme et plus, avec des vers qui sont affichés contre les parois tout autour du collége, par lesquels on peut savoir l'an où il fut fondé; et plusieurs autres qui sont composés à la louange du fondateur d'icelui, qui est le roi Habu Hénon; et sont les lettres en grosse forme de majolique, sur un champ blanc, tellement qu'on en peut faire lecture d'assez loin. Les portes sont de cuivre, avec ouvrages qui les décorent fort, et celles des chambres sont de bois bien entaillé. Il y a, en la grande salle où se font les oraisons, une chaire à neuf marches toutes d'ivoire et d'ébène; chose, certes,

Collége fondé par le roi Habu Hénon.

non moins plaisante et somptueuse que digne d'admiration. J'ai ouï affirmer, à plusieurs qui l'avoient semblablement entendu réciter à d'autres, que le roi prit envie (le collége rendu en son entière perfection) de voir le livre des comptes, pour savoir quelle somme d'argent étoit allée à la fabrique d'icelui ; mais il n'eut pas feuilleté la moindre partie du livre, qu'il trouva de dépense pour quarante mille ducats, qui lui causa une si grande merveille, que, sans plus y regarder, après l'avoir déchiré, le jeta dans le petit fleuve qui passe par le collége, alléguant ces deux vers d'un auteur arabe, dont le sens est tel :

> Cé qui est beau n'est cher, tant grande en soit la somme,
> Ni trop se peut payer chose qui plaît à l'homme.

Mais il y eut un trésorier appelé Hibnulagi, lequel en avoit tenu compte, et trouva qu'on avoit dépensé quatre cent octante mille ducats. Tous les autres colléges de Fez imitent aucunement l'ordre de la fabrique de celui-ci, et à un chacun il y a lectures en diverses sciences et genres de discipline, qui ont les heures de leur lecture comparties et limitées, les uns lisant le soir, les autres le matin, étant provisionnés et salariés des rentes délaissées par les fondateurs à ce même effet. Anciennement,

Somme des frais du bâtiment du grand collége, qui est de 480,000 ducats.

les écoliers étoient nourris et vêtus en iceux par l'espace de sept ans; mais, pour le présent, ils n'y ont autre avantage que la demeurance, parce que, par les guerres de Sahid, beaucoup de leurs possessions (dont le revenu étoit député pour cette affaire) furent gâtées, et n'en est demeuré qu'une bien petite partie, avec laquelle les lecteurs sont entretenus, dont l'un a d'eux cents ducats, l'autre cent, l'un plus et l'autre moins; et pourroit bien ceci être cause, en partie, que la cité de Fez, avec les vertus qui la souloient rendre florissante, sont venues en décadence, et non-seulement la cité, mais tout le pourpris de l'Afrique; tellement que les colléges ne sont fréquentés sinon de quelques étranges écoliers, qui sont entretenus à l'aumône de la cité et du territoire d'icelle; et s'il y en avoit d'aventure aucuns de la cité, ils ne sauroient être plus haut de deux ou trois. Quand l'un des lecteurs veut donner commencement à sa lecture, il fait premièrement lire le texte, puis vient à l'exposer de mot à mot, et déclarer particulièrement tous les points qui lui semblent difficiles; et ont coutume les écoliers de disputer aucune fois entre eux, selon la matière et sujet de leurs leçons.

Hôpitaux et étuves qui sont dans la cité de Fez.

Il y a dans Fez des hôpitaux et colléges qui en beauté ne cèdent en rien aux autres, et souloient être logés les étrangers dans iceux hôpitaux par l'espace de trois jours. Il y en a plusieurs autres hors les portes, qui ne sont moindres ni inférieurs à ceux de la cité, et étoient assez bien fondés et rentés; mais du temps des guerres de Sahid, le roi, se trouvant fort nécessiteux d'argent, fut conseillé de vendre le revenu d'iceux; à quoi le peuple résistant fort obstinément, et ne s'y voulant accorder, un procureur du roi fit entendre aux habitants comme, par les aumônes des aïeux de sa majesté, ils avoient été édifiés et fondés; ce que considéré, il étoit bien raisonnable et nécessaire que du revenu d'iceux on fît une certaine quantité d'argent pour subvenir à l'extrême besoin dudit seigneur, qui, à faute de ce, étoit sur le point de perdre son royaume; et que facilement la guerre finie et l'ennemi chassé, on trouveroit le moyen de le racheter. Ainsi ce maître procureur sut si bien dire et persuader, que les possessions qui dépendoient de ces hôpitaux furent vendues avec les rentes; mais le roi, prévenu et devancé par la mort, ne se put aucunement acquitter de sa promesse, qui étoit de rendre ces hôpitaux en leur premier état, qu'on laisse aujourd'hui à quelque docteur ou noble de la cité, qui n'a pas meilleur moyen, afin qu'on les puisse toujours maintenir sur pied. Et n'y en a qu'un seul pour subvenir et servir aux pauvres malades qui arrivent de jour en jour, tant des lieux circonvoisins que de lointains pays, auxquels on ne donne médecine ni médecin pour les guérir, et n'ont autre chose du revenu dudit lieu, que leurs dépens et le coucher, avec aucuns qui sont là pour leur administrer leurs nécessités, jusqu'à tant ou que la mort donne fin à leur misérable vie, ou qu'ils retournent en leur première santé et convalescence. En cet hôpital y a quelques chambres expressément ordonnées pour les fous, c'est à savoir pour ceux qui ruent des pierres parmi les rues, et font autres actes scandaleux, là où ils sont enchaînés. Le devant des chambres qui est sur les allées est treillissé de certaines barres de bois bien fortes, et aussitôt que celui qui leur porte à manger les voit bouger en sorte que ce soit, il les redresse très-lourdement, avec dépiteuse bastonnades, étant toujours garni d'un gros bâton court pour cette affaire. Il advient souventefois que quelque étranger se veut approcher

Chambres pour les fous.

de ces chambres, mais il n'est pas plutôt par ces fous aperçu, qu'ils l'appellent, se plaignant à lui grandement qu'étant du tout délivrés de folie, sont ainsi étroitement détenus en cette malheureuse prison, où ils reçoivent journellement, par leurs gardes, mille injures et outrages ; à quoi aucuns ajoutant foi et s'approchant de plus près, se trouvent incontinent saisis par le repli de leurs robes ou pan de manteau par ces fous, qui leur impriment un masque sur le visage avec leur fiente ; car, combien qu'ils aient des latrines, néanmoins ils se vident le plus souvent accroupis au milieu de la chambre, et faut que leurs gardes nettoient journellement leurs ordures, faisant signe aux étrangers qu'ils ne s'avancent guère et parlent de loin. Enfin, cet hôpital est pourvu de tous ministres et officiers qui sont en semblable cas requis ; comme de notaires, facteurs, protecteurs, cuisiniers et autres, qui sont au gouvernement des malades, et un chacun a salaire assez suffisant. De mon adolescence j'y demeurai deux ans pour notaire, comme c'est la coutume des jeunes étudiants, qui, exerçant cet office, ont trois ducats le mois pour leurs gages. La cité est encore garnie de cent étuves fort bien fabriquées et en bon ordre, dont il s'en trouve de grandes et moyennes, mais tou-

Des étuves de Fez.

tes bâties d'une même façon qui est telle. En chacune d'icelles y a quatre chambres en guise de salle, et au dehors certaines logettes haussées de cinq ou six marches, là où sont les lieux députés pour se dépouiller et étuyer ses habillements ; puis au milieu se trouvent des fontaines en sorte de citernes, mais fort grandes. Or, s'il prend envie à quelqu'un de s'aller étuyer, après qu'il a passé la première porte, il entre dans une chambre très-froide, où ceux de céans tiennent une fontaine pour rafraîchir l'eau quand elle est plus chaude qu'il ne faudroit ; puis de là on vient à entrer dans une autre chambre qui est un peu plus chaude que la première, là où on se fait laver et nettoyer par les valets. De là on passe encore plus outre, en une autre aisance là où on sue très-bien, qui est le lieu où est la chaudière emmuraillée pleine d'eau bouillante, qu'on tire avec des seilles de bois, que les valets sont tenus de donner pleines d'eau ; et ceux qui en veulent avoir davantage, ou qui se font laver plus long-temps, doivent donner à celui qui les sert un grand blanc, ou deux liards pour le moins, et au maître de l'étuve un liard tant seulement. L'eau se chauffe avec la fiente ou fumier des bêtes, au moyen de quoi ceux qui tiennent les étuves ont des garçons et sommiers expressément, qui s'écartent par la cité, recueillant le fumier des étables, qu'ils transportent hors la cité, là où ils l'assemblent et en font une petite montagne, qu'ils laissent essuyer par l'espace de deux ou trois mois, et à la fin ils font chauffer les étuves et leur eau par faute de bois. Les femmes ont leurs étuves à part, et s'en trouve encore qui sont pour l'un et l'autre sexe en général ; mais les heures sont déterminées pour les hommes, qui n'y peuvent aller qu'à certains temps du matin jusqu'environ les neuf ou dix heures, une fois plus tôt et une autre fois plus tard, selon la qualité des jours, dont le reste est député pour les femmes, qui étant dedans les étuves, pour le donner à connoître, on traverse une corde à l'entrée, là où il n'est permis de passer pendant que ce signe y est apposé ; et si, par fortune, il advenoit que quelqu'un eût vouloir de parler à sa femme, il ne pourroit, sinon qu'il lui fît entendre ce qu'il voudroit dire par quelque valet ou ministre. Ils ont encore coutume, tant hommes que femmes de la cité, de manger, et le plus souvent se récréer à divers jeux et ébattements, chantant à gorge bée dans les étuves, là où peuvent entrer les jouvenceaux tout nus, sans aucun respect, ni prendre vergoigne les uns des autres en

Etuves des femmes.

Heures déterminées pour étuver.

sorte que ce soit; mais les hommes d'autorité et réputation y entrent avec linges autour d'eux, et ne se mettent aux places communes; ains se rangent en petits cabinets qu'on tient toujours en ordre pour ceux qui sont d'apparence. J'avois oublié une chose, et passois outre, sans vous dire comme les valets font étendre ceux qu'ils lavent par terre, et les frottent très-bien avec une certaine manière d'onguent restauratif et autres instruments, qui ôtent et nettoient toute immondicité de dessus le corps de la personne. Mais quand ils viennent à laver quelque seigneur, ils le font coucher sur un drap de feûtre, et appuyer la tête sur un coussin couvert de feûtre semblablement. En chacune de ces étuves y a plusieurs barbiers, lesquels savent qu'ils doivent bailler au maître par an, y pouvant lever boutique et travailler de leur art. La plus grande partie de ces étuves doit de louage, aux temples et colléges, l'une cent, l'autre cent cinquante ducats, ou plus ou moins, selon la grandeur et qualité des lieux. Je ne veux encore omettre que les compagnons et ministres d'icelles solennisent certaine fête une fois l'an, la célébrant en cette sorte : ils invitent premièrement tous leurs amis, et s'en vont hors la cité avec le fifre, tambourin et trompettes,

puis arrachent un oignon de squille, qu'ils met- Squille, ainsi nommé en Afrique.
tent dans un beau vase de cuivre, et l'ayant
couvert d'une nappe très-blanche, s'en retournent dans la cité, toujours sonnant jusqu'à la porte de l'étuve, puis mettent l'oignon dans un panier, qu'ils pendent à la porte, disant : ceci fera venir le gain à l'étuve, à cause qu'elle sera fréquentée de plusieurs. Mais il me semble que ceci se doive plutôt appeler sacrifice qu'autrement, vu la mode que tenoient anciennement les Africains gentils, qui laissèrent cette manière de faire qu'on a entretenue jusqu'à présent; comme il se trouve encore plusieurs noms et mots des fêtes des chrétiens qui s'observent quasi aujourd'hui, combien qu'on ne sait la raison pour quoi elles se font; et tiennent cela les Africains depuis qu'ils furent subjugués par iceux ; et vous exposerai aucuns mots qui en sont, selon qu'il me viendra à propos.

Hôtelleries de la ville de Fez.

Il peut y avoir environ deux cents hôtelleries en cette cité, qui sont somptueusement fabriquées, dont il s'en trouve d'aucunes fort grandes, comme celles qui sont prochaines du temple Majeur, qui sont faites à trois étages, dont la plus spacieuse contient cent vingt chambres, et y en a encore d'autres qui en ont davantage, étant toutes garnies de leurs fontaines et latrines avec canals, par où se vident toutes les immondices et ordures hors la cité. Je n'ai vu en Italie nuls semblables édifices, sinon le collége des Espagnols, qui est dans Bologne la Grasse, et le palais du cardinal saint Georges, à Rome. Toutes les portes des chambres répondent sur les galeries; mais on est souvent trompé par la belle montre de ces hôtelleries; car il y fait très-mauvais loger, à cause qu'il n'y a lit ni couches; mais les hôtes donnent à ceux qui y logent une esclavine et quelques nattes pour dormir dessus; et s'ils veulent manger, il faut qu'eux-mêmes voisent acheter la viande, laquelle ils donnent puis à l'hôte pour appareiller. Les pauvres femmes veuves de la cité (qui n'ont aucune maison ni parent, ou autre qui leur en veuillent prêter) se retirent dans ces hôtelleries, là où on leur donne une aisance, puis se mettent à cuisiner et tenir les chambres en ordre et nettes. Mais je ne veux passer outre sans que vous soyez plus à plein informés de la manière de vivre de ces hôtes, puisqu'il me vient à propos. Ils sont d'une génération appelée *Elchéva*, et se parent d'habits lubriques et dissolus, qu'ils accoûtrent à la mode féminine, portant la barbe rase, s'étudiant de tout leur esprit à imiter en tout les gestes et façons des femmes, voire jusqu'à la parole même. Quoi plus? ils se rendent si mous et délicats, qu'ils n'ont point honte de s'abaisser tant, que de prendre la quenouille pour filer, et n'y a celui de ces infâmes paillards qui ne tienne un concubin, usant avec lui et se viennent à conjoindre ensemble ni plus ni moins que fait le mari avec la femme, tenant outre ce des filles publiques, qui se gouvernent non autrement que font les cagnardières en Europe. Ils ont autorité de vendre, acheter le vin, sans qu'ils en soient en rien molestés par les officiers de la cour, et pratiquent en ces hôtelleries toutes manières de rufiens, paillards, ivrognes, gens mal conditionnés et de mauvaise vie ; les uns pour gourmander et ivrogner, les autres pour amortir leur chaude paillardise et déshonnête lubricité avec les femmes publiques, et aucuns pour commettre d'autres illicites et vitupérables actes (pour être là assurés de la cour) qui me donnent plus de honte à les publier qu'à ces infâmes pendards de les mettre en effet. Ces hôtes ont un consul, et paient un certain tribut au châtelain et gouverneur de la cité, avec ce qu'ils

Vices et méchante vie des hôtes de Fez

sont tenus et obligés (quand ce vient au besoin) de fournir en l'armée du roi ou de quelque prince, une grande multitude d'hommes de leur compagnie pour faire la cuisine des soldats, parce qu'il s'en trouve peu d'autres qui soient si bien en cet art expérimentés; et vous ose bien assurer d'une chose, que si le devoir auquel se doit ranger tout historien ne m'eût contraint à dire la vérité, que je me fusse volontiers déporté de m'avancer de tant, avec une grande envie de remettre ceci sous silence, pour le publier et découvrir si abominables vices qui rendent obscure la gloire de cette cité, où j'ai pris la plus grande partie de ma nourriture. Car, à dire vrai (hormis cette abomination), il y a des personnes autant honnêtes et bonnes qu'on sauroit trouver en toute l'Afrique; tellement, que cette peste de gens n'est fréquentée que de ses semblables, confits en toute ordure et méchanceté. Et tant s'en faut que ni gens de lettres, d'honneur et marchands, voire jusqu'aux artisans, leur daignent tenir propos, qu'ils se tiendroient quasi déshonorés de les regarder seulement, au moyen de quoi (vu leur infamie) il leur est défendu d'entrer aux temples, places marchandes, étuves et maisons d'honneur, ne leur étant licite de tenir hôtellerie près le temple Majeur, parce que là vont loger les marchands et gens de rare qualité. Tant y a, que tout le peuple en général leur porte une haine mortelle. Mais pour autant que les seigneurs (comme il vous a été récité) s'en servent en leurs armées, il leur est permis de mener une telle désordonnée et scandaleuse vie.

Des moulins qui sont dans la cité.

Dedans cette cité, y a près de quatre cents moulins, c'est à savoir de lieux auxquels sont les moules, car autrement il y en pourroit bien avoir un millier, parce qu'ils sont faits en manière d'une grande salle soutenue par colonnes; et dans aucuns endroits il y aura quatre, cinq et six moules, tant qu'une partie du territoire vient moudre dans la cité, où y a certains marchands qu'on appelle fariniers, qui arrentent les moulins où ils font moudre le blé qu'ils achètent, puis vendent la farine dans des boutiques qu'ils tiennent à louage, et de ceci en retirent un grand profit; car tous les artisans qui n'ont pas bonnement la puissance de faire leur provision de blé, achètent la farine en ces boutiques, puis font faire leur pain en leur maison. Mais ceux qui ont bien le moyen, achètent le blé, qu'ils font moudre aux moulins étant députés pour les citoyens, et paient un grand blanc pour faire moudre le setier. La plus grande partie de ces moulins dépend des temples et colléges, de sorte qu'il se trouve peu de citoyens qui en aient, et est grand le louage, comme de deux ducats pour moule.

De la diversité des artisans, boutiques et places.

Les arcs en cette cité sont séparés les uns des autres, dont les plus nobles sont autour du circuit du temple Majeur, comme les notaires, qui tiennent environ octante boutiques, dont une partie est jointe avec les murailles du temple, et l'autre à l'aspect d'icelui, et y a deux notaires en chaque boutique. Plus outre, devers le ponant, y a environ trente boutiques de libraires; et du côté du midi sont les marchands de souliers, qui tiennent près de cinquante boutiques. Ceux-ci achètent souliers, bottes et bottines en grande quantité, des cordonniers qui vendent par le menu. Un peu plus avant, sont les cordonniers qui font les escarpes des petits enfants, et peuvent tenir environ cinquante boutiques. De la partie du levant, qui est devers le temple, sont ceux qui vendent ouvrage de

[marginalia: 80 boutiques de notaires. 30 boutiques de libraires. 50 boutiques de cordonniers.]

cuivre et laiton: d'autre côté, devers la grande porte du côté du ponant, sont les revendeurs de fruits, qui tiennent environ cinquante boutiques. Après, se trouvent ceux qui vendent la cire, de laquelle ils forment et moulent les plus beaux ouvrages que je pense avoir vus de ma vie; et de là l'on vient à trouver le rang des merciers, qui sont en petit nombre; puis après sont environ vingt-cinq boutiques de ceux qui vendent les fleurs, desquelles ceux qui boivent du vin veulent toujours manier, et tiennent encore citrons et limons; mais ces fleurs rendent une si grande délectation à la vue de qui les regarde, pour cause de l'aspect diapré, et contentement tant nompareil de l'odeur provenante d'icelles, qu'il semble à voir qu'on soit dans quelque beau pré verdoyant et semé de suaves et odorantes fleurs; ou bien viennent à représenter l'objet d'un beau tableau enrichi des plus naïves et diverses couleurs. Auprès de ceux-ci se tiennent les vendeurs de lait, qui ont leurs maisons garnies de vases de majolique, et achètent le lait de certains vachers qui nourrissent les vaches pour telle marchandise, puis l'envoient tous les matins dedans des vases de bois reliés de cercles de fer, fort étroits par la bouche, et larges au fond, pour le vendre sous ces boutiques, et ce qui leur de-

50 boutiques de vendeurs de fruits.

25 boutiques de vendeurs de fleurs.

meure le soir ou le matin, est acheté par les revendeurs, qui en font du beurre, et le laissent partie aigrir ou congeler, pour le vendre au populaire, et ne saurais croire autrement qu'il ne s'en vende chaque jour dans la cité plus de vingt-cinq tonneaux, tant aigre que frais. Plus, là sont ceux qui vendent le coton, et peuvent tenir environ trente boutiques. Du côté de Tramontane sont les marchands de chanvre, qui vendent cordes, chevêtres, lacs, cordeaux et autres tranches-files ; puis se trouvent les autres qui font ceintures de cuir et licols de chevaux, tous de cuir, ouvrés de soie. Après, sont ceux qui font fourreaux d'épées, gaînes de couteaux et peignes de cheval. Puis se voit le rang des vendeurs de sel, craie blanche et autres couleurs, qu'ils achètent en gros et vendent par le menu. De là se trouvent les marchands qui vendent vases, beaux et chargés de naïve couleur, dont les uns sont colorés d'une simple couleur, d'autres de diverses, et y en a environ cent boutiques : puis après sont ceux qui vendent les mors, brides, selles et estaffes, qui tiennent environ octante boutiques. Plus outre, est la place des portefaix, qui sont jusqu'au nombre de trois cents, ayant un consul ou chef qui a la puissance d'élire et choisir ceux qui doivent travailler et servir

Il se vend 25 tonneaux de lait par jour on la cité.

30 boutiques de vendeurs de coton.

Les boutiques de vendeurs de vases.

80 boutiques de selliers.

300 portefaix bien ordonnés et privilégiés.

aux choses occurrentes tout le long de la semaine, et les deniers qu'ils reçoivent pour leur salaire se serrent dans une boîte où il y a plusieurs serrures, dont les clefs sont gardées de divers chefs, et au bout de la semaine ces deniers sont divisés entre ceux qui ont travaillé durant icelle, se portant telle amitié les uns aux autres comme s'ils étoient frères naturels. Au moyen de quoi, quand quelqu'un d'eux vient à mourir et délaisse quelque petit enfant, la compagnie fait gouverner la femme jusqu'à ce qu'elle se remarie. Quant aux enfants, ils en sont merveilleusement soigneux, jusqu'à tant qu'on les voie en âge de pouvoir apprendre quelque métier ; et quand aucun d'entre eux vient à se marier, ou que la femme de l'un est en couche, il fait un banquet à tous ceux de la sequelle qui lui font présent, puis après chacun à part, selon que leurs forces se peuvent étendre. Ils ne recevront jamais aucun en leur compagnie, que premièrement il n'ait fait un festin à tous les autres ; et combien qu'il y entrât sans le faire, il ne pourroit gagner, en travaillant, que la moitié du gain qui reviendroit à un autre. Au reste, ils sont privilégiés des seigneurs de ne payer aucune gabelle ni imposition, et ne feront cuire leur pain chez les fourniers s'il ne leur est agréable. Et si, par cas fortuit, il advenoit qu'un d'entre eux commît quelque délit digne de mort, on lui fait cette grace de ne le punir publiquement. Lorsqu'ils se veulent mettre en besogne, ils vêtent un habit court, et sont tous d'une livrée; mais quand ils cessent, tous habillements leur sont indifférents; tant y a que ce sont honnêtes gens et de bonne vie. Davantage il y a la place du chef des consuls et juges de tous les vendeurs des choses de bouche, et au milieu se trouve un sérail de cannes proportionné en quadrature, où l'on vend des pastonnades et naveaux, qui sont en si grande estime, qu'autres n'ont puissance d'en acheter des jardiniers, hors quelques-uns qui sont dépués qui en rendent certain tribut aux gabeliers, et s'en vendent tous les jours cinq cents charges, et aucune fois davantage; toutefois encore qu'elles soient en si grande estime, si est-ce qu'on les laisse à bon marché, comme trente, ou pour le moins vingt livres pour un blanc, et à se donne la fève fraîche en sa saison à bon prix. Autour de cette place y a des boutiques là où se vendent des lauzagnes, avec lesquelles on fait certaines balottes de chair de bœuf, la plus maigre qu'on trouve chapelée, et frite en huile avec force épice, dont chacune est de la grosseur d'une

De la quantité des pastonnades et naveaux qui se vendent à Fez.

figue, dont la livre se donne pour deux liards. Outre cette place, et devers Tramontane, est celle de l'herberie, là où se vendent les choux, raves et autres herbes qui se mangent avec la chair, et contient environ quarante boutiques. Il y a puis après la place qu'on appelle de la fumée, où se vend le pain frit en l'huile, semblable à ce pain emmiellé que nous appelons pain d'épice; et ceux qui le font tiennent dans leurs boutiques plusieurs garçons et instruments, parce qu'ils le font avec un grand ordre, et en vendent tous les jours une grande quantité, à cause que c'est la coutume de le manger à déjeûner, mêmement le jour des fêtes, avec le rôti ou le miel même, ou bien avec un salé potage fait avec chair qu'ils chapèlent après qu'elle est cuite, et en font ce patrouillis qui, étant aucunement tiède, lui donnent couleur, et le saupoudrent avec je ne sais quelle terre rouge. Ils n'ont coutume d'enhâter leur rôti, mais dressent deux fours l'un sur l'autre, et en celui de dessous allument le feu, tant que le dessus est bien échauffé, puis mettent là-dedans les moutons tout entiers, par un pertuis qu'ils font par-dessus pour éviter que la flamme ne leur endommage la main. Ainsi se cuit fort bien la chair, qui prend couleur, retenant un goût fort délicat, parce que

40 boutiques de vendeurs d'herbes et raves.

Pain frit en l'huile.

Deux fours l'un sur l'autre, à rôtir la chair et moutons tout entiers.

la fumée ne la peut surprendre, et n'a pas le feu trop âpre, mais la laissent cuire à loisir tout le long de la nuit; puis le matin commencent à la vendre; tellement que, tant de pain, duquel nous avons ci-dessus parlé, que de cette chair rôtie, s'en vend bien tous les jours pour plus de deux cents ducats; car il y a aucunes boutiques là où l'on ne s'adonne à autre exercice. Ils vendent encore certaine chair, et du poisson frit, et d'autre manière de pain en sorte de lazagnes, mais un peu plus matériel, qu'ils détrempent avec du beurre, puis le mangent avec du miel. On y vend des pieds cuits, comme de mouton ou bœuf, et de telles viandes se repaissent le plus souvent les manœuvres le matin, et vignerons, aux boutiques mêmes, puis s'en vont donner commencement à leurs journées. Après sont ceux qui vendent l'huile, beurre salé, fromage vieux, olives, limons, câpres, pastonnades et poureaux, tenant leurs boutiques parées de vases de majolique, tant que le garniement vaut beaucoup mieux que la marchandise. Les pots de beurre et miel se vendent à l'encan, et ceux qui les crient sont aucuns portefaix députés, qui mesurent l'huile quand elle se vend en quantité: ces pots pèsent cent cinquante livres, parce que ceux qui les font sont tenus de les rendre de cette mesure; et les achètent les pâtres de la cité tout vides, puis après les avoir remplis les vont revendre. Là auprès sont les bouchers, qui tiennent environ quarante boutiques hautes, et de la façon des autres, là où ils dépècent la chair qu'ils pèsent dans les balances; toutefois ils ne tuent pas les bêtes dans la boucherie, mais en lieu tout propre à cet effet, qui répond sur la rivière, et là même les écorchent, puis les font porter par quatre portefaix dans les boutiques; mais, avant tout cela, on les vient premièrement présenter devant le chef des consuls, qui, les ayant fait revisiter, leur baille un billet où est écrit le prix pour combien on doit délivrer la chair, et sur icelle le boucher même met le billet, afin qu'il puisse être vu et lu de tous en général. Outre cette place, est le lieu où se vendent les draps de grosse laine du pays, et il y a environ cent boutiques; et s'il se trouve quelqu'un qui en porte vendre, il faut qu'il le charge sur les épaules d'un qui met les choses à l'encan, qui va criant le prix de boutique en boutique, et sont soixante ordonnés à cet office. Après midi, on commence de mettre les marchandises à l'encan, continuant jusqu'au soir bien tard, et se paie au crieur un grand blanc. Après ceux-ci sont les fourbisseurs

<small>40 boutiques de bouchers en la ville de Fez.</small>

<small>100 boutiques de drapiers.</small>

<small>60 crieurs des choses à l'encan.</small>

<small>Fourbisseurs.</small>

d'armes, comme d'épées, poignards, pertuisanes et autres choses; il y en a aussi qui les vendent et fourbissent ensemble. Puis après se trouvent les pêcheurs, qui pêchent tant dehors comme dedans la cité, vendant le poisson de leur pêche, qui est gros, savoureux, à bon marché, et pour un liard la livre. Ils prennent, le plus souvent, grande quantité de ce poisson qu'on appelle aloze, que l'on commence à pêcher depuis l'entrée du mois d'octobre jusqu'en avril, comme il se dira particulièrement là où nous viendrons à parler des fleuves. Un peu plus outre, sont ceux qui font les cages faites de cannes, où l'on met les poules, et peuvent tenir environ quarante boutiques, car tous les gros citoyens en tiennent un grand nombre pour les engraisser; et de peur qu'elles ne souillent les chambres, ils les enferment dans ces cages. Au-delà sont ceux qui vendent le savon, n'étant guère de boutiques ensemble, parce qu'elles sont toutes écartées par les autres rues. Ce savon se fait aux montagnes, de là où les muletiers l'apportent pour le vendre à ceux qui tiennent ces boutiques. Après se trouvent ceux qui vendent la farine, qui n'ont semblablement guère de boutiques, pour être écartées comme les autres. Plus outre, sont ceux qui vendent le grain et légumage pour

Pêcheurs.

Un liard la livre de poisson.

40 boutiques de faiseurs de cages à tenir les poules.

Boutiques de savon.

Boutiques de fariniers.

semer; il est vrai qu'ils en vendent pour manger, mais bien peu, et gardent les citoyens ce qu'ils en ont sans le vendre aucunement. En cette place se trouvent beaucoup de gens qui demeurent expressément pour porter le grain, ayant chevaux et mulets avec leurs bâts tout apostés, où chacune de ces bêtes porte contumièrement un setier et demi, mais dans trois sacs accommodés l'un sur l'autre, et sont tenus ces gens-ci de mesurer encore le blé. Puis se trouvent ceux qui vendent la paille, tenant environ dix boutiques. Plus outre, est la place là où se vend le chenesve, ou chanvre et lin qui se sème semblablement, laquelle est en forme d'une maison, ayant à chacun angle une loge, et dans icelle demeurent les marchands de toile, avec quelques-uns qui pèsent le chanvre, et les femmes qui le vendent en grande quantité : il se vend aussi à l'encan, que l'on commence à faire depuis midi jusqu'au soir, pendant lequel il s'en vend une infinité. Au milieu de cette place y a beaucoup de mûriers, qui rendent un ombrage fort plaisant au lieu, et advient souvent que l'on va voir le marché par manière d'ébat, qui puis après y demeure plus qu'il ne voudroit, pour la grande multitude des femmes qui y sont, lesquelles souventefois, après belles injures, viennent à démêler leur querelle bien lourdement à grands coups de poing, s'outrageant le plus vilainement du monde, tellement qu'elles servent de passe-temps et causent de grandes risées aux assistants. Or, maintenant, pour retourner à la partie du ponant, c'est à savoir depuis le temple jusqu'à la porte par où l'on va à Mecnase, outre la place de la fumée, sont ceux qui font les seaux de cuir, desquels on se sert aux maisons là où il y a des puits, et sont environ quatorze boutiques. En après se trouvent ceux qui font une manière d'arches, où l'on met la farine et le grain, tenant environ trente boutiques. Plus outre, sont les savetiers et aucuns cordonniers qui font de gros souliers et lourds, pour les paysans et populaire, tenant jusqu'à cinquante boutiques. D'autre part sont ceux qui font les targues et écus de cuir, selon la coutume africaine, et comme on en voit en plusieurs lieux de l'Europe. Il y a puis après les lavandiers, gens de basse condition, qui tiennent boutiques, où ils ont de grands vases comme un tenon; et ceux qui n'ont chambrière en leurs maisons pour les reblanchir, portent leurs chemises, linceuls et autres linges pour à laver à iceux lavandiers, qui le font fort diligemment, et pour les essuire, les étendent sur des cordes, puis les plient si dextrement et les nettoient si bien, que la naïve blancheur qu'ils leur donnent les fait quasi méconnoître de ceux à qui ils appartiennent. Ceux-ci tiennent environ vingt boutiques en un lieu; mais tant aux rues comme aux places, il s'en trouveroit plus de deux cents. D'autre côté, sont ceux qui font le bois des selles de chevaux, tenant plusieurs boutiques devers orient, là où est le collége du roi Abu Henon. Après, sont ceux qui font les étriers, éperons et brides, tenant quarante boutiques, dans lesquelles ils font des ouvrages fort excellens, qui se peuvent transporter en Italie ou en autres pays des chrétiens. Outre ceux-ci, l'on vient à trouver aucuns qui font les brides et fers pour fourniments de chevaux, et d'autres qui font des selles de cuir, qu'ils couvrent de double couverture de cordouan, dont la dernière est la plus riche. Ces ouvrages sont excellents en toute perfection, comme on en peut encore voir en Italie de la facture même de ceux-ci, qui tiennent environ cent boutiques. Plus outre, sont ceux qui font les lances fort longues, qui leur cause de tenir leurs boutiques fort grandes; et au-delà est située la forteresse, qui a une fort belle allée, s'étendant, d'une part, jusqu'à la porte du ponant, et d'autre à un grand palais, là où loge

Deux cents boutiques de la vandiers.

la sœur du roi, ou autre sien proche parent. Mais il faut entendre que cette place prend son commencement au temple Majeur; et pour ne corrompre l'ordre, j'ai seulement parlé de celles qui sont autour d'icelui, laissant la place des marchands pour la dernière.

Place des marchands.

Cette place est en forme d'une petite cité environnée de murailles, qui contiennent douze portes en leur circuit, dont chacune d'icelles est traversée d'une chaîne de fer, de sorte que les chevaux ni autres bêtes n'y sauroient entrer. La place est divisée en quinze parties; en l'une sont les cordonniers qui font les escarpes pour les gentilshommes, et n'y a courtisan, soldat ni artisan qui en ose porter de la même sorte et beauté. En deux autres parties d'icelle sont les merciers, qui vendent cordons, houppes, et autres ornements pour les chevaux; et d'autres aussi de qui on achète la soie de couleur pour ouvrages de chemises, oreillers et autres choses, dont tous ensemble peuvent tenir cinquante boutiques. Auprès de ceux-ci sont les ceinturiers, qui font, pour les femmes, des ceintures de laine fort grosse et de laide façon : d'autres y en a qui les font de soie, mais aussi mal façonnées, parce

Cordonniers pour les gentilshommes seulement.

qu'elles sont faites en cordon, et de la grosseur de deux doigts, tellement qu'on en pourroit facilement attacher et retenir une barque. Après ceux-ci se trouvent deux rues où se tiennent les marchands de draps de laine, c'est à savoir de ceux qu'on transporte d'Europe, avec quelques draps et bonnets de soie crue; et sont tous ces marchands grenadins. Plus outre, sont ceux qui font les materas et coussins pour l'été, avec couvertures de cuir. Près de là est le lieu de la gabelle, pour autant que les draps se vendent à l'encan ; et ceux qui en ont la charge les portent premièrement faire marquer aux gabeliers, puis les vont exposer en vente entre les marchands, et sont soixante qui les mettent à l'encan, auxquels il faut donner deux liards pour chaque pièce de drap. Plus outre, y a trois rues là où demeurent les couturiers, puis y en a une autre où sont aucuns qui font certaines franges aux bords des ornements de tête. Après ces rues il s'en trouve deux autres, où résident les marchands de toiles et chemises, et linge de femmes, les plus opulents de la cité, parce qu'ils ont plus de trafic et démènent plus grandes affaires que tout le reste. Plus outre, y a une rue là où sont ceux qui font des fourniments, houppes et barnusses ; puis s'en trouve

Marchands de draps de laine.

Faiseurs de materas.

Le lieu de la gabelle.

Trois rues de couturiers.

Deux rues de marchands de toile.

une autre où se vendent les robes de drap qui est apporté de l'Europe, et les met-on tout le soir à l'encan, c'est à savoir ceux que les citoyens vendent en leur vieillesse, ou pour autre nécessité. Finalement, il y en a une là où se vendent les chemises, nappes, essuie-mains, et semblables choses de toile usée. Auprès de cette rue il y a quelques petits magasins, où l'on vend les tapis et couvertures de lit à l'encan.

Discours sur le nom des rues appelées Caisaria, retenant le nom de celui de César.

Toutes ces rues sont appelées en général la Caisaria, vocable ancien et descendu de Caisar, signifiant César, qui, en son temps, occupa la monarchie de Rome. Toutes les cités maritimes de la Mauritanie furent jadis subjuguées par les Romains, puis par les Goths; et y avoit en chacune d'icelles une place retenant toujours ce même nom, dont les historiens africains, voulant donner raison de ceci, disent que les officiers romains tenoient deçà et delà des magasins où ils gardoient les tributs et impositions qu'ils recevoient des cités, lesquelles se révoltant souventefois, pilloient et saccageoient tout ce qui étoit dedans : au

Romains et Goths prenant les villes maritimes.

moyen de quoi un empereur se résolut de faire bâtir un lieu en forme d'une citadelle, où se retireroient tous les officiers et receveurs de ses tributs, qui retireroient avec eux tout ce qu'ils auroient reçu, avec les marchands de réputation qui y tiendroient, et vendroient leurs marchandises, étant bien assurés qu'ils ne la sauroient défendre que par même moyen ils ne gardassent les magasins de ses tributs et trésors, étant là-dedans enserrés; qui feroit que les marchands ne sauroient jamais consentir au sac de ce lieu, que ce ne fût à leur très-grande perte et dommage, comme on a vu souventefois avenir aux Italies les soldats en faveur d'une partie mettre le pied dans une cité qui, ayant saccagé la partie adverse, ne trouvant plus que mordre, se mettoient à traiter ceux qui les soudoyoient avec autant peu de respect qu'ils avoient fait les premiers.

Apothicaires et autres artisans en ladite cité.

Tout auprès de la citadelle, devers Tramontane, y a des apothicaires ayant une rue toute droite, où ils tiennent cent cinquante boutiques, et se ferme des deux côtés avec deux portes fort larges et fortes, et pour la garde d'icelles mettent quelques gens qui vont toute la nuit tout autour, avec armes, lanternes et chiens; et là se vendent tant les drogues de médecine que d'apothicairerie. Mais ils ne savent faire sirops ni juleps, parce que les médecins les ordonnent, et les font ensemble en leurs maisons, puis les envoient en leurs boutiques, là où ils tiennent des garçons qui les distribuent selon que les recettes l'ordonnent; et la plus grande partie de ces boutiques sont assemblées avec les maisons des apothicaires mêmes; mais quasi tout le peuple ignore ce que c'est que médecin et médecine. Ces boutiques dont je vous parle sont fort hautes et bien parées de belles armoires, et si somptueuses, que je ne pense qu'au demeurant du monde se puisse voir une telle apothicairerie que celle-ci. Il est bien vrai qu'en Tauris, cité de Perse, j'ai vu une place de telle grandeur; mais les boutiques sont certains portiques un peu obscurs, soutenus par certaines colonnes de marbre, autrement fort bien bâties, et avec une bonne industrie. Mais celles de Fez doivent être préférées à celles de Tauris, d'autant que la lumière devance en tout les ténèbres. Outre les apothicaires, il y a encore des peigniers qui font des peignes de buis et d'autres bois desquels nous avons parlé. Du côté du levant, joignant l'apothicairerie, sont les épingliers, qui tiennent environ cinquante boutiques. Plus outre, sont les tourniers, ayant peu de boutiques ensemble, parce qu'elles sont écartées et mêlées parmi les autres arts et métiers. Après, y en a plusieurs qui vendent la farine, savon et écouettes, qui confinent avec la place du filet, et ne sont pas plus haut de vingt boutiques, parce que le reste demeure autre part, comme l'on vous dira. Entre ceux qui vendent le coton et les lits, demeurent ceux qui font les garnitures des lits et pavillons; puis se trouvent ceux qui vendent les oiseaux tant pour manger comme pour mettre en cage; mais ils tiennent peu de boutiques au lieu là où ils demeurent, qui s'appelle la place des Oiseleurs; et, en la plus grande, se vendent cordes de chanvre ou chenesve. Après, sont ceux qui font les mules que portent les gentilshommes quand il y a des fanges par la cité, étant assez subtilement faites, avec beaux ouvrages, et couvertes et cousues de soie, tellement que le plus pauvre gentilhomme n'en sauroit avoir à moins d'un ducat, et y en a du prix de deux, quatre, dix et vingt-cinq ducats. Elles sont faites coutumièrement de bois de mûrier blanc et noir; il y en a aussi de noyer et bois de jujube, qui sont plus propres et jolies que les autres; mais celles du mûrier sont plus dura-

Pantoufles ou mules, vingt ducats.

bles. Plus outre, est l'endroit des faiseurs d'arbalètes, qui sont Maures blancs d'Espagne, n'ayant plus haut de dix boutiques. Auprès d'iceux y a environ cinquante boutiques de ceux qui vendent les balais de palmes sauvages, comme celles qu'on transporte de Sicile à Rome, et les portent ceux-ci par la ville dans de grandes hottes, les donnant pour du son, cendres, savates et autres vieux souliers rompus. Le son se vend aux vachers, les cendres aux buandiers de filet, et les savates aux savetiers qui radoubent les souliers; et après ceux-ci sont les maréchaux qui forgent les clous tant seulement. En après, se trouve le canton de ceux qui font de grands vases de bois, comme barils, qu'ils font en manière de seilles, avec les mesures de grain, qui sont visitées, et autres, par le consul, qui en prend un denier de chacune. Puis se trouvent ceux qui vendent la laine et achètent les peaux des bouchers, les faisant laver par des garçons, lesquels ils tiennent expressément pour ce faire; puis en ayant ôté la laine, tannent les cuirs en la même sorte qu'on fait ceux de bouc. Les cordouans et peaux de bœuf se tannent plus outre, parce que c'est un métier à part. En outre, sont ceux qui font les paniers et certains liens, de quoi ils entravent les pieds des chevaux, et sont joignants d'eux les chaudronniers. Auprès des faiseurs de mesures, demeurent ceux qui font les peignes pour peigner les laines et draps. Plus outre, se trouve une place garnie de plusieurs artisans, entre lesquels il y en a aucuns qui liment les ouvrages de fer, comme étriers et éperons, car ceux qui les font n'ont coutume de les limer. Après, demeurent les charpentiers, qui font limons de charrettes et charrues pour labourer la terre, les roues de moulin et autres choses qui sont nécessaires; puis se trouvent les teinturiers, qui ont leurs boutiques sur le fleuve et une belle fontaine, où ils lavent leurs ouvrages de soie. Derrière eux sont les bâtiers, qui travaillent en une grande place, couverte d'aucuns mûriers, qui, par leur ombrage, la rendent la plus fraîche et délectable qui soit en toute la ville. Davantage sont les maréchaux qui ferrent les chevaux et autres bêtes; puis s'en trouve d'autres qui montent les arbalêtres de leurs arcs d'acier, et d'autres encore qui baillent lustre aux toiles. Voilà tout le contenu des places d'une partie de la cité qui est située devers la partie occidentale, qui fut anciennement une cité à part (comme vous avez pu entendre), et fut édifiée après l'autre, qui est située à l'objet de celle-ci, du côté du levant; et ayant mis fin à cette première par-

Teinturiers.

Bâtiers.

Maréchaux.

tie, vous raconterai amplement ce qui est contenu en la seconde partie suivante.

Seconde partie de la cité de Fez.

Si cette première partie de la cité de quoi nous avons parlé ci-devant, doit être estimée pour la grande abondance des vivres et infinité des arts et métiers, dont l'ouvrage admirable rend assez ample et suffisant témoignage de l'industrie souveraine des maîtres, celle-ci (dont j'entends maintenant déduire par le menu de ce qui s'y trouve de recommandable) ne mérite pourtant que la louange de l'autre surmarche en rien les honneurs de sa gloire, moyennant laquelle elle se peut parangonner et mettre à pair d'icelle, conférant les temples somptueux, superbes palais, colléges vénérables et maisons compassées par une grande et laborieuse architecture de l'une, avec l'abondance, honnêtes mœurs et infinité d'arts et métiers de l'autre, qui, à dire vrai, est beaucoup mieux garnie d'artisans que celle-ci, vu qu'il n'y a marchands, couturiers ni chaussetiers, sinon de draps et ouvrages bien gros et lourds, avec une petite place d'apothicaires, qui ne tiennent pas trente boutiques.

Diversité d'artisans contenue en cette seconde partie.

Vers les murailles de la cité sont ceux qui font la brique et fourneaux pour cuire la vaisselle de terre. Au-dessous se trouve une place grande, là où se vendent les vases blancs, comme sont plats, écuelles, pots et autres choses semblables. Plus outre, se trouve une place où sont les greniers du grain, et une autre au droit de la grande porte, qui est toute pavée de brique, en laquelle y a divers arts et métiers, et sont ces places pour les artisans, après lesquelles sont celles qui sont écartées çà et là par la cité, hors les apothicaireries et draperies, qui ne se trouvent sinon en certains lieux députés et par rang. Il y a encore cinq cents et vingt maisons de tissiers, ayant grande montre, et sont dressées en forme de grand palais, avec plusieurs étages et salles fort amples, dont en chacune travaillent plusieurs d'iceux, et sont fournis de leurs métiers et outils, car ceux qui leur louent les maisons n'en tiennent aucuns, au moyen de quoi ils ne leur font payer que le louage seulement; et se trouve plus grand nombre de ceux qui exercent ce métier-ci que de nul autre, de sorte qu'on estime qu'ils peuvent être vingt mille, et se trouve un tel nombre de meûniers sur le fleuve, là où est assise la plus grande partie des maisons (qui sont au nombre de cent cinquante) où l'on blanchit le filet; et pour le faire bouillir, ceux qui s'en mêlent sont fort bien fournis de charbons, vases murés. Parmi la cité se voient de grandes halles, là où l'on scie du bois de plusieurs sortes, et font cet office certains esclaves chrétiens qui rendent l'argent de leur gain qu'ils reçoivent, à leurs maîtres pour leur faire les dépens, mais ils ne leur laissent prendre nul repos, sinon la moitié du vendredi, qui est depuis midi jusqu'au soir, et huit jours durant l'année, lorsque les Maures célèbrent leurs fêtes. Il y a encore autres lieux publics là où les putains s'abandonnent à vil prix, étant supportées des prévôt et gouverneur de la cité. Semblablement aucuns, sans que la cour y ait égard, exercent l'office de barlandiers, tenant vin à vendre et femmes abandonnées, dont un chacun s'en peut servir sans doute, et selon ses affections et voluptés.

Six cen's fontaines en la ville de Fez.
Dans la cité se trouvent six cents fontaines vives, qui sont ceintes et closes de portes et murailles, s'écoulant, par canaux sous terre, dans les temples, colléges, maisons et hôtelleries; et l'on estime davantage l'eau d'icelles que celle du fleuve, parce qu'il tarit souventefois, et mêmement en été; joint aussi que

quand l'on veut nettoyer les conduits, il faut détourner la rivière hors la cité, au moyen de quoi un chacun prend de l'eau de ces fontaines. Et combien que l'eau du fleuve passe par les maisons des gentilshommes, néanmoins ils ont coutume, en temps d'été, en envoyer quérir de celles des fontaines, pour être plus douces et fraîches; mais en hiver, ils font à l'opposite. La plus grande partie de ces fontaines sort du côté de ponant et de midi, à cause que la partie devers Tramontane est toute en montagnes, qui s'appelle Tévertine, où y a de grandes fosses profondes, là où se gardent les grains par plusieurs années sans empirer, et s'y en trouve qui tiendront plus de deux cents setiers de blé, dont ceux qui habitent en cet endroit-là tirent de louage un pour cent en fin de l'année. Du côté du midi, qui est presque la moitié inhabitée, y a à force jardins produisant divers et très-bons fruits, comme pommes d'oranges, limons, citrons et autres, entre lesquels naissent roses damasquines, gensemy et genèvres, qui y ont été transportés de l'Europe, et plaisent fort aux Maures. Outre ce, il y a de beaux arbres, fontaines et citernes, qui sont environnées de gensemy, ou de roses, ou de certaines oranges, limons, cèdres et plusieurs autres, tellement, que ceux qui, en la saison de primevère, s'approchent de ces lieux, il leur semble entrer parmi les plus exquises fleurs et suaves odeurs que la nature puisse produire; de sorte que, joint à ceci, la belle assiète et plaisance du lieu ressemble à un autre paradis terrestre : il recueille merveilleusement les esprits de la personne, et laisse les yeux satisfaits et contents; au moyen de quoi les gentilshommes de la cité ont coutume d'y demeurer depuis le commencement d'avril jusqu'au mois de décembre. Devers ponant (du côté qui confine avec la cité royale) est la forteresse qui fut édifiée par les rois de Luntune, se pouvant bien égaler en grandeur à une cité; et fut en icelle anciennement le siége des seigneurs et gouverneurs de Fez, qui n'étoit encore cité royale, comme on peut facilement entendre par le discours des historiographes, parce qu'après que les rois de la maison de Marin eurent édifié Fez la Neuve, l'autre fut délaissée seulement pour la résidence des gouverneurs. Dans la forteresse, y a un temple bâti du temps qu'elle étoit habitée; mais tous les édifices et bâtiments qui étoient restés, ont été, de notre temps, démolis, et aplanis à fleur de terre, là où on a fait des jardins; et de tous ces beaux bâtiments n'est demeuré, sinon un palais où réside le gouverneur, avec autres lieux pour loger sa famille, là où il y a siéges et salles, dans lesquelles ce gouverneur sied en jugement pour rendre droit et faire raison à un chacun comme il appartient. Outre ce, il y a une prison en forme de cave voûtée, et appuyée sur plusieurs colonnes, et est de telle largeur, que trois mille personnes y pourroient bien entrer, et n'y a aucun lieu secret ni séparé, car il ne s'use en Fez de tenir prison secrète. Par la forteresse passe un fleuve qui est fort commode pour le gouverneur en ses nécessités, qui cause une grande assurance pour maintenir les droits de justice.

Des magistrats, et manière de gouverner et administrer justice, et de quelle sorte d'habits on use en la ville de Fez.

En la cité de Fez n'y a sinon petits offices et magistrats dont la justice est administrée : le gouverneur a égard sur les causes civiles et criminelles, et y a un juge qui a la prééminence sur les choses qui concernent les lois extraites de l'Alcoran, avec un autre qui est comme substitut du premier, et commis aux choses qui appartiennent à l'état de mariage, répudiation en icelui, examinations de témoins et jugement général; puis y est l'avocat selon le conseil duquel on se gouverne en matière judiciaire, et avant qu'on appelle de la sentence des juges; ou quand ils jettent une sentence à l'aveu de l'opinion d'un autre docteur de moindre estime, le gouverneur reçoit grande quantité de deniers des sentences qui se jettent en divers temps; et quasi la plus grande rigueur dont on use envers les malfaiteurs, est de leur donner cent ou deux cents étrillades en présence du gouverneur, et puis les mener la chaîne au col parmi la cité, tout nus, hors les parties honteuses, qui sont couvertes avec des braies, accompagnés du prévôt et bourreau, qui, les tenant saisis, va toujours publiant les délits et méfaits qui les ont conduits à tel vitupère et malheur, puis sont revêtus de leurs habillements et ramenés en prison; et advient le plus souvent qu'on mène plusieurs de ces pendards attachés tous ensemble, desquels le gouverneur prend un ducat et le quart pour personne; semblablement de tous ceux qui entrent en prison reçoit plusieurs deniers, qui lui sont distribués à terme par aucuns marchands. Mais, entre ces autres avantages, il a une montagne d'où il retire tous les ans sept mille ducats, sous cette condition qu'il doive fournir trois cents hommes

Punition des malfaiteurs.

d'armes bien équipés de tout ce qu'il leur appartient pour virilement servir au roi en temps de guerre, étant tenu de les soudoyer à ses dépens. Les juges du droit canon n'ont aucun salaire ni avantage, parce qu'il est défendu, par la loi de Mahomet, qu'un juge soit salarié aucunement pour exercer son office; mais ils s'adonnent à autres choses ayant gages, comme aux lectures, ou à l'état de prêtrise en quelque temple. Quant aux avocats et procureurs qui sont en ladite cité de Fez, ce sont personnes idiotes, rustiques et ramassées. Il y a un certain lieu là où les juges font emprisonner ceux qui sont poursuivis pour dettes, et d'autres pour choses légères et de petite conséquence. Outre plus, il y a quatre prévôts, et non plus, qui marchent depuis les six heures du soir jusqu'à deux heures après minuit parmi la ville, accompagnés d'un bon nombre de sergents, sans être récompensés d'autre salaire que d'une imposition qu'ils se font payer à ceux qu'ils peuvent prendre pour la prise et aucune légère peine qui leur est enjointe. Il est permis à tous de lever taverne, faire office des brelandiers, rusiens et maquereaux. Le gouverneur ne tient aucun juge ni notaire, mais prononce lui-même la sentence de bouche, et la jette comme bon lui semble;

davantage, il n'y a qu'un homme seul qui arrente la gabelle et douane, qui paie chaque jour trente ducats à la chambre royale, tenant à toutes les portes de la cité gardes et notaires, faisant payer le droit pour toute chose, de tant petit prix soit-elle. Les autres marchandises sont conduites à la douane, accompagnées depuis la porte jusqu'à celle de l'un des gardes, où, avec les notaires (selon le poids ou prix de la marchandise), est ordonné certaine quantité d'argent; et vont le plus souvent hors de la cité pour devancer les muletiers, afin qu'ils ne puissent rien cacher; et, avenant qu'ils l'eussent fait, étant décelés, seroient contraints de redoubler le droit de la gabelle, qui, ordinairement, est de deux ducats pour cent; et des cormes, qu'on y porte en grande quantité, se paie la quatrième partie de ce qu'elles valent. Quant au bois, grains, bœufs et poules, on ne paie chose que ce soit, ni des moutons semblablement, et peuvent passer franchement dans la cité, en payant seulement un grand blanc à la boucherie, et deux liards au chef des consuls, qui tient ordinairement douze sergents en sa maison, qui l'accompagnent quand il va par la cité, essayant le poids des bouchers, avec ce qu'ils vendent; puis vient visiter le pain, et s'il ne le trouve pesant son poids, le fait briser en pièces, faisant donner aux boulangers des coups de poing si démesurés sur la nuque du col, qu'on le laisse tout meurtri et enflé; et, à la seconde fois, le retrouvant encore léger, fait fouetter celui qui le vend publiquement le long de la cité. Le roi donne cet office aux gentilshommes qui le demandent à sa majesté; mais on n'en souloit anciennement pourvoir personnes doctes et bien moriginées; toutefois, maintenant, les ignorants et les gens de basse condition l'impétreront plus facilement que d'autres à qui il seroit mieux employé. Les nobles et plus apparents de la cité sont fort civils, et portent, en temps d'hiver, des habits tissus de laines étrangères, comme une saie sur la chemise, avec demi-manches, et fort étroites; puis au-dessus quelque robe large, cousue devant, et couverte encore de leur barnusse. Ils portent en tête des bonnets simples, comme l'on voit aucuns en Italie en porter, qu'on appelle bonnets de nuit, mais sans oreilles, et les enveloppent avec bandes de toile à deux replis sur le sommet de la tête et autour de la barbe, et n'ont coutume de porter ni haut ni bas de chausses, hors seulement en temps d'hiver, qu'ils se houssent quand ils veulent chevaucher. Le populaire porte saies

Punition des boulangers.

Barnusse, une manière d'accoutrements de Fez, qu'ils portent sur eux en manière de cabans.

et barnusse sans les couvrir d'aucune robe, et sur la tête ne portent sinon bonnets de petit prix. Les docteurs et gentilshommes qui viennent sur l'âge, s'habillent de robes à manches larges, à la mode des magnifiques de Venise qui sont colloqués aux plus grands honneurs et offices. Finalement, les personnes plus infames, et de moindre réputation, usent d'aucuns gros drap de laine blanche du pays, avec leur barnusse de la même étoffe. Les femmes vont assez bien en ordre; mais, en temps d'été, portent seulement une chemise, et se ceignent les tempes avec certains rubans, plutôt de laide façon qu'autrement. En hiver, elles se vêtent de certaines gonnelles à manches larges et cousues par-devant, à la mode des hommes; mais quand elles viennent à sortir dehors, elles se mettent des marines si longues, qu'elles leur couvrent toute la grève des jambes; puis, avec un voile à la mode de Surie, se couvrent toute la tête et le corps; et, entre autres, j'en vis une qui étoit là venue cependant qu'on dansoit, bravement accoutrée, portant un accoutrement de diverses couleurs, doré et argenté, et ceinte au-dessus des hanches; aussi portoit des marines fort belles, bordées et accoutrées d'une sorte qu'il la faisoit merveilleusement bon voir, avec ce qu'elle portoit en tête un accoutrement fort brave, avec ses cheveux qui partie lui pendoient en bas, et partie entortillée autour avec quantité de perles et à force pierreries, dont ceux qui étoient en présence s'en ébahissoient aussi bien que moi. Aucunes se cachent le visage avec un linge, tellement qu'il ne leur apparoît autre chose que les yeux. Outre plus, elles portent des anneaux aux oreilles, enrichis de belles pierreries; et celles qui sont de plus bas type et marque, ne les portent que d'argent simplement, et aux bras quelques brasselets d'or, qui sont communément du poids de cent ducats : celles qui ne sont nobles les portent d'argent, et s'en trouve encore d'aucunes qui en portent aux jambes.

Coutume observée au manger en la ville de Fez.

Le populaire a coutume de manger ordinairement de la chair fraîche deux fois la semaine, mais les gentilshommes et gens d'état en mangent journellement, selon que l'appétit leur en vient, faisant trois repas le jour, dont le premier, qu'ils font le matin, est bien léger, à cause qu'il ne s'y mange que pain et fruit, avec quelque potage, plutôt clair qu'autrement, en lieu duquel, pour l'hiver, ils assaisonnent du far, qu'ils font cuire avec la chair salée. Sur le midi, ils usent de viandes légères, comme pain, chair, salade, fromage et olives, étant le meilleur repas qu'ils puissent faire en temps d'été. Le soir, ils prennent semblablement des viandes de facile digestion, comme pain, melons ou raisins; et l'hiver mangent de la chair salée, avec une viande qu'ils appellent *cuscusu*, laquelle se fait de pâte qu'ils font cuire dans des pots de terre percés pour recevoir la fumée des autres qui sont auprès, puis mêlent du beurre par-dedans, qu'ils détrempent avec du bouillon, ne mangeant du rôti aucunement, parce qu'il n'est en usage. Tel est le vivre commun des artisans et autres pauvres citoyens. Ceux qui sont d'apparence (comme gentilshommes, marchands et courtisans) vivent beaucoup mieux et plus délicatement; combien qu'à comparaison du vivre d'entre les nobles de l'Europe, celui des Africains est vil et misérable, non qu'ils aient faute de viande, mais par leur sottise et lourde façon de faire qu'ils ont à cuisiner, et à leur manger qui est près terre, sur tables basses, et sans aucune nappe ni serviette, avec ce qu'ils n'ont d'autres instruments à trancher leur viande que les mains, dont ils se servent quand ce vient à manger le cuscusu, en lieu de cuillers.

Manière d'assaisonner la viande que les Africains appellent cuscusu.

Le potage et la chair se mettent dans un grand plat de terre, là où ils pêchent tous, et enlèvent ce qui leur vient entre les doigts; puis, l'ayant mis devant eux, sans aucune assiette et couteau, la prennent à belles dents, la déchirent, et retiennent ce qui leur demeure entre les dents, le reste gardent dans leurs mains, et mâchent à si grande hâte, qu'ils ne se souviennent ou bien ne veulent se souvenir de boire, de peur qu'ils ne perdent un coup de dent, jusqu'à tant qu'ils soient pleins et ronds; puis chacun se met à boire et avaler une grande coupe, de la grandeur d'un pot, toute comble d'eau. Telle est la mode commune de vivre, sinon qu'il se trouve quelques docteurs usant de plus grande civilité. Mais tant y a que le plus pauvre gentilhomme d'Italie, ou d'autre lieu de l'Europe, tient meilleure table et ordinaire, et avec plus grande honnêteté, que le plus grand seigneur qui soit en Afrique.

Coutumes observées à contracter et faire mariages.

Aux mariages telle coutume est observée, que si aucun veut prendre femme, il n'a pas plutôt la promesse du père et de la fille (si aucun en a) qu'il invite ses amis et assemble dans le temple, accompagné de deux notaires qui passent le contrat en présence de l'époux et de l'épouse. Les citoyens de moyenne condition donnent à leurs filles trente ducats en deniers comptants ; à une esclave noire, quinze ducats et une pièce d'un certain drap de soie et lin de diverses couleurs en échiquier, et quelques autres de soie pour porter en tête; puis lui présentent une paire d'escarpes, deux paires de pantoufles, le tout avec fort gentil ouvrage, et plusieurs autres menues besognes, comme peignes, parfums et autres belles choses. Étant fini, le contrat et promesses, selon qu'une partie et autre se trouve d'accord, l'époux semond tous ceux qui ont été présents au dîner avec soi, là où il leur fait servir de ce pain frit accompagné de miel, et rôti. Le père de l'épouse fait semblablement son festin d'autre part, où il fait devoir d'inviter tous ses amis; et en cas qu'il veuille parer sa fille de quelque habillement, il le peut faire par honnêteté; car, outre le douaire qu'il donne, il n'est tenu de frayer autre chose si bon ne lui semble; mais ce seroit honte à lui de n'y vouloir rien ajouter du sien; tellement que, sans avoir égard aux trente ducats ordinaires, le père (ou celui qui a charge d'accorder le mariage) a coutume d'employer deux ou trois

Pain frit, miel et rôti pour banquet de noces.

cents ducats, tant en habillements pour l'épouse, comme aux ustensiles et choses de ménage, sans qu'il soit question de donner maison, vignes, ni possession. La coutume est de faire trois gonnelles de fin drap, trois de taffetas, trois de satin, et autant de damas, plusieurs chemises ouvrées et linceuls, avec des bandes de chacun côté, cuissins embellis de plaisants ouvrages, avec oreillers de même. Ils donnent aussi huit materas, en étant mis quatre pour ornement sur les armoires qui sont aux angles des chambres; et pour mieux les réparer, ils en tiennent encore deux autres de cuir pour les lits, qui sont de laine grosse. Ils font outre ce présent, d'un tapis à long poil de la longueur de vingt coudées, et trois couvertures de la longueur de huit brasses, étant de drap et toile par un envers, et de l'autre entièrement de laine, dont ils couvrent les lits, mettant une moitié dessus, et repliant l'autre par-dessous : outre celle-ci, ils en donnent trois autres de soie subtilement ouvrées d'un côté, et de l'autre y a de la toile remplie de coton, mais légèrement, pour s'en pouvoir aider en été; puis un petit drap de toile fine divisé en deux parties, ouvrées à flammes, accompagnées d'autre sorte d'ouvrage bordé de cuir, auquel pendent des houppes de

Le lot de mariage ne consiste en fonds.

soie de diverses couleurs, et sur chacune y a un bouton de soie pour l'attacher contre la muraille. Voilà le sommaire de ce qu'on ajoute au douaire, et donnent encore le plus souvent davantage; qui fait que bien souvent plusieurs gentilshommes ayant assez suffisamment de quoi, en ont été réduits à pauvreté. Il y en a d'aucuns qui sont d'opinion contraire, et que les hommes ont coutume de porter leur douaire aux femmes; mais ils s'éloignent, certes, autant de la vérité comme ce seroit chose du tout hors les limites de raison, et en parlent comme ceux qui en sont totalement ignorants. Quand le temps vient que les noces doivent être célébrées, et que l'époux veut mener l'épouse en sa maison, il la fait premièrement entrer en un tabernacle de bois à huit triangles, couvert de beaux draps d'or ou de soie, dans lequel elle est soutenue, et portée sur la tête de huit faquins, ou porte-faix, accompagnée de ses père et mère et amis, avec trompettes, fifres, tambours et grand nombre de torches. Ceux qui sont du côté et parents du mari, la précèdent; et ceux du père, cheminant avec même ordre, la vont suivant par le chemin de la grande place prochaine du temple, là où, étant parvenus ainsi pompeusement, l'époux salue le père et parents de l'épouse, la-

Manière d'épouser et faire noce.

quelle, sans plus attendre autre chose, se transporte à la maison, attendant le mari en la chambre, jusqu'à la porte de laquelle elle est accompagnée de ses père, frères et oncles, qui, tous ensemble, la viennent présenter à la mère du mari, qui n'est pas plutôt entré dans sa chambre, qu'il presse le pied de son épouse; ce qu'ayant fait, s'enferment tous deux dans icelle, où ils demeurent pendant que le festin s'apprête; et y a une femme dehors, attendant jusqu'à tant que le mari, ayant défloré l'épouse, tend un petit linge tout teint et mouillé du sang d'icelle, à la femme qui est à la porte l'attendant, qui, tenant ce drapeau entre ses mains, s'en va criant entre les invités, faisant entendre à haute voix que la fille étoit pucelle; puis les parents du mari la font banqueter, et, accompagnée d'autres femmes, se transporte à la maison de la mère de l'épousée, qui, la recevant joyeusement, lui fait un autre petit banquet. Mais si le malheur veut que l'épousée ne soit trouvée vierge, elle est rendue, par le mari, au père et à la mère, qui en reçoivent une grande honte et déshonneur, avec ce que les invités s'en retournent l'estomac creux, et sans donner coup de dent. La coutume est de faire trois banquets quand la chose succède bien : le premier se fait le

Attestation du pucelage de l'épousée.

soir, en présence de l'épousée; le second, le soir qu'elle est emmenée, ne s'y trouve personne que les femmes; le tiers se fait le septième jour après les noces, auquel se trouvent la mère et tous les parents, avec ce que le père de l'épousée est tenu d'envoyer plusieurs présents, comme confitures et moutons, en la maison du mari, qui en sort au bout de sept jours pour acheter certaine quantité de poisson, qu'il emporte, puis fait que sa mère ou autres femmes le jettent sur les pieds de sa femme, prenant de cela un bon augure; coutume que leurs aïeux ont observée et entretenue de toute ancienneté. On fait encore, outre ce, deux banquets en la maison du père, dont l'un est devant qu'il envoie sa fille au mari; et, y ayant invité toutes les compagnées de l'épouse, il leur fait passer toute la nuit en danses et joyeusetés. Le jour ensuivant, les femmes qui se mêlent d'atourner les épouses sont appelées, qui lui teignent le chef et colorent les joues, et noircissent les mains et les pieds avec beaux feuillages et entrelas; mais cela est de peu de durée; et ce jour même se fait le second banquet, où on fait faire bonne chère à celles qui ont paré l'épouse, qu'on monte sur un échafaud pour être exposée à la vue de qui la voudra regarder; et,

L'on noircit les pieds et mains aux épousées.

lorsqu'elle est arrivée à la maison, tous les plus proches parents et amis du mari lui envoient de grands vases pleins de pain frit en huile, et autant d'emmiellé, avec plusieurs moutons rôtis et entiers, toutes lesquelles choses sont par le mari distribuées à tous ceux qu'il a invités; et tiennent chantres et joueurs d'instruments au bal, qui dure toute la nuit, qui, accordant le son avec la voix, rendent d'assez mélodieux accords; et ne danse-t-on en compagnie, mais seul à seul; au moyen de quoi celui qui s'y veut avancer se met en place, là où, s'étant bien démené, tire de sa bourse une pièce d'argent, qu'il jette sur un tapis devant les chantres; mais s'il y a aucun qui veuille honorer son ami lorsqu'il bale, il le fera demeurer à genoux, couvrant sa face de monnoie, qui est incontinent par les chantres enlevée. Les femmes dansent semblablement à part, et séparées d'avec les hommes, ayant aussi chanteresses et ménétrières. Toutes ces cérémonies s'observent l'épousée se trouvant vierge; mais si ce sont les secondes noces, on les célèbre avec moindre solennité, servant aux banquets bœuf, mouton et poulets bouillis, avec plusieurs sortes de potages, que l'on met devant les invités dans douze écuelles, sur un grand tranchouer de bois, ou bien autant comme il y a de personnes ; et telle est la coutume des gentilshommes et marchands. Mais le populaire use de faire certaines soupes avec grandes lêches de pain en manière de lazaignes, qu'ils trempent dans un bouillon de chair tranchée en gros morceaux dans un grand vase, auquel est leur potage, qu'ils hument sans cuiller avec la main, étant dix ou douze personnes à caresser l'un de ces vases.

Coutume observée à la circoncision d'un enfant mâle. La coutume est encore de faire, au cas pareil, quand l'on vient à circoncire un enfant mâle, qui est le septième jour après sa naissance, à laquelle le père fait appeler le barbier, invitant ses amis au souper, après lequel chacun fait un présent au barbier, l'un d'un ducat, l'autre de deux, l'autre d'un demi, les uns plus et les autres moins, selon qu'ils se sentent le pouvoir faire, et sont toutes ces choses posées l'une après l'autre sur le visage du garçon du barbier, qui remercie, et prononce les noms de ceux qui font ces présents ; puis le barbier circoncit l'enfant ; ce qu'ayant fait, on commence à mener grande joie, et danser à la mode que nous avons dit ci-dessus ; mais d'une fille la réjouissance n'en est si grande.

Autres coutumes gardées les jours de fêtes, et manière de pleurer les morts.

Dedans Fez sont encore demeurées quelques anciennes coutumes des fêtes délaissées par les chrétiens, étant nommées par l'appellation même des Africains, combien qu'ils en usent sans l'entendre; et ont coutume de manger, la veille de la nativité de Jésus-Christ, une soupe assaisonnée de sept herbes diverses, qui sont, choux, raves, poireaux et d'autres, faisant cuire par même moyen de toute sorte de légumage, comme fèves et lentilles, qu'ils mangent la nuit en lieu de confitures délicates. Puis, le premier jour de l'an, les enfants vont en masque par les maisons des gentilshommes, demandant des fruits, avec chansons de peu de substance; et quand ce vient au jour saint Jean, ils allument de grands feux de paille. Quand un enfant commence à jeter les dents, ses parents font un banquet aux autres petits enfants, et appellent cette fête-ci *Dentilla*, Dentilla, fête. qui est propre vocable latin. Ils ont beaucoup d'autres usances et manières d'interpréter augures, comme je l'ai vu faire à Rome même et en autres lieux d'Italie; et qui aura envie d'être plus amplement informé des fêtes ordonnées en la loi de Mahomet, il pourra recourir à un petit traité par moi composé, là où elles sont amplement déduites. Quand il advient que les maris, pères ou mères des femmes de ce pays-là meurent, alors elles s'assemblent toutes, et, se dépouillant de leurs habillements, se revêtent de gros sacs; puis, avec l'ordure d'un chauderon, se mâchurent le visage, appelant cette méchante ligne d'hommes, qui sont si vicieux et efféminés, qui portent tambourins, et avec le son d'iceux, ils accompagnent le chant de lamentables vers, qu'ils font sur-le-champ, déplorant la mort du défunt, pour réciter particulièrement toutes ses louanges; et, à la fin de chacun vers, les femmes s'écrient à haute voix, se meurtrissant le visage si inhumainement, que le sang en sort abondamment; encore, non contentes de ce, s'arrachent les cheveux de la tête avec un deuil très-âpre et pitoyable, et continuent cette manière de faire par l'espace de sept jours; lesquels prenant fin, cessent aussi leurs pleurs et batures quarante jours durant, qui ne sont pas plutôt expirés, qu'elles recommencent leurs lamentations accoutumées, continuant trois jours: et voilà comment en use le vulgaire.

Manière de porter le deuil des femmes.

Les gentilshommes plus modestement savent dissimuler leur deuil sans se battre, ou faire

Manière aux gentilshommes de porter le deuil.

tels autres actes plus superstitieux que profitables, et viennent leurs amis pour les consoler, leur apportant des présents de la part de leurs parents pour manger; parce que là où il y a quelqu'un de mort tandis qu'il y demeure, on ne laisse rien plus froid que la cuisine, ni les femmes n'accompagnent les morts, encore qu'ils fussent leurs propres pères ou frères. Mais de la manière et comment on les lave et ensevelit, quels offices et cérémonies l'on fait aux funérailles, nous en avons traité en l'œuvre ci-dessus alléguée.

Des pigeons que l'on nourrit en la cité.

Il y en a plusieurs qui se délectent merveilleusement de nourrir des pigeons, au moyen de quoi ils en ont de fort beaux et de diverses couleurs, qu'ils tiennent sur le plus haut de leurs maisons, en certaines volières faites en manière d'armoires, dont usent les apothicaires, et les ouvrent deux fois le jour, au soir et au matin; recevant un plaisir indicible à contempler le vol d'iceux, et pour autant que le plus souvent ils changent de lieu, allant de maison en autre, dont les citoyens en prennent souventefois la pique, et de là s'en ensuit une grande tuerie. Joint aussi qu'il s'en trouve plusieurs qui, avec une petite rêts ou filets en main, se savent tant bien accommoder sur le faîte d'une maison, qu'ils en prennent tant qu'il en peut venir, et se vendent dans sept ou huit boutiques qui sont au milieu de ceux qui vendent le charbon.

A quels jeux s'adonnent les citoyens de Fez.

Ceux qui entre la modestie et civilité ont pris lieu, ne s'exercent à autre manière de jeu qu'aux échecs, imitant en cela la coutume qui leur a été délaissée par leurs aïeux d'ancienneté, combien qu'ils aient plusieurs autres sortes de jeux, mais mécaniques et usités seulement du populaire. Ils ont un certain temps en l'année déterminé, auquel toute la jeunesse s'assemble, dont ceux qui sont d'une contrée se bandent contre ceux d'une autre, tous armés de gros bâtons, et se mutinent parfois de telle sorte, et d'une ardeur si véhémente, qu'ils en viennent aux armes, non sans la mort de plusieurs, et mêmement les jours de fêtes où ils s'assemblent hors la cité, ruant des pierres sans cesse, jusqu'à ce que la nuit leur ôte le moyen de pouvoir plus continuer le jeu; et ne seroit en la puissance du prévôt les départir, quand ils sont ainsi animés; mais la mêlée finie, il prend aucuns des plus séditieux, qu'il rend prisonniers, puis après les fait fouetter parmi la cité, d'où plusieurs braves sortent, quand la nuit est close, tout armés; et, courant par les jardins, si la fortune permet qu'ils se viennent affronter avec gens autant désespérés comme ils sont mutins et présomptueux, ils donnent commencement à une très-âpre et dangereuse escarmouche, d'où s'ensuit la mort de plusieurs; mais ce n'est sans en recevoir, puis après tel châtiment que peut mériter la grandeur et leur arrogance outrecuidée, combien que pour tout cela ils ne laissent à se formaliser et porter toujours une haine découverte.

Des poètes en vulgaire africain.

Il y a encore plusieurs poètes qui composent vers vulgaires en diverses matières, s'adonnant surtout à chanter d'amour, et s'étudient à décrire bien et proprement les passions qui les tourmentent, par l'objet des rares et singulières grâces et beautés des idées de leurs dames et maîtresses; et s'en trouve plusieurs d'autres qui, sans vergogne ni respect aucun, osent employer les grâces que leur ont départies les neuf sœurs très-chastes, à contaminer leurs papiers, publiant par iceux l'amour illicite et désordonné qu'ils portent aux jouvenceaux et adolescents, voire jusqu'à nommer par nom celui de l'amour duquel ils sont épris. Davantage, pour montrer quelque parangon de leur savoir s'exerçant en l'art de poésie, ont accoutumé, tous les ans, à la nativité de Mahomet (fête entre eux très-recommandée), d'employer le meilleur de leur esprit à composer chansons à la louange d'icelui ; et se trouvant tous le matin en la place du chef des consuls, montent en son siége, là où ils récitent, les uns après les autres, ce qu'ils ont fait en présence d'une infinité de peuple ; et celui à qui l'on donne la voix d'avoir le mieux écrit, et plus plaisamment récité ses vers, est pour cet an publié prince des poètes. Mais du temps des illustres rois de Marin, celui qui régnoit, avoit coutume d'inviter à un festin tous ceux qui avoient le renom d'être doctes et de bon cerveau dans la cité, et faisant une fête solennelle à tous poètes (qui, par la douceur, gravité ou façon de leurs vers, méritoient les honneurs de ce titre) ordonnoit que chacun d'eux dût réciter un chant à la louange de Mahomet en présence de sa majesté et de l'assistance ; pour laquelle chose faire, se dressoit un échafaud, où ils récitoient, d'un à autre, ce qu'ils avoient composé ; et, selon le

Solennité des poëtes.

jugement de ceux qui s'y entendoient, le roi faisoit présent au mieux disant de cent ducats, un cheval et une esclave, avec les habillements qu'il portoit ce jour-là, et faisoit distribuer cinquante ducats à chacun des autres; tellement que personne d'entre eux ne s'en alloit qu'il ne reçût présent digne de son mérite. Mais il y a environ cent trente ans que, avec la décadence de ce royaume, cette louable et vertueuse coutume est venue à manquer.

Présent au poète mieux disant.

Écoles aux lettres pour les enfants.

Il y a environ deux cents écoles pour les enfants qu'on veut mettre à l'étude, qui retiennent la forme d'une grande salle, ayant autour des marches de degrés qui servent de siége aux enfants. Le précepteur leur enseigne à lire et écrire sur tablettes assez spacieuses, là où est écrite leur leçon, qui est d'une clausule de l'Alcoran par jour, lequel ayant ainsi par clausule discouru (qui est au bout de deux ou trois ans), le recommencent tant de fois, que les enfants le retiennent fort bien imprimé dans leur mémoire, et n'y sauroient demeurer plus haut de sept ans, qu'ils ne le sachent de bout à autre. Puis après on leur enseigne quelque peu l'orthographe, qui se lit ordi-

Sept ans à apprendre l'Alcoran.

nairement avec la grammaire par tous les colléges, comme les autres disciples, et pour icelles enseigner, les maîtres ont bien petit salaire ; mais quand l'un des enfants est venu à certain point de l'Alcoran, le père est tenu de faire présent au maître, et puis quand l'enfant l'a appris tout au long, alors le père dudit enfant fait un banquet solennel à tous les écoliers compagnons de son fils, qui, entre eux, est habillé d'ornements convenant à seigneur, puis est monté sur un beau cheval et de grand prix (que le châtelain de la cité doit prêter avec tout son équipage), accompagné de tous ses compagnons d'école (qui sont semblablement tous à cheval) jusqu'à la maison ; à l'entrée, ils chantent plusieurs chansons à la louange de Dieu et du prophète Mahomet. En après, on fait le banquet à ces enfants et à tous les amis du père, entre lesquels il n'y a celui qui ne fasse quelque présent au maître, et est pourlors l'enfant habillé tout à neuf, comme la coutume le veut. Semblablement les enfants célèbrent une fête à la nativité de Mahomet, à laquelle leurs pères sont obligés d'envoyer une torche à l'école, au moyen de quoi chacun écolier y apporte la sienne, dont telle y en a qui est du prix de trente livres, les unes plus et les autres moins, selon la qualité de ceux qui les envoient, et sont bien faites, belles et ornées de petites fleurs de cire affichées tout autour, demeurant toujours allumées dès l'aube du jour jusqu'à soleil levant. Et cependant les maîtres amènent des chantres, lesquels publient, avec l'organe et son de voix, les louanges de Mahomet, qui prennent cesse quand le soleil est levé. Voilà les plus grands avantages qu'ont les maîtres d'écoles, lesquels veulent quelquefois à plus de deux cents ducats de cire, et le plus souvent davantage, selon que le nombre des enfants est grand; et n'y a personne qui paie le louage des écoles, parce qu'elles ont été fondées par les aumônes délaissées de plusieurs seigneurs et citoyens de cette cité. Les fleurs et fruits de ces torches sont les présents qu'on fait aux enfants et chantres; et les écoliers, tant des écoles comme des colléges, ont deux fois vacation en la semaine, pendant lesquelles il n'est aucunement question de lire, encore moins d'étudier.

Maîtres d'écoles retirent 200 ducats de la cire des torches de leurs disciples, par an.

Fondation des écoles et colléges.

Des devineurs.

Je laisserai à parler d'aucuns artisans, comme sont les tanneurs et corroyeurs, qui ont leur lieu à part, là où il passe un gros bras du fleuve, sur lequel il y en demeure une infinité, qui paient aux gabeliers un douzain pour chacune peau qu'ils accoutrent, qui peut revenir du long de l'année jusqu'à deux mille ducats. Je me tais aussi des Barbares et d'autres, pour les avoir mentionnés en la première partie de cette cité, combien qu'ils ne soient pas en si grand nombre comme le bruit commun en est ; mais je veux parler des devineurs, qui sont en grande quantité, et se divisent en trois parties ou qualités, en la première desquelles sont ceux qui prédisent les choses futures par la connoissance que leur en donne la géomancie, traçant leurs figures, et paient autant pour chacune comme il s'use à la qualité de quelconque personne. La seconde est de quelques autres, lesquels mettant de l'eau dans un bassin de verre, et avec une goutte d'huile qui la rend transparante comme un miroir d'acier, disent qu'ils voient passer les diables à grands escadrons, venant les uns par mer et les autres par terre, ressemblant un gros exercite d'hommes d'armes, lorsqu'ils se veulent camper et tendre les pavillons ; et, à l'heure qu'ils les voient arrêtés, les interrogent des choses de quoi ils veulent être pleinement informés, à quoi les esprits leur font réponse avec quelques mouvements d'yeux ou de mains, qui donnent assez à connoître com-

Trois sortes de devineurs.

bien sont dépourvus de sens ceux qui y ajoutent foi. Aucunefois ils mettent le vase entre les mains d'un enfant de huit ou neuf ans, auquel ils demandent s'il n'a point aperçu tel ou tel démon, et le petit enfant, autant simple que jeune, leur répond que oui, sans que toutefois ils le laissent répondre qu'ils ne l'aient premièrement embouché, et vous assure qu'il s'en trouve quelques-uns tant fous et hébétés, qu'ils croient à tout, qui est cause de leur y faire dépendre un grand argent. La tierce espèce est de femmes qui font entendant au populaire qu'elles ont grande familiarité avec les blancs démons; et lorsqu'elles veulent deviner, à l'instance de qui que ce soit, se parfument avec quelques odeurs, puis (comme elles disent) l'esprit qui est par elles conjuré, entre dans leur corps, feignant, par le changement de leurs voix, que ce soit l'esprit, lequel rend réponse par leur gorge; ce que voyant, l'homme ou la femme qui est venue pour savoir aucune chose de ce qu'elle demande, après avoir eu réponse du démon, laisse quelque don en grande révérence et humilité pour ledit démon. Mais ceux qui se sont acquis, outre leur naturelle bonté, le savoir et expérience des choses, appellent ces femmes Sahacat, qui vaut autant dire, comme en la langue latine, fri-

(marginalia : Comment les devins abusent les simples personnes. Démons blancs. Sahacat.)

catrices; et, à dire vrai, elles sont atteintes de ce méchant vice d'user charnellement les unes avec les autres ce que je ne saurois exprimer avec vocable plus propre ni qui convienne mieux à icelles, lesquelles voyant une femme (entre celles qui les vont interroger, et se couseiller de leurs affaires) qui ait en soi aucune beauté, elles la prendront en amour comme feroit un homme, et, au nom de l'esprit, pour récompense et paiement, lui demandent les copulations charnelles, dont celles à qui elles font cette impudique et déshonnête demande, pensant (comme peu rusées) complaire au démon, s'y consentent le plus souvent. Il s'en trouve aussi plusieurs, lesquelles ayant pris goût à ce jeu, et alléchées par le doux plaisir qu'elles y reçoivent, feignent d'être malades, au moyen de quoi elles envoient quérir l'une de ces devineresses, et le plus souvent font faire ce message au mari même, puis soudainement leur découvrent leur maladie, et là où gît le remède; mais pour mieux couvrir leur méchanceté, font à croire au mari (comme sot et peu rusé qu'il est) qu'un esprit est entré dans le corps de sa femme, la santé de laquelle ayant en recommandation, il faut qu'il lui donne congé de se pouvoir mettre du rang des devineresses, et converser sûrement en leur compagnie ; ce qu'elles savent facilement persuader à quelque Jean, qui s'y consentant, prépare un somptueux festin à toute cette vénérable bande, à la fin duquel l'on se met au bal avec quelques instruments de quoi jouent les noirs ; puis la femme a congé de s'en aller là où bon lui semblera. Mais il s'en trouve quelques-uns, lesquels finement s'apercevant de cette ruse, font sortir l'esprit du corps de leurs femmes avec un terrible son de coups sourds et belles bastonnades. D'autres aussi, donnant à entendre aux devineresses être détenus par l'esprit, les déçoivent par même moyen qu'elles ont fait leurs femmes. *Gentil moyen pour jeter les esprits hors des corps.*

Des enchanteurs.

Il y a encore une autre espèce de devins, lesquels sont appelés muhazzimin, qui signifie enchanteurs, qu'on estime avoir grande puissance à délivrer aucun qui soit possédé du diable, non pour autre raison, sinon que quelquefois ils en sortent à leur honneur, et s'en ensuit l'effet tel qu'ils le demandent ; ce que n'avenant, ils allèguent pour leur ignorance et frauduleute déception, que ce démon est infidèle, ou bien que c'est quelque esprit céleste. La manière de les conjurer est telle : ils *Muhazzimin, enchanteurs.* *Manière de conjurer les esprits.*

forment certains caractères dans des cercles au milieu d'un foyer ou autre chose, puis peignent aucuns signes sur la main ou front du malade, lequel ayant parfumé de certaines odeurs, commencent à faire l'enchantement, conjurant l'esprit, à qui ils demandent par quel moyen il est entré dans ce corps, d'où il est, comment il a nom, ajoutant à ceci un commandement, qu'il ait à vider incontinent.

Il y a encore une autre sorte d'enchanteurs, qui se gouvernent par une règle appelée zaïragia, c'est-à-dire *cabale;* mais ils n'étudient aucunement cette science pour en avoir la connoissance, parce qu'ils l'estiment être acquise naturellement; et (à dire vrai) ils donnent réponse infaillible de ce qui leur est demandé. Mais cette règle est très-difficile, pour autant que celui qui s'en veut aider ne doit être moins savant astrologue qu'expert arithméticien. Je me suis trouvé quelquefois là où l'on faisoit quelque figure, à laquelle parfaire failloit demeurer depuis le matin jusqu'au soir, encore que ce fût aux plus longs jours, et se trace en cette manière : ils font plusieurs cercles l'un dedans l'autre, au premier desquels forment une croix, et aux extrémités d'icelle les quatre parties du monde; c'est à savoir : levant, ponant, Tramontane et midi; au pé-

Marginalia:
Zaïragia, cabalistes, donnent réponse vraie.

Figure des cabalistes.

riode colloquent les deux pôles, et hors du premier cercle sont situés les quatre éléments, puis divisent le cercle en quatre parties, et le suivant finalement; après cela viennent à partir chacune partie en sept, là où ils impriment certains grands caractères arabesques, qui sont vingt-sept ou vingt-huit pour chaque élément. En l'autre cercle posent les sept planètes, au séquent les douze signes du zodiaque, et en l'autre les douze mois de l'an, selon les latins; en l'autre les vingt-huit maisons ou siéges de la lune; au dernier, les trois cent soixante-cinq jours de l'an, et hors de tout cela mettent les quatre vents principaux, puis choisissent une lettre de la chose demandée, et vont multipliant, avec toutes les choses nombrées, jusqu'à tant qu'ils savent quel nombre porte le caractère, après la divisent en certaine manière, la mettant en partie selon que le caractère est, et quel élément y est situé; tellement qu'après la multiplication, division et dimension, ils savent quel caractère est propre pour le nombre qui est resté; et font du caractère trouvé en la sorte du premier, et ainsi conséquemment jusqu'à ce qu'ils viennent à trouver vingt-huit caractères, desquels ils forment une diction, et la diction réduisent en oraison, toujours en vers mesurés, selon la première espèce des vers arabesques, qui s'appellent *éthavel*, c'est à savoir huit pieds et douze bâtons, selon l'art poétique des Arabes, duquel nous avons traité en la dernière partie de notre grammaire arabesque; dont de ces vers, qui proviennent des caractères, sort une vraie et infaillible réponse. Premièrement, la chose demandée en procède; puis la réponse de ce qui se demande, et ne se mécontent jamais à cela; chose certainement miraculeuse, et d'autant plus admirable, si que je ne pense point avoir jamais vu chose qui fût estimée naturelle avoir tant de divinité, ni qui semblât mieux surnaturelle que celle-ci. J'ai encore vu faire une autre figure au collége du roi Abul Hénon, en la cité de Fez, en un lieu découvert, lequel étoit pavé de marbre fin blanc et poli, et y avoit de distance entre chacun angle l'espace de cinquante coudées, dont les deux tiers furent occupés des choses de quoi se devoit faire la figure, pour laquelle fournir y avoit trois hommes, dont un chacun d'eux prenoit garde de son côté; néanmoins ils y demeurèrent un jour entier. J'en vis semblablement faire une autre à Thunes par un excellent maître, lequel avoit commencé sur la règle susnommée en deux volumes, et sont tenus en grande réputation ceux qui ont l'intelligence d'icelle. Je me suis trouvé depuis ma connoissance aux lieux là où on en a fait trois, et ai encore vu avec ce deux commens sus cette règle, et un autre du Margiani, qui étoit père du maître que je vis à Tunes, avec un autre d'Ibnu Caldun, historien. Et si quelqu'un avoit envie de voir cette règle commencée, il ne sauroit dépendre cinquante ducats, parce que, passant à Thunes, qui est prochaine d'Italie, on la recouvreroit facilement. La commodité s'offroit bien à moi, tant du temps comme du maître, si j'eusse voulu vaquer; mais cette doctrine est défendue par la loi de Mahomet quasi comme une hérésie, qui fut cause de m'en faire passer l'envie. Et, dit cette écriture, que toute manière de deviner est vaine, d'autant que Dieu s'est réservé la profondité des secrets, tenant en ses mains les choses futures. A cette cause, les inquisiteurs de la loi de Mahomet font bien souvent emprisonner cette manière de gens, sans jamais cesser de persécuter et poursuivre fort vivement ceux qu'ils peuvent trouver faisant profession d'icelle.

Mahomet réprouve les devinements, et punit les devins.

Règles et diversités observées par aucuns en la loi de Mahomet.

On voit encore plusieurs personnages de bon savoir, lesquels se font surnommer sages et bien versés en la philosophie morale, tenant et observant, avec une superstition fort grande et certaines lois, outre celles qui furent commandées par Mahoment, en quoi ils sont par aucuns estimés bons catholiques, et par autres non. Mais le populaire les répute saints, combien qu'ils remettent au libéral arbitre plusieurs choses qui sont défendues en l'Alcoran par Mahomet, comme la loi défend qu'on ne chante nulle chanson lubrique par art de musique; toutefois ces maîtres philosophes réprouvent cela, et disent qu'il se peut faire. En cette loi y a plusieurs ordres et règles dont une chacune est gardée par un chef, ayant plusieurs docteurs, qui soutiennent ces règles avec beaucoup d'œuvres touchant la spiritualité, et prit commencement cette secte quatre-vingts ans après Mahomet. Le principal et plus fameux auteur d'icelle s'appeloit Elhésibnu Abilhasen, de la cité de Bafra, qui peu-à-peu commença à donner certaines règles à ses disciples; mais il ne mit rien par

Chansons lubriques défendues par la loi de Mahomet.

De la loi de Mahomet sont sorties plusieurs sectes.

écrit. A celui-ci, cent ans après, succéda un très-savant homme, et bien versé en cette matière, nommé Elbari Ibim Esed, de la cité de Bagaded, qui a écrit un bel œuvre généralement à tous ses disciples; puis, par la révolution des années, cette secte fut condamnée par les légistes, remontrant aux pontifes comme elle étoit damnable; tellement, que tous ceux qui l'ensuivoient étoient punis rigoureusement, de sorte qu'elle sembloit être éteinte, quand, encore une autre fois, et de là à cinquante ans, elle fut renouvelée par le moyen d'un qui en fut chef, et suivi de plusieurs disciples, prêchoit sa doctrine publiquement, de manière que les légistes, avec le pontife, le condamnèrent, ensemble ses adhérents, d'avoir les têtes tranchées; ce qu'ayant entendu le chef, écrit incontinent une lettre au pontife, par laquelle il le prioit très-affectueusement lui faire cette grace de lui permettre entrer en dispute et s'affronter avec les légistes; et en cas qu'il fût par eux vaincu, se soumettoit libéralement à la peine par sa sainteté ordonnée; mais s'il leur montroit mieux emparé de la vérité même que par force d'arguments, comme sa doctrine devoit être quant à vraie religion, à la leur préférée et beaucoup plus recommandée, il n'étoit raisonnable (disoit-il) qu'une si grande multitude de peuple innocente, fût par le faux et calomnieux dire de gens ignares, injustement à la mort condamnée. Les lettres levées bien diligemment, la demande ne sembla être que très-mixte et raisonnable, au moyen de quoi il lui fut permis de venir en dispute avec les légistes touchant cette matière, lesquels, tant pour leur peu de savoir et grande ignorance, comme parce que le droit étoit de son côté, il rangea facilement et vainquit, leur donnant à connoître de combien ils se mécontoient, et que leur opinion étoit autant pleine d'erreur, et fausse comme sa doctrine étoit digne d'être reçue et invitée, d'autant qu'elle consistoit toute en pure vérité. Et avec ce, sut tant bien émouvoir le pontife, que, fondant en larmes, se convertit à son opinion, érigeant monastères, temples et colléges pour les sectateurs d'icelui, auquel il porta très-grande faveur tandis qu'il fut en vie, et dura cette secte par l'espace de cent ans, jusqu'à ce qu'il sortit un empereur d'Asie majeure, de l'origine des Turcs; mais pour la cruelle persécution qu'il usoit à l'endroit des sectateurs d'icelle, les uns furent contraints de s'enfuir au Caire, et les autres de gagner l'Arabie, lesquels demeurèrent ainsi en exil par l'espace de vingt ans, qui fut jusqu'au temps que Caselsab, neveu de Malicsacb, régnoit, qui avoit un conseiller, homme fort consommé et de grand esprit, appelé Nidan Elmule, qui, adhérant à cette doctrine, la remit sus et la soutint; tellement, que, par le moyen d'un homme très-docte, nommé Elgazzuli (lequel en composa un volume divisé en sept parties), fit tant, qu'il pacifia les légistes avec ceux de sa ligue; sous telle condition, que ces légistes retiendroient le nom de docteurs et conservateurs de la loi du prophète, et ceux-ci seroient appelés réformateurs d'icelle. Cet accord dura jusqu'à ce que Bagaded fût ruinée et démolie par les Tartares, qui fut en l'an sept cent cinquante-six de l'Hégire. Mais cette division ne fut aucunement à leur désavantage, ni à eux dommageable, parce que déjà l'Asie et l'Afrique étoient toutes semées de cette doctrine, et pleines des sectateurs d'icelle. De ce temps-là, on ne permettoit faire profession de cette secte à autres, sinon à personnes doctes, et surtout bien versées et entendues en l'écriture, pour avoir meilleur moyen de soutenir plus facilement leur opinion, laquelle, depuis cent ans en ça, un chacun veut ensuivre, disant qu'il n'est pas besoin, pour en avoir l'intelligence, avoir vaqué aux lettres, parce que le

Saint-Esprit inspire ceux qu'il trouve sans tache ni macule, leur donnant entière connoissance de la pure vérité; et allèguent encore d'autres raisons, pour leur défense, bien froides et frivoles. Et ainsi, laissant les commandements tant inutiles comme nécessaires à cette règle, ne gardent autre loi que celle des légistes; mais trop bien se savent donner tous les plaisirs qui sont permis par icelle, parce qu'ils font souventefois des festins, chantent chansons lubriques, et fréquentent fort les danses, aucune fois se déchirant selon que le sens des vers qu'ils chantent le requiert, et comme il leur vient en fantaisie. Ces voluptueux disent qu'ils font tels actes, étant réchauffés par les flammes de l'amour divin; mais je me ferois bien plutôt à croire que la fumeuse liqueur, accompagnée par plus grande quantité de viande qu'il ne leur seroit métier, leur fit ainsi tourner le cerveau et entrer en cette humeur, ou (ce qui me semble encore plus vraisemblable) font ces cris et grandes exclamations, interrompues souvent par sanglots et gémissements, pour l'amour désordonné qu'ils portent aux jeunes jouvenceaux sans barbe, qui les rendent ainsi perplexes et passionnés. Et advient le plus souvent que quelque gentilhomme convie à la fête de ses noces l'un de ces principaux maîtres, avec tous ses disciples, lesquels, à l'entrée de table, prononcent et chantent quelques oraisons et chansons spirituelles; puis à la fin, les plus apparents commencent à mettre leurs robes en pièces; et s'il advient en dansant que quelqu'un d'entre eux, pour être caduc et débilité d'âge, ou pour avoir la tête enfumée, se laisse tomber, il n'est à peine par terre, qu'il est par un bel adolescent relevé en le baisant fort lascivement. Pour cette cause est venu ce proverbe dans la cité de Fez : le banquet des ermites, par lequel on veut inférer que le banquet achevé, il se fait une métamorphose de ces adolescents, qui deviennent épouses de leurs maîtres, lesquels ne se peuvent marier, à raison de quoi on les appelle ermites.

<small>Proverbe de Fez.</small>

Autres diverses règles et sectes, avec des opinions superstitieuses de plusieurs.

Parmi cette doctrine, il y a quelques règles estimées hérétiques, tant par les docteurs comme par les réformateurs; parce qu'elles ne contrarient seulement à la loi, mais à la foi aussi. Et certes en y a plusieurs qui croient fermement que l'homme, par le seul mérite de ses bonnes œuvres, par jeûnes et abstinences, se puisse acquérir une angélique nature, disant que, par ce moyen, on se purifie le cœur et l'esprit, tellement qu'il ne sauroit pécher, combien qu'il s'en mît en devoir ; mais devant que d'atteindre à cette perfection et béatitude céleste (disent-ils), il faut monter cinquante degrés de discipline ; et encore qu'on vienne à tomber en péché, autant qu'il soit parvenu jusqu'au cinquantième, Dieu ne lui impute plus les fautes commises contre sa divinité ; au moyen de quoi, et par les raisons ci-dessus alléguées, cette manière de gens fait de grands jeûnes et étranges au commencement, qui les fait plus enhardir, puis après à se donner tout le bon temps et prendre tous les plaisirs et voluptés que leur volonté lascive leur sauroit représenter. Ils ont aussi une étroite règle, qui leur a été délaissée, écrite en quatre volumes, par un homme de grand savoir et très-éloquent, nommé Essehravardi, de Schravard, cité en Corosan, et ont semblablement un autre auteur nommé Ibnu Farid, lequel se mit à réduire toute sa doctrine en vers fort exquis et fluides, mais tous farcis d'allégories, tellement qu'ils semblent ne traiter d'autre chose que d'amour ; ce qu'incita un personnage nommé Elfargani, à commenter icelui œuvre, duquel il tira la règle et degré qu'on doit passer pour pouvoir parvenir à la connoissance d'icelle. Ce poète orna ses écrits d'une si grande et parfaite éloquence, que les sectateurs de la secte ne chantent autre chose à leurs festins que les vers lesquels il a composés, pour autant qu'il ne s'est trouvé homme depuis trois cents ans en ça qui ait écrit si disertement que lui. Ceux-ci estiment que toutes les sphères célestes, le firmament, les planètes, étoiles et éléments soient dieux, et qu'on ne sauroit errer en aucune foi ni loi que ce soit, à cause que les humains pensent d'adorer celui qui le mérite, et croient qu'en un seul homme qu'ils ont entre eux, soit posée toute la sapience de Dieu ; au moyen de quoi ils l'appellent Elcoth, qui signifie participant avec Dieu, et égal à lui quant à la connoissance des choses. Il y a quarante hommes entre eux lesquels sont appelés Elauted, c'est-à-dire les trons, parce que les autres les surmontent en savoir et degré, et appartient à ces quarante, quand l'Elcoth meurt, d'élire un autre, qu'ils choisissent parmi le nombre de soixante, pour le colloquer en cette place et dignité. Il y en a encore d'autres jusqu'à la quantité de sept cent soixante-cinq, du titre desquels il ne me souvient à présent; mais comme l'un des soixante est expiré, on en élit un autre d'un semblable nombre. Leur

Merveilleuse opinion.

Elcoth.

règle commande qu'ils voisent inconnus par la terre, ou en guise de fous ou de grands pécheurs, ou de la plus vile et mécanique personne qui se puisse trouver, qui fait que sous cette ombre plusieurs Barbares et personnes vicieuses vont courant le pays d'Afrique tout nus, montrant leurs parties honteuses, et sont tant déhontés, qu'à l'imitation des bêtes brutes, se couplent charnellement avec les femmes au milieu des places publiquement, et néanmoins ils se sont acquis telle réputation à l'endroit des Africains, que tout le peuple les estime saints. Dedans Thunes se trouve de cette canaille une grande multitude; mais il y en a beaucoup davantage en Égypte, et mêmement au grand Caire. En la principale place d'icelui, appelée bain Elcasrain, je vis un d'iceux saisir une fort belle jeune femme, laquelle de ce pas même sortoit de l'étuve, et l'ayant jetée par terre, usa avec elle charnellement; ce qu'il n'eut pas plutôt fait, qu'on accouroit de toutes parts pour toucher les accoutrements de la femme comme à chose religieuse, d'autant qu'elle avoit été touchée par un saint homme, lequel (comme publioient ceux qui s'étoient trouvés à cet acte) feignoit de commettre le péché, combien qu'il s'en fût totalement abstenu. Et ceci ayant été rapporté au mari de la

Secte maudite qui use publiquement des femmes.

femme, s'estima bien heureux, réputant cela pour une grande grace, de laquelle il rendit louanges à Dieu, faisant banquets et festins solennels, accompagnés de grandes aumônes pour un si grand heur qui lui étoit advenu. Les juges et docteurs de la loi, voulant effacer l'abomination d'un tel délit et énorme cas (par une peine digne du forfait scandaleux de ce pendard), se mirent en grand danger de leur vie, à cause de la soudaine émotion et mutination du peuple, qui a ces truants en grande vénération, moyennant laquelle on leur fait à tous des présents et dons inestimables; vous assurant que la honte me contraint de mettre sous silence plusieurs autres choses particulières, auxquelles j'ai pris garde, autant ou plus abominables comme téméraires, et méritant cruelle punition.

Des cabalistes, et d'autres de plusieurs sectes.

Il y a une autre règle d'aucuns qui s'appellent cabalistes, lesquels font d'autres jeûnes, sans manger chair de quelque animal que ce soit; mais ils usent de certaines viandes et ornements ordonnés pour chacune heure du jour et pour la nuit, selon les jours et mois, quelques oraisons particulières qu'ils présentent par compte et en nombre, ayant coutume de porter sur eux certains petits tableaux peints, avec caractères et nombres entaillés par le dedans. Ceux-ci sont d'opinion que les bons esprits s'apparoissent, si à eux leur parlent, leur donnent connoissance et acertement de toutes les choses qui se font parmi le monde. Un grand docteur, appelé Boni, se rangea de leur secte, composant leurs règles, et comment se doivent faire les oraisons, trouvant l'invention de ces petits tableaux. J'ai vu son œuvre, qui me semble plutôt être tiré de la magie que de la cabale; et ce qui est le mieux reçu de ce qu'il a fait, se divise en huit volumes, dont l'un s'appelle Ellumha Ennoramita, c'est-à-dire démonstration de lumière, là où est contenue la manière de faire les jeûnes et oraisons; l'autre s'appelle Semsul Méharif, qui signifie le soleil des sciences, qui traite et enseigne comment il faut faire ces petits tableaux, et démontre le profit qu'on en peut tirer. Le tiers est intitulé Sirru Lasméi Elchusne, qui vaut autant à dire la vertu contenue aux nonante noms de Dieu, et vit cet œuvre-ci, tandis que j'étois à Rome, entre les mains d'un Hébreu vénitien. Il y a encore une autre règle entre ces sectes, qui s'appelle la règle de Suvach, qui est de certains ermites, lesquels vivent au bois et

Méharif.

Sirru Lasméi Elchusne.

Suvach, règle des ermites.

lieux solitaires, là où ils ne prennent leur substance que d'herbes et fruits sauvages, sans qu'il se puisse trouver aucun qui pût au vrai certener les autres de leur manière de vivre, parce qu'ils font résidence aux lieux qu'ils voient être éloignés de toute conversation humaine, la fuyant tant qu'il leur est possible. Mais je laisserois de trop loin le droit fil de mon œuvre encommencée, si je voulois de point à autre m'étendre sur toutes les particularités des diverses sectes de Mahomet. Qui sera curieux d'en voir davantage et d'en être plus amplement informé, lise l'œuvre d'un qui s'appelle Elacfani, et (en le lisant) lui satisfera quant à ceci; car il traite là-dedans amplement de diverses sectes qui procèdent de la loi de Mahomet, lesquelles sont en nombre de soixante-deux principales, et estime chacun la sienne bonne et vraie, dont il advient et s'en suit qu'ils pensent tous s'acquérir une béatitude éternelle; mais maintenant il ne s'en trouve guère plus de deux. L'une, des Leshari, qui est tenue partoute l'Afrique, Egypte, Surie, Arabie et Turquie. L'autre est de l'Imamie, laquelle est gardée partoute la Perse, en aucune cité de Corasan, et par le sofi même, qui a plusieurs fois voulu contraindre les peuples d'Asie, par force d'armes, de se ranger à icelle,

Soixante-deux sectes procédantes de la loi de Mahomet.

qui a été cause que la plus grande part de l'Asie fut détruite, parce qu'auparavant on y souloit ensuivre celle des Leshari. Quant aux Mahométans, tout leur domaine est quasi embrassé par une seule secte.

De ceux qui s'amusent à chercher les trésors.

Dedans Fez se trouvent encore d'aucuns qui s'appellent Elcanésin, lesquels s'adonnent et se travaillent fort à trouver les trésors qu'ils pensent être cachés sous les fondements des ruines anciennes, et va cette sotte génération hors la cité, puis entre dans certaines cavernes creuses, pensant trouver iceux trésors, qu'ils croient fermement avoir été en ces lieux délaissés et enterrés par les Romains, lorsque l'empire d'Afrique leur fut ôté, et qu'ils s'enfuirent vers la Bétique d'Espagne, avec opinion qu'ils enterrèrent plusieurs gemmes et bagues précieuses (lesquelles ils ne pouvoient porter avec eux), aux environs de la cité, avec grands enchantements; par quoi ils tâchent à s'accointer de quelques enchanteurs qui puissent, par la vertu de leur art, rompre et défaire les enchantements des Romains. Et y en a plusieurs qui disent avoir vu en une cave ou antre, de l'or, et autres de l'argent, mais qu'ils

Elcanésin.

ne l'ont pu tirer, pour ne savoir ni avoir les enchantements et parfums appropriés, dont de ceux par une vaine espérance, se travaillent l'âme et le corps à caver la terre; au moyen de quoi il advient souvent qu'ils démolissent plusieurs beaux bâtiments et sépultures antiques, allant parfois dessous dix ou douze journées loin de Fez; tellement que la chose est venue si avant, qu'ils tiennent des livres, lesquels ils ont comme pour oracles, et font mention de quelques montagnes et lieux là où sont clos et cachés les trésors. Avant que j'en fisse départ (suivant leur sotte entreprise) créèrent un consul; puis ayant obtenu congé de ceux à qui appartenoient les places, cavoient à leur plaisir, réparant tous les dommages qui s'en suivoient.

Des alquémistes.

Et ne se faut pas persuader qu'il y ait faute d'alquémistes; car tant s'en faut que le nombre soit petit, qu'il y en a une infinité de ceux qui s'étudient à telle folie; mais la plus grande partie est de personnes ignares, de rude esprit, et qui puent démesurément, pour le soufre qu'ils manient ordinairement, avec d'autres odeurs qui ne sont guère plus plaisantes à

Alquémistes, ignares et puants.

sentir. Ils ont coutume de se retirer le plus souvent au temple Majeur, pour plus à leur aise et hors du tumulte, disputer des choses concernant leurs fantastiques imaginations, se réglant selon ce qui est écrit dans une grande quantité de volumes qu'ils ont traitant de telle matière, et composés par des hommes doctes et éloquents. Le premier de ces volumes a pris le nom de Géber, qui fut cent ans après Mahomet, et (comme l'on dit) fut un grec renié, écrivant son livre et ses recettes toutes par allégories. Il y a encore un autre auteur qui a fait un grand œuvre, lequel étoit appelé Attogréphi, qui fut secrétaire du soudan de Bagdad, comme nous avons récité en la vie des philosophes arabes; et un autre, composé en cantiques, je dis tous les articles et principaux points de cet art, l'auteur duquel s'appeloit Mugaïribi, grenadin, et fut commencé par un mameluck de Damas, homme fort docte et expert en cette science ; mais la glose est beaucoup plus obscure et moins intelligible que le texte. Ces alquémistes sont divisés en deux bandes, dont les uns vont cherchant l'élissir; c'est à savoir la matière qui tient toute veine et métal, et les autres s'étudient à avoir la connoissance de la multiplication des métaux pour les incorporer. Mais j'ai pris garde que le plus

Géber, Grec renié.

Attogréphi.

Alquémistes divisés en deux bandes.

souvent cette manière de gens se met enfin à falsifier la monnoie, qui est cause qu'on en voit la plupart sans poing en la cité.

Charmeurs et enchanteurs de serpents.

Finalement, on ne trouve quasi autre chose, par la cité, que de cette inutile canaille qu'on appelle, en Italie, charmeurs, qui vont chantant parmi les places publiques chansons, sonnets et telles autres sottises, au son de leurs tambours, vielles et harpes, vendant au populaire ignorant quelques bulletins et mots, lesquels, disent-ils, peuvent garder la personne de tomber en plusieurs dangers et inconvénients. Outre ceux-ci se trouvent d'autres truants, qui sont tous d'une famille, lesquels vont parmi la cité, faisant danser les singes, et portant autour du col et des bras grande quantité de serpents entortillés. Ils font encore aucunes figures de géomencie, et par icelles prédisent aux femmes ce qui leur doit advenir, et en leur compagnie mènent quelques-uns qui savent faire pouliner les juments. Or, maintenant je pourrois poursuivre, et raconter quelques autres petites particularités touchant les habitants de la cité; mais il me suffit vous faire entendre comme ils sont (ou la plupart), envieux et déplaisants, ayant en peu d'estime et conte les étrangers, combien qu'il s'en y adresse peu, à cause que la cité est distante de la mer environ cent milles ; avec ce, que les chemins sont fort âpres et scabreux pour ceux qui s'y veulent acheminer ; et vous ose bien assurer que les seigneurs sont fort superbes et hautains, que peu de gens ont envie de les fréquenter ni avoir rien à démêler avec eux ; ce que se pourroit aussi bien dire des juges et docteurs, sans s'éloigner aucunement de la vérité, d'autant qu'ils tiennent leur gravité avec un port hautain, et de rare conversation. Néanmoins, pour toute résolution, la cité est très-belle, commode et bien ordonnée. Et combien qu'en temps d'hiver elle soit si fangeuse qu'il faille porter certaines mules de bois par les rues, si est-ce qu'on y met tel ordre, que l'on donne ouverture à quelques canaux, tellement que l'eau, laquelle provient d'iceux, lave et nettoie toutes les rues, joint aussi que la part où il n'y a nul canal, l'on fait réduire la fange en monceaux, et après l'avoir chargée sur des bêtes, on la jette dans le fleuve.

Des faubourgs qui sont hors la cité de Fez.

Au dehors de la cité, du côté du ponant, y a un faubourg qui contient environ cinq cents feux; mais les maisons (habitées de viles gens et basse condition) sont fort laides, comme celles où habitent ceux qui guident les chameaux, qui portent l'eau et coupent le bois en l'hôtel du roi, qui est toutefois garni de plusieurs boutiques et de toute sorte d'artisans, entre lesquels plusieurs charmeurs font encore résidence, avec joueurs d'instruments peu estimés, et femmes abandonnées en grand nombre, mais laides, vilaines et difformes. En la grande rue y a plusieurs caves taillées à ferrements, à cause que le lieu est tout en rocher de pierre tivertine, et en icelles souloit-on tenir le grain des seigneurs, qui ne demeuroient pour-lors en ce lieu ni autres, sinon ceux qui étoient commis à la garde des grains. Mais, par les guerres qui survinrent, on les déplaça pour les mettre dans quelques greniers qui furent dressés en la cité de Fez neuve; et ceux qui étoient dehors furent abandonnés, étant d'une merveilleuse grandeur, voir et tant spacieuse, que le plus petit pouvoit tenir mille setiers de blé, et sont en nombre de cent cinquante

Dans les rochers pour tenir le grain.

fosses maintenant découvertes, de sorte que bien souvent plusieurs n'y pensant, se laissent tomber dedans. Vrai est que, pour obvier aucunement à ce danger, on a enlevé certains murs au-devant l'entrée d'icelles, dans lesquelles le châtelain de Fez fait jeter les corps de ceux qui ont été exécutés par justice, après avoir fait faire quelque exécution de ce qu'il peut faire fort commodément; car il y a dans la forteresse un guichet qui répond droit à ces fosses. Dans ce bourg se tient le barlan; mais on n'y use d'autre manière de jeu qu'aux dés, et y peut-on vendre vin, faire taverne et tenir putains publiquement, dont, à bonne raison, se peut appeler ce lieu-là l'égout des immondices de toute la cité. Les boutiques se serrent après soleil couché, sans qu'il y demeure personne, parce que tous se mettent à baler, jouer, paillarder et ivrogner. Il y a un autre bourg hors cette cité, qui contient environ deux cents maisons, là où habitent les ladres qui ont des chefs et gouverneurs, recevant le revenu de plusieurs possessions qui leur ont été données pour l'amour de Dieu, par quelques gentilshommes et autres, et par ce moyen ils sont tant bien traités et accommodés, que je ne leur souhaiterois que santé. Ces chefs ont la charge de faire vider la cité à ceux qui sont

Ladres traités avec bonne police.

entachés de cette maladie, pour les faire mener et demeurer en ce bourg-là, où avenant que quelqu'un d'entre eux vienne à mourir sans héritiers, la moitié du bien revient à la commune de ce bourg, et l'autre demeure à celui qui donne la connoissance de ceci ; mais survivant quelque enfant, il hérite sans qu'on lui puisse quereller. Il faut aussi noter que tous ceux qui se trouvent avoir taches blanches sur leurs corps et autres choses incurables, sont compris au nombre des malades. Outre ce bourg-ci, il s'en trouve encore un autre petit, contenant environ cent cinquante feux, où habitent les muletiers, potiers de terre, maçons et charpentiers. Sur le grand chemin, du côté du ponant, est situé un autre grand bourg, qui fait environ quatre cents feux, mais pauvrement bâti, et auquel demeurent des gens fort pauvres et mécaniques, qui ne veulent ou bien ne peuvent demeurer au contour. Auprès de ce bourg y a une grande campagne, laquelle s'étend jusqu'au fleuve qui en est à deux milles, et se jette sur le ponant environ trois milles. Là se fait un marché tous les jeudis, auquel s'assemble grande quantité de personnes avec bétail, et de merciers, qui y déploient leur marchandise pour tendre sous des pavillons, et là s'y observe une telle coutume. Il y a une petite compagnie de gentilshommes qui se réduisent ensemble, faisant tuer un mouton à quelque boucher qui prenne la dépouille pour son salaire, puis ils divisent la chair entre eux, et vendent la peau aux marchands de laine. On paie si peu de gabelle pour les choses qui se vendent en ce marché, que le réciter sembleroit quasi une chose superflue ; combien que je ne passerai plus outre sans vous avertir que je ne fus jamais en marché ou foire par l'Afrique et l'Italie là où s'assemblât si grande multitude de gens, ni tant de marchandise comme en celui-ci, de sorte que c'est une chose admirable. Il y a encore, hors de la cité, certains rochers très-hauts qui environnent une combe large de deux milles, et sur iceux taillent les pierres desquelles on fait la chaux. Dans cette fosse y a plusieurs fournaises fort grandes, là où l'on fait la chaux des pierres qui se tirent de ces rochers ; et y en a de telles, qui pourroient tenir jusqu'à six mille setiers de chaux, que les gentilshommes, plus nobles qu'opulents, font cuire. Du côté du ponant, hors le pourpris de la cité, y a environ cent cabanes fabriquées sur le rivage du fleuve, qui sont habitées par ceux qui blanchissent les toiles, lesquelles ils trempent quand le temps est beau et calme,

Grande foire et marché merveilleux, là où trafiquent aussi les gentilshommes.

puis les étendent sur un pré le plus prochain des cabanes, et lorsqu'elles sont essuites, ils puisent de l'eau du fleuve avec des seilles de cuir à anserons de bois, et l'épandent sur ces toiles, les laissant en cette sorte jusqu'au soir, qu'ils les retirent dans leurs cabanes, dont les prés qui les environnent entretiennent leurs herbes tout le long de l'année toujours en verdeur et fleurissantes, objet qui récrée merveilleusement la vue, et qui satisfait grandement aux personnes lesquelles contemplent de loin, sous parfaite blancheur, une naïve verdure, qui, par sa réverbération, rend les ondes de ce fleuve azurées, sujet qui incite plusieurs poètes à composer des carmes pleins de faconde et élégance.

Sujet de poètes.

Sépultures communes hors le pourpris de la cité.

Autour de la cité, y a plusieurs lieux députés pour mettre les corps morts, que les gentilshommes font ensevelir et mettre en commune sépulture, qui est telle. Ils mettent sur le corps mort, quand il est en terre, une pierre en forme triangulaire, mais longue et plate. Aux personnes notables et de réputation, ont coutume mettre devers le chef une lame de marbre, et une autre aux pieds ; sur icelles faisant graver des vers en consolation d'un tel passage tant craint et amer; puis au-dessous est écrit le nom et la lignée d'un chacun, avec l'an et le jour qu'ils décédèrent; ce que voyant, avec la meilleure diligence que je pus, je retirai toutes les épitaphes que je trouvai, non-seulement à Fez, mais partoute la Barbarie, dans un petit volume duquel je fis présent au frère du roi (qui règne aujourd'hui) lorsque son père passa de ce monde en l'autre. Entre ces vers, il y en a aucuns qui sont pour encourager les mortels contre les assauts de la mort; les autres sont d'un style qui induit à tristesse et mélancolie ceux qui les lisent.

L'auteur fit un recueil des épitaphes, tant de Fez que de toute la Barbarie.

Sépultures des rois.

Il y a un palais hors la cité, du côté de Tramontane, situé sur un assez haut côteau, là où se peuvent voir plusieurs et diverses sépultures d'aucuns rois de la famille de Marin, lesquelles sont décorées de fort beaux ornements et pierres de marbre, avec épitaphes et lettres gravées en icelles enrichies de vives couleurs; tellement qu'elles laissent les regardants non moins émerveillés par l'objet de leur superbe structure, comme grandement satisfaits par l'artifice nompareil de l'ouvrage incomparable qui y est représenté.

Vergers et jardins.

De la partie de Tramontane, devers le levant et midi, y a grande quantité de jardins, qui sont arrosés par petits ruisseaux provenants du fleuve, et là sont produits des fruits de toute sorte, sur arbres qui sont hauts et fort gros, et de telle épaisseur, que ce lieu semble mieux avoir montre de bois qu'autrement : là n'est la coutume cultiver le terroir qu'il ne soit partout arrosé, qui cause qu'il produit des fruits en grande abondance et d'une parfaite bonté, hors les pêches, qui n'ont guère bonne saveur. La commune opinion est qu'on vend en la saison, tous les jours, cinq cent sommées de ces fruits, qui sont portés en un lieu de la cité où l'on paie la gabelle, et là se vendent à l'encan, en présence des fruitiers, en la place où se vendent semblablement les esclaves, en paient la gabelle d'iceux. Outre ce, de la partie de devers ponant, y a un terroir qui contient quinze milles en largeur et trente en longueur, étant de la dépendance du temple Majeur, qui est tout couvert de fleuves et fontaines pour cette commodité ; les jardiniers la tiennent à louage, y semant grande quantité de lin, coucourdes, citrouilles, poreaux, raves, raiforts, choux verts, pommes et telles autres herbes. Tant y a, que ces jardins rendent en temps d'été quinze mille charges de fruits, et autant en hiver; au moins la commune opinion est telle; et n'y a autre incommodité, sinon que l'air du lieu, ou des environs, est mauvais; tellement, que la plupart des habitants est de couleur jaunâtre, sujets à fièvres ordinaires, qui tuent une grande multitude de peuple.

Description de Fez, cité neuve.

La neuve cité de Fez est toute ceinte de hautes et très-fortes murailles, édifiée en une belle plaine près du fleuve, distante de Fez l'ancienne environ un mille du côté du ponant, et tirant quasi devers le midi. Entre les deux murailles, se voit entrer et passer une partie de fleuve du côté de Tramontane, là où sont les moulins; et l'autre partie du fleuve se divise en deux, dont l'une prend son cours entre Fez la neuve et ancienne, là où elle vient à entrer du côté du midi. L'autre partie passe par la forteresse et collége du roi Abu Hénon. Cette cité fut édifiée par Jacob, fils d'Abdultach, premier roi de la maison de Marin, lequel, expulsant les rois de Maroc, s'empara de leur royaume; et du temps qu'il leur faisoit guerre, il étoit grandement molesté du roi de Télensin, tant

Abdultach, premier roi de la maison de Marin, dans Fez.

en faveur de celui de Maroc, comme pour ne laisser prendre plus grandes forces à la maison de Marin, et l'empêcher de tout son pouvoir qu'elle ne vînt à se faire grande. Or, comme Jacob eut heureusement (et non autrement qu'il le souhaitoit) donné fin à cette guerre contre les rois de Maroc, il lui prit envie se ressentir du travail et ennui que lui avoit fait endurer le roi de Télensin, pour à quoi mieux faire sortir son effet, délibéra de construire cette cité au lieu où elle est, et en icelle poser le siége royal; ce qu'il fit, la nommant Cité blanche; mais ce nom lui fut puis après, par le vulgaire transmué, qui l'appela Fez-la-Neuve, que le roi fit diviser en trois parties, en l'une faisant édifier le palais royal, et d'autres pour ses enfants et frères, ordonnant que chacun d'iceux fût garni d'un beau verger; puis fit ériger, auprès de son palais, un temple fort somptueux, bien orné et en bon ordre. En la seconde, fit bâtir de grandes étables pour les chevaux de son écurie, avec plusieurs autres palais pour ses capitaines et plus familiers de sa personne. Depuis la porte, du côté du ponant, jusqu'à celle qui regarde vers levant, fit faire la place de la cité, qui contient en longueur l'espace d'un mille et demi. De chaque côté sont les boutiques de toute sorte

Jacob, fils de Abdultach, édifie Fez-la-Neuve.

de marchands et artisans. Près la porte du ponant (qui est à la seconde muraille), fit faire une grande loge environnée d'autres petites, là où demeuroit le capitaine garde de la cité avec ses soldats; là auprès voulut faire édifier deux étables, où pouvoient demeurer au large deux cents chevaux députés à la garde du palais. La tierce partie fut ordonnée pour les logis des gardes de corps de sa majesté; cette garde étoit d'une certaine génération orientale qui avoit bonne provision, et portoit des arcs pour ses armes, à cause que de ce temps-là les Africains n'avoient encore l'usage d'arbalêtres. Maintenant cette place est couverte de plusieurs temples et étuves fort belles et somptueuses. Le lieu où se bat la monnoie est auprès du palais du roi, et en forme d'une place carrée, étant environnée d'aucunes petites logettes là où demeurent les maîtres; puis au milieu d'icelle y a une loge seule, qui est le logis du maître de la monnoie, avec notaires et écrivains; pour ce, le roi peut disposer de l'office de cette monnoie ni plus ni moins comme aux autres lieux. Près de là y a une autre place où sont les boutiques des orfèvres, de leur consul, et de celui qui tient le sceau et la forme de la monnoie; car dans Fez il n'est permis de

Métal scellé. faire un anneau que premièrement le métal

ne soit scellé, sinon au grand préjudice de celui qui le voudroit vendre; mais le signet y étant ajouté, on le peut exposer en vente, et même en user comme de la propre et légitime monnoie. La plus grande partie de ces orfèvres est de nation judaïque, qui fait les ouvrages dans Fez-la-Neuve, pour puis après les porter vendre dans l'ancienne, en une place qui est ordonnée pour ce faire tout auprès des apothicaires, à cause qu'on n'y oseroit battre monnoie ni argent, joint aussi qu'il n'est permis aux Mahométans d'exercer le métier d'orfévrerie, car ils estiment être usure, de vendre les choses d'or ou d'argent plus qu'elles ne pèsent; mais il plaît ainsi aux seigneurs, qui permettent aux juifs de le faire, entre lesquels il y en a d'aucuns qui font des ouvrages pour les citoyens, sans y faire autre gain, sinon ce qu'on leur donne pour leur manufacture. Cette partie, que souloient anciennement tenir les archers, est habitée par les juifs, pour raison que les rois de notre temps ont cassé cette garde; car ils demeuroient premièrement en l'ancienne cité; mais la mort d'un roi n'étoit pas plutôt divulguée, qu'ils étoient par les Maures incontinent saccagés. Or, pour à ce remédier, il fallut que les rois les fissent déloger de Fez l'ancienne pour venir résider en la

Orfévrerie défendue, même aux mahométans.

neuve, leur imposant double tribut, pour les avoir jetés hors d'un tel danger et remis en lieu où ils sont maintenant en assurance, qui est en une fort longue et large place où sont leurs sinagogues, maisons et boutiques; et est allé ce peuple fort en augmentant, de sorte qu'on n'en sauroit aujourd'hui savoir le nombre, mêmement depuis que les juifs furent déchassés par le roi d'Espagne. Ils sont en dérision à tous, et ne leur est permis de porter souliers, au moyen de quoi ils sont contraints de faire pantoufle de joncs marins, avec certains turbans noirs en tête; et ceux qui ont envie de porter bonnets, ne le peuvent faire sans y attacher une pièce de drap rouge, et sont tributaires au roi de Fez de quatre cents ducats par mois. Tant y a, que cette cité fut, par l'espace de cent quarante ans, ceinte de fortes murailles, somptueux temples et beaux palais et colléges, et de tout ce qui est nécessaire pour rendre une cité magnifique; et pense que ce qui fut dépendu aux ornements surmonta la somme des murailles et du principal de la cité. Au dehors d'icelle furent faites certaines grandes roues sur le fleuve, pour épuiser l'eau d'icelui et la jeter sur les murailles, là où il y a quelques canaux par où elle s'écoule, et prend son cours aux palais, temples et vergers. Ces roues ont été faites de notre temps, c'est à savoir depuis cent ans en çà ; pour autant qu'auparavant l'eau entroit dans la cité par un aqueduc qui sortoit d'une fontaine distante environ dix milles, et s'appuyoit l'aqueduc sur des arcs bien mignonnement dorés, par l'invention d'un Genevois, qui de ce temps étoit fort favori du roi ; et les roues furent faites par un espagnol, qui les rendit (à dire vrai) admirables, vu que la force et choc continuel des vagues et ondes impétueuses ne les sauroit faire tourner que vingt-quatre tours, tant le jour que la nuit. Il reste encore à dire que peu de gens nobles font demeurance en la cité, et n'y a que ceux qui descendent de vraie tige des seigneurs, et quelques courtisans. Ce qui s'y trouve de plus est de personnes non nobles, et exerçant les offices que se dédaignent tenir les hommes de réputation et d'honneur, étant encore beaucoup plus scrupuleux de donner aucune de leurs filles à ceux qui les fréquentent.

<small>C'est un conduit à mener l'eau en quelque lieu.</small>

Ordre et police gardée quant à la manière du vivre de la cour du roi de Fez.

Entre tous les seigneurs, il ne se trouve qu'aucun ait été créé roi ou prince par élection, ni appelé au gouvernement de quelque cité ou province ; car, en la loi de Mahomet, n'a personne qui se peut dire seigneur naturel de quelque lieu que ce soit, sinon les pontifes seulement ; mais incontinent que leur puissance commença à s'ébranler et amoindrir, tous les principaux et conducteurs des peuples qui demeuroient au désert, ne furent endormis ni négligents à s'accoster aux pays habités, établissant, par force d'armes, plusieurs seigneurs, contre la loi de Mahomet et droit des pontifes, comme il est avenu en levant, que les Turcs, Curdes, Tartares et autres, venant de cette part, prirent l'autorité de commander à ceux qu'ils connoissoient en force leur être inférieurs, semblablement en occident, et par même moyen régna le peuple des Zénètes, si fit celui de Luntune, puis après les prédicateurs, et finalement la famille de Marin s'empara des seigneuries. Vrai est que le peuple de Luntune vint en faveur et au secours des peuples du ponant, pour les délivrer des mains des hérétiques, qui fut cause qu'ils acquirent l'amitié et bénévolence des peuples susnommés ; mais, sous couleur de se montrer affectionnés à la liberté d'iceux, ils commencèrent puis après à les tyranniser comme il s'est vu. Donc, pour cette raison, les seigneurs ne viennent maintenant à s'emparer des lieux comme vrais

Les pontifes ont seuls la seigneurie par la loi de Mahomet.

Loi de Mahomet abattue, et le droit des pontifes cassé.

possesseurs et héritiers légitimes, encore moins par élection du peuple, des capitaines ni des principaux; mais avant que les princes soient de mort prévenus, contraignent et lient par serment les plus grands de la cour à élire et créer princes leurs enfants ou frères après leur décès; si est-ce que rarement on voit observer telles convenances et jurements, parce qu'il se voit ordinairement que celui qui revient mieux au peuple soit retenu pour seigneur. En cette sorte, l'on procède à l'élection du roi de Fez, lequel, après sa création et étant publié roi, choisit un des plus nobles du royaume pour conseiller, et, pour son revenu, il lui assiète la tierce partie; puis en prend un autre qui le sert de secrétaire, trésorier et maître-d'hôtel. Il élit après les capitaines de la cavalerie députés à la garde du royaume, et demeurent ceux-là le plus souvent à la campagne. Après, il établit un gouverneur en chaque cité de son domaine, qui jouit des usufruits d'icelles, sous la charge de tenir à ses propres frais et dépens un tel nombre de gens qu'il est dit, tous appareillés à tous événements qui pourroient survenir au roi, et toutes et quantefois qu'il semblera bon à sa majesté d'assembler une gendarmerie. Outre ce, il ordonne certain nombre de commissaires et facteurs sur

Création du roi de Fez et de ses ordonnances.

ceux qui habitent aux montagnes, et encore sur les Arabes qui sont compris dans les limites de son domaine, là où les commissaires administrent justice, selon la diversité des lois de ce peuple. Les facteurs sont députés pour lever et recevoir le revenu des lieux, et tenir bon compte et suffisant des paiements tant ordinaires qu'extraordinaires. Davantage, il retient quelques barons, qui sont appelés en leur langue garde; un chacun de ceux-ci tient un château, ou bien deux villages, d'où ils peuvent tirer un revenu qui est suffisant pour leur vivre, et pour les maintenir en bon équipage, pour honorer le roi de leur présent en l'exercite. Il tient encore quelques chevau-légers, auxquels il fait les dépens quand ils sont au camp, et, en temps de paix, leur fait distribuer du grain, du beurre et de la chair salée pour un an, et un bien peu d'argent; mais en récompense de ce, sa majesté les fait vêtir une fois l'année, sans qu'ils aient aucun soin de leurs chevaux qui sont dehors et dedans la cité, parce que le roi les fournit de tout ce qui leur est besoin. Tous les valets d'étable sont esclaves chrétiens, qui ont les pieds entravés d'une grosse chaîne de fer, hormis que quand l'exercite marche, on les fait monter sur chameaux, combien que pour iceux gouverner y a encore un autre commissaire, lequel donne parti aux pasteurs, leur divisant les campagnes, et faisant provision d'un tel nombre de chameaux qu'il pense être nécessaire pour les affaires du roi; puis chacun chamelier tient toujours deux chameaux en ordre, pour charger selon ce qui lui est commandé. Ce seigneur tient encore un vivandier (qui a la surintendance sur les valets de cuisine), ayant charge de fournir, garder et distribuer les vivres pour sa majesté et exercite d'icelle; et tient celui-ci dix ou douze pavillons fort grands, où il met les vivres, changeant et rechangeant continuellement de chameaux pour rafraîchir toujours le camp, de peur qu'ils n'y viennent à manquer. Il y a puis un maître-d'hôtel qui a la cure et soin de tous les chevaux, mulets et chameaux du roi, étant fourni de tout ce qu'il lui est besoin par le vivandier, tant pour ceci comme pour la famille, qui en a le gouvernement. Sur les avoines semblablement est ordonné un commissaire, lequel en fait porter l'orge pour les bêtes, ayant sous soi notaires et écrivains, pour tenir par écrit la quantité de l'avoine et orge qui se distribue, pour puis après en rendre compte au maître-d'hôtel. Davantage, il tient un capitaine de cinquante chevaux, qui sont en guise de courriers, faisant les impositions de par le secrétaire au nom du roi. Il tient encore plus un autre capitaine fort honorable, qui est comme le chef de la garde secrète, ayant puissance de commander, de la part du roi, aux autres officiers ce qu'ils ont à faire, comme confiscations, exécutions et administration de justice. Il peut faire saisir au corps les grands personnages mêmes, les mettre en prison, et user envers eux de toute rigueur de justice au moindre commandement du roi, lequel tient auprès de soi un fidèle chancelier, qui a en main et garde le sceau et cachet de sa majesté, dictant lui-même les missives pour icelle, qu'il cachète aussi avec le sceau. Quant aux laquais ou estafiers, ils sont en grande quantité, ayant un capitaine qui les peut recevoir et démettre, et leur assigner plus grand ou moindre salaire, selon qu'il les connoît être suffisant; et lorsque le roi sied en audience, ce capitaine y assiste toujours, faisant quasi l'office d'un chef de chambre. Outre ce, il tient encore un autre capitaine sur les charrois, qui est un office de faire porter les pavillons pour loger les chevau-légers de sa majesté, lesquels se portent sur mulets, et ceux des soldats sur chameaux. Le roi aussi tient une bande de porte-enseignes, qui portent les étendards pliés, hors l'un d'entre eux, qui porte devant l'exercite l'enseigne en l'air dépliée, et sont tous guides sachant les chemins, les gués des rivières et passages des bois, portant à cheval certains tambours faits de cuivre en la forme d'un grand bassin, larges dessus, étroits par-dessous, et couverts de peau au-dessus; mais ils tiennent au-devant quelques contrepoids, parce qu'ils sont assez pesants. Les chevaux que chevauchent ceux-ci sont des meilleurs, plus adroits et mieux courants qu'on en sauroit trouver, à cause de quoi ce ne leur est peu de honte et reproche quand ils laissent perdre leurs tambourins, qu'ils touchent si fort, que le son horrible et véhément en est ouï de bien loin, n'épouvantant seulement les braves chevaux par leur terrible tintamare, mais faisant trembler le cœur aux chevaliers de tant de magnanime courage soient-ils accompagnés, car ils sont frappés d'un bras roide et puissant, avec le membre nerveux de taureau et endurci. Les trompettes, qui sont aussi bien employées à la table du roi comme aux escarmouches et batailles, ne sont tenus aux dépens d'icelui, ains ceux de la cité sont obligés de leur faire une certaine somme de deniers. Outre ce, il y a un maître des cérémonies qui demeure ordinairement aux pieds de sa majesté lorsqu'elle entre en conseil ou donnant audience, et est son office d'ordonner les places et faire parler les uns après les autres, selon que la qualité des états le requiert. La plus grande partie de la famille du roi consiste en esclaves noires, desquelles s'élisent ses damoiselles et chambrières. Néanmoins, il prend toujours sa femme blanche, tenant d'esclaves chrétiennes, qui sont espagnoles ou portugaises, et commet toutes ses femmes sous la charge d'eunuques noirs et esclaves; vous assurant qu'il a un petit revenu, à comparaison de la grande étendue des pays qui sont sous sa puissance; de sorte que ce qu'il en retire ne sauroit monter à la valeur de trois cent mille ducats, dont la cinquantième partie ne revient pas encore entre ses mains, parce qu'elle est assignée comme nous avons déjà dit; et la plupart de ces deniers provient des grains, du bétail, des huiles et du beurre, qu'il faut retirer par diverses manières. Y en a d'aucuns qui paient un ducat et le quart par an, pour autant de terre que sauroit labourer une couple de bœufs en une journée. En d'autres lieux, se paie une certaine somme pour tant de feux. Il y en a d'autres là où, pour tous hommes de quinze ans en sus, on est obligé à la même somme; et en d'autres, les hommes et femmes sont tenus à semblable tribut. Mais dans la cité, il n'y a si grosse im-

position qui se puisse égaler à la gabelle, laquelle est excessive et démesurée, combien qu'il soit expressément défendu par la loi mahométane de n'imposer autres subsides que ceux qui furent ordonnés par Mahomet, qui sont tels : « Tous ceux qui auront cent ducats
» comptant seront tenus de payer au seigneur
» deux ducats et demi par chacun an, tant
» qu'ils auront le maniement de ces deniers;
» et tout homme qui recueillera de ses terres
» dix setiers de grain, en donnera la dixième
» partie, et veux que tel revenu soit consigné
» entre les mains des pontifes qui, hors les né-
» cessités des seigneurs, les peuvent distri-
» buer pour l'utilité publique, en survenir aux
» pauvres malades, et à soutenir la guerre
» contre les ennemis. » Mais depuis que la puissance d'iceux a commencé à décliner (comme on vous a fait entendre auparavant), les seigneurs se sont incontinent jetés et adonnés à grandes tyrannies et extorsions sur le populaire; et ne leur suffit pas d'avoir usurpé, par une convoitise insatiable, tout ce beau revenu, l'avoir distribué selon que bon leur a semblé, et là où leur affection les a tirés, mais (chose fort dure à supporter) ont de surcroît imposé de griefs subsides, tailles et tributs; tellement, qu'il se trouvera peu de paysans en

Subsides imposés par Mahomet.

Afrique qui se puissent voir le moyen pour épargner, tant qu'ils aient pour eux couvrir et substanter leur corps, dont advient que nul homme docte, ou craignant de maculer sa conscience, ne veut, en sorte que ce soit, converser en la compagnie des seigneurs temporels, encore moins se seoir à leur table, savourer de leurs viandes, ni accepter aucuns présents qu'ils sachent venir de la main d'iceux, parce que leur bien (disent-ils) est plus injustement acquis que s'il avoit été dérobé. Or, outre ce, le roi tient encore continuellement six mille chevaux soudoyés, cinq cents arbalêtriers et autant d'arquebusiers à cheval, toujours appareillés à choquer à la moindre rencontre qui leur sauroit survenir. Mais en temps de paix ils s'éloignent de sa majesté environ un mille; et ceci s'entend, quand il est à la campagne, car dans Fez il n'a que faire de garde. Et s'il advient que trop importuné par les Arabes ses ennemis, il soit contraint de leur mouvoir guerre, six mille chevaux ne sont pas suffisants pour icelle soutenir; mais il demande secours aux Arabes qui lui sont sujets, et à leurs dépens et frais il met en la campagne une grande cavalerie, qui est beaucoup plus expérimentée aux ruses de guerre que ne sont les six mille chevaux ordinaires du roi, lequel ne se délecte guère des pompeuses cérémonies ; mais venant les jours des fêtes par eux solennellement célébrées, il faut qu'il s'y accommode et y procède en cette manière. Quand il veut chevaucher, le maître des cérémonies en fait premièrement avertir les courriers au nom du seigneur, qui le font incontinent entendre aux parents de sa majesté, capitaines, gardes et autres chevaliers, qui se trouvent tous ensemble sur la place qui est hors le palais et par toutes les rues prochaines ; puis, sortant le roi du palais, ces courriers divisent l'ordre de toute la cavalerie. Premièrement marchent les porte-enseignes, puis les tambourins ; après, suit le maître d'écurie avec ses familiers et ministres ; en après vient le vivandier, accompagné de tous ceux qui sont sous lui ; après, marchent les gardes, puis le maître des cérémonies, conséquemment les secrétaires du roi, le trésorier, le juge et le capitaine de l'exercite ; après tous ceux-ci chevauche le roi, accompagné du conseiller et de quelques princes ; puis l'un des officiers qui vont devant sa majesté, porte l'épée, l'autre l'écu et un tiers l'arbalète. Autour de lui sont les estafiers, dont l'un d'iceux porte la pertuisane, l'autre la couverture de la selle avec le licol du cheval que chevauche sa majesté, la-

Ordonnance et compagnie du roi de Fez quand il chevauche.

quelle prenant envie de mettre pied à terre, on couvre la selle avec icelle couverture, et met-on le licol sur la bride du cheval, pour le tenir. Il y a un autre estafier qui porte les mules du roi, faites à beaux ouvrages pour plus grande pompe et réputation. Suivant le roi, chevauche le gouverneur des estafiers, puis les eunuques, ensuivis par ceux de la maison du roi; derrière icelle marchent les chevau-légers, puis après et en dernier rang s'acheminent les arquebusiers et arbalêtriers. Le roi n'est point trop excessif en habits; ainsi use d'une telle médiocrité en iceux, voire et si grande, que, sans l'avoir connu premièrement, on ne le sauroit discerner d'entre un autre homme privé, et ses estafiers même sont vêtus plus richement que lui. Outre plus, la loi mahométane défend à tous seigneurs de ne porter couronne en tête ou autre diadême. Si le vouloir du roi est de demeurer en campagne, on dresse premièrement sa tente, qui est en forme quadrangulaire, retirant à la muraille d'un château, avec ses créneaux, et sont les angles par égale distance éloignés l'un de l'autre en longueur de cinquante coudées, étant à chacun coin une tournelle faite de toile, avec ses merles et couvertures et quelques belles pommes ressemblantes à l'or, posées sur le sommet d'i-

La loi mahométane défend de ne porter couronne en tête.

L'ordre que le roi tient allant sur les champs.

celles tournelles; puis à chaque face y a une porte là où est assise la garde des eunuques, et au milieu de ce tabernacle, y a quelques pavillons. La chambre où repose le roi est accoutrée en sorte qu'elle se peut trousser et dresser sans grande difficulté. Alentour du tabernacle, y a tentes pour les officiers et plus favoris du roi; autour d'iceux sont ordinairement dressés les pavillons des gardes, qui sont faits de peaux de chèvres, en la sorte de ceux des Arabes; quasi au milieu est la cuisine, dépense et tinel, où mange la famille du roi, qui sont tous fort grands pavillons, et là auprès sont ceux où logent les chevau-légers, qui mangent tous au tinel de sa majesté d'une manière fort vile. Un peu plus loin, sont les étables, qui sont quelque peu couvertes, où se logent les chevaux par rang, et les uns près des autres; hors le circuit des pavillons, sont les muletiers des charrois du roi, les boutiques des bouchers, merciers, et celle des poissonniers. Les marchands et artisans qui suivent le camp se parquent auprès des muletiers, tellement que les habitations du roi viennent à prendre la forme d'une cité, à cause que les pavillons des gardes servent comme de ramparts ou murailles, étant tellement disposés et serrés si près l'un de l'autre, qu'on n'y sauroit entrer, sinon par les portes ordonnées; et se fait le guet tout le long de la nuit autour le tabernacle du roi, mais de personnages bien vils et abjects, qui ne portent aucunes armes offensives ni défensives. Semblablement se fait la garde à l'environ des étables; mais il advient souventefois, par la poltronnerie et nonchaloir de ceux qui y sont ordonnés, que non-seulement les chevaux sont dérobés, mais qu'on vient à trouver des ennemis dans le pavillon du roi même, et y sont autrefois entrés en propos délibéré pour le faire mourir. La plus grande partie de l'année sa majesté fait résidence en la campagne, partie pour sûre garde de son royaume, partie aussi pour maintenir en paix et union les Arabes ses sujets; en quoi faisant, il s'adonne à la chasse, et se délecte grandement du jeu des échecs. Je ne doute pas que je ne me sois rendu un peu moleste, m'arrêtant à une si longue et particulière description de la cité de Fez; mais il m'étoit nécessaire de m'étendre sur cette matière, tant parce que c'est le lieu où gît le comble de toute la civilité et ornement de Barbarie, ou auquel consiste le tout et meilleur de l'Afrique, comme pour donner ample information de la moindre qualité et condition qui soit en cette cité.

Macarméda, cité première, près la neuve cité de Fez.

Macarméda est une cité prochaine de Fez, environ vingt milles du côté du levant, qui fut édifiée par les seigneurs de Zénète en une belle plaine, sur une petite rivière, ayant à son rivage plusieurs vergers et vignes. Anciennement le circuit d'icelle souloit avoir une grande étendue, et étoit en mœurs fort civile. Les rois de Fez avoient coutume de la bailler aux chefs des chameliers; mais, par les guerres de Sahid, elle fut saccagée et abandonnée sans qu'il en apparoisse aujourd'hui autre chose que les murailles. Le territoire s'arrête aux gentilshommes de Fez et à quelque paysan.

Hubbed, château.

Hubbed est un château édifié sur une haute montagne, distant environ de seize milles de Fez, laquelle, avec sa compagne, se peut découvrir de ce lieu, et fut bâti par un ermite, qui, par le populaire de Fez, étoit estimé saint. Il n'y a pas autour grand territoire inhabité, à cause de quoi les maisons sont tombées en ruine, hors les murailles du temple : toutefois ce peu de terre qui y est, dépend du temple de la cité. J'ai logé en ce château quatre étés, parce que l'air y est fort doux et tempéré, le lieu fort solitaire, mais très-commode à ceux qui auroient envie de vaquer aux lettres, et y logeai encore derechef, pour autant que mon père assença le lieu par long-temps de la garde du temple de Fez.

Zavia, cité.

Zavia est une petite cité édifiée par Giu, second roi de la maison de Marin, et distante de Fez par l'espace de quinze milles, en laquelle ce seigneur fit fonder un grand hôpital, ordonnant d'être inhumé dans cette cité ; mais fortune empêcha son dessein, rendant vaines ses pensées, parce qu'il fut tué au siége de Télensim, là où il étoit campé. Depuis, Zavia fut démolie, hors l'hôpital, qui demeura en son entier ; mais le revenu vint au temple Majeur de Fez, et fut cultivé le terroir par les Arabes qui confinent avec le territoire d'icelle cité.

Chaulan, château.

Chaulan est un antique château sur le fleuve de Sébu, loin de Fez environ huit milles du côté du midi ; au dehors d'icelui y a un bain d'eau qui est chaude, là où Abulhésen, quatrième roi de la famille de Marin, fit dresser

Bain d'eau chaude.

un somptueux édifice, de telle beauté et commodité, que les gentilshommes de Fez ont coutume de s'y transporter une fois l'année, au mois d'avril, et là séjournent quatre ou cinq jours par manière d'ébat; mais les habitants sont fort incivils, et avares outre mesure.

Zélag, première montagne en la région de Fez, cité neuve.

Zélag est une montagne, laquelle prend son commencement au fleuve de Sébu, qui tient de la partie du levant, et s'étend devers ponant environ quatorze milles, dont la sommité est prochaine de Fez environ sept milles. Le côté qui répond devers le midi est tout inhabité; mais celui qui est à l'opposite de Tramontane, est plein de petits côteaux où il y a une infinité de villages et châteaux, et peu s'en faut que tout le territoire ne soit couvert de vignes, qui produisent les meilleurs et plus doux raisins qu'il me souvienne avoir jamais goûtés. De semblable bonté sont les olives, et, en somme, tous les fruits de ce territoire; pour autant qu'il est en lieu aride et sec, rend les habitants fort riches et opulents, tellement qu'il ne s'en trouvera pas un entre eux qui ne possède quelque maison en la cité; outre ce, que les gentilshommes ont quelques vignes en cette montagne, là où il y a, du côté de Tramontane, et au pied d'icelle, de fort belles plaines fertiles en grain, et bonnes pour jardinage, à cause que le fleuve de Sébu arrose la plaine du côté du midi ; et font les jardiniers, avec leurs ferrements, certains conduits par où ils font sortir l'eau de quoi ils arrosent la terre, tant que deux cents paires de bœufs en sauroient labourer. Cette plaine est assignée pour provision au maître des cérémonies ; mais il n'en sauroit tirer de revenu par an plus de cinq cents ducats, à cause que la décime va à la chambre du roi, qui en reçoit quasi trois mille setiers de grain.

Zarhon, montagne.

Zarhon, montagne, commence à la plaine d'Esais, distante de Fez par l'espace de dix milles, et s'étend devers ponant en longueur environ trente milles, et dix en largeur. Elle ressemble de loin une forêt grande et déserte, dont les arbres sont tous oliviers, et contient environ cinquante hameaux et châteaux : les habitants d'iceux sont fort riches, parce que le mont est situé entre deux grosses cités, ayant, du côté d'orient, celles de Fez, et du ponant la cité de Mecnase. Les femmes tissent les draps de laine à l'usance du pays, et vont magnifiquement ornées d'anneaux et bracelets d'argent. Les hommes sont très-forts et dispos, qui s'adonnent à chasser et prendre les lions, qu'ils présentent au roi, qui a coutume de faire une chasse en une cour fort large dedans la citadelle, là où il a des cases de telle hauteur, qu'un homme y peut facilement demeurer sur pied, et dans chacune d'icelles y en a un tout armé avec une perstuisane en main. Lors on vient à délier un lion en cette cour; et d'autre côté, ceux qui sont armés desserrent un petit guichet, lequel le lion n'aperçoit pas plutôt ouvert, qu'il marche vers le premier, qui, le voyant près de la porte, la resserre incontinent, et continuent tant qu'ils le rendent merveilleusement ému et provoqué, tant que sur cette furie et rage, on lui présente un taureau en front, au moyen de quoi tous deux donnent commencement à une mêlée fort terrible et dangereuse escarmouche; que si en icelle poursuivant advient que le lion soit accablé et tué par le taureau, ce jeu prend fin pour ce jour-là; mais avenant le contraire, il faut que les hommes armés sortent en place pour donner le choc au lion, tenant en main certaines pertuisanes qui ont près de trois pieds d'alumelle; et si les hommes le rangent, le roi fait diminuer leur nombre; mais si le lion leur peut faire tête,

Combat du lion et du taureau, et aussi des hommes.

et résister à leurs forces, à l'heure sa majesté, avec les courtisans, décoche des flèches du haut des galeries où il est, et lui fait-on rendre les abois. Toutefois le plus souvent il ne meurt pas, que quelqu'un des assaillants ne sente combien est dangereuse la flamme de sa rage en lui faisant compagnie, avec ce qu'il en laisse toujours quelqu'un qui, par l'atteinte de sa poignante patte, porte témoignage qu'il y a touché. Le roi donne à chacun des combattants dix ducats pour se hasarder à tel péril, et les fait habiller tout à neuf. Mais homme n'est reçu en ce combat qu'on ne le sente de cœur magnanime, vaillant, et habitant de la montagne de Zalag, ou de ceux qui, poursuivant les lions par les campagnes et forêts, font leur résidence en la montagne Zarhon.

Gualili, cité en la montagne de Zarhon.

Gualili est une cité jadis édifiée par les Romains sur la sommité de la montagne, du temps qu'ils possédoient la Bétique de Grenade, et l'environnèrent de murailles et de grosses pierres, et entaillées, contenant en leur circuit environ six milles, avec les portes qui étoient hautes et spacieuses; néanmoins la cité fut ruinée; mais elle fut remise en être par Idris, schismatique, sitôt qu'il fut parvenu en

Betica, province d'Espagne, prenant son nom du fleuve Bétis.

cette région : vrai est qu'après son décès il laissa un fils qui, abandonnant cette cité, fit édifier celle de Fez, comme il a été déjà dit : toutefois Idris fut dans Gualili inhumé, là où sa sépulture est vénérée et usitée quasi de tous les peuples de Mauritanie, parce qu'il ne fut guère moins que pontife, joint aussi qu'il étoit extrait du lignage de Mahomet. Maintenant il ne se trouve en la cité que deux ou trois maisons députées au service du sépulcre; mais à l'entour du circuit, le territoire est fort bien cultivé, et y a de gentils jardins et belles possessions, à cause que dans la cité sourdent deux fontaines qui s'écoulent par certains côteaux et vallées là où sont situées icelles possessions.

Palais de Pharao, cité.

Le palais de Pharao est une petite et ancienne cité, que les Romains édifièrent sur le haut d'une montagne prochaine de Gualili environ huit milles. Le peuple de cette montagne (selon plusieurs historiens) est d'opinion que Pharao, roi d'Égypte, édifia cette cité du temps de Moïse, la nommant de son nom; ce qui ne me semble vraisemblable, parce qu'on ne trouve point que Pharao ni les Égyptiens subjugassent jamais ces parties-ci; mais cette opinion est causée par la lecture d'un livre intitulé en leur langue : *Livre des paroles de Mahomet*, qui fut composé d'un auteur appelé Elcalbi, racontant, dans son œuvre (s'aidant du témoignage même de Mahomet) qu'il y eut quatre rois sous la puissance, qui eurent tout l'univers sous leur main, dont les deux furent fidèles et les autres infidèles : ceux qui se trouvèrent fidèles, furent Alexandre et Salomon, fils de David; les infidèles, furent Nembroth et Pharao, de Moïse. Mais aucunes lettres latines qui sont gravées sur les murailles m'acertènent assez, et me font croire que les Romains édifièrent cette cité. Dans le circuit d'icelle passent deux fleuves, s'écoulant l'un deçà et l'autre delà, et les côteaux et vallées qui sont au contour de la cité, sont tout couverts d'oliviers. Un peu plus là se trouve un bois où repairent grande quantité de lions et léopards.

Piétra-Rossa, cité.

Piétra-Rossa est une certaine cité en la côte de la susnommée montagne, bâtie par les Romains; mais elle est fort petite et prochaine d'un bois, tant que les lions entrent bien souvent dedans, d'une privauté si grande, qu'ils recueillent et mangent les os et telles autres choses qu'ils trouvent éparses parmi les rues;

Lions privés et traitables.

tellement, que les femmes et enfants y sont tant accoutumés, qu'ils ne leur apportent aucune frayeur ni crainte. Les murailles sont de pierres fort grosses, mais ruinées en divers endroits, étant la cité comme un village ou hameau; et le terroir prochain la plaine d'Azgar est abondant en grains et olives.

Maghilla, cité.

Maghilla est une petite et ancienne cité édifiée par les Romains, assise sur la pointe de la susnommée montagne; c'est à savoir du côté qui répond devers Fez, et est environnée d'un beau territoire en la montagne, qui est tout planté d'oliviers, avec une belle plaine, en laquelle sourdent plusieurs fontaines, et où l'on recueille grande quantité de lin et chanvre.

La Vergoigne, château.

Ce château est fort ancien, et fut édifié en la montagne susnommée, sur le grand chemin par lequel on va de Fez à Mecnèse, portant ce nom de la Vergoigne, pour autant que les habitants furent grandement adonnés à l'avarice, comme c'est la coutume de ceux qui habitent dans les cités qui sont assises sur les grands passages. « On dit donc qu'il y passa une *Dire de l'auteur.* » fois un roi, qui fut invité à dîner par ceux

» du château ; ce qu'il ne voulut, et par hon-
» nêteté ne put refuser, dont le peuple lui fit
» cette requête d'ôter ce nom à ce château,
» pour lui en imposer un autre plus honorable;
» ce qu'il leur accorda, puis s'en allèrent les
» habitants tuer quelques moutons, et remplir
» de grands vases de lait (comme porte l'u-
» sance) pour présenter au roi le matin avant
» son départ. Mais parce qu'ils trouvèrent les
» vases un peu trop larges et profonds, tous
» d'une voix s'accordèrent d'y mêler moitié
» d'eau, faisant compte que nul, tant bien y
» prît-il garde, ne s'en apercevroit, au moyen
» de quoi ils exécutèrent la chose comme ils
» l'avoient proposée, et s'en vinrent trouver le
» roi, qui, voulant déloger à bonne heure,
» n'avoit pour-lors grande envie de leur lait ;
» mais ils importunèrent tant les ministres
» d'icelui seigneur, qu'ils le reçurent, tant que
» voulant vider les vases, découvrirent incon-
» tinent la cautèle de leur ruse, qu'on fit in-
» continent entendre à sa majesté, qui, en
» riant, leur dit : Amis, ce que nature donne,
» l'on ne pourroit ôter, puis se départit. » Aujourd'hui le château est vide et ruiné, et le
terroir d'icelui cultivé par quelques pauvres
Arabes.

Apothegme.

Béni-Guariten, contad.

Béni-Guariten est un contad prochain de Fez environ dix-huit milles du côté du levant, et plein de côteaux fertiles et bon terroir, qui produit grande quantité de grains, consistant la plus grande partie en plaines et pâtis parfaitement bons pour le bétail. Il y a environ deux cents villages; mais les maisons en sont mal bâties, avec ce que les hommes sont de petite valeur, ne cultivant vignes ni jardins, et n'ont nuls arbres fruitiers. Le roi a coutume d'en pourvoir ses frères et sœurs, qui sont encore de jeune âge. Les habitants sont riches en grains et laines, mais bien accommodés de harnois, et ne chevauchent que sur ânes, tant que leurs voisins mêmes s'en moquent incessamment.

Aséis, contad.

Aséis est encore un autre territoire prochain de Fez vingt milles du côté du ponant, et n'y a que plaines, où l'on dit qu'il souloit avoir plusieurs châteaux et villages; mais maintenant il n'y apparoît nul vestige, ni la moindre chose qui soit par laquelle on puisse dire ni conjecturer qu'il y ait eu autrefois quelques édifices; mais les noms demeurent encore aux lieux des places qui ne se voient nullement. Cette plaine s'étend devers ponant environ dix-huit milles, et vingt du côté du midi. Le terroir en est fort fertile, mais il produit le grain noir et mal nourri, sans qu'il y ait de puits et fontaines, sinon bien peu : il avoit toujours été tenu et cultivé par des Arabes ruraux; toutefois le roi de Fez le donne maintenant au châtelain de la cité.

Togad, montagne.

La montagne de Togad est prochaine de Fez, du côté du ponant, environ sept milles, qui se jette fort en hauteur, mais elle s'étend peu en largeur, qui est jusqu'au petit fleuve de Bunafr, par l'espace de cinq milles. La partie qui regarde devers Fez est toute en vignoble, et le côté qui est à l'objet d'Essich consiste tout en terroir produisant du grain en abondance. Il y a, au coupeau d'icelle montagne, plusieurs cavernes et creux qui entrent sous terre, lesquels sont estimés de ceux qui vont cherchant les trésors en quelques lieux bien secrets, où les Romains, lorsqu'ils firent départ de cette région, cachèrent (comme il a été dit) les trésors qu'ils avoient. En temps d'hiver, qu'on cesse de cultiver les vignes, ces simples gens et vides de cerveau, se travaillent, tant que la force de leurs nerfs se peuvent étendre, à creuser le dur et âpre terroir; mais pour tout ce qu'ils y peuvent faire, on n'entend point dire que quelqu'un d'entre eux y ait trouvé autre chose de ce qu'ils vont cherchant. Or, comme les fruits de cette montagne sont de mauvaise saveur, ainsi la couleur du raisin est laide et déplaisante à l'œil, procédant cette imperfection de ce qu'ils sont toujours plus avancés que les autres, qui les fait ainsi trouver mal sades.

Guraïgura, montagne.

Guraïgura est une montagne prochaine d'Atlas, et distante de Fez environ quarante milles, dont sourd un fleuve qui prend son cours devers ponant, et se joint avec celui de Bath. Elle est située entre deux très-amples plaines, l'une (qui est ce contad duquel nous avons parlé ci-dessus) qui s'appelle Aséis, répond devers Fez, et l'autre (que l'on nomme Adecsen) regarde, du côté du midi, là où il y a de belles plaines pour semer du grain, et fort bonnes pour le pâturage des bêtes, qui sont tenues par aucuns Arabes, nommés Zuhaïr, étant vassaux et tributaires au roi; mais il assigne le plus souvent les usufruits de cette plaine à quelqu'un de ses frères, qui en retire tous les ans plus de dix mille ducats. Il est vrai que ces Arabes sont souventefois molestés par d'autres appelés Elhusein, habitant au désert qu'ils abandonnent en été, puis se transportent en la plaine; et pour la défense d'icelle, le roi de Fez met aux champs quelques chevaux et arbalétiers pour faire front et résister à ces Arabes. Partout ce pays sourdent plusieurs claires et belles fontaines, fleuves et ruisseaux, et s'y trouve de grands bois, là où repairent plusieurs lions doux et paisibles, tant qu'un homme le plus pusillanime, ou femme que ce soit, leur peut donner la fuite avec un bâton seulement, sans qu'ils fassent aucun déplaisir à personne.

Lions doux et traitables.

Description d'Azgar, région de Fez.

La région d'Azgar, du côté de Tramontane, se termine à la mer Océane, du côté de ponant, au fleuve de Buragrag, et du levant se confine avec aucunes montagnes de Guméra, en une partie de Zarbon; et au pied du mont de Zalag, devers midi, prend fin aux rivages du fleuve de Bunasar. Tout ce qu'elle contient est en fort bon terroir, et fit jadis résidence un grand peuple, qui y édifia plusieurs belles cités et châteaux, en après tout ruinés et démolis du temps des guerres ; tellement, qu'il n'en reste aujourd'hui nulle apparence, hors aucunes bien petites villes, qui sont demeurées en être et habitées. Elle a en longueur environ octante milles, et soixante en largeur, étant traversée par le fleuve Suba, et partout habitée des Arabes appelés Eleuluth, extraits de l'origine des Muntafic, qui sont tous sous la puissance du roi de Fez, qui leur fait payer grand tribut, d'autant qu'ils sont riches et vont bien en ordre ; tellement, qu'on les peut dire l'élite et fleur de l'exercite du roi, qui se sert d'eux seulement aux guerres urgentes et dangers imminents. Tant y a, que cette province est celle qui fournit de vivres, bétail et chevaux toutes les montagnes de Gumère et la cité de Fez entièrement, dont le roi a coutume d'y résider en temps d'hiver et primevère, à cause que le pays est merveilleusement sain et délectable, et là où se trouve toujours grande quantité de gibier, comme lièvres et chevreuils, combien qu'il y ait peu de bois.

El Giumha, cité première en la région d'Azgar.

El Giumha est une petite cité édifiée de notre temps par les Africains sur un petit fleuve, en une plaine, au milieu de la région susnommée, sur le chemin par lequel on va de Fez à Lharais, et distante de Fez environ trente milles. Elle a été bien habitée et civile, mais les trop longues guerres de Sahid l'ont détruite et mise au néant; tellement, qu'il ne s'y trouve pour le présent quelques fosses, où les Arabes, qui en sont prochains, tiennent leur blé, laissant pour garde d'icelui aucuns pavillons et des moulins auprès pour le faire moudre.

Lharais, cité.

Lharais est une cité bâtie par les anciens Africains sur la mer Océane, à l'entrée du fleuve Luccus, sur lequel est assise une partie d'icelle, et l'autre sur l'Océan, dont toutes les parties étoient assez bien peuplées, tandis que les Maures tinrent Arzilla sous leur seigneurie, avec Tangia; mais après que ces deux cités furent, par les chrétiens, subjuguées, elle demeura déserte par l'espace de vingt ans; puis après un fils de roi de Fez, qui est à présent, délibéra de la peupler et la fortifier; ce qu'il fit, y tenant toujours bonnes gardes, à cause que les habitants sont en continuelle crainte des Portugais, et y a un port très-difficile à prendre, qui veut entrer dans la bouche d'icelui fleuve. Celui-ci y fit encore édifier une forteresse, en laquelle demeure ordinairement un capitaine avec deux cents arquebusiers et trois cents chevau-légers. Dans le pourpris de la cité, y a plusieurs prés et marais, là où se pêchent des anguilles en quantité, et s'y trouve force gibier; puis sur le rivage du fleuve y a grands bois, dans lesquels se nourrissent plusieurs lions et autres cruels animaux. Les habitants de cette cité ont une ancienne usance de faire charbon, qu'ils envoient par mer en Arzilla et Tangia; tant qu'il est venu en commun proverbe entre ceux de Mauritanie, quand ils veulent signifier une chose qui a plus belle montre qu'elle ne vaut. Cela est comme la naue de Lharais, laquelle porte marchandise de charbon, et a les voiles de coton, que les campagnes d'autour de cette cité produisent en grande quantité. {Proverbe de Mauritanie.}

Casar el Cabir, c'est-à-dire le grand Palais, cité.

Cette cité est grande, et fut édifiée au temps de Mansor, roi et pontife de Maroc en son ordre, « lequel (comme l'on dit), se trouvant {Rencontre de Mansor, pontife et roi de Maroc, avec un pêcheur.}
» un jour à la chasse, fut surpris d'une si grande
» pluie poussée d'un vent impétueux, avec
» une si grande obscurité, qu'il égara sa com-
» pagnie, sans savoir où il étoit, ni de quel

» côté se tourner, dont il ne se promettoit
» autre logis, pour la nuit, que la découverte
» et spacieuse campagne; durant cet orage de
» temps, ne s'osoit tant hasarder que d'avan-
» cer un pied devant l'autre, qui le rendoit
» fort perplexe et fâché; tant qu'apercevant
» de loin une lumière, connut, à l'approcher,
» que c'étoit un pêcheur qui venoit là pour
» pêcher des anguilles, et l'ayant abordé, lui
» demanda s'il lui pourroit enseigner la de-
» meurance du roi; à quoi il répondit qu'il en
» étoit à dix milles loin, dont le roi com-
» mença bien fort à le prier de lui vouloir
» conduire. Si le Mansor étoit ici en personne
» (dit le pêcheur), je lui refuserois pour cette
» heure, en temps si ténébreux, de peur qu'il
» ne se noyât dans ces lieux marécageux. En
» quoi te touche la vie du Mansor, répliqua
» le roi? En quoi? (dit le pêcheur) il mérite
» que je lui porte telle affection et bon vou-
» loir comme à moi-même. Tu en as donc
» reçu (dit le roi) quelque grand et singulier
» bénéfice? Quel plus grand bénéfice (dit le
» pêcheur) se peut espérer et recevoir d'un
» roi, que la justice également, sans partia-
» lité et acception de personnes administrées
» avec une bonté naturelle, une très-grande
» affection et naïf amour, qu'il montre à l'en-

» droit de ses sujets et au gouvernement d'i-
» ceux ? Or, lui étant de toutes ces vertus-ci
» doué, autant ou plus que prince qui se puisse
» trouver, n'ai-je pas bonne occasion de lui
» être affectionné? d'autant que je puis jouir
» en paix avec ma femme et petite famille de
» ce qu'il plaît au souverain me donner en ma
» pauvreté ; tellement, que je sors librement
» et entre quand bon me semble, et à toutes
» heures, dans ma petite cabane, sans qu'il se
» trouve homme vivant qui dise ou fasse chose
» qui me doive tourner à déplaisir. Et vous,
» mon gentilhomme, venez-vous-en (s'il vous
» est agréable) prendre logis en ma pauvre
» loge, là où je vous aurai pour hôte ; puis le
» matin, à telle heure qu'il vous plaira faire
» départ, vous m'aurez pour sûr et fidèle
» guide jusques-là où bon vous semblera. Le
» roi ne refusa cette offre que lui faisoit ce
» bon homme, avec lequel s'achemina en sa
» cabane; là où étant parvenus, après avoir
» donné l'avoine au cheval, le pêcheur servit
» devant son hôte (qui avoit tandis essuyé ses
» habillements près d'un bon feu au mieux
» qu'il avoit pu) de ses anguilles, qu'il avoit
» fait rôtir, lesquelles, ne revenant peu à son
» goût, demanda si on ne pourroit avoir autre
» viande. Toute ma richesse (dit le pauvre

» homme) consiste en une chèvre et un che-
» vreau de lait; mais j'estime bien fortuné l'a-
» nimal de la chair duquel on peut honorer et
» satisfaire un tel homme que je vous pense
» être; car, ou votre port brave et magistrale
» apparence me déçoivent, ou vous êtes quel-
» que grand seigneur, et de noble extraction;
» et sans dire autre chose, égorgea le che-
» vreau, le fit appareiller et rôtir à sa femme,
» puis le servit devant le roi, qui, après avoir
» repû, s'en alla reposer jusqu'au matin, qu'il
» délogea de la petite cabane avec son hôte.
» Mais il n'eut pas à peine outrepassé les ma-
» rais, qu'il rencontra une grande multitude
» de chevaliers et veneurs, qui, tout troublés,
» s'étoient mis en la quête du roi, lequel étant
» par eux découvert, d'autant qu'ils étoient
» fâchés, se trouvèrent joyeux et soulagés.
» Alors Mansor ne se voulut plus céler au pê-
» cheur, l'avertissant qu'il n'oublieroit jamais
» la grande courtoisie qu'il avoit usé en son
» endroit. Et de fait, lui fit don, à son dé-
» part (pour récompense du bon traitement
» qu'il s'étoit efforcé de lui faire), plusieurs
» maisons et palais qu'il avoit fait bâtir lors-
» qu'il se délectoit à demeurer en la campa-
» gne; mais le pêcheur lui fit requête pour
» plus ample démonstration de sa bonté et

» grande libéralité, que son bon vouloir fût de
» les faire environner de murailles; ce qui lui
» fut accordé. » Au moyen de quoi il demeura
seigneur de cette neuve et petite cité, laquelle
multiplia et accrut tellement, qu'elle contenoit
plus de quatorze cents feux, à cause de la
grande abondance du pays, où le roi souloit
toujours séjourner en temps d'été; dont est semblablement avenue en partie la perfection de
cette cité, près laquelle passe un fleuve nommé Luccus, qui déborde parfois si fort, qu'il
entre par les portes de la ville, qui est toute
pleine de marchands et artisans. Il y a plusieurs temples, un collége et un hôpital; mais
il ne s'y trouve puits ni fontaine, à faute de
quoi les citoyens s'aident de citernes, et sont
gens de bien et libéraux, mais plutôt simples
qu'autrement, se tenant bien en ordre, avec
certains draps en manière d'un linceul, qu'ils
entortillent autour d'eux. Hors la cité se trouvent plusieurs jardins et possessions, ayant le
terroir qui produit merveilleusement bons
fruits, entre lesquels le seul raisin se trouve
de mauvais goût, à cause que toutes les terres
sont en prés. Le lundi, il se fait un marché à
la campagne, auquel s'assemblent tous les
voisins arabes; et au mois de mai, les citoyens
ont coutume d'aller aux champs oiseler, là où

ils prennent des grives en grande quantité. Le terroir est assez fertile, rendant le plus souvent trente pour un. Mais les habitants ne le sauroient cultiver plus au large que de six milles autour de la cité, à cause qu'ils sont continuellement molestés par les Portugais qui habitent en Arzilla, et de là cette cité est prochaine de dix-huit milles, dont le capitaine s'en fait bien ressentir; car il a trois cents chevaux, avec lesquels il va courir jusques sur les portes d'Arzilla.

De la région de Habat.

Cette province prend son commencement au fleuve Guarga du côté du midi, et de celui de tramontane se termine à la mer Océane; devers ponant, confine, avec les marais d'Azgar et de la partie du levant, aux montagnes qui sont sur le détroit des colonnes d'Hercule, ayant de longueur cent milles, et octante en largeur, et est admirable quant à l'abondance et fertilité; d'autant que la plus grande partie d'icelle consiste en plaine, qui est par le cours de plusieurs fleuves arrosée. Du temps des anciens, elle étoit plus noble et de plus grande renommée qu'elle n'est à présent, vu qu'il y a plusieurs anciennes cités édifiées, partie par les Romains et partie par les Goths, et pense que ce soit cette région que Ptolomée nomme Mauritanie, laquelle commença à décliner si- *Mauritaniv.* tôt que les premiers fondements de Fez furent jetés, dont le premier fondateur fut appelé Idris, qui laissa, par son décès (comme l'on dit), le royaume entre les mains de ses enfants, qui le divisèrent en parties, au moyen de quoi cette région-ci parvint entre les mains de leur aîné. Après, survint une révolte de plusieurs seigneurs et hérétiques, lesquels appelant chacun de son côté à son secours, les seigneurs de Caïraran furent vaincus et expulsés par un pontife de Caïraran, qui fut entièrement hérétique, et s'empara de cette région, là où ayant laissé aucuns de ses capitaines et gouverneurs, fit retour en ses pays. Alors le grand chancelier de Cordoue y envoya un gros exercite, et, par ce moyen, en peu de temps réduit tout ce pays sous sa puissance, jusqu'à la région de Zab. De là à cinquante ans, Joseph de Luntune expulsa iceux de Grenade, et finalement après tant de changements, s'est trouvée entre les mains du roi de Fez.

Ezaggen, première cité en la région de Habat.

Ezaggen est une cité distante de Fez environ septante-deux milles, contenant environ cinq cents feux, et fut édifiée, par les anciens Africains, sur la côte d'une montagne prochaine du fleuve de Guarga environ deux milles, qui sont en plat pays, auquel se fait le labourage et jardinage ; mais le terroir de la montagne est beaucoup plus ample. Le territoire d'icelle peut rendre de revenu jusqu'à la somme de dix mille ducats, et celui qui en est jouissant, doit tenir pour le roi de Fez quatre cents chevaux, pour sûre garde et tuition du pays, sur lequel les Portugais font souvent des courses soudaines de quarante ou cinquante milles. La cité n'est pas fort civile, combien qu'il y ait assez d'artisans de toute choses nécessaires ; mais elle est fort belle, et embellie par la vive source des eaux cristalines de plusieurs fontaines qui sourdent en icelle. Les habitants sont fort opulents; mais il ne se trouve personne d'entre eux qui porte état de bourgeois. Les rois de Fez leur ont octroyé ce privilége, qu'ils peuvent boire du vin, qui est défendu par la loi mahométane ; mais on n'en trouvera un seul qui en veuille goûter, et qui ne s'en abstienne,

Boire du vin, défendu par la loi de Mahomet.

tant ils sont consciencieux et pleins de religion.

Bani Teude, cité.

Bani Teude est une très-ancienne cité édifiée par les Africains en un plaine sur le fleuve Guarga, distante de Fez environ quarante-cinq milles, laquelle souloit faire jadis près de huit mille feux; mais elle fut détruite par les guerres des pontifes de Caïraran, hors les murailles du circuit, et y ai vu plusieurs sépultures de nobles gens, et quelques fontaines murées de pierre vive qui étaient admirables. Elle est prochaine des montagnes de Guméra environ quatoze milles, ayant le terroir fertile et abondant.

Mergo, cité.

Mergo est une cité posée sur le coupeau d'une montagne prochaine de l'autre environ dix milles; et dit-on qu'elle fut édifiée par les Romains, parce qu'il y a certaines masures antiques là où se lisent quelques écritures latines. Elle est aujourd'hui déshabitée; mais il s'en trouve une autre petite en la côte de la montagne assez bien habitée, là où il y a plusieurs tissiers de grosses toiles. Autour de Mergo y a une campagne qui est en bonne terre, et l'on découvre d'icelle deux gros fleuves, desquels elle est distante, d'un côté et d'autre, par l'espace de cinq milles. L'un d'iceux est Subu, du côté du midi, et l'autre Guarga, devers tramontane. Les habitants voudroient être estimés gentilshommes; mais ils sont avares, ingnorants et sans aucune vertu.

Tansor, cité.

Tansor est une cité bâtie sur une petite montagne distante de Mergo environ dix milles, en laquelle y a trois cents maisons, mais petit nombre d'artisans. Les habitants sont gens de rude entendement, qui ne tiennent vignes ni jardins, ains cultivent et labourent seulement la terre pour y semer du grain, et ont du bétail en grande quantité. La cité est droitement assise sur la moitié du chemin qui va de Fez au mont de Gaméra; ce que les rend avares jusqu'à l'extrémité, et déplaisants au possible.

Agla, cité.

Agla est une ancienne cité édifiée par les Africains sur le fleuve Guarga; autour d'icelle y a bon territoire cultivé par les Arabes, à cause que la cité fut ruinée aux guerres passées ; mais les murailles sont encore sur pied, avec quelques puits qui sont demeurés au-dedans d'icelles. On fait toutes les semaines, en la campagne, un fort beau marché, où s'assemblent plusieurs Arabes, paysans et autres marchands de Fez, pour faire leur emplète de cuirs de bœuf, de laines et cire, parce qu'il y en a en ce pays abondamment. En la campagne repairent plusieurs lions, mais tant peu de cœur et vile nature, que le cri des enfants seulement les intimide et leur donne la fuite. De là est venu le proverbe dans Fez, qu'on jette sur ceux qui n'ont force ni vertu en effet, ains seulement en bravades et paroles : *Tu es vaillant comme les lions d'Agla, à qui les veaux mangent la queue.* Proverbe de Fez.

Narangia, château.

Narangia est un château édifié par les Africains sur une petite montagne près du fleuve Luccus, prochain d'Ezaggen par l'espace de dix milles, situé en bonne terre, mais fort montueuse. Sur le rivage du fleuve y a de grands bois touffus, là où il se trouve fort grande quantité de fruits sauvages, mêmement de cerises marines. Il fut pris et saccagé par les Anglais, au moyen de quoi il est maintenant in- Cerises marines.

habité, et advint cela en l'an huit cent nonante-cinq de l'Hégire.

Gézira, île.

Gézira est une île à la bouche du fleuve Luccus, là où il entre dans la mer Océane, laquelle en est loin environ deux milles, et distante de Fez près de cent milles. Dans cette île y eut jadis une petite cité ancienne, qui fut abandonnée au commencement des guerres des Portugais ; et autour du fleuve y a plusieurs bois et peu de terres labourables. En l'an octante-quatre de l'Hégire, le roi de Portugal expédia une grosse armée, laquelle le capitaine général n'eut pas plutôt conduite jusqu'au fleuve, qu'il commença à fabriquer une forteresse dans l'île, faisant son compte que d'icelle on pourroit découvrir et occuper toutes les prochaines campagnes. D'autre part, le roi de Fez (père de celui qui est à présent), prévoyant à vue d'œil le grand danger que facilement il pourrait encourir, s'il n'empêchoit que le dessein des Portugais ne vînt à sortir effet, leva une grosse armée, qu'il fit marcher à la volte de cette forteresse commencée, pour prévenir ses ennemis et outrepasser ; mais il s'efforça en vain, ne pouvant faire les approches plus que de deux milles près, pour le grand fracas de l'ar-

Le capitaine de l'armée du roi de Portugal fait bâtir une forteresse dans l'île de Gézira.

tillerie avec laquelle les Portugais, jour et nuit, ne cessoient de canonner, faisant une grande tuerie ; ce qui mena quasi le roi au dernier désespoir, n'eût été que par le conseil d'aucuns, il fit dresser certains boulevards de bois qui furent élevés au milieu du fleuve, et au-dessous de l'île environ deux milles, là où étant couvert par le moyen de ses remparts, après avoir fait mettre bas un bois qui étoit prochain de l'armée, les Portugais s'aperçurent incontinent que la bouche du fleuve leur était serrée par les troncs des grands arbres qui leur rendoit l'issue impossible. « Au moyen de quoi
» le roi de Fez se voyant tenir la victoire en
» sa main, fit compte de faire ranger en or-
» dre ses gens, et marcher en bataille, pour
» se ruer sur l'ennemi ; mais d'autre côté, pre-
» nant compassion de la grande multitude des
» personnes qui y pourroient laisser la vie,
» comme celui qui étoit plus affectionné au bien
» et salut commun, que non à son profit par-
» ticulier ; joint aussi que le vaincre se tour-
» neroit en plus grande perte capitale ; et ac-
» corda, avec le général de l'armée portugaise,
» qu'outre une grosse taille qui lui fut impo-
» sée, il moyenneroit avec le roi de Portugal
» de lui faire restituer certaines filles siennes
» qu'il détenoit prisonnières ; laquelle chose

» promettant mettre en effet, et de point en
» point observer, il lui promettoit qu'il s'en
» pût retourner bagues sauves, sans le moles-
» ter en sorte que ce fût; ce qu'il accorda li-
» béralement, et fit retirer l'armée en Por-
» tugal. »

Basra, cité.

Basra est une cité de moyenne grandeur, contenant environ deux mille feux, laquelle fut édifiée en une plaine entre deux montagnes, par Mahomet, fils d'Idris, qui jeta les premiers fondements de Fez, d'où elle est distante environ octante milles, et vingt de Casar devers midi, portant le nom de Basra, en souvenance de Basra, cité de l'heureuse Arabie, là où fut occis Hali, quart pontife, qui étoit le bisaïeul d'Idris. Elle fut environnée de fort belles et hautes murailles, se maintenant toujours en honnête civilité pendant que la maison d'Idris fut en règne, et là aussi ses successeurs souloient au temps d'été faire demeurance, pour autant qu'elle est en belle assiète et plaisante, tant en montagne comme en plaine. Autrefois elle a été garnie de plusieurs jardins, et y a encore terres labourables et bonnes en toute perfection, à cause qu'elles sont prochaines de la cité, près de laquelle passe le fleuve Luccus, et fut aussi bien ornée de temples, avec ce que les habitants étoient de gentil esprit : mais prenant fin la maison d'Idris, elle commença aussitôt à décliner, et enfin fut ruinée par les ennemis, qui laissèrent les murailles sur pied, qui sont encore en être, avec quelques jardins non cultivés et sans aucun fruit, parce que le terroir n'est labouré aucunement.

Homar, cité.

Homar est une cité édifiée par un qui fut appelé Hali, fils de Mahomet ci-dessus mentionné, laquelle est sur un côteau près d'un petit fleuve, distante de Casar environ quatorze milles devers tramontane, et seize d'Arzilla, du côté de midi. Elle fut beaucoup plus belle que grande, étant environnée de belles et amples campagnes pleines de bonnes terres plantées de vignes, et ornées de vergers délectables, produisant des fruits singulièrement bons et savoureux. La plus grande partie des habitants étoient tissiers, à cause que le terroir porte des lins en grande quantité; mais la cité fut abandonnée lorsqu'Arzilla fut réduite sous l'obéissance des Portugais.

Arzilla.

Arzilla, que les Africains appelèrent Arzella, fut grande cité édifiée par les Romains sur la mer Océane, prochaine du détroit des colonnes d'Hercule environ soixante milles, et distante de Fez cent quarante. Elle fut soumise au domaine du seigneur de Sebta, qui étoit tributaire aux Romains; depuis, fut par les Goths subjuguée, lesquels confirmèrent ce seigneur même au gouvernement d'icelle, puis de là à quelque temps elle fut prise des mahométans, en l'an 94 de l'Hégire, qui en furent jouissant par l'espace de deux cents ans, jusqu'à ce que les Anglais, à l'instinct des Goths, dirent sur mer une grosse armée, laquelle ils firent marcher à la volte de cette cité; néanmoins ils conçurent puis après de grandes inimitiés les uns contre les autres, à cause que les Goths reconnoissoient Jésus-Christ, et les Anglais servoient aux idoles; mais ils avoient fait cela expressément pour contraindre les mahométans à lever le pied et déplacer de l'Europe. L'entreprise succéda bien aux Anglais, lesquels ayant pris la cité à force d'armes, firent passer tous les habitants d'icelle par le fil et tranchant de leurs épées, mettant tout à feu et à sang, tellement qu'ils n'y lais-

Arzilla subjuguée par les Goths, prise par les mahométans, et depuis par les Anglais, faisant passer tous les habitants par le fil de l'épée.

sèrent créature vivante; ainsi demeura environ trente ans inhabitée. Mais régnant les seigneurs et pontifes de Cordoue, en Mauritanie, elle fut redressée, et remise en meilleur état et forteresse qu'auparavant, dont les habitants se rendirent en peu de temps riches et opulents. Le territoire est fertile en grains et fruits; mais à cause que la cité est distante des montagnes par l'espace de deux milles, il y a grande faute de bois, dont il faut qu'on use de charbon qu'on amène de Lharais, comme nous avons dit auparavant. En l'an 892 de l'Hégire, elle fut derechef assaillie et reprise par les Portugais, qui retinrent et menèrent prisonniers en Portugal tous ceux qu'ils trouvèrent, entre lesquels étoit Mahomet, qui est aujourd'hui roi de Fez, lequel, pour lors encore enfant, fut pris avec une sienne sœur de même âge; car de ce temps-là leur père étoit en Arzilla pour cause de la révolte de Habat; et après qu'Habdulac, dernier roi de la maison de Marin, fut occis par les mains d'Efférif, noble et puissant citoyen de Fez, fut lui-même, par le consentement de tous, élu et créé roi. Quelque temps après, un saïc Abra vint pour assiéger Fez, et s'en emparer pour usurper le royaume; mais Efférif imitant l'avis d'un sien conseiller (qui étoit proche parent de ce saïc), le re-

Arzilla, en l'an 892 de l'Hégire, assaillie et prise par les Portugais; et Mahomet, aujourd'hui roi de Fez, prisonnier qui étoit dedans, et autres.

poussa bien vivement avec sa grande perte et honte. Depuis, ayant envoyé le conseiller en Témesne pour pacifier le peuple, survint saïc avec un secours de huit mille chevaux arabes, avec lesquels s'étant campé devant Fez, y entra au bout de l'an, par trahison que les citoyens traînèrent, ne pensant pouvoir résister à telles impétuosités, et se trouvant en une nécessité trop extrême; ce que voyant, Efférif se sauva, avec toute sa famille, au royaume de Thunes; et pendant que Fez étoit assiégée, le roi de Portugal envoya une armée en Arzilla, qui fut prise; au moyen de quoi (comme il vous a été récité), le roi qui règne pour le jourd'hui avec sa sœur, fut mené prisonnier en Portugal, là où tous deux ensemble furent détenus captifs par l'espace de sept ans; mais pendant ce temps, ils surent fort bien apprendre et retenir la langue du pays. Finalement, le père, avec grande somme de deniers, paya la rançon du fils, lequel, parvenu au gouvernement du royaume, fut appelé, pour cette occasion, le roi Mahomet-Portugais, qui essaya depuis, par plusieurs fois, se ressentir des Portugais, tellement qu'il assaillit à l'impourvu la cité d'Arzilla, dont il démolit les murailles en partie, et entra dedans, mettant en liberté tous les Maures qui étoient esclaves; mais les chrétiens se retirèrent au château, entretenant toujours le roi de paroles palliées par un mensonge, couverte de dire qu'ils le vouloient rendre ; et surent si bien dire, que les trèves par deux jours leur furent octroyées, pendant lesquelles survint Pierre de Navarre, avec plusieurs vaisseaux bien armés et en bon équipage, lequel, à force de canonnades, contraignit le roi de quitter non-seulement la cité, mais de gagner le haut avec toute sa gendarmerie. Lors les Portugais se mirent à fortifier la cité; mais pour icelle recouvrer, le roi employa depuis toutes ses forces : vrai est que son effort fut toujours trouvé de nulle valeur en cet endroit-là. Je me trouvai toujours présent à tous les siéges en la gendarmerie du roi, de laquelle demeurèrent sur le champ cinq cents hommes et davantage. Ces choses passèrent ainsi en l'an 914, jusqu'à 921 de l'Hégire.

Tangia, cité.

Tangia est nommée par les Portugais Tangiara, et est grande cité, édifiée anciennement, selon le faux jugement de quelques historiens, par un seigneur appelé Sedded, fils de Had, qui, comme ils disent, dompta et gouverna tout l'univers ; au moyen de quoi il lui prit envie de faire bâtir une cité conforme et ressemblante au paradis terrestre; et, persistant en son opinion, fit ériger les murailles et couvrir les maisons d'or et d'argent, expédiant en toutes parts des commissaires pour recevoir les tributs. Mais les vrais historiens sont d'opinion que les Romains la fondèrent du temps qu'ils subjuguèrent la Grenade, distante du détroit des colonnes d'Hercule par l'espace de trente milles, et cent cinquante de Fez; d'où étant puis les Goths possesseurs, cette cité fut ajoutée au domaine de Sebta, jusqu'à ce que les mahométans s'en emparèrent, qui fut lorsqu'ils subjuguèrent Arzilla. Elle se montra toujours civile, noble et bien habitée, avec ce qu'elle étoit embellie par la superbe structure des somptueux palais tant anciens que modernes. Le territoire n'est pas fort bon pour semer; mais il y a aucunes vallées prochaines qui sont arrosées par l'eau d'une vive fontaine, et là se trouvent plusieurs vergers qui produisent oranges, limons, citrons et autres espèces de fruits. Il y a semblablement hors la cité quelques vignes; mais le terroir est tout sablonneux; et véquirent les habitants en grande pompe et magnificence, jusqu'à tant qu'Arzilla fût occupée, de quoi étant avertis, troussèrent bagage, prenant leurs plus chères hardes, et quittant la cité, escampèrent suivant la route de Fez. Sur ces

Maisons couvertes d'or et d'argent.

entrefaites, le général du roi de Portugal y envoya un capitaine avec bonne compagnie, qui la tint au nom du roi, lequel y transmit un sien parent, pour autant que c'est une cité d'importance, et limitrophe des monts de Guimère, ennemis des chrétiens. Mais avant qu'elle parvînt entre les mains des Portugais, environ vingt ans, le roi y fit passer une grosse armée, estimant qu'elle ne put être à temps secourue, d'autant que le roi de Fez étoit détenu en guerre contre un sien vassal qui s'étoit révolté et lui avoit enlevé Mecnase, cité. Mais, contre l'opinion de tous, ayant fait trève avec son ennemi, expédia un sien conseiller, accompagné d'un gros amas de gens, moyennant lequel il mit en route la gendarmerie des Portugais, qui furent troussés et défaits en grande quantité; et entre les morts se trouva le capitaine, qu'il fit serrer dans une caisse, puis le fit porter à Fez, là où il fut mis en un haut lieu et éminent, pour être exposé à la vue de tous. Le roi de Portugal ne se montrant en rien intimidé par cette première route qu'il avoit reçue, remit sus une autre armée, qui fut caressée et traitée de même qu'avoit été l'autre, avec un grand carnage, combien que les Portugais assaillissent de nuit la cité, et d'emblée. Mais ce que la fortune leur dénia, emparés des

Comme Tangia fut conquise par les Portugais.

Portugais rompus et défaits.

forces de deux armées, elle leur octroya, puis avec petit nombre de soldats, et sans aucune effusion de sang, en la manière qui vous a été récitée. Il est vrai que de notre temps Mahomet, roi de Fez, fit dessein de s'en emparer, mais la chose ne succéda comme il l'avoit proposée, parce que les Portugais ont toujours montré combien ils ont le cœur grand, et féconde de forces gaillardes et invincibles défenses. Ceci advint en l'an neuf cent dix-sept de l'Hégire.

Casar-Ezzaghir, c'est-à-dire le palais Mineur, cité.

Cette petite cité fut édifiée sur la mer Océane, distante de Tangéra environ douze milles, et dix-huit de Sebta, par Mansor, roi de Maroc, lequel, passant tous les ans en Grenade, trouvoit un certain pas entre quelques montagnes par où l'on va à la mer, qui étoit difficile à passer, au moyen de quoi il fabriqua cette cité en une belle plaine qui découvre toute la rivière de Grenade, qui est à l'objet d'icelle. Or, la cité étoit fort civile, combien que les habitants fussent quasi tous mariniers, faisant ordinairement le voyage de Barbarie en Europe. Il y avoit preillement des tissiers de toiles, plusieurs riches marchands et gens de réputation. Le roi de Portugal la prit d'emblée, dont

Casar prise par les Portugais.

le roi de Fez a depuis plusieurs fois tâché, avec tous les moyens qu'il a pu, de la recouvrer; mais il s'est travaillé en vain en l'an huit cent soixante-trois de l'Hégire.

Sebta, grande cité.

Sebta est une grande cité, par les Latins nommée Civitas, et des Portugois Seupta; laquelle, selon la vraie opinion de plusieurs, fut édifiée des Romains sur le détroit des colonnes d'Hercule, et fut jadis chef de toute la Mauritanie, pour autant qu'elle fut par les Romains ennoblie; joint aussi qu'elle étoit fort civile et bien habitée. Depuis, les Goths l'usurpèrent, et y constituèrent un seigneur; tellement, que le gouvernement d'icelle demeura entre leurs mains jusqu'à ce que les mahométans vinrent à s'emparer du pays de Mauritanie, et prirent cette cité, qui fut lorsque Julian, comte de Sebta, reçut une grande injure de Roderic, roi des Goths et de toute l'Espagne, dont s'étant allié avec les infidèles, les introduit dans Grenade, par quoi Roderic en perdit le royaume et la vie en un même instant. Alors les mahométans conquirent la cité de Sebta, qu'ils tinrent au nom de leur pontife, appelé Elqualid, fils de Habdul-Malic, qui, pour l'heure, avoit son siége en la cité de

Damas, et fut en l'an de l'Hégire neuf cent et deux. Cette cité, depuis ce temps-là jusqu'à présent, est toujours allée en augmentant, tant en civilité comme en nombre d'habitants; tellement, qu'elle s'est rendue la plus belle et mieux peuplée cité qui se trouve en Mauritanie. Il y avoit en icelle à force temples, collèges, artisans, hommes doctes et de gentil esprit, avec plusieurs maîtres singuliers à faire ouvrages en cuivre, comme chandeliers, bassins et telles autres choses qui se vendoient autant que si c'eût été argent même. J'en ai vu en Italie qu'on pensoit certainement être ouvrages damasquinés, mais (à dire vrai) ils étoient encore plus exquis et subtilement faits. Hors la cité, y a de fort belles possessions et édifices, mêmement en un lieu qui, pour le grand vignoble qui y est, s'appelle vignones; mais la campagne est maigre et stérile, qui cause une grande cherté de blé ordinairement dans la cité, de laquelle, tant du dedans comme au dehors, on peut voir la rivière de Grenade sur le détroit, et on peut discerner les espèces d'animaux d'un côté à l'autre, parce qu'il n'y a d'espace entre deux sinon douze milles en largeur. Mais elle a été grandement endommagée dernièrement par Habdul-Mumen, pontife et roi, contre qui elle tenoit, lequel l'ayant subjuguée, a démoli les maisons, et condamné plusieurs des nobles à perpétuel exil en diverses parties. Elle reçut encore une grande antorse depuis par le roi de Grenade, qui, l'ayant conquise et ne se contentant de l'avoir ruinée, fit passer tous les nobles et plus opulents en Grenade. Davantage, en l'an neuf cent dix-huit, elle fut prise par une armée du roi de Portugal, au moyen de quoi ceux de dedans l'abandonnèrent, gagnant le haut. Mais Abu Sahid, pour lors roi de Fez, pour sa paresse et nonchaloir, ne se daigna mettre en devoir de la remettre en son obéissance ; ains quand il fut averti de la prise d'icelle, ainsi qu'il étoit à banqueter en un festin, ne voulut que par ces tristes nouvelles les cœurs des assistants fussent rendus passionnés ; de sorte qu'il fit toujours continuer le bal, sans vouloir aucunement permettre qu'il prît cesse; et Dieu (qui se montre juste en tous ses faits, qui parfois diffère la vengeance et délaisse par temps les vices impunis) permit enfin qu'il fût privé de vie par les mains de son secrétaire (lequel il pensoit lui être bien fidèle), avec six de ses enfants, parce que ce roi vouloit décevoir et suborner sa femme, qui fut en l'an de l'Hégire huit cent vingt et quatre. Ainsi demeura le royaume de Fez

Abu-Sahid, roi de Fez, tué par son secrétaire, avec six de ses enfants.

sans seigneur par l'espace de huit ans; et à la fin d'iceux, on trouva un sien petit-fils né d'une chrétienne, laquelle s'étoit sauvée à Thunes la nuit que ce cruel et inhumain homicide fut commis, et s'appela Habdulhaë, dernier roi de la maison de Marin, qui fut semblablement mis à mort par le peuple d'un commun consentement, comme nous avons dit ci-dessus.

Tettéguin.

Tettéguin est une petite cité édifiée par les Africains, distante du détroit environ dix-huit milles, et six de l'Océan. Les mahométans la subjuguèrent au temps qu'ils conquêtèrent Sebta sur les Goths, et l'ayant subjugée (comme l'on dit), ils en donnèrent le gouvernement à une comtesse qui n'avoit qu'un œil, laquelle s'acheminoit une fois par semaine dans la cité pour lever son droit qui lui appartenoit; et pour autant qu'elle étoit privée d'un œil, les habitants nommèrent leur cité Tettéguin, qui, en langue africaine, vaut autant dire comme œil. De là à certains temps, les Portugais l'assiégèrent si bien, qu'après quelques assauts ils la prirent, dont le peuple prit la fuite, au moyen de quoi elle demeura inhabitée par l'espace de nonante-cinq ans, au bout desquels elle fut redressée, et habitée par un capitaine de Grenade, qui passa avec le roi à Fez, après que dom Ferrand, roi d'Espagne, l'eut expulsé de son royaume. Ce capitaine fut un homme rare, et merveilleusement exercé et expert aux ruses de guerre, de sorte qu'il fit preuves de son corps admirable aux guerres de Grenade, et est, par les Portugais, appelé Almandali, lequel obtint le congé de remettre en nature le territoire, et jouit du domaine de cette cité; par quoi il fit retourner toutes les murailles sur pied, lesquelles environnoient une forteresse qu'il fit fabriquer et environner de beaux et profonds fossés; ce qu'ayant mis à fin, s'acquit une très-grande envie des Portugais; mais il ne cessoit de molester et fort endommager Sebta, Casa, et Tangéra, parce qu'il étoit toujours fourni de trois cents chevaux de la fleur et élite de Grenade, avec lesquels faisoit de sondaines courses par ces pays, là où il prenoit souventefois plusieurs chrétiens, qu'il faisoit continuellement travailler à la fabrique de la forteresse, et m'y trouvai une fois que j'en y vis plus de trois mille vêtus de sacs de laine, dormant la nuit dans certaines fosses sous terre fort bien enchaînés. Celui-ci fut un homme fort libéral, et caressant merveilleusement les étrangers qui passoient par sa cité, là où il mourut depuis, que par cas d'aventure l'un des yeux lui fut ôté avec la pointe d'un poignard, et fut privé de la lumière de l'autre en sa vieillesse. Il délaissa au gouvernement de la cité un sien neveu qui est aujourd'hui vaillant homme et de grand courage.

Montagnes de Habat.

En Habat il y a huit montagnes renommées sur toutes les autres, qui sont habitées du peuple de Guméra, dont tous les habitants menèrent une même vie, et ne diffèrent en rien quant à la coutume, parce qu'ils vivent tous sous la loi de Mahomet, contre le commandement duquel ils boivent du vin ordinairement, et sont fort dispos de leurs personnes, supportant plusieurs travaux, avec ce qu'ils sont en mauvais équipage. Le roi de Fez les a rendus ses tributaires ; au moyen de quoi il leur impose de grands subsides et tributs, de sorte qu'ils ne se sauroient bien tenir en ordre, hors quelques-uns qui ont meilleur moyen, lesquels vous seront particulièrement récités.

Rahona, montagne.

Rahona est une montagne prochaine d'Ezaggen, qui a en longueur trente milles, et douze en largeur, abondante en huile, miel et vin. Les habitants ne s'adonnent à autre chose qu'à faire le savon, nettoyer la cire. Ils recueillent à force vins blancs et vermeils, qui ne se transportent aucunement, mais se boivent tous sur le lieu. Cette montagne rend au roi tous les ans, de revenu, trois mille ducats, qui sont assignés au capitaine et gouverneur d'Ezaggen, pour entretenir quatre cents chevaux au service de sa majesté.

Béni-Fensécare, montagne.

Cette montagne-ci confine avec la précédente, et contient en longueur environ vingt-cinq milles, et huit en largeur; étant beaucoup mieux habitée que l'autre, et il y a plusieurs tissiers de toiles, avec des tanneurs de cuir de vache en grand nombre. Les habitants d'icelle assemblent de la cire en quantité, et font le samedi un marché, où se trouvent des marchands de toute qualité chargés de chacune espèce de marchandise; voire jusqu'aux Genevois, lesquels s'y transportent pour acheter de la cire et cuir de vache, qu'ils font tenir en Portugal et à Gênes. Cette montagne rend de rente six mille ducats, dont la moitié revient au capitaine d'Ezaggen, et l'autre est appliquée pour la chambre du roi de Fez.

Béni-Haros, montagne.

Ce mont-ci est prochain de Casar, et s'étend devers tramontane huit milles, et vingt du côté de ponant, contenant six milles en largeur. Il fut habité jadis par aucuns gentilshommes et chevaliers, bien peuplé et abondant; mais ces nobles exercèrent une si grande tyrannie, que, la nouvelle venue de la prise d'Arzilla par les Portugais, le populaire abandonna incontinent cette montagne, qui n'a aujourd'hui en cime autre chose qu'aucuns hameaux écartés, et le reste tout inhabité. On en souloit tirer trois mille ducats de revenu, qui étoient distribués au capitaine de Casar.

Chébib.

En cette montagne sont situés six ou sept châteaux habités de gens civils et fort honnêtes, parce que, lorsque Tangéra fut prise des Portugais, plusieurs citoyens vinrent faire leur demeurance en cette montagne, pour n'en être éloignée plus de vingt-cinq milles; mais ceux qui y habitent reçoivent de grandes fâcheries et ennuis de la part des Portugais; et endommagea la perte de Tangéra cette montagne de la moitié, avec ce qu'elle va toujours en empirant, à cause qu'elle est distante du lieu où réside le capitaine environ trente milles, qui fait qu'elle ne peut être secourue à temps toutes les fois que les Portugais y vont courir pour butiner, gâtant tout le pays, et emportant tout ce qu'ils peuvent enlever.

Béni-Chessen, montagne.

Béni-Chessen est une très-haute montagne, et fort difficile à prendre aux ennemis, parce qu'outre la qualité du lieu, elle est habitée de gens magnanimes et courageux, qui, ne pouvant souffrir l'insupportable tyrannie d'aucuns d'entre eux, rabaissèrent leur orgueil par force d'armes; au moyen de quoi un jeune adolescent d'entre ces nobles, trouvant fort étrange s'assujettir à ses sujets, ému d'un très-juste et noble dédain, passa en Grenade, là où, par aucun temps, bataillant à la solde des chrétiens, se rendit très-expert et rusé soldat : depuis, il s'en retourna demeurer en l'une de ces montagnes, là où s'étoient retirés ses semblables; et après avoir assemblé quelque petit nombre de chevaux, demeuroit pour garant à la montagne, soutenant d'un invincible courage la fière impétuosité de tous les Portugais; ce que voyant le roi de Fez, et admirant la constance et magnanimité de cœur de celui-ci, lui accrut sa compagnie de cinquante arbalêtriers, avec lesquels il fit de sorte qu'il en repoussa l'ennemi ; mais retenant le revenu de cette montagne, donna occasion au roi de s'animer encontre lui, tellement qu'il fit marcher une grosse armée à la volte d'icelle ; ce que voyant l'autre, et sentant ses forces trop petites pour réprimer la fureur d'un tel roi, se repentit incontinent de son arrogance, qui lui fut remise par sa majesté, le confirmant en la seigneurie de Seusavon et de tout ce qui en dépendoit, qui, après lui, vint entre les mains d'un qui fut seigneur de l'origine de Mahomet, et extrait de la race d'Idris, lequel édifia Fez. Il est fort connu des Portugais, lesquels l'ont en grande estime, tant pour sa renommée, comme pour la maison de Hélibeures, d'où il est issu.

Angéra, montagne.

Angéra est une montagne près de Casar, environ huit milles du côté du midi, contenant en longueur dix milles, et trois en largeur. Il y a bon territoire, parce que les habitants coupèrent tous les arbres pour faire des navires à Casar, là où il y avoit un arsenal. On y souloit semer du lin, et ceux qui y résidoient furent tous tissiers de toiles ou mariniers. Mais quand Casar fut réduite sous la puissance des

Portugais, ils abandonnèrent la montagne. Toutefois les bâtiments et possessions sont encore aussi saines et entières comme si elles eussent été toujours depuis habitées et cultivées.

Quadrès, montagne.

Quadrès est une fort haute montagne, entre Sebta et Tettéguin, habitée de personnes dextres et agiles, qui firent preuves merveilleuses de leurs corps en la guerre qu'eut le roi de Grenade contre les Espagnols, parce que ces montagnards étoient coutumiers de se transporter à Grenade, et recevoir la solde comme soldats aventuriers, étant plus mettables et suffisants que tout le reste de la gendarmerie des rois dont nous avons parlé. Il s'en trouva un de cette montagne, nommé Hellul, qui se porta vaillamment, se trouvant en dures rencontres et dangereuses escarmouches contre les Espagnols, tellement que ses vaillances et prouesses servent de conte entre le commun peuple d'Afrique, et sont rédigés par écrit ses vertueux actes, les uns en histoires, les autres en vers, comme ceux de Roland en Europe. Mais il fut finalement occis aux guerres des Espagnols, quand Enésir, roi et pontife de Maroc, fut vaincu au-dessus d'un château en Catalogne, qui est appelé château de l'Aigle par les

Maures, desquels moururent soixante mille hommes, sans qu'autre de cette armée se pût vanter d'être échappé, hors que le roi et quelque petit nombre des siens. Cela advint en l'an de l'Hégire six cent neuf, qui peut être au millième de Jésus-Christ mil cent soixante. Après cette défaite, les chrétiens commencèrent à se voir victorieux dans les Espagnes; tellement, qu'ils reconquêtèrent toutes les cités qui avoient été subjuguées par les Maures; et, de cette tant grande et mémorable route jusqu'au temps que Fernand conquit la Grenade, il y eut d'espace deux cent octante-cinq ans, selon le nombre des Arabes.

Défaite de soixante mille hommes, de la part d'Enésir, par les Maures.

Béni-Guédarfeth, montagne.

Cette montagne est prochaine de Tettéguin, et bien habitée, mais elle est de petite étendue, dont les habitants sont vaillants hommes et de qualité, qui sont sous la charge du capitaine de Tettéguin, auquel ils portent grande obéissance, d'autant qu'ils l'accompagnent au pillage quand il va sur les appartenances de la cité que tiennent les chrétiens; au moyen de quoi ils sont exempts de tous impôts et subsides envers le roi de Fez, hors que d'un petit cens pour leurs terres; mais cela leur est peu, au respect des grands deniers que leur rend la montagne, parce qu'en icelle y a grande quantité de buis, de quoi se servent les peigniers de Fez à faire leurs ouvrages, et en prennent tous les ans une grande quantité.

Errif, région de Fez.

Errif est une région du royaume de Fez, laquelle prend son commencement du détroit des colonnes d'Hercule de la partie du ponant, et s'étend devers le levant jusqu'au fleuve Nocor, par l'espace de cent quarante milles; devers tramontane se termine à la mer Méditerranée, c'est à savoir en sa première partie, et se dresse, du côté du midi, environ quarante milles, jusqu'aux monts qui répondent devers le fleuve Guarga, qui passe par le territoire de Fez. Cette région est en pays scabreux et plein de montagnes très-froides, là où il y a plusieurs bois hauts et droits; mais il n'y a nuls grains; néanmoins, il y a assez vignes, oliviers, figuiers et amandiers. Les habitants sont gens fort courageux et vaillants, mais ils se tiennent mal en ordre, et se chargent volontiers de vin. Là se trouvent bien peu d'animaux, sinon chèvres, ânes et singes, qui sont en grande quantité dans la montagne. Il y a peu de cités, mais assez châteaux, villages et pauvres bâtiments à un étage seulemeut, en la forme des étables qu'on bâtit en Europe. Les couvertes sont de je ne sais quelle écorce et de paille. Finalement, tous les habitants de cette montagne ont de grosses gourmes sous la gorge, et sont tous en général difformes et ignorants.

Terga, première cité en la région d'Errif.

Terga est une petite cité que, selon l'opinion d'aucuns, fut édifiée par les Goths sur la mer Méditerranée, distante du détroit environ octante milles, dont les murailles sont plutôt foibles qu'autrement, et les habitants (au moins la plus grande partie) sont pêcheurs, qui salent leur poisson, puis le vendent aux marchands montagnards, qui le transportent à cent milles de là du côté du midi. Cette cité souloit être bien peuplée et civile; mais depuis que les Portugais mirent le pied aux cités, lesquelles nous avons ci-dessus mentionnées, elle commença fort à manquer en honnêteté accoutumée et habitation. Autour d'icelle y a plusieurs bois fort âpres et froides montagnes. Il est vrai que les habitants sont gens de bon cœur; mais d'autant plus bestiaux, ignorants, ivrognes, et qui vont très-mal en ordre.

Bédis, cité.

Bédis est une cité assise sur la mer Méditerranée, laquelle contient environ six cents feux, et par les Espagnols, Velles de Guméra nommée. Aucuns historiens disent qu'elle fut édifiée des Africains, les autres par les Goths; mais comme qu'il en soit, elle est située entre deux fort hautes montagnes, et près d'une grande vallée, laquelle, en temps de pluie, reçoit un si grand amas d'eau qui s'écoule des lieux adjacents, qu'elle ressemble à un grand fleuve. Dans la cité se trouve une place garnie de plusieurs boutiques, et d'un temple de moyenne grandeur; mais il n'y a eau qui soit bonne à boire. Au dehors, se voit un puits où est la sépulture d'un de leurs saints; mais pour la grande quantité des sangsues qui y sont, il est fort dangereux de tirer l'eau de nuit. Les habitants sont divisés en deux parties, dont les uns sont pêcheurs, et les autres corsaires, qui, avec leurs fustes, vont écumant et robant sur la mer des chrétiens. La cité est environnée de hautes montagnes roides et scabreuses, là où l'on prend de fort bon bois pour faire fustes et galères; et n'ont les montagnards autre moyen pour gagner leur vie, qu'à porter ce bois en plusieurs et divers lieux. Le froment y est

Sangsues en grande quantité.

rare, qui est cause que les habitants n'usent d'autre pain que d'orge; mais ils ont des sardines en grande quantité, et d'autres poissons, qu'ils prennent en telle abondance, qu'il faut, coup sur coup, quelqu'un auprès d'eux pour leur aider à tirer les rêts hors de l'eau, au moyen de quoi plusieurs pauvres hommes ont coutume de venir tous les matins sur le rivage, qui, pour récompense, reçoivent une bonne partie des poissons de la pêche, de laquelle on fait semblablement part à ceux qui s'y trouvent présents; et salent les sardines pour les transporter et vendre çà et là par les montagnes. Dedans la cité il y a une fort belle rue et large, là où se tiennent les juifs, entre lesquels se vend le vin, qui semble aux habitants (après en avoir arrosé leur langue) une divine et supernaturelle liqueur, et s'en vont quasi tous les soirs sur leurs barquettes, avec lesquelles ils s'éloignent assez de terre, ne se délectant à autre chose qu'à boire et à chanter. Il y a dans la cité un lieu plus beau que fort, là où le seigneur fait sa demeurance, et tout auprès, un palais somptueux avec un fort plaisant jardin. Davantage, hors d'icelle à côté de la marine, y a un petit arsenal, là où se faisoit coutumièrement quelque fuste, galère ou barque, à cause que le seigneur et ses citoyens souloient armer aucunes fustes, qu'ils envoyoient courir sur les limites et rivages des chrétiens, dont ils faisoient de grands dommages; au moyen de quoi don Ferrand, roi d'Espagne, mit sus une grosse armée, qui prit de prime abordée une île qui étoit à l'objet de cette cité, et distante d'icelle par l'espace d'un mille, et là fit élever une forteresse sur un roc, qu'il garnit de braves soldats, munitions et bonne artillerie, laquelle molestoit et rangeoit en sorte ceux qui tenoient bon dans la cité, qu'elle battoit les personnes jusqu'aux temples et rues, dont le seigneur, se voyant réduit à telle extrémité, envoya demander secours au roi de Fez, qui expédia une grande fanterie pour tirer à la volte de cette île, à laquelle étant parvenue, fut rembarrée d'une si brave sorte, que partie fut mise à cruelle mort; ce qui resta fut détenu, hors quelques-uns, qui trouvèrent moyen de s'en retourner à Fez; tellement que les chrétiens tinrent cette île par l'espace de deux ans, au bout desquels (par la menée secrète d'un soldat espagnol, qui tua le capitaine pour lui avoir fait les cornes) elle fut mise et retourna entre les mains des Maures, qui ne faillirent de faire passer tous les chrétiens par le fil de leurs épées, hors celui qui, par trahison, avoit livré la place, dont il fut assez

Dom Ferrand gagne une île proche de Bédis.

bien récompensé par le roi de Fez et seigneur de Bédis. Je fus assez amplement acerteué du contenu de cette histoire, et comme les choses étoient passées, par ceux mêmes qui s'y étoient trouvés en présence, en l'an mil cinq cent vingt, au nombre des chrétiens. Le seigneur garde aujourd'hui cette île fort diligemment, et lui porte le roi de Fez fort grande faveur, parce que là est le plus prochain port de la cité de Fez, combien qu'il y ait d'intervalle d'un à autre lieu environ trente milles; et ont coutume les galères vénitiens de surgir en ce port au bout de deux ou trois ans, pour troquer marchandise de laquelle ils vendent encore en comptant, et en y amènent les Maures semblablement, même depuis ce port jusqu'à Thunes, et souventefois à Venise, ou jusqu'en Alexandrie et Barut.

Iellès.

Iellès est une petite montagne sur la mer Méditerranée, distante de Bédis environ six milles. Là y a un fort bon, mais petit port, où se retirent les naves qui vont à Bédis, lorsque fortune court sur mer, et auprès d'icelle y a plusieurs montagnes qui sont couvertes de grands bois de pignes. De notre temps elle est demeurée inhabitée, à cause des corsaires espagnols, hors quelques cabanes de pêcheurs, qui demeurent continuellement sur leur garde, et ne découvrent pas plutôt une fuste, qu'ils prennent la fuite devers la montagne, d'où ils descendent soudainement, accompagnés d'un grand nombre de montagnards pour leur secours.

Tégaffa.

Tégaffa est une petite cité fort habitée, et assise sur un fleuve, distante de la mer Méditerranée par l'espace de deux milles, ne contenant guère moins de cinq cents feux; mais elle est fort mal accommodée de maisons. Les habitants sont tous pêcheurs et barqueroles, qui apportent les vivres dans la cité, parce que le territoire est tout montueux et bocageux, ne produisant aucun grain. Il est bien vrai qu'il y a plusieurs arbres fruitiers et grand vignoble; mais au reste la terre est toute stérile. Les habitants ne vivent d'autre chose que de pain d'orge, sardines et oignons; de sorte que je ne pus jamais demeurer en cette cité, à cause de la puanteur et infection qui proviennent des sardines.

Sardines.

Gebha.

Gebha est une petite cité ceinte de bonnes murailles, édifiée par les Africains sur la mer Méditerranée, distante de Bédis environ vingt-quatre milles, étant aucune fois habitée, d'autres fois non, selon que sont provisionnés ceux qui en ont la garde et gouvernement. Le terroir du contour est fort scabreux et âpre, encore qu'il soit arrosé de plusieurs fontaines qui y sourdent; et le long du circuit des murailles, il y a quelques vignes et fruits; mais on n'y peut voir nulle belle maison ni édifice.

Mézemme.

Mézemme est une grande cité assise sur une petite montagne prochaine de la mer Méditerranée, aux confins de la province de Garet, au-dessous de laquelle y a une plaine grande, qui contient environ dix milles en largeur, et vingt-huit en longueur du côté du midi. Par le milieu de cette plaine passe le fleuve Noccore, qui divise Errif de Garet, et y habitent quelques Arabes qui cultivent la terre, dont ils recueillent une grande quantité de grains, desquels le seigneur de Bédis a pour sa part environ vingt mille setiers de grain. Cette cité fut anciennement fort civile et bien habitée,

et en icelle avoit posé son siége le gouverneur
de la province; mais elle fut par deux fois
ruinée, l'une par le pontife de Caïraran, pour
un dédain qu'il prit contre le seigneur, à cause
qu'il refusoit de lui rendre le tribut accoutumé,
et, l'ayant prise, la fit saccager et démolir,
puis fit trancher la tête à ce seigneur, qu'il envoya à Caïraran sur la pointe d'une lance, en
l'an de l'Hégire neuf cent dix-huit; depuis,
demeura quinze ans sans être habitée aucunement; mais enfin, sous la protection et défense
du pontife, elle fut repeuplée par aucuns seigneurs; mais celui de Cordoue en fut piqué,
s'en sentant fort intéressé pour la voir prochaine de ses confins par l'espace d'octante
milles, qui est de la largeur que contient la
mer entre Mélaga en Grenade, et cette cité,
laquelle est en Mauritanie, cause qu'il incita
davantage celui-ci à essayer s'il en pourroit
premièrement retirer le tribut; ce que lui étant
dénié, y envoya son armée, qui la subjugua
en un moment, parce que le secours du pontife
n'y peut arriver à temps pour la grande distance
du Caïraran à icelle, qui en est éloigné de deux
ou trois cents milles, de sorte qu'elle fut prise
avant que la demande du secours fût parvenue
au pontife : ainsi fut saccagée et détruite, et
le principal seigneur détenu prisonnier à Cor-

Mézemme par deux fois sac- cagée.

doue, là où sa captivité prit fin avec sa vie. Et de la cité n'apparoît aujourd'hui autre chose, hors les murailles qui sont encore sur pied. Ceci advint en l'an de l'Hégire huit cent nonante-deux.

Bénigarir, première montagne en la région d'Errif.

Maintenant, ayant parlé des cités, je viendrai à vous réciter quelque chose particulière des montagnes, entre lesquelles Bénigarir est habitée par une lignée de Guméra, et est prochaine de Terga. Elle s'étend en longueur dix milles, et quatre en largeur. Il y a beaucoup de bois, vignes et oliviers; néanmoins, les habitants sont fort pauvres, et vont mal en ordre, avec ce qu'ils ont peu de bétail; mais ils font beaucoup de vins, et le terroir produit l'orge en petite quantité.

Béni-Mansor.

Cette montagne-ci peut contenir en longueur environ quinze milles, et cinq en largeur, étant couverte de plusieurs bois et grand nombre de fontaines. Les habitants d'icelle sont gens de grandes forces, mais pauvres, à cause que la montagne ne leur rapporte autre chose que le raisin. Ils nourrissent quelques chèvres, et ont coutume de tenir le marché une fois la semaine, mais je n'y sus jamais voir (tant soigneusement pussai-je regarder) autre chose, sinon aux oignons, raisins secs, sardines salées, quelque peu d'avoine et graine de navette qu'ils ont pour faire du pain. Ceux qui habitent sur le rivage de la mer Méditerranée sont sujets au seigneur de Bébis.

Bucchvia.

Cette montagne s'étend en longueur environ quatorze milles, et huit en largeur, dont les habitants sont d'une bonne partie plus riches que tous les autres montagnards, au moyen de quoi ils se savent tenir fort bien en ordre, ayant plusieurs chevaux, parce que la montagne est environnée de bonnes terres, exemptés de tout tribut et impôts, à cause qu'un saint homme de Bédis fut enseveli en cette montagne.

Béni-Chélid.

Ceux qui partent de Bédis pour s'acheminer à Fez, tiennent leur chemin par ce mont-ci, plein de froidures et de fontaines, qui ne sont guère plus chaudes avec ce, qu'elle ne produit aucuns grains ni fruits, sinon quelques raisins. Les habitants sont tributaires au seigneur de Bédis ; mais le grand tribut qu'ils lui rendent annuellement, les réduit en telle misère et pauvreté, qu'ils sont forcés de commettre grands larcins et voleries.

<small>Habitants de Béni-Chélid voleurs.</small>

Béni-Mansor.

Cette montagne a d'étendue environ huit milles, et est autant éloignée de la marine comme les deux autres ci-dessus nommées. Les habitants sont fort braves hommes et adroits, mais ils sont sujets à s'enivrer ordinairement. Ils recueillent assez bonne fourniture de vins, mais d'autant plus petite de raisins. Leurs femmes mènent le bétail au pâturage, et cependant se mettent à filer; mais il ne s'en trouve pas une qui garde foi ni loyauté à son mari.

Béni-Joseph.

Ce mont contient en longueur environ douze milles, et huit en largeur; mais les habitants sont pauvres, qui les fait tenir plus mal en ordre que tous les autres leurs voisins. Joint aussi que leur montagne ne produit aucune chose qui soit bonne, hors quelque petite quantité de graines de navette, qu'ils mêlent avec les grains de raisin, de quoi ils font un pain fort bis, et encore plus âpre et de très-mauvais goût, et avec ce, ont coutume de manger assez d'oignons, buvant eaux de fontaines, qui sont assez troubles; mais ils ont des chèvres en grande quantité, estimant le lait d'icelles une viande fort exquise et délicieuse.

Béni-Zarvol.

En cette montagne y a fort grand vignoble et bon terroir d'olives et autres fruits; toutefois les habitants d'icelle sont fort pauvres, et sujets au seigneur de Seusaren, qui leur impose de griefs subsides et tributs, tellement que les pauvres misérables ne se sauroient rien réserver du revenu de leurs vins. Ils tiennent le marché une fois la semaine, où ne se trouve autres marchandises que figues sèches, raisins secs et huiles, et tuent ordinairement grand nombre de boucs et vieilles chèvres.

Béni-Bazin.

Cette montagne est assez prochaine de la mer Méditerranée, aux confins de Terga. Les habitants sont assez bien accommodés, et à leur aise, parce que la montagne est fort fertile, sans qu'ils soient tenus de payer tribut ni imposition aucune. Il y croît grande quantité d'olives; et il y a plusieurs vignes dont le terroir en est bon, mêmement aux côtes de la montagne. Les femmes s'y adonnent au pâturage des chèvres, et à cultiver les terres.

Seusaon.

Cette montagne-ci est couverte de beaux grands bois, et de fontaines qui y sourdent en grande quantité, lesquelles la rendent la plus plaisante et délectable de toutes celles qui sont en Afrique; joint aussi qu'en icelle se trouve une petite cité pleine de marchands et artisans, parce qu'il y demeure un seigneur qui tient sous sa main plusieurs montagnes, et fut celui qui commença à réduire les habitants de celle-ci à civilité, et s'appeloit Sidihéli-Berrased, qui se révolta contre le roi de Fez, et fit encore guerre contre les Portugais. Les habitants de cette cité, et des villages qui sont écartés par la montagne, se tiennent en assez bon équipage, et ne sont aucunement tributaires à leur seigneur; à cause que la plus grande partie d'iceux suit les armes à pied ou à cheval.

Béni-Gébara.

Cette montagne-ci est fort âpre et haute; au pied d'icelle prennent leurs cours aucuns petits fleuves, et est abondante en vignes et figuiers; quant au grain, elle n'en produit en sorte que ce soit. Les habitants vont mal en ordre, nourrissant des chèvres en grande quantité, avec quelques petits bœufs qui n'ont pas plus grande montre que veaux de huit mois. Toutes les semaines on y tient le marché, quasi sans marchandise; néanmoins, il y a aucuns marchands de Fez qui s'y acheminent, et les muletiers aussi y portent les fruits. Ce lieu-là appartient à un parent du roi, qui en reçoit tous les ans, de revenu, environ dix mille ducats.

Béni-Jerso.

Cette montagne-ci souloit être habitée, et avoir un collége de lois; et, à raison d'icelui, les habitants de ce lieu étoient exempts de toute imposition; mais un tyran, avec l'aide du roi de Fez, réduit leur franchise en odieuse servitude, saccageant le lieu avec ce collége, où l'on trouva telle quantité de livres, qu'ils montoient jusqu'à la valeur de quatre mille ducats, et fit priver de vie plusieurs grands personnages, et de bonne réputation, en l'an de l'Hégire neuf cent dix-huit.

<small>Béni Jerso saccagée par un tyran.</small>

Tézarin, montagne.

Tézarin est une montagne prochaine de la susnommée, garnie de plusieurs bois, vignes et fontaines. Au-dessus d'icelle se voient plusieurs antiques édifices, qui furent (selon mon jugement) bâtis par les Romains, là où ceux qui cherchent les trésors (comme nous avons dit auparavant) ont coutume de faire caver. Les habitants sont simples, ignorants et pauvres, à cause des griefs impôts qui leur sont quasi insupportables.

Béni-Buséibet.

Cette montagne est sujette à grandes froidures, qui la rendent stérile en grains, et n'y peut-on nourrir aucun bétail, pour autant que cette âpre froidure resserre et fait sécher la terre ; et sont les arbres de telle qualité, que les chèvres ne sauroient être pâturées des feuilles. Il y a grande abondance de noix, dont on fait bonne provision à Fez et aux autres prochaines cités. Tout le raisin qu'on y recueille est noir, et s'en fait de confit et doux, avec du moust, et autres fort grands vins. Les habitants sont tous vêtus de sacs de laine, faits en mode d'esclavines, et bandés de bandes noires et blanches, avec certains capuchons qui se mettent en tête, tellement qu'à les voir ainsi mignonnement accoutrés, on les jugeroit plutôt bêtes que créatures raisonnables. En temps d'hiver, les marchands de noix et raisin confit se transportent en cette

<small>Habits des habitants de Beni-Buséibet.</small>

montagne, là où ils ne trouvent ni pain ni chair, mais à force oignons, sardines salées, qui s'y vendent bien chèrement. Ils usent de vin cuit et potage de fèves, qu'ils estiment la meilleure viande qui soit entre eux, et mangent leur pain dans le vin cuit.

Béni-Gualid.

Béni-Gualid est une montagne fort haute et âpre, garnie d'habitants fort opulents, parce qu'ils ont grande quantité de vignes noires pour faire les raisins que l'on confit, et un ample territoire produisant figuiers, amandiers et oliviers. Joint aussi qu'ils ne sont en rien tenus de rendre tribut au roi de Fez, hors que pour chacun village, un quart de ducat par an; de sorte qu'ils se peuvent sûrement acheminer à Fez pour vendre et acheter. Que si, en ce faisant, ils reçoivent quelque tort ou injure en la cité, ils le dissimulent jusqu'à temps que quelque parent de celui qui les a offensés vienne en la montagne, là où, étant parvenu, ils le saisissent sans qu'ils le lâchent jamais qu'ils ne soient par le menu satisfaits de l'honneur qu'on leur pourroit avoir blessé, ou du dommage qu'ils en ont reçu. Les hommes se maintiennent bien honnêtement en ordre. Se trouvant quelqu'un dedans Fez avoir commis quelque délit, s'il peut gagner la montagne, il est en franchise et sûreté, avec ce que les habitants l'entretiennent tandis qu'il y séjourne. Si le roi de Fez les pouvoit réduire sous sa puissance, il en recevroit tous les ans plus de six mille ducats de revenu, parce qu'en son pourpris sont situés soixante villages tous riches et bien accommodés.

Béni-Gualid, lieu d'immunité.

Merniza.

Cette montagne étend ses confins jusqu'auprès de ceux de la précédente, et sont les habitants de l'une et l'autre extraits de même origine, et égaux en richesse, liberté et noblesse ; mais ils ont en ceci une coutume différente, qu'une femme, pour la moindre injure qu'elle puisse recevoir de son mari, s'enfuit aux montagnes prochaines, et abandonnant ses enfants, se vient joindre à un autre mari en secondes noces ; au moyen de quoi les hommes, ordinairement, en suscitent de grandes noises et débats. Et pour iceux amortir et descendre à quelque accord, il est nécessaire que celui vers lequel s'est retiré la femme, rembourse les dépens frayés par le premier mari aux épousailles de la femme ; et pour démener et résoudre telles affaires, ils ont des juges entre eux qui, pour ce fait, ne leur dépouillent seu-

Divorce fréquent entre les habitants de la montagne Merniza.

lement la peau de dessus les épaules ; mais une avarice ardente et insatiable les rongent jusqu'aux entrailles.

Hagustun.

Hagustun est une montagne fort haute et froide, où il y a plusieurs fontaines et vignes de plans noirs, figues bonnes en toute perfection, pommes de coing fort belles, très-odoriférantes, et semblables aux citrons, lesquelles naissent en la plaine qui est sous la montagne. Il y a aussi plusieurs rangs d'oliviers, dont les olives rendent de l'huile en grande quantité. Les habitants sont francs de tout tribut; mais, par honnêteté, ils ont de coutume, tous les ans, de faire au roi de Fez quelque beau présent et honorable, au moyen de quoi ils peuvent fréquenter la cité, et franchement acheter des grains, laines et toiles ; par quoi ils tiennent état de gentilshommes quant aux habillements, même ceux du principal village, là où demeure la plus grande part des artisans, marchands et nobles personnes.

Béni-Jédir.

Cette montagne est grande et fort habitée, mais elle ne produit sinon raisins noirs, desquels l'on en fait de confits semblables aux raisins de Damas ou Corinthe, et un vin fort bon et délicat. Les habitants souloient être jadis libres et exempts de toute imposition et tribu; mais, par l'extrême pauvreté qui les pressoit, ils voloient et dépouilloient tous les passants, dont le seigneur de Bédis (moyennant l'aide et faveur que lui donna le roi de Fez) les subjugua et priva de leur ancienne liberté. Dans le circuit de cette montagne, sont compris cinquante villages assez grands, mais on ne sauroit en tirer du tout quatre cents ducats par an.

Lucaï.

Cette montagne-ci est fort haute et roide, garnie d'habitants très-opulents, parce qu'il y a force vignes qui rencontrent bien toutes les années; et de quelque partie de raisins il s'en fait de confits pour vendre comme les raisins de Damas. Elle est semblablement abondante en figues, olives, pommes de coing, amandes et citrons, et portent tous ces fruits dans la cité de Fez pour les y vendre, à cause que ce lieu n'en est distant sinon de trente-cinq milles, et s'y trouve des hommes nobles et chevaliers superbes surtout, tellement qu'ils ne se sont jamais voulu abaisser de tant que de se rendre tributaires à personne vivante, étant fort bien remparés et défendus par la forteresse naturelle de la montagne, là où ils reçoivent en leur compagnie tous ceux qui sont bannis de la cité de Fez, les entretenant avec toutes les caresses et meilleur visage qu'il leur est possible, hors les adultères, parce qu'ils sont jaloux désespérément, qui leur fait haïr telle manière de gens outre mesure. Le roi leur permet tout ce qu'ils veulent pour le profit qui revient à Fez de leur montagne.

Béni-Guazeval.

Cette montagne a d'étendue en longueur environ trente milles, et quinze de largeur; mais elle est divisée en trois montagnes, entre lesquelles, et les deux précédentes, prennent leur cours quelques petits fleuves. Les habitants sont braves hommes et pleins de grande hardiesse, mais foulés outre le devoir par le capitaine du roi de Fez, qui les contraint à lui rendre par an dix-huit mille ducats. La montagne est fort fertile en raisins et figues, lins et olives, dont il s'en fait de bons vins cuits, et toiles grosses et huiles; mais toutes lesquelles choses se convertissent en argent pour satisfaire à la somme par ce capitaine imposée, lequel y tient ordinairement commissaires et facteurs pour recevoir les deniers de ces montagnards. Il y a une infinité de villages dont les uns contiennent cent, les autres deux cents feux, ensorte qu'il y a environ cent vingt, tant villages que hameaux, desquels on peut lever vingt-cinq mille combattants, qui sont journellement en guerre contre leurs voisins, et de là s'en ensuit de grands meurtres tant d'un côté que d'autre, qui fait que le roi lève des amandes sur toutes les deux parties, qui montent à une grande somme de deniers; tellement, que cette guerre civile lui apporte un merveilleux profit. En cette montagne se trouve une petite cité, mais d'autant plus civile, bien garnie d'artisans, et est environnée de plusieurs vignes, pommiers de coing et citrons qui se transportent à Fez; et s'y font outre ce, des toiles en grande quantité. Davantage, il y a juges et avocats assez expérimentés en la loi, qui est cause que plusieurs montagnards viennent au marché qui s'y tient. Outre ce, on y peut voir une combe, où il y a une entrée en

Caverne jetant le feu.

guise de caverne, qui jette continuellement grandes flammes de feu, et ai vu plusieurs étrangers se transporter en ce lieu-là pour contempler une chose tant rare, puis y jettent des fagots et troncs de bois, qui sont soudainement, par l'âpre et vive chaleur, consumées; vous assurant que ce feu me semble le plus admirable spectacle que j'aie vu entre les choses naturelles. Au moyen de quoi, plusieurs se laissent tomber en cette opinion, que ce soit une des bouches d'enfer.

Béni-Guéjaghel.

Cette montagne se confine avec les précédentes ; mais les habitants de l'une et de l'autre ont conçu entre eux une perpétuelle inimitié. Il y a d'assez belles plaines, qui s'étendent jusque sur les confins des montagnes du territoire de Fez, et par icelles passe le fleuve Guargua, et sont adjacentes à cette montagne, là où se recueille grande quantité de grains, huile et lin, dont se font belles toiles. Mais le roi se tient toujours saisi du bien des habitants; car ceux qui en possèdent davantage que les autres, par l'injuste et démesurée avarice des seigneurs, seroient réduits à plus grande pauvreté que les plus pauvres mêmes. Les habitants sont naturellement adroits et courageux, qui peuvent faire de dix à douze mille hommes de guerre, et ne tiennent guère moins de soixante villages de fort ample étendue.

Béni-Achmed.

Béni-Achmed est une montagne fort scabreuse, qui contient en longueur dix-huit milles, et sept en largeur. Elle est couverte de bois en la plupart, et y a assez bon vignoble, avec plusieurs oliviers et figuiers ; mais il s'y trouve peu de terre bonne à produire grain. Dans et autour le circuit de la montagne, y a à force fleuves et fontaines, mais troubles et amères, dont l'arène est quasi semblable à la chaux ; et plusieurs des habitants (comme nous avons déjà dit autre part) ont une apostume très-grosse au gosier, sans qu'ils laissent pour cela à boire le vin pur, qui se peut bien garder quinze années en sa force et perfection, après qu'il a un peu bouilli. L'on en fait encore du vin cuit, venant de la vigne, que l'on tient dans aucuns grands vases étroits par en bas, et larges par en haut. Le marché s'y tient une fois la semaine, où se vend l'huile et vin rouge en grande quantité. Ces montagnards sont fort pauvres, donnant manifestement à connoître leur nécessité par leurs habits usés et rompus ; joint aussi qu'ils sont fort foulés par le roi de Fez, et toutefois ainsi nécessiteux et mal traités, ils donnent encore lieu à la partialité qui cause qu'ils sont journellement aux armes entre eux-mêmes.

Vin qui dure 15 ans.

Béni-Jéginéfen.

Cette montagne confine avec la précédente, ayant d'étendue environ dix milles, et entre les deux prend son cours à un petit fleuve. Les habitants sont tant adonnés au vin, qu'ils en viennent à idolâtrer, comme si c'étoit un Dieu, et ne leur sauroit produire la montagne un seul grain de blé; mais il y croit des raisins une infinité. Ils nourrissent un grand nombre de chèvres, lesquelles sont toujours dedans les bois, et ne mangent d'autre chair que de bouc et d'icelles. Je pris grande connoissance et familiarité avec ces gens-ci, pour autant que mon père souloit exercer quelques offices entre eux; mais il avoit grande peine et fâcherie de retirer les usufruits des terres et vignes, à cause que ces montagnards sont fort rétifs et durs à payer leurs dettes.

Vin réputé pour le dieu des habitants de Béni-Jéginéfen.

Béni Mesgalda.

Les confins de cette montagne-ci confinent avec ceux de la précédente et du fleuve Guargua. Les habitants s'adonnent tous à faire du savon; mais ils ne sauroient trouver moyen de le faire venir dur. Au-dessous de la montagne, y a de grandes campagnes qui sont détenues par aucuns Arabes, au moyen de quoi ils s'escarmouchent si vivement, qu'il y en demeure le plus souvent en la place. Le roi de Fez leur fait payer de grosses tailles, et trouve toujours quelques nouveautés pour les accroître. Entre ces montagnards, plusieurs se trouvent qui sont doctes en la loi, ayant sous eux des écoliers, lesquels font de grands maux parmi ces montagnes, et mêmement aux lieux là où on ne leur fait si grandes caresses et traitements comme ils pensent bien le valoir. Ils boivent du vin secrètement, donnant à entendre au populaire qu'il est défendu ; toutefois il ne se trouve personne (tant hébété soit-il) qui, touchant ceci, ajoute foi à leur dire. Les habitants ne sont pas fort opprimés ni foulés, à cause que ces docteurs et écoliers sont par eux fort constamment maintenus.

Béni-Guamud.

Cette montagne confine avec le territoire de Fez, mais le fleuve la sépare d'icelui. Le roi en retire six mille ducats de revenu, et il n'y a pas plus haut de vingt-cinq villes où les habitants font semblablement le savon. Toutes les côtes sont en bon terroir, là où il y a plusieurs animaux ; mais l'eau y est fort requise ; tant y a qu'ils sont tous riches, et se transportent à Fez chacun jour de marché, dont ils ont fort bonne et prompte délivrance de ce qu'ils portent. Cette montagne ne produit autre chose que ce qui est nécessaire à la vie de l'homme, et est distante de Fez par l'espace de dix milles.

Garet, sixième province du royaume de Fez.

Garet, sixième province du royaume de Fez, commence au fleuve Mélulo, du côté du ponant, et de la partie du levant se termine au fleuve Mulvia; devers midi, prend fin aux montagnes des déserts prochains de Numidie, s'étendant vers tramontane jusqu'à la mer Méditerranée; en longueur, depuis le fleuve Nocor jusqu'à celui de Mulvia; et en largeur, du côté de midi, se joint au fleuve Mélulo, puis s'étend encore en partie devers ponant, à côté des monts de Chaux, descendant vers la mer sur le fleuve Nocor. Elle contient en longueur environ cinquante milles, et quarante en largeur, étant fort âpre, et semblable aux déserts de Numidie; avec ce qu'elle est fort inhabitée, mêmement depuis que les Espagnols se sont emparés des principales cités d'icelle, comme je vous raconterai.

Méléla, première cité en la région de Garet.

Méléla est une grande et ancienne cité, édifiée par les Africains sur un golfe de la mer Méditerranée, contenant environ deux mille feux; et fut autrefois fort civile, parce que c'étoit la métropolitaine de toute cette province, et qui avoit son territoire de grande étendue, là où se tiroit du fer en grande quantité, et abondant en miel; à cause de quoi elle fut appelée Méléla, car ainsi se nomme le miel en langue africaine. Au port d'icelle se pêchoient anciennement les huîtres qui font les perles, et fut quelque temps subjuguée par les Goths; mais les mahométans la conquêtèrent depuis sur eux, qui se sauvèrent au royaume de Grenade, distant de ce lieu environ cent milles; c'est à savoir en tant que contient la largeur de la mer en cet endroit-là. Il n'y a guère que le roi d'Espagne envoya une armée pour l'expugner; mais, avant qu'elle abordât, les citoyens en sentirent le vent, puis envoyèrent demander secours au roi de Fez, qui, étant pour-lors détenu en la guerre qu'il avoit contre le peuple de Témesne, expédia un petit nombre de soldats, lesquels étant venus en la présence des citoyens, qui, d'autre

[marginal note: Huîtres faisant les perles.]

côté, sachant au vrai que l'armée des Espagnols étoit grande, comme gens hors de toute espérance de pouvoir soutenir la charge et dure rencontre qu'ils pensoient recevoir de leurs ennemis, abandonnèrent la cité, se retirant, avec ce qu'ils purent trousser et porter de leur bien, aux monts de Buthria; et après que le capitaine du roi de Fez fut parvenu dans la cité, ou pour outrager ceux qui l'avoient quittée, ou en dépit des chrétiens, mit le feu par toutes les maisons et édifices, qui furent soudainement embrasés, en l'an de l'Hégire huit cent nonante-six. Sur ces entrefaites, survint l'exercite chrétien, qui, voyant cette cité ainsi détruite, en fut merveilleusement passionné, sans la vouloir toutefois abandonner qu'il n'y eût un fort dressé; et peu-à-peu furent relevées toutes les murailles d'icelle, et aujourd'hui encore est tenue par les Espagnols.

Méléla ruinée par le peuple de Témesne.

Chasasa.

Chasasa est une cité prochaine de la précédente environ vingt milles, et fut autrefois forte et ceinte de murailles, avec un très-beau port, auquel les galères vénitiennes souloient aborder, ayant de grands trafiques avec le peuple de Fez, qui lui revenoit à gros profit.

Mais son malheur voulut qu'au commencement de son règne il fût grandement molesté par un sien cousin, qui, le détenant à la guerre, le roi Ferdinand d'Espagne se résolut d'employer toutes ses forces pour réduire cette cité sous son obéissance ; ce qu'il sut si bien mener, que son dessein sortit effet tel qu'il l'avoit déjà long-temps souhaité, parce qu'elle ne put avoir secours du roi de Fez, dont les habitans vinrent avant que l'ennemi se montrât devant leurs murailles.

<small>Chasasa mise sous la puissance de Ferdinand, roi d'Espagne.</small>

Tezzota.

Tezzota est une cité en la province de Garet, distante de Chasasa, en terre ferme, environ quinze milles, assise sur un promontoire de terre fort haut, là où il n'y a puits ni fontaine, sinon une citerne ; et autour d'icelui un petit sentier, qui va toujours côtoyant jusqu'à tant qu'il se vient rendre à la cîme. Les fondateurs de cette cité furent de la maison de Béni-Marin, avant qu'ils se fussent acquis quelque seigneurie, et tenoient dans icelle leurs grains, avec le reste qu'ils avoient, pouvant aller et venir par les déserts, parce qu'alors les Arabes n'étoient encore entrés en Garet ; mais depuis qu'ils commencèrent à se voir gouverneurs de quelques domaines, laissèrent cette cité, ensemble la province de Garet, à quelques-uns de leurs voisins, tâchant à s'emparer de plus grandes seigneuries et nobles régions. En ces mutations, Joseph, fils de Jacob, second roi de la famille de Marin, par juste dédain, fit mettre en ruine cette cité; mais les chrétiens ayant mis le pied dans Chasasa, un capitaine du roi de Fez, grenadin, et très-expert aux armes, demanda licence à sa majesté de remettre sur la cité de Tezzota, ce qui lui fut accordé. Ainsi fut réédifiée, dont les habitants et ceux de Chasasa s'escarmouchent ordinairement ensemble, se trouvant tantôt victorieux les uns, et maintenant les autres, ainsi comme le sort variable de fortune, incertain, tombe sur les parties.

Meggéo.

Meggéo est une petite cité assise sur une haute montagne éloignée de Tezzota par l'espace de dix-huit milles du côté du ponant, et fut édifiée par les Africains en ce lieu, prochain de la mer Méditerranée, environ six milles du côté de midi; et sont les habitants d'icelle hommes nobles et libéraux. Sous la montagne, y a une plaine dont le territoire produit des grains en abondance, et aux montagnes qui l'environnent se trouvent des mi-

Mines de fer. nières de fer, et autour sont situés plusieurs villages, là où résident ceux qui le tirent. La seigneurie de cette cité parvint entre les mains d'un noble et magnanime chevalier extrait de la tige royale de la maison de Muachidin, mais de père fort pauvre comme celui qui n'étoit que tissier, et apprit son art à son fils de jeunesse. Mais l'adolescent, qui aspiroit à choses hautes, ainsi que ses nobles projets le poussoient, connoissant l'ancienne noblesse de ses aïeux, rejeta le métier et la navette, puis se transporta à Bédis pour s'exercer aux armes, là où il se mit pour chevau-léger avec le seigneur, lequel (pour autant qu'il avoit cette vertu de bien toucher du luth) le tenoit pour musicien. Or, cependant il advint que le capitaine de Tezzota, voulant faire une saillie sur les chrétiens, requit à ce seigneur l'aide de ses chevau-légers, dont il lui envoya trois cents, avec ce noble damoisel, qui, non-seulement à cette première faction, mais en plusieurs autres, fit connoître apertement à un chacun la grande prouesse et vaillance de laquelle son magnanime cœur étoit ennobli. Néanmoins, son seigneur ne faisoit aucun semblant lui donner récompense digne de sa valeur; ains se délectoit seulement au son et mélodieux accord de son luth; ce que portant fort impatiemment, aiguillonné d'un grand dédain, se partit, et se retira vers quelques chevaliers de Garet, ses amis, desquels il reçut si grande faveur, que, par leur moyen, vint à s'emparer du fort de Meggéo, retenant avec lui cinquante chevaux, outre ce que plusieurs montagnards, pour la défense et soutien, y envoyoient de ce qu'ils pouvoient avoir; ce que voyant, le seigneur de Bédis mit aux champs trois cents chevaux et mille fantes, pour lui faire quitter la place; mais ce courageux adolescent les caressa si bien avec sa petite compagnie, et les tâta si vivement, que leur meilleur et plus sûr fut de gagner le haut, avec grande perte et occision des leurs; au moyen de quoi sa renommée se rendoit toujours plus claire et fameuse; tellement que le roi de Fez le confirma en sa seigneurie, lui assignant certain revenu que la chambre de Fez souloit distribuer aux seigneurs de Bédis, afin qu'il servît de rempart contre les courses et furie des Espagnols. Et de celui-ci apprirent les Maures à se défendre et contester à contre ceux qui leur vouloient faire aucun outrage; et de fait, le roi de Fez lui a accru, d'un autre côté, tant sa provision, qu'il tient deux cents chevaux; mais ils sont tels, qu'ils se pourroient parangonner et faire tête à deux mille autres des capitaines ses voisins.

Echebdevon, première montagne en la région de Garet.

Cette montagne s'étend depuis Chasasa, du côté du levant, jusqu'au fleuve Muluja, et à la mer Méditerranée, de la partie du midi, jusqu'au désert de Garet. Elle fut jadis habitée de braves et riches gens, et est fort abondante en miel et orge, avec force bétail, à cause que tout le territoire est fort bon; et à l'entour, devers terre ferme, y a de grandes et amples campagnes de pâturage. Mais après que Chasasa fut subjuguée, les habitants de cette montagne, ne pouvant contester, ni se maintenir (parce que les hameaux étoient trop écartés et distants l'un de l'autre), quittèrent leur demeure; et, ayant embrasé leurs propres maisons et bâtiments, s'en allèrent habiter en d'autres montagnes.

Béni-Sahid.

Béni-Sahid prend son étendue auprès de Chasasa, suivant, devers ponant, jusqu'au fleuve Nocor, qui sont environ cent vingt et quatre milles, et est habitée de plusieurs peuples tous riches, d'autant qu'ils sont exempts de toute imposition et tribut; avec ce, vaillants et libéraux; tellement que tous les étrangers qui passent par-là sont défrayés, et ne dépensent chose que ce soit. On y tire du fer en grande quantité, et y croît l'orge en abondance. Il y a avec ce grand nombre de bétail, à cause de la belle plaine qui y est, où sont toutes les veines de fer, et n'y a jamais faute d'eau. Tous ceux qui travaillent à la minière ont leurs maisons, boutiques et bétail tout joignant, là où ils purifient le fer, qu'ils vendent aux marchands, qui puis après le portent à Fez en billon, parce que ce n'est pas leur coutume, ou ne savent le réduire en verges ou platines. Du reste, ils forgent des marres, pics, fourchefières et socs, qui sont armes de vilain, et de ce fer ne se peut tirer acier.

Azgangan.

Cette montagne-ci confine de la partie du midi avec Chasasa, étant fort habitée non-seulement de gens riches et opulents, mais vaillants et courageux, à cause qu'elle n'est moins abondante ni fertile que les autres, et a encore ceci de plus, que le désert de Garet est au pied d'icelle, et les habitants d'icelui font de grands trafics avec les montagnards, qui l'abandonnèrent semblablement à la prise de Chasasa.

Béni-Teusin.

Du côté du midi, cette montagne-ci confine avec la précédente, et a en longueur environ dix milles; c'est à savoir depuis la partie du désert jusqu'au fleuve Nocor. D'un côté d'icelle y a plusieurs plaines, dont les habitants sont libres, et recueillent les fruits de leurs terres sans en rendre chose aucune au capitaine de Tezzota, au seigneur de Megger, ni à celui de Bédis, parce qu'ils ont plus grand nombre de chevaux et gens de guerre que tous ces trois seigneurs ensemble. Davantage, le seigneur de Megger leur est grandement attenu et redevable, pour le bon secours qu'ils lui donnèrent à se saisir de la seigneurie, et sont encore caressés et entretenus du roi de Fez, d'autant qu'ils ont une ancienne amitié avec sa maison avant qu'elle obtint le sceptre royal; ce que moyenna un de ces montagnards, qui, étant homme de grande doctrine et valeur, exerçoit l'office d'avocat en Fez, et ramantevant souventefois le mérite de leurs anciens, maintint en liberté les habitants de son pays, qui furent encore auparavant confédérés avec les rois de Marin, parce que la mère d'Abusahid, tiers roi de cette famille, fut fille d'un des plus nobles de cette montagne.

Guardan.

Cette montagne confine avec la précédénte, du côté de tramontane, s'étendant en longueur environ douze milles devers la mer Méditerranée, et huit en largeur, qui se jette jusque sur le fleuve Nocor. Les habitants d'icelle sont preux et riches, ne cédant en toute qualité à ceux du mont Béni-Tenzin, et ont coutume de faire, le samedi, un marché sur le fleuve, auquel s'achemine la plus grande part de ceux des montagnes de Garet, avec une infinité des habitants de Fez. Les échanges se font de fourniments de chevaux et huile, contre du fer; parce qu'en la région de Garet ne croissent guère d'olives ni vins; avec ce, qu'ils se passent légèrement d'en boire, combien qu'ils soient prochains d'Arif, dont les habitants s'enivrent outre mesure. Un temps fut qu'ils furent vassaux du seigneur de Bédis; mais à la suasion, et par le moyen d'un homme docte prédicateur, obtinrent du roi de Fez que la quantité du tribut fût remise à leur vouloir et discrétion; au moyen de quoi ils présentèrent au roi, par chacune année, certaine somme de deniers, chevaux et esclaves, se retirant totalement de la sujétion du seigneur de Bédis.

Epilogue de la province de Garet.

Cette province est divisée en trois parties, dont l'une contient les cités et territoire; en l'autre, sont les montagnes; et ce peuple est communément appelé Bottria. La tierce et dernière contient le désert, qui, du côté de tramontane, prend son commencement à la mer Méditerranée, s'étendant devers midi jusqu'à celui de la région de Chaüs; de la partie du ponant confine avec les montagnes par ci-devant nommées, et devers levant se joint au fleuve Mulvia. Il y a de longueur environ soixante milles, et trente en largeur; étant si âpre et aride, qu'on n'y sauroit trouver autre eau que celle du fleuve Mulvia; et s'y engendrent plusieurs animaux de diverse nature, desquels produit aussi le désert de Libie, qui confine avec la Numidie. En temps d'été, plusieurs Arabes ont coutume d'y venir faire résidence près le fleuve, avec un certain peuple appelé Batalise, qui est cruel, et fort abondant en chevaux, brebis et chameux, et bataillent journellement avec les Arabes, qui lui sont voisins.

Chaüs, septième région du royaume de Fez.

Chaüs est estimée la tierce partie du royaume de Fez, parce qu'elle s'étend depuis le fleuve Zha de la partie orientale, allant vers ponant, jusqu'à la fin du fleuve Gurnigara, qui est d'espace environ cent nonante milles, et en contient soixante de largeur, qui est toute celle de la partie du mont Atlas, laquelle répond devers Mauritanie, et contient avec ce une bonne partie des plaines et montagnes qui confinent avec la Libie. Du temps que Habdulach, premier prince de la maison de Marin, subjugua toute la Mauritanie, avec les autres régions qui se joignent à icelle, son lignage s'épandit par cette province-ci, et délaissa quatre enfants, dont le premier desquels fut nommé Abubder, le second Abuéchia, le tiers Abusahid, et le quart Jacob; lequel parvint puis après à la couronne, pour avoir défait et réduit à néant la famille Muachidin, roi de Maroc; et devant qu'il en fût jouissant, ses trois antécesseurs (à chacun desquels le père avoit assigné une région) moururent, à cause de quoi ils ne purent obtenir aucun titre de roi. Les autres trois provinces furent divisées en sept parties; c'est à savoir entre les quatre li-

Jacob, fils de Habdulach, domit la maison de Muachidin, roi de Maroc.

gnées de Marin, et deux peuples qui furent amis et alliés d'icelles; tellement que cette province-ci fut estimée pour trois, à cause qu'il ne s'en trouvoit que sept; et ceux qui prétendoient part au royaume, étoient jusqu'au nombre de dix. Cet Abdulach fut l'auteur de ces divisions, mettant Chaüs pour la plus grande partie, comme nous déclarerons par ci-après particulièrement.

Teurert, première cité en la région de Chaüs.

Cette cité fut anciennement édifiée, par les Africains, sur une haute montagne auprès du fleuve Zha; et à l'entour d'icelle il y a de fort bonnes terres, mais de petite étendue, parce qu'elles confinent avec quelques arides et âpres déserts; du côté de tramontane, se joint avec le désert, et devers le midi à celui de Addubra; de la partie du levant, avec Anghad, qui est aussi un désert commençant au royaume de Télensin; et de la partie du ponant, avec le désert de Trafata, qui semblablement confine avec la cité de Tazza. Cette cité fut jadis civile et bien habitée, contenant environ trois mille feux, et il y a de fort beaux temples et édifices, dont les murailles sont de pierre tevertine. Mais depuis que la famille de Marin s'acquit le domaine du ponant, elle fut mise en débat, qui cause de grandes guerres, parce que les seigneurs de Marin vouloient qu'elle fût jointe au royaume de Fez; et, au contraire, ceux de Béni-Zéven, c'est à savoir les rois de Télensin, employèrent toutes leurs forces pour la réduire sous leur domaine et seigneurie.

Hadagia.

Hadagia est une petite cité édifiée par les Africains, d'assiète conforme à celle d'une île, parce que tout auprès d'icelle se joint le fleuve Mullulo avec celui de Mulvia. Elle fut anciennement bien habitée, et fort civile; mais ayant les Arabes occupé le ponant, son heur commença à s'ébranler, à cause qu'elle confine avec les déserts de Dahra, là où il y a de très-mauvais garnements d'Arabes; puis, à la ruine de Teurerto, elle fut totalement démolie, sans qu'il en demeurât autre chose en son entier, sinon les murailles, qui se peuvent encore voir jusqu'à maintenant.

Garsis, château.

Garsis est un château antique situé sur un roc auprès du fleuve Mulvia, distant de Teurerto environ quinze milles, lequel fut la forteresse de la maison de Béni-Marin, qui y faisoit garder ses grains du temps que la famille d'icelle résidoit au désert ; depuis, il fut subjugué par Abuhénan, cinquième roi de cette maison même. Autour d'icelui, dans la plaine, il y a un petit territoire là où se trouvent quelques jardins, produisant raisins, figues et pêches, qui ressemblent (par l'objet stérile des déserts) à celui de délices auquel Adam commit le premier péché. Les habitants sont mécaniques et sans civilité, n'ayant autre souci que de se tenir sur la garde des grains de leurs maîtres arabes, qui se demeurent dans le château, lequel n'a pas plus grande montre qu'un petit hameau, parce que les murailles sont toutes rompues, et les maisons non autrement couvertes que de certaines pierres noires.

Dubdu.

Dubdu est une ancienne cité forte, et bien habitée d'une partie du peuple de Zénète, édifiée, par les Africains, sur la côte d'une très-haute montagne, d'où s'écoulent plusieurs fontaines, qui prennent leur cours par la cité, qui est distante de la plaine environ cinq milles ; mais qui seroit au pied de la montagne, la regardant, ne jugeroit pas qu'elle en fût éloignée d'un et demi, parce que plusieurs sentiers et détorces, qu'il faut suivre, causent cette longue distance de chemin, qu'il convient tenir pour parvenir à la cité, par-delà laquelle, et au sommet de la montagne, sont toutes les possessions, à cause que le terroir de la plaine est trop âpre. Vrai est qu'il y a aucuns jardins sur le rivage d'un petit fleuve qui passe au pied du mont; mais tout ce qui y est produit, et dans les possessions, n'est pas à la moitié près suffisant pour substanter les habitants de la cité, pour laquelle fournir s'y transportent des grains du territoire de Tezza, à cause qu'elle fut expressément édifiée pour forteresse par une lignée du peuple de Marin, alors que les régions du ponant furent par Abdulach divisées; et celle où est située Dubdu, échut à une famille nommée Béni-Guertaggen, qui l'a toujours possédée jusqu'à présent. Mais quand la maison de Marin fut dessaisie du royaume de Fez, les Arabes voisins cherchèrent le moyen de frustrer icelle de la seigneurie; ce qui fut fait avec l'aide et support d'Ibnu-Chanu, qui étoit de cette famille merveilleusement empêché; tellement qu'ils furent contraints de pourchasser les trèves. Celui-ci fut seigneur de la cité; et après son décès, laissa un fils nommé Acmed, qui hérita tant aux louables coutumes comme aux amples seigneuries paternelles; et tandis qu'il vécut, maintint en bonne paix et tranquillité son domaine, duquel hérita Mahomet, qui fut, certes, un homme fort martial et magnanime; au moyen de quoi il avoit subjugué auparavant plusieurs cités et châteaux au pied du mont Atlas, du côté de midi, sur les frontières de Numidie; puis, étant parvenu au gouvernement de cette cité, commença à l'embellir par plusieurs superbes édifices, et la réduire à civilité, usant avec cela d'une si grande courtoisie et libéralité envers les étrangers, et d'une humanité si grande envers un chacun, que la renommée de sa grande vertu, et actes illustres, remplit incontinent les oreilles de plusieurs peuples, étant divulguée par plusieurs régions; tellement que, suivant la bonne estime en laquelle tout le monde le tenoit, il s'en trouva qui l'exhortèrent fort instamment à s'emparer de Tezza, l'enlevant d'entre les mains du roi de Fez; et, de fait, plusieurs s'offrirent libéralement de lui prêter aide et faveur en tout ce qu'ils pourroient, et que l'urgente nécessité le requerroit. Or, pour mieux conduire et mettre fin à cette menée, fut arrêté qu'il s'achemineroit en habit de montagnard dans Tezza, le jour du marché, feignant de vouloir acheter quelque chose comme les autres, et en cet instant ses gens assaudroient le capitaine; ce qui pourroit facilement prendre issue conforme à leur projet, vu mêmement que la plus grande partie des citoyens condescendoit à leur faveur; mais cette entreprise fut découverte; au moyen de quoi le roi de Fez (qui étoit saïch, premier roi de la maison de Quattas, et père de celui qui est à présent) s'achemina à la volte de cette montagne avec un gros exercite pour prendre Dubdu, et ne fut pas plutôt arrivé au pied de la montagne, qu'il fit ranger ses gens et les mettre en ordonnance, et marcher en bataille; mais les montagnards, qui étoient jusqu'au nombre de six mille hommes à couvert, démarchèrent en arrière, donnant passage à une bonne part de la gendarmerie, qui montoit par certaines voies obliques et étroits sentiers, par lesquels les soldats supportèrent une peine extrême; et enfin, étant parvenus là où on les attendoit de pied coi, les montagnards, tout frais et bien dispos, commencèrent à se ruer sur les foibles et lassés avec une telle furie et impétuosité, que, tant pour l'incapacité du lieu, qui étoit étroit et scabreux, comme pour être tous hors d'haleine, les Fézans, ne pouvant supporter une si pesante charge, furent con-

Défaite de ceux de Fez.

traints de quitter la place, mais ce fut tant hâtivement, qu'ils trébuchoient à la foule du haut en bas; tellement, que plus de mille, voulant éviter cette horrible mort, tombèrent en un autre danger, qui ne les assuroit de rien moins que de leur vie; et il y en eut de tués (comprenant tant les précipités comme ceux qui passèrent par le fil de l'épée) jusqu'au nombre de trois mille; si est-ce que cette dure rencontre, faite au désavantage du roi, ne l'intimida en rien, et ne lui put détourner son entreprise; mais ayant choisi cinq cents arbalêtriers et trois cents haquebutiers, se résolut entièrement de donner l'assaut à la cité. Lors, connoissant Mahomet, à vue d'œil, que ses forces étoient trop foibles pour se défendre contre un tel seigneur, se pensa d'exposer à tout hasard, se rendant, et mettre sa personne entre les mains du roi à sa miséricorde; et de fait, après avoir pris un habit de messager, se vint présenter dans le pavillon de sa majesté, à laquelle il donna une lettre écrite de sa main au nom du seigneur de Dubdu. Le roi (comme celui qui ne le connoissoit aucunement), après avoir ouï la lecture du contenu de cette lettre, lui demanda qu'il lui sembloit de son seigneur. « Il me » semble qu'il soit surpris d'une grande folie,

Mahomet, déguisé en habit de messager, tente son ennemi par belles harangues.

» seigneur. Mais quoi, l'esprit malin déçoit
» le plus souvent autant bien ceux qui sont
» constitués aux grands honneurs et dignités,
» comme ceux qui marchent au rang des plus
» infirmes et abjectes personnes qui soient au
» monde. — Par le vrai Dieu (répliqua le roi),
» si je le tenois aussi bien comme je suis sûr
» de l'avoir de brief en ma puissance, je le fe-
» rois, ainsi vif qu'il est, démembrer et tail-
» ler en pièces. — Et si maintenant (dit Ma-
» homet) il se venoit rendre en toute humilité
» et révérence, jeter aux pieds de votre ma-
» jesté, implorant sa bénignité et clémence en
» reconnoissance de son erreur, de quel trai-
» tement useriez-vous en son endroit? — Je
» jure par cette tête (répondit le roi) que s'il
» donnoit à connoître en cette sorte le regret
» qui le poindroit de m'avoir offensé, que
» non-seulement je lui pardonnerois toute la
» haine que j'ai conçue jamais à l'encontre de
» lui, mais trouverois le moyen de l'allier à
» mon parentage, qui seroit en donnant deux
» de mes filles à ses deux enfants, et le con-
» fermant en sa seigneurie, leur assinerois
» encore tel douaire qui me sembleroit plus
» raisonnable; mais je ne me saurois faire à
» croire qu'il se doive ranger jusqu'à ce point,
» tant il est fou et outrecuidé. — Il le fera

» bien (dit le messager), si votre majesté pro-
» met cela en présence des principaux de votre
» cour. — Je pense (dit le roi) que ces quatre
» qui me côtoient soient suffisants et receva-
» bles, dont l'un est mon grand secrétaire,
» l'autre mon lieutenant en chef, le tiers mon
» gendre, et le quart est le grand-prêtre et
» juge de Fez. » A ces paroles, le messager
non plus, mais Mahomet, se jeta à ses pieds,
usant de semblables paroles : « Roi, voici le
» pêcheur, lequel, ne recourant à autre re-
» fuge, se vient soumettre à votre clémence
» et miséricorde. » Donc le roi, amortissant
la flamme de son courroux, ému par l'humilité grande de ce seigneur, après l'avoir fait
lever, l'accola en le baisant, et dès cette heure
le retint pour parent et ami; puis, sur-le-
champ, fit venir ses deux filles, qu'il fit épouser aux deux enfants de Mahomet, qui soupa
ce soir-là avec sa majesté, laquelle, au matin,
leva son camp et fit retour à Fez. Ces choses
prirent telle issue en l'an de l'Hégire neuf cent
quatre, et me retrouvai au lieu en l'an neuf
cent vingt-un, que ce seigneur étoit encore
vivant, lequel me donna logis dans son palais
même, là où il me fit grande caresse et magnifique recueil, à cause des lettres de faveur
que j'avois du roi de Fez et d'un sien frère, et

s'enquit de moi de leur état, et quel ordre en la manière de vivre se tenoit dans la cité de Fez.

Téza, cité.

Téza est une cité non moins noble que forte, très-fertile et abondante, édifiée par les anciens Africains, prochaine d'Atlas environ cinq milles, et distante de Fez par l'espace de cinquante, trente de l'Océan, et sept de la mer Méditerranée, passant par le désert de Garet à la volte de Chasasa : elle peut faire environ cinq mille feux; mais pauvrement bâtie, hors que les palais des nobles, temples et colléges, qui sont d'assez belle montre et bien édifiés. De la montagne d'Atlas provient un petit fleuve qui traverse la cité, entrant par le temple Majeur; mais les montagnards parfois détournent son cours hors la cité, quand ils ont quelque chose à démêler avec les habitants d'icelle, et le font courir autre part, ce qui incommode fort et porte grand dommage aux citoyens, à cause qu'ils ne sauroient faire moudre leur blé ni avoir bonne eau pour boire qu'elle ne soit troublée, venant d'une citerne; et étant pacifiés, ces montagnards laissent prendre à ce fleuve son droit cours. Cette cité est la tierce, en civilité, honneur et dignité, et y a un temple qui surpasse en grandeur celui de Fez, avec trois étuves et hôtelleries, et sont disposées comme celles de Fez; outre plusieurs gens de lettres qui se trouvent là. Les habitants sont courageux et très-libéraux, à comparaison de ceux de Fez, et riches, parce que leurs terres rapportent le plus souvent trente pour un. Autour de cette cité, y a de grandes vallées, parmi lesquelles s'écoulent divers fleuves et plaisants, avec plusieurs beaux jardins sur les rivages d'iceux, où sont produits des fruits fort savoureux et en grande abondance. Il y a aussi un beau vignoble, qui rend les raisins blancs, rouges et noirs; de quoi les juifs (qui font cinquante maisons dans la cité) font merveilleusement de bons vins, voire et tels qu'ils sont estimés les meilleurs et plus exquis qui soient en ces régions. On voit encore dans la cité une grande et grosse forteresse, là où demeure le gouverneur de Fez, que les rois ont coutume de bailler à leur second enfant. Mais, certes, ils la devroient retenir pour eux-mêmes, et y colloquer le siége royal, pour la douceur de l'air bien tempéré, tant hiver comme été, auquel temps les seigneurs de la famille de Marin y souloient élire leur demeurance pour la raison ci-dessus alléguée, et aussi pour défendre leur pays des Arabes du désert, lesquels s'y acheminent tous les ans pour se fournir de vivres, et apportent des dattes de Ségelmesse, pour les troquer contre des grains. Les citoyens retirent une grande somme de deniers de leurs grains, qu'ils délivrent pour bon prix à ces Arabes; tellement que cette cité est fort bonne pour les habitants, et n'y a autre incommodité, sinon qu'en temps d'hiver elle est toujours pleine de fange. J'y séjournai quelques jours, pendant lesquels je pris familiarité avec un vieillard qui, entre le populaire, s'étoit acquis le bruit d'être saint, ayant de grands biens et fort opulent en fruits, terres et offertes, qui se font par le peuple de la cité de Fez; en sorte que les marchands s'acheminent en cette ville de cinquante milles loin, pour visiter ce vieillard; et me trouvai du nombre de ceux qui demeurèrent suspens pour les faits de cet homme, autant que je l'eusse vu; mais après avoir joui de sa présence, il me sembla n'avoir rien davantage qu'une autre personne; mais les faits cauteleux simulés et couverts d'hypocrisie ambitieuse, rendent ainsi les hommes déçus et abusés. Finalement, cette cité est environnée de plusieurs montagnes habitées par peuples, comme nous décrirons ci-dessous.

<small>Hypocrisie, dame de grands abus.</small>

Matgara, première montagne en la région de Chaüs.

Cette montagne est fort haute et roide, qui cause la montée fort pénible, et pour autant aussi que les sentiers sont fort étroits et couverts de bois touffus et épais taillis. Elle est prochaine de Tezza environ cinq milles; et au sommet d'icelle y a merveilleusement bon terroir, auquel sourdent plusieurs fontaines. Les habitants ne paient aucune imposition, et recueillent des grains, huiles et lins en grande quantité; avec ce, qu'ils ont du bétail une infinité, dont la plus grande partie consiste en chèvres. Ils portent peu de révérence aux seigneurs, et ne les estiment pas guère; tellement qu'en une route que reçut d'eux le roi de Fez, ils prirent un de ses capitaines, lequel ayant mené sur la montagne, le mirent en pièces à la vue de sa majesté; au moyen de quoi il leur a toujours porté un mauvais vouloir, duquel ils se soucient moins que de rien. Ils peuvent mettre aux champs sept mille combattants, parce que sur la montagne se trouvent environ cinquante grosses bourgades.

Gavata.

Cette montagne n'est moins fâcheuse et âpre que la précédente, étant distante de Fez environ quinze milles du côté du ponant, et a bon terroir, tant à la sommité comme à la plaine, là où il naît de l'orge et du lin en grande quantité. Son étendue devers ponant est de huit milles, et de cinq en largeur. Il y a plusieurs combes et bois, où repairent singes et léopards en grande quantité. Les habitants sont tissiers, hommes hardis et libéraux; mais ils n'oseroient résider en la plaine, ni la fréquenter, pour être rebelles au roi, auquel ils ne veulent rendre ni payer aucun tribut, par leur orgueil; joint aussi qu'ils s'appuient et fient sur la force de leur montagne, laquelle se pourroit se maintenir et endurer le siége par l'espace de dix ans, parce que sur icelle sont produites toutes choses nécessaires pour maintenir la vie de l'homme, avec deux sources d'eau, qui donnent commencement à deux fleuves.

Mégésa.

Mégésa est une montagne fort âpre et difficile, en laquelle y a plusieurs bois; mais elle produit peu de grains, d'autant que l'huile y est en abondance. Les habitants sont fort blancs, parce que la montagne est haute et froide, et tous tissiers, à cause qu'ils recueillent du lin en grande quantité, n'ayant pas tant de force ni adresse à pied comme à cheval; avec ce, que nul tribut ne leur est par aucun imposé, et peuvent supporter et favoriser ceux qui sont bannis de Fez et Tezza. Là se trouvent assez jardins et vignes, mais il n'y a personne qui boive du vin entre les montagnards, lesquels peuvent lever six mille combattants; car il y a quarante bourgades assez grandes et bien accommodées.

Baronis.

Cette montagne est prochaine de Tezza environ quinze milles du côté de tramontane, étant habitée d'un riche et puissant peuple, qui est fort opulent en chevaux, et exempt de toute imposition. Il y a assez grains et vignes, qui sont plantées dans les jardins, là où elles produisent les raisins noirs; mais les habitants ne boivent point de vin, et sont leurs femmes blanches, polies et refaites, portant plusieurs ornements d'argent, à cause qu'elles en ont le moyen. Les hommes sont fort dédaigneux et de grand courage, donnant faveur aux bannis; mais il est dangereux de faire la cour à leurs femmes ; car toute injure au respect de celle-ci, leur est de petite conséquence.

Béni-Guertenage.

Cette montagne est haute et fort fâcheuse à monter, pour cause des grands bois et rochers qui y sont, et est distante de la cité de Tezza environ trente milles. Elle produit grains, olives, lin, citrons, belles pommes de coing et odoriférantes. Il y a grande quantité de bétail, excepté de bœufs et chevaux, desquels le nombre est bien petit. Les habitants sont preux et libéraux, et se tiennent fort honnêtement en ordre, autant bien que sauroient faire les citoyens. En cette montagne se trouvent trente et cinq bourgades, qui ne sont moins de trois mille combattants, tous braves hommes et en bon équipage.

Guéblen.

Guéblen est une montagne non moins froide que haute, ayant d'étendue, en longueur, environ soixante milles, et quinze en largeur, et distante de Tezza environ cinquante milles devers midi, sur le coupeau de laquelle se voient les neiges en toutes les saisons de l'année. Elle confine, du côté de levant, avec les montagnes de Dubdu, et devers ponant avec la montagne Béni-Iazga. Jadis un grand courageux et opulent peuple l'habita, maintenant toujours sa liberté; mais puis après, s'étant adonné à la tyrannie, ceux des prochaines montagnes, tous d'un accord, se bandèrent contre celui-ci, et ayant subjugué la montagne, firent passer tous les habitants d'icelle par la fureur du tranchant de leurs épées, embrâsant, outre ce, tous les villages et hameaux; tellement qu'elle est aujourd'hui inhabitée. Il est vrai qu'une famille de ceux-ci, connoissant à vue d'œil le grand désordre et pernicieuse manière de vivre de leurs parents, exerçant si grandes cruautés et tyrannies, se retira avec ce peu de bien qu'elle avoit sur le coupeau de cette montagne, vivant saintement et d'une vie d'ermite, à cause de quoi elle évita cette fureur ennemie, et fait encore résidence la postérité d'icelle, qui est de gens de savoir, bonne vie et honnêtes mœurs, fort prisés et estimés du roi de Fez, voire de sorte que de mon temps il y avoit un vieillard fort docte, de telle autorité et réputation, que sa majesté le prenoit toujours pour co-adhérent et médiateur en tous les accords et capitulations qu'il passoit avec aucuns peuples des Arabes, lesquels remettoient semblablement tous leurs différends entre ses mains, le tenant pour un très-saint homme et religieux, qui lui causoit de grandes envies et inimitiés de la cour judiciaire.

Béni-Jesséten.

Cette montagne est sous la puissance du seigneur de Dubdu, et habitée par gens vils et mécaniques, qui se tiennent pauvrement en ordre : leurs maisons sont bâties de joncs marins, de quoi il faut qu'ils se fassent des souliers quand ils veulent faire quelque voyage ; mais avant que les seconds soient achevés, les premiers sont rompus et consumés. De là se peut conjecturer combien est grande leur misère, et en quelle pauvreté ils passent leur vie. En la montagne ne croît autre chose que graine de navette, de laquelle ils font le pain et appareillent autre viande. Vrai est qu'il y a au pied de la montagne plusieurs clos de vignes, dattes et pêches, qui y croissent en grande quantité, dedans lesquelles ils tirent le noyau et les mettent en quatre pièces, puis les font sécher au soleil pour les garder toute l'année, comme pour viande très-exquise et délicate. Davantage; l'on trouve en quelques endroits de cette montagne plusieurs veines de fer, qui se met en ouvrage, et s'en font de telles pièces, comme celles dont on ferre les chevaux, desquelles ils se servent au lieu de monnoie, parce qu'il se trouve bien peu ou point d'argent en ces lieux-là. Néanmoins, les habitants reçoivent de ce fer une grande somme de deniers, à cause qu'ils en vendent en quantité, et en font poignards qui ne tranchent aucunement. La coutume des femmes est de porter anneaux de leur fer aux doigts et aux oreilles, se tenant encore en moindre équipage que ne font les hommes. Elles vont ordinairement au bois, tant pour fagotter, comme pour conduire le bétail au pâturage. « Là n'y a civilité aucune, ni homme qui sache » que c'est des lettres, en sorte qu'ils viennent » à ressembler aux bêtes, qui n'ont sens ni » entendement. Le chancelier du seigneur me » fit le conte d'une plaisante nouvelle, par laquelle se peut connoître le naturel brutal de » cette idiote et sotte génération, et me dit » que son seigneur envoya un sien vicaire en » cette montagne, homme bien entendu et de » grand esprit; lequel, se trouvant épris en » l'amitié de l'une de ces montagnardes, ne » savoit par quel moyen il pourroit procéder » à se voir jouissant de la chose qui, pour » lors, lui étoit plus agréable qu'autre du » monde, qui étoit de satisfaire à son amou-

« reux désir, pour autant qu'elle étoit mariée
» à un qui ne l'abandonnoit jamais. Or, advint
» qu'il les vit un jour tous deux aller au bois
» avec une bête pour l'en charger; là où étant
» parvenus, le mari l'attacha à une branche
» d'arbre, et s'éloignant un peu de là, com-
» mença à couper du bois. Le bon vicaire
» avoit suivi leurs erres et cheminé après eux
» assez lentement et pas à pas, et ayant vu le
» tout, se dressa droit à l'arbre, puis délia la
» bête; laquelle, d'un lieu à autre cherchant pâ-
» ture, s'écarta parmi le bois; et quand le bon
» homme connut qu'il avoit taillé du bois as-
» sez pour faire sa charge, après avoir en-
» chargé à sa femme de l'attendre, alla où il
» avoit laissé sa bête; mais, ne la trouvant
» pas, se mit à chercher, et demeura assez à
» la quête, pendant laquelle monsieur le vi-
» caire, qui s'étoit caché, attendant l'issue de
» ce jeu, se découvrit et corps et cœur à la
» femme, qui, sans longuement mignarder,
» négligeamment repoussant celui qui vive-
» ment la poursuivoit, se trouva incontinent
» à la renverse, donnant assez bon loisir à ce
» co-amant de fureter en sa garenne; mais à
» peine avoient-ils donné fin à l'amoureuse
» chasse, que le doublement bonhomme sur-
» vint avec sa bête, tout échauffé, et soufflant

» pour le travail qu'il avoit pris ; toutefois, le
» vicaire se trouva si habile au besoin, qu'il
» s'absenta de telle vitesse, qu'il ne put être par
» le mari aucunement aperçu, lequel, ayant
» très-bien lié son faix, il fut surpris d'un grand
» sommeil, qui le fit coucher à l'ombre d'un
» arbre, à côté de sa femme; et, se jouant
» avec elle (comme c'est la coutume) mit la
» main sur sa possession, laquelle retrouvant
» encore toute glutineuse et mouillée, lui dit :
» femme, qu'est-ce à dire ceci? pourquoi as-tu
» cet endroit ainsi humide? — Je pleurois (dit
» lors la finette) parce que ton retour me tar-
» doit trop, présumant que notre bête fût
» perdue, tellement que mes pleurs ont émue
» si fort ma petite sœur, qu'ils l'ont incitée à
» tendrement larmoyer; ce que croyant le
» pauvre niais, lui dit qu'elle la réconfortât
» et qu'elle cessât de soupirer.

Sélelgo.

Sélelgo est une montagne toute couverte de bois, qui sont de pins hauts et droits, et y sourdent plusieurs fontaines. Les habitants n'ont aucunes maisons élevées à murailles, mais elles sont toutes faites avec nattes de joncs marins, lesquels ils peuvent transporter d'un lieu à autre, parce qu'ils sont contraints d'abandonner cette montagne en hiver, et, en temps d'été, aller faire résidence en la plaine. Et à la fin du mois de mai, les Arabes se partent du désert; et pour leur donner la chasse, ceux-ci sortent de la campagne, puis s'en vont demeurer aux lieux frais, qui est fort bon pour leur bétail, à cause qu'ils ont chèvres et brebis en grande quantité. Or, à l'entrée de l'hiver, les Arabes s'en retournent en leurs déserts, parce qu'ils sont plus chaleureux, joint que les chameaux ne peuvent durer longuement là où le froid est quelque peu âpre. En cette montagne y a plusieurs lions, léopards et singes, qui semble, à les voir en troupe, une grosse armée, tant grand en est le nombre; et y a une fontaine d'eau si vive et grosse, qui jette par si grande impétuosité, que je l'ai vu rejeter une pierre du poids de cent livres, qu'on avoit ruée au droit de la source de l'eau, qui donne commencement au fleuve Subu, lequel est le plus grand qui se trouve en toute la Mauritanie.

<small>Subu, fleuve.</small>

Béni-Isasga.

Cette montagne est habitée par un peuple riche et fort civil, prochaine de la montagne susnommée, là où ce fleuve prend son origine, passant entre hauts rochers, venant descendre auprès de celle-ci, les habitants de laquelle ont fabriqué, pour le passer, un merveilleux pont, et ont planté, aux deux côtés du fleuve, deux gros et fermes pilotis; à chacun d'eux est attachée une grosse poulie, faisant passer d'un côté à autre de grosses cordes faites de joncs marins, puis sur icelles y a un grand panier attaché, qui peut aisément recevoir jusqu'à dix personnes; et lorsque quelqu'un veut outrepasser, il entre dans le panier, et commence à tirer les cordes attachées à icelui, lesquelles glissent facilement dans les poulies, et, en cette manière, se passe d'un côté à autre de ce fleuve; lequel voulant une fois passer, me fut dit, comme y a long-temps avoit, que plus de gens que le panier ne pouvoit pas porter y voulurent entrer à la foule, dont, pour la trop grande charge, se vint à enfoncer, à cause de quoi partie de ceux qui étoient dedans tomba en la rivière, et le reste se retint aux anses et cordes, échappant à grande peine d'un tel péril; mais ceux qui tombèrent se rendirent perpétuellement invisibles, sans qu'on en pût jamais avoir nouvelles. Cette triste et piteuse nouvelle me causa une frayeur si grande, que les cheveux m'en dressèrent en la tête; joint aussi que le pont est assis entre le sommet de deux montagnes,

Pont merveilleux.

tellement qu'entre l'eau et le pont il y a cent cinquante coudées, tant que celui qui est auprès du fleuve sembleroit·à un autre de sur le pont de la hauteur d'une coudée. Les habitants ont un grand nombre de bétail, à cause qu'il n'y a guère de bois en la montagne; et portent les brebis une laine très-fine, de laquelle les femmes font des draps qui semblent être de soie, avec leurs vêtements et des couvertures de lit, qui se vendent à Fez trois et quatre, voire jusqu'à dix ducats la pièce. La montagne produit assez huile; mais elle est tributaire au roi de Fez, dont le châtelain reçoit le revenu, qui peut monter jusqu'à la somme de huit mille ducats.

Azgan.

Cette montagne confine avec Sélelgo de la part du levant, et devers ponant avec le mont de Sofroi; du côté du midi, avec les montagnes qui sont sur les montagnes de Malvia; de la partie de tramontane, avec les plaines du territoire de Fez, ayant en longueur environ quarante milles, et quinze en largeur. Elle est fort haute, et si froide, qu'elle ne se peut habiter, sinon du côté qui est à l'opposite de Fez, et tout planté d'oliviers, avec autres arbres fritiers, là où aussi sourdent plusieurs fontaines, lesquelles s'écoulent dans la plaine, qui est toute en bon terroir pour semer orge, lin et chenève, lequel y croît à vue d'œil. En hiver, on y habite dans petite cabane et hameaux. De notre temps, on y a planté des mûriers blancs pour nourrir les vers qui font la soie. L'eau est si froide, que tant s'en faut qu'on en use pour boire, quand on ne s'oseroit quasi hasarder de la toucher; et en ai connu un, pour en avoir bu seulement une pleine tasse, garder le lit par l'espace de trois mois, surpris d'une colique et passion de corps quasi insupportable.

Cas étrange pour avoir bu de l'eau.

Sofroi et Mezdaga, cités au pied d'Atlas.

Sofroi est une petite cité au pied d'Atlas, prochaine de Fez environ quinze milles du côté du midi, auprès d'un pas par où l'on passe pour faire le voyage de Numidie, et fut édifiée par les Africains entre deux fleuves, autour desquels y a plusieurs clos de vignes et d'autres fruits. Près et environ la cité, toutes les possessions sont plantées d'oliviers, pour autant que communément les terres sont maigres : on n'y jette autre semence que de chenève, orge et lin. Les habitants sont riches; mais ils se tiennent mal en ordre, et sont leurs habillements toujours oints et tachés d'huile, parce que tout le long de l'année ils s'occupent à la faire, puis la portent vendre à Fez. En cette cité n'y a autre chose de beau et notable qu'un temple, dans lequel passe un gros ruisseau et sourd une belle fontaine près la porte d'icelui; mais elle est maintenant quasi toute en ruine, par le mauvais gouvernement du frère du roi, qui en est seigneur.

Mezdaga.

Mezdaga est une petite cité au pied d'Atlas, distante de la précédente environ huit milles du côté de ponant, laquelle est ceinte de belles murailles; mais au-dedans sont mal bâties les maisons, chacune d'icelles ayant sa fontaine. Les habitants sont tous (ou peu s'en faut) potiers de terre, à cause qu'ils ont de bonne argile, dont ils font infinité de pots, qu'ils portent vendre à Fez, dont ils ne sont pas plus éloignés que de douze milles du côté de midi; ayant la campagne très-fertile en orge, lin et chénevi, avec ce qu'elle rapporte olives et plusieurs fruits en quantité. Il se trouve plusieurs lions dans les bois qui sont prochains de cette cité, comme aussi il s'en trouve en tous les autres susnommés, mais ils ne molestent personne en sorte que ce soit, et sont de si peu de cœur, que, voulant ravir une brebis, ils quitteront leur proie pour la moindre personne qu'ils apercevront tenir le bâton, ou quelqu'arme au poing.

Béni-Bahlul.

Béni-Bahlul est une petite cité en la côte d'Atlas, qui regarde devers Fez, d'où elle est distante par l'espace de douze milles. Auprès d'icelle y a un pas qui est sur le chemin de Numidie; et sur la montagne se trouvent plusieurs sources d'eau, dont les ruisseaux viennent à s'écouler sur ce pas. Le territoire d'autour ne diffère en rien à ceux desquels nous avons parlé, hors que de la partie de midi n'y a aucun bois. Les habitants sont bûcherons, les uns coupant le bois, et les autres le charroyant dans la cité de Fez. Ils sont journellement, par leurs seigneurs, foulés et molestés, parce que c'est une nation mécanique et incivile.

Hani-Lisnan.

Les Africains édifièrent cette cité en une plaine environnée de plusieurs montagnes, sur le passage par où l'on va de Sofroi en Numidie; elle est nommée Hani-Lisnan, qui signifie fontaine; pour autant (comme il se dit) lorsque les Africains s'adonnoient à idolâtrer, ils avoient auprès de cette cité un temple, au-

Hani-Lisnan, fontaine des idoles.

quel ils s'assembloient tous en général en un certain temps de l'année, entre jour et nuit; puis, quand les sacrifices étoient parachevés, toute la lumière éteinte, chacun présentoit sa chandelle à la dame qui étoit plus prochaine, l'offre desquelles leur étoit tant agréable qu'elles prêtoient attentivement l'oreille aux humbles requêtes des suppliants, tellement qu'ils en jouissoient tout le long de la nuit à leur plaisir; puis, le lendemain, il étoit défendu à toutes celles qui s'étoient retrouvées en cette faction, ayant ainsi bien escarmouché et paré aux coups, de n'approcher leurs maris par l'espace d'un an, pendant lequel temps les enfants qu'elles avoient porté étoient nourris par les prêtres de ce temple, auquel il y avoit une fontaine qui se voit encore aujourd'hui; mais il fut détruit, avec la cité, par les mahométans, sans qu'il en soit demeuré aucune apparence. La fontaine, après avoir couru quelque espace, forma premièrement un petit lac, qui distille par tant de petits ruisseaux, que tous les lieux du contour en sont marécageux.

Etrange coutume et lascive observée anciennement aux sacrifices.

Mahdia.

Cette cité est assise près Atlas, au milieu des bois et sources d'eau, quasi en la plaine, distante de l'autre par l'espace de deux milles.

Elle fut édifiée par un prédicateur natif de ces montagnes, du temps que la cité de Fez étoit sous la puissance du peuple de Zénète; mais depuis que ceux de Luntuna, avec le roi Joseph, entrèrent en ces régions, elle fut saccagée et mise en ruine, sans qu'il en demeurât autre chose qu'un temple assez beau, avec toutes ses murailles, parce que les habitants des villages devinrent rustiques et tributaires du roi de Fez, qui fut en l'an cinq cent quinze de l'Hégire.

Mabdia saccagée.

Sabh-el-Marga, qui signifie la Plaine du Preux.

Sabh-el-Márga est une plaine contenant en largeur l'espace de trente milles, et quarante en longueur, se jetant entre des montagnes d'Atlas, qui sont couvertes de plusieurs bois d'arbres très-hauts, là où habitent plusieurs charbonniers, dans certaines cabanes écartées l'une de l'autre, ayant plusieurs fournaises pleines de charbon pour en fournir jusqu'à cent charges, qu'ils vendent à Fez. Outre ce, l'on trouve parmi ces bois plusieurs lions, qui souventefois dévorent de ces charbonniers quand ils les peuvent joindre. De cette montagne se portent de belles trousses, poutres, chevrons et tables de diverses sortes dans la cité de Fez; et est la plaine fort âpre en tout son pourpris, qui est tout couvert de certaines pierres noires et plates, sans qu'il naisse aucun fruit.

Azgari-Camaren.

Celle-ci est une autre plaine environnée de montagnes bocageuses, étant comme un pré, parce que l'herbe y dure tout le long de l'année ; au moyen de quoi plusieurs pasteurs, en temps d'été, y conduisent leur bétail en pâturage, qu'ils enserrent avec palis ou autre chose, faisant grande garde toute la nuit, de peur des lions.

Centopozzi, montagne, qui signifie autant comme cent puits.

Entre les autres montagnes, celle-ci est d'une merveilleuse hauteur, ayant à son coupeau quelques édifices antiques, et auprès d'iceux un puits de telle profondité, qu'on n'en sauroit discerner le fond, à cause de quoi ces transportés et vides de cerveau qui font chercher les trésors, y font avaler des hommes avec belles cordes, lesquels portent une lumière en leur main, et disent que dans ce puits y a plusieurs étages, dont au dernier se trouve une grande place cavée à force de ferrements, et est toute ceinte de murailles, auxquelles y a quatre pertuis, qui font l'entrée en d'au-

tres petites places, là où (comme ils affirment) se trouve grande quantité de puits d'eau vive; tellement que plusieurs, induits par ces folles persuasions, après y être entrés, demeurent morts en ce lieu, parce que parfois il s'y lève un terrible vent et impétueux qui leur éteint la lumière; en sorte que, ne sachant de quel côté se tourner, ni reprendre leurs erres, sont contraints d'expirer, pressés d'une faim extrême. Et, à ce propos, me raconta un gentilhomme de Fez, ami mien (qui étoit réduit à grande pauvreté pour s'être adonné semblablement à telles sottises) « qu'ils
» s'accordèrent une fois dix compagnons, de
» chercher leur aventure et sonder ce puits,
» à l'entrée duquel étant parvenus, jetèrent
» par sort à qui il toucheroit d'entre eux à y
» descendre, et voulut le destin de ce mien
» ami, que le sort tombât sur lui, avec deux
» autres, et furent avalés par des cordes, les
» lanternes dans le poing, avec la lumière. Or,
» après qu'ils furent descendus et parvenus
» aux quatre pertuis, conclurent d'aller, sé-
» parés les uns d'avec les autres; et quand,
» suivant leur accord, l'un se fut parti, les
» autres deux s'acheminèrent ensemble; mais
» ils ne se furent pas guère avancés, qu'ils
» trouvèrent grande quantité de chauve-sou-

» ris voletant autour de leurs lanternes, les-
» quelles ils battirent et heurtèrent si dru
» avec leurs ailes, qu'ils éteignirent l'une des
» chandelles. Néanmoins, suivant toujours
» leur route, trouvèrent un puits d'eau vive; à
» l'entour d'icelui, ils virent blanchir plu-
» sieurs os de personnes mortes, et cinq ou
» six lanternes, les unes fort vieilles, les au-
» tres non; mais n'apercevant, dans le creux
» de ce puits, autre chose qu'eau, s'en retour-
» nèrent arrière, et n'étoient pas encore à la
» moitié du chemin, quand, par la force d'un
» grand vent qui se leva soudainement, leur
» lumière fut éteinte; tellement, qu'après avoir
» cheminé quelque temps, tâtonnant et bron-
» chant deçà et de là au milieu de ces ténè-
» bres, sans plus pouvoir retourner sur leurs
» brisées pour sortir, à la fin vaincus de fâ-
» cheries et long travail (comme réduits au
» dernier désespoir), se jetèrent par terre,
» avec grandes lamentations accompagnées
» de vœux et prières, qu'ils offroient à Dieu,
» promettant de ne faire jamais retour en ce
» lieu, si sa divine providence leur faisoit
» cette grace d'en pouvoir sortir aussi sains
» comme ils y étoient entrés. Cependant, les
» autres, qui étoient dehors, attendant après
» avoir séjourné un long temps, entrèrent en

» un grand soupçon, doutant de quelque cas-
» sade, au moyen de quoi cinq d'entre eux,
» avec lanternes en main et fusils, là se firent
» avaler, et cheminant buchoient parmi les
» cavernés, et appeloient leurs compagnons,
» que finablement ils trouvèrent en la ma-
» nière ci-dessus récitée; mais ils ne purent
» jamais savoir quelle part avoit tiré le tiers:
» par quoi, sans en faire plus autre quête,
» s'en retournèrent sur terre. Mais celui qui
» s'était égaré, comme les deux autres ne sa-
» chant où aller, demeuroit tout suspens,
» quand il entrevoyoit l'aboi comme de deux
» petits chiens; et peu-à-peu s'approchant du
» lieu auquel il lui sembloit avoir ouï le cri,
» vit quatre petits animaux qui montroient
» d'avoir été naguère phaonés; et ainsi qu'il
» s'amusoit à les contempler, la mère survint,
» qui avoit la forme d'une louve, mais de plus
» grande corpulence (et un animal nommé
» Dabah, qui fait ses petits dans les cavernes,
» ou en quelque autre lieu). Le pauvret de-
» meura assez étonné, craignant d'en être mo-
» lesté; mais ayant caressé et léché ses petits,
» sans faire autre semblant, reprit ses erres,
» suivant la route d'où elle étoit venue suivie
» par ses petits. » Celui-ci se mit à faire le
semblable, tant qu'il se trouva à l'issue de ce

puits au pied de la montagne; et si quelqu'un me demandoit comme il se pouvoit voir conduire, étant à demi enseveli en ces bas lieux, et pleins de ténèbres, je répondrai que le long séjour qu'il fit là-dessous lui rendit quelque peu de clarté, comme il advient à ceux qui demeurent par quelque temps aux lieux obscurs; mais maintenant, par la révolution des années, ce puits s'est rempli d'eau, et y a long-temps cavé, qu'on l'a aplani et mis à fleur de terre. *Raison physicale.*

Montagne et passage des corbeaux, appelé Gunaigel-Gherben.

Cette montagne est prochaine de la précédente, là où il y a plusieurs bois, et dans iceux grande quantité de lions, sans qu'il s'y trouve cité ni bourgade, étant pour la grande froidure tout inhabité. D'icelui provient une petite rivière, et sont fort hauts les rochers, et à la sommité d'iceux repaire une infinité de corneilles et corbeaux, et de là est dérivé le nom de la montagne, sur laquelle se lève quelquefois un vent de tramontane qui en fait tomber tant de neiges, que plusieurs, pensant aller en Numidie, demeurent dedans transis et étouffés, comme par ci-avant je vous ai raconté une histoire à ce propos. Les Arabes, qui appellent Beni-Essen, ont coutume s'y acheminer en temps d'été, pour les douces eaux et plaisants ombrages qui y sont, encore que plusieurs lions et terribles léopards y repairent.

Tézerghe.

Tézerghe est une petite cité, en manière de forteresse, édifiée par les Africains sur un petit fleuve qui prend son cours près le pied de la montagne, entre quelques vallées. Les maisons sont mal bâties, et les habitants sujets à aucuns Arabes appelés Deuilchusein, difformes, mal en ordre, bêtes jusqu'au bout jusqu'en toute civilité et honnêteté. Le terroir d'entre ces vallées n'a pas grande étendue ; néanmoins il produit quelque peu d'orge et pêches.

Umen-Guinaïbe.

Umen-Guinaïbe est une petite cité édifiée d'ancienneté, distante de la précédente environ douze milles près du passage d'Atlas, c'est à savoir à l'endroit du midi. Le passage est toujours tenu et empêché par d'aucuns Arabes qui portent peu de respect au roi, à cause d'une grande plaine, prochaine de la cité, en laquelle ils font résidence ; à côté d'icelle y a une montagne, par laquelle il faut passer toujours en dansant, ce que j'ai vu observer à plusieurs, autrement (comme l'on dit) la fièvre surprendroit les passants.

Superstition de danser en passant une montagne.

Béni-Mérasen, montagne.

Cette montagne est fort haute et froide; néanmoins elle est habitée de toute sorte de gens, qui sont endurcis à la froidure, tenant des chevaux et ânes en grand nombre, qui leur engendrent une infinité de mulets, de quoi ils se servent de sommiers, sans bride ni mors, et ne les endossent que de quelques bâts légers. Ils n'ont aucuns édifices de murailles; mais leurs maisons sont dressées de nates, à cause qu'il leur convient suivre leurs mulets ordinairement pour les mener au pâturage. Le roi de Fez ne les a pu contraindre lui payer aucun tribut, parce qu'étant leur montagne forte et défensible, joint aussi qu'ils sont opulents, ils ont bon moyen de faire résistance, et repousser bravement ceux qui s'attachent à eux.

Mésettaza, montagne.

Mesettaza, du levant au ponant, s'étend environ trente milles, et en peut avoir douze en largeur. Elle confine de l'occident avec les plaines d'Edecsen, lesquelles se joignent à la région de Témesna, qui est froide ; mais elle n'est tant habitée comme la précédente, dont les habitants sont de noble nature, opulents, et abondants en chevaux et mulets. De ceux-ci se trouvent quelques-uns dans Fez, qui sont gens de lettres, et en y a sur la montagne qui écrivent très-doctement ; au moyen de quoi leur coutume est de transcrire les livres, qu'ils envoient vendre à Fez, étant affranchis de toute imposition, hors quelques présents de peu d'importance qu'ils offrent au roi de Fez.

<small>Ancienne coutume de transcrire les livres.</small>

Ziz, montagne.

Ces montagnes sont appelées Ziz, retenant ce nom du fleuve qui procède d'icelles, et de la partie du levant commençant aux confins de Mésettaza ; devers le ponant se terminent avec Tedle et avec le mont de Didis ; du côté du midi, ils regardent vers la part de Numidie qui s'appelle Ségelmesse, et devers tramontane, du côté de la plaine d'Edecsen et Guregra ; ayant d'étendue, en sa longueur, environ cent milles, et quarante en sa largeur. Il y a environ quinze montagnes, toutes froides et âpres, desquelles s'écoulent plusieurs fleuves, et sont habitées d'une génération nommée Zanaga, qui est d'hommes robustes et furieux, qui ne font conte des froides neiges et autres froidures. Leur vêtement est une chemise, qu'ils portent auprès de la chair, et un manteau qui la couvre. Ils s'entortillent les jambes de quelques pièces déchirées ou lambeaux, qui leur servent de chausses, sans qu'ils portent chose aucune sur la tête en temps d'été. Ils ont à force ânes, mulets et brebis, parce qu'il y a quantité de bois en ces montagnes ; mais ce sont les plus parfaits brigands et voleurs qui soient au demeurant du monde. Entre eux et les Arabes y a de grandes inimitiés, tellement que ceux-ci dérobent les Arabes par nuit, ou pour leur faire plus grand dépit, précipitent en leur présence leurs chameaux qu'ils ont volé sur eux, du haut en bas de la montagne ; là où se voit une chose quasi miraculeuse, qui est une grande quantité de serpents, tant plaisants et domestiques, qu'ils vont par les maisons, non autrement que les petits chiens et chats ; et lorsqu'on veut manger, tous les serpents qui sont dans la maison se rangent ensemble, mangeant les bribes de pain ou d'autre viande qui tombent en terre, ou qui leur sont jetées, sans qu'elles fassent aucun déplaisir à personne, que premièrement elles ne soient par aucun irritées. Cette manière de gens habite en maisons muraillées blanchies de craie, et couvertes de paille. Il y a une autre partie de ces montagnards qui tiennent une grande quantité de bétail, et habitent en certaines loges couvertes de nates; puis se transportent à Ségelmèse, qui est une partie (comme nous avons déjà dit) de la Numidie, portant avec eux beurre et laine; mais ils ne s'oseroient hasarder d'y aller, sinon lorsqu'ils savent les Arabes être aux déserts, desquels ils sont plusieurs fois assaillis avec une grande cavalerie, qui les tue et leur ôte ce qu'ils ont. Toutefois ces montagnards sont hardis et courageux, de sorte qu'en combattant ne se veulent jamais rendre, tant qu'ils se sentent une seule goutte de vie. Leurs armes sont trois ou quatre javelots, lesquels ils ne dardent jamais en vain, terrassant maintenant l'homme, tantôt le cheval, parce qu'ils combattent à pied, et ne sont jamais vaincus, sinon par une trop grande multitude de chevaux, et usent encore d'épée et poignard. Maintenant ils ont accoutumé de prendre sauf-conduit des Arabes, qui font le semblable en leur endroit, au moyen de quoi ils peuvent négocier en sûreté les uns avec les autres, et donnent, outre ce, sauf-conduit aux marchands qui paient, à chacun peuple de ces montagnes, une gabelle particulière, autrement seroient volés et défroqués.

Usage de javelots aux montagnes de Ziz.

Gerselvin, cité.

Gerselvin est une ancienne cité édifiée, par les Africains, au pied d'aucunes montagnes susnommées, près le fleuve de Ziz. Elle est ceinte de belles et fortes murailles que firent dresser les rois de la maison de Marin. Cette cité par-dehors seroit estimée belle, mais elle est très-mal plaisante au-dedans; avec ce, qu'elle n'est guère peuplée de maisons ni d'habitants, à cause des Arabes, lesquels (étant déchus la famille de Marin) la vinrent à occuper, usant d'un très-mauvais traitement envers le peuple d'icelle, tant qu'on n'en sauroit tirer nul revenu, parce que les habitants sont venus à trop grande pauvreté; joint aussi qu'il y a peu de terres labourables; car, ôtée la partie de tramontane, tout le reste demeure âpre et pierreux; mais sur les rivages du fleuve y a plusieurs moulins, avec une infinité de jardins, produisant raisins et pêches; lesquels étant mêlés avec d'autres viandes, s'en fait un manger fort délicat. Les habitants ont peu de bétail, qui les fait vivre en grande misère; car le peuple de Zénète fonda cette cité non à autre fin que pour une forteresse à garder le passage par où l'on va en Numidie, craignant que par icelui le peuple de Luntune ne vint à entrer, lequel néanmoins trouva un autre chemin, et ruina cette cité, là où se trouvent semblablement, comme en la précédente, des serpents domestiques.

FIN DU LIVRE TROISIÈME.

LIVRE QUATRIÈME.

Du royaume de Télensin.

LE royaume de Télensin, de la partie de ponant, se termine au fleuve Za, et à celui de Malvia; devers levant, au fleuve Majeur; du côté du midi, au désert de Numidie; du septentrion, à la mer Méditerranée. Les Latins l'appellent Cæsaria, et fut jadis sous l'empire des Romains; mais depuis qu'ils furent expulsés de l'Afrique, il retourna ès mains de ceux qui en furent premièrement possesseurs, lesquels furent Béni-Habdulguad, famille du peuple de Magrava, et jouirent de cette seigneurie par l'espace de trois cents ans, jusqu'à temps qu'il y régna un grand prince, le nom duquel étoit Ghamrazen, fils de Zeïïen, et est demeuré le règne aux descendants de celui-ci, tant qu'ils ont changé le nom de leur maison, qui fut puis après appelée Béni-Zéïïen, fils de Ghamrazen. La seigneurie demeura entre les mains de ce dernier, mais ce ne fut sans être

Royaume de Télensin expugné et dompté par les rois de Fez.

grandement par les rois de Fez molesté; c'est à savoir de ceux de la famille de Marin, entre lesquels (comme en peuvent faire foi les histoires) il y en eut dix qui, avec leur magnanimité et valeur des armes, s'emparèrent de ce royaume; et de ce temps même aucuns rois de la maison de Zéïien furent occis, les autres détenus en captivité, et quelques-uns se retirèrent au désert des Arabes, leurs voisins. Ils furent encore autrefois expulsés par les rois de Thunes; néanmoins ils retournoient toujours à leur domaine, duquel ils jouirent paisiblement par l'espace de cent vingt ans, sans être endommagés ni molestés par aucuns étrangers, hors que d'Abu, frère du roi de Thunes, et de Hutmen, son fils, qui rendit Télensin par quelque temps tributaire à Thunes, qui fut jusqu'à ce qu'il vint à décéder. Ce royaume

Grandeur du royaume de Télensin.

a d'étendue, en longueur, trois cent octante milles; c'est à savoir depuis levant jusqu'au ponant, mais il est étroit du midi à tramontane; et de la mer Méditerranée jusqu'aux confins des déserts de Numidie, n'y a d'espace que vingt-cinq milles; au moyen de quoi il a toujours été grandement endommagé par les Arabes qui habitent aux prochaines parties des déserts, de sorte que les rois sont contraints de prévenir aux courses qu'ils y souloient faire, avec grands tributs et coutanges; mais pour autant qu'il leur est impossible de satisfaire, peu souvent se trouvent les passages assurés. Néanmoins, il y a grands trafics de marchandises, tant pour être ce royaume prochain de Numidie, comme parce que c'est le droit passage pour aller au pays des Noirs. Il y a encore deux ports fort renommés, dont l'un est à la cité de Horam, et l'autre à celle de Marsa Elcabir, et souloient être fréquentés de plusieurs marchands génevois et vénitiens, qui troquoient de grandes marchandises contre d'autres; mais le roi catholique Ferdinand s'en empara, dont le royaume en fut fort intéressé, de manière que le roi Abuchemmu fut par le peuple déjeté, en lieu duquel fut élu et mis en la chaire royale Abuzeïen, qui étoit détenu prisonnier par l'autre roi; mais cette joie fut d'aussi petite durée comme elle l'avoit saisi inopinément, parce qu'il fut incontinent démis de son royaume par Berberousse, turc, lequel, par trahison, lui ôta la vie pour s'en emparer. Abuchemmu, qui avoit été ainsi honteusement déchassé, eut recours à Charles, empereur, pour moyenner d'avoir quelque secours, avec lequel il pût faire vider son royaume à celui qui, contre tout droit et raison, l'avoit usurpé. L'empereur, usant envers

Ports du royaume de Télensin.

Abuchemmu remis en état par l'empereur Charles-Quint.

lui d'une clémence et libéralité, lui mit entre les mains un exercite, moyennant lequel il recouvra son royaume; et donnant la chasse à Barberousse, prit une cruelle vengeance sur le sang de ceux qui avoient été les premiers auteurs de son exil; ce qu'ayant fait, soudoya les Espagnols, observant entièrement le contenu des pactes et capitulations, par lesquels il s'étoit obligé à l'empereur, lui envoyant tel tribut qu'il étoit convenu avec sa majesté, sans y faillir jusqu'à sa mort; après laquelle succéda au royaume un sien frère, appelé Habdulla, qui ne voulut aucunement approuver les convenances et articles que son feu frère avoit passés avec l'empereur, fondant l'appui de ses forces sur les bras de Soliman, empereur des Turcs, qui toutefois le favorisoit bien peu. Ainsi s'entretint le mieux qu'il put au gouvernement de son royaume, duquel la plus grande partie est en pays sec et âpre; mêmement l'endroit qui est à l'objet du midi; mais les plaines qui regardent devers la marine sont fertiles et abondantes; et toute la partie prochaine de Télensin est toute plaine, avec plusieurs déserts. Il est vrai que le côté de la marine est assez montagneux, et y a semblablement au domaine de Tènes et sur le pourpris d'Alger, une infinité de montagnes, mais

Chasse donnée à Barberousse par Abu-chemmu.

toutes fertiles. En cette région ne se trouvent guère de cités ni châteaux ; toutefois ce peu qui s'y voit est d'autant plus fertile, comme nous vous ferons par ci-après particulièrement entendre.

Des cités, châteaux, montagnes et déserts qui sont au royaume de Télensin.

Angad, désert.

Le commencement de ce royaume, du côté d'occident, est un désert uni, mais fort aride et âpre, sans qu'il soit arrosé d'aucun ruisseau, fontaine ni fleuve ; encore moins ombragé de quelque arbre que ce soit. Il s'y trouve grande quantité de chevreuils, cerfs et autruches, et y repaire continuellement une troupe de voleurs (à cause que c'est le chemin pour aller de Fez à Télensin), à grande difficulté que les marchands peuvent échapper de leurs mains, mêmement en hiver, en laquelle saison les Arabes ayant reçu leurs paies, se partent pour s'acheminer en Numidie. En ce désert y a grand nombre de pasteurs avec leurs troupeaux, qui servent le plus souvent aux lions de pâture, qui dévorent aussi les personnes quand ils les peuvent aborder.

Temzegzet, château.

Temzegzet est un château situé là où ce désert confine avec le territoire de Télensin, lequel fut anciennement, par les Africains, fabriqué sur un rocher, et le souloient tenir les rois de Télensin comme pour une forteresse, afin de garder les passages contre le roi de Fez, à cause qu'il est assis sur le grand chemin. Au-dessous d'icelui prend son cours le fleuve Témesne, étant environné de plusieurs terres bonnes pour semer du grain en grande quantité, et fut assez civil pendant qu'il étoit sous le gouvernement des rois de Télensin. Mais maintenant, depuis que les Arabes l'ont entre leurs mains, il est merveilleusement déchu et ruiné, parce qu'ils n'y tiennent autre chose que leurs grains et bâts de chameaux, ayant contraint les habitants, par un trop mauvais traitement en leur endroit, d'abandonner le château.

Izli, château.

Izli est un château ancien édifié, par les Africains, en une plaine, laquelle confine avec le désert susnommé, étant environné de quelque peu de terre, pour semer orge et navette. Il fut anciennement bien habité et enceint de bonnes murailles, qui, par les guerres, furent ruées par terre, demeurant quelque temps sans habitants; mais puis il fut relevé, et habité par une certaine manière de gens qui mènent une telle vie, que les religieux étant fort honorés par les rois de Télensin et Arabes, ils donnent libéralement et avec courtoisie grande, à manger à tous les passants trois jours suivants, par la crie ordinaire. Leurs maisons sont fort basses, dont les murailles sont faites de craie et couvertes de paille. Auprès du château passe un gros ruisseau dont ils arrosent leurs terres, parce que s'ils n'y procédoient de cette manière, le pays est si chaud, que le terroir ne sauroit produire aucun fruit.

Guagida, cité.

Guagida est une ancienne cité édifiée par les Africains en une fort large plaine, distante de la mer Méditerranée environ vingt milles du côté du midi, et autant de Télensin, ou peu s'en faut; devers midi et ponant, confine avec le désert de Angad, environné de terres très-fertiles, avec plusieurs jardins plantés de vignes et figuiers, joignant les murailles de la cité là où passe un fleuve duquel se servent les habitants, tant pour leur boire que pour autres choses nécessaires. Les murailles furent autrefois hautes et fortes, les maisons et boutiques bâties d'un industrieux artifice, les habitants riches, civils et magnanimes; mais elle fut saccagée et démolie par les guerres qui survinrent entre les rois de Fez et ceux de Télensin, au nom desquels elle vouloit tenir bon; puis la paix faite, elle commença d'être habitée par gens qui se mirent à édifier maisons, non en si grande quantité toutefois ni d'une si belle structure qu'elles avoient été par le passé; car il n'y sauroit avoir pour le jourd'hui mille cinq cents logis habités, et avec ce, de pauvres gens, comme ceux qui rendent un si excessif et démesuré tribut au roi de Télensin et aux Arabes leurs voisins, qui demeurent au désert d'Angad, lesquels vont vêtus de gros draps et courts, en manière de paysans. Ils ont aussi coutume de nourrir de grands ânes, qui engendrent de très-beaux et grands mulets; qu'ils vendent bien chèrement à Télensin; et usent de la langue africaine ancienne, tellement qu'il s'en trouve bien peu qui sachent parler arabesque corrompu, à la mode des paysans.

Guagida ruinée.

Ned-Roma, grande cité.

Cette cité fut anciennement édifiée par les Romains, quand ils subjuguèrent cette partie, et la fondèrent en un lieu avec large circuit, dans une belle plaine près de la montagne, environ deux milles, et distante de douze de la mer Méditerranée. On lit, dans les anciens historiographes, que les Romains la bâtirent en ce lieu de la même forme que l'on voit être Rome; et pour cette cause elle en a retenu le nom ; parce que *ned'*, en langue africaine, vaut autant comme *semblable* en notre vulgaire. Les murailles sont entières, mais les maisons furent ruinées, et maintenant relevées d'une laide forme. Autour d'icelles y a encore quelques édifices romains, et est la campagne fort abondante; mêmement y a plusieurs jardins et vergers là où se trouvent de ces arbres produisant les carobes, desquelles on use au manger en quantité, autant par le contour comme dans la cité, et en retirent les habitants à force miel, qu'ils mêlent puis après avec les viandes. La cité n'est pour le jourd'hui guère civile, d'autant que la plus grande partie consiste en artisans, mêmement tissiers de draps de coton, parce qu'il en y croît à foison ; se peuvent quasi bien vanter d'être francs et libres, vu qu'étant favorisés et supportés par les montagnards leurs voisins, le roi ne peut retirer d'eux aucun tribut; et y voulant envoyer gouverneurs, ils les reçoivent s'il leur

<small>Ned - Roma bâtie par les Romains.</small>

plaît, sinon ils les renvoient, et leur donnent licence de retourner d'où ils sont venus. Toutefois, pour plus sûrement faire rôler leur marchandise à Télensin, ils ont coutume d'envoyer quelque présent au roi, plus par manière d'entretien que pour crainte qu'ils aient de lui.

Tébécrit, cité.

Tébécrit est une petite cité édifiée par les Africains près la mer Méditerranée, sur un roc, distante de Ned Roma par l'espace de douze milles, et prochaine d'aucunes montagnes très-hautes et scabreuses, mais bien peuplées. Les habitants de la cité sont tous tissiers, ayant de grandes possessions de carobes, et miel en quantité. Vrai est qu'ils demeurent en continuel doute d'être de nuit assaillis d'emblée par les chrétiens, au moyen de quoi ils sont fort diligents de faire la nuit bonne guette et vigilante garde ; car, pour l'extrême pauvreté qui les presse, ils ne sauroient avoir le moyen de soudoyer gens pour cet effet. Les terres prochaines d'eux sont âpres et maigres, ne produisant nuls grains, hors quelque peu d'orge et navette. Ils se tiennent mal en ordre, avec ce qu'ils sont peu civils et de rude entendement.

Hunam, cité.

Hunam est une petite cité ancienne et civile édifiée par les Africains, ayant un petit port remparé de deux petites tours qui sont assises à chaque angle d'icelui. Elle est avec ce ceinte de hautes murailles et fortes, mêmement du côté qui est à l'opposite de la mer. Les galères vénitiennes ont coutume d'aborder tous les ans à ce port, faisant de grands profits avec les marchands de Télensin, parce qu'elle n'en est distante plus haut de quatorze milles. Mais quand Oran fut pris par les chrétiens, les Vénitiens ne tirèrent plus en cette partie-là, à cause qu'Oran étoit plein d'Espagnols; au moyen de quoi il leur fut fait entendre, par les marchands de Télensin, qu'ils pouvoient sûrement aborder au port de cette cité, les habitants de laquelle furent jadis nobles et civils, exerçant tous généralement l'art de tissiers de toiles de chanvre ou de coton. Leurs maisons sont fort belles et bien entretenues, et y a en chacune d'icelles un puits d'eau douce et vive ; en la cour des treilles de ceps de vignes, et par-dedans y a des carreaux en couleurs diversifiées, et les parois des chambres et murailles de maisons toutes enrichies et revêtues de mosaïques ; et lorsqu'on y fut au vrai acertené de la prise d'Oran, tous les habitants vidèrent incontinent la cité, laquelle demeure encore inhabitée, hors que le roi a coutume d'y envoyer un capitaine, accompagné de quelque nombre de soldats, non à autre fin que pour l'avertir quand il découvrira quelque nave de marchandise sur mer; et produisent les possessions de cette cité des fruits en grande quantité, comme cerises, abricots, pommes, poires, pêches, une infinité de figues et olives; mais il ne s'y trouve personne pour les recueillir, et sont sur un fleuve, lequel passe près de la cité, qui fait tourner les moulins à grain. En la côtoyant, ces ruines m'incitèrent à grande compassion, considérant la calamité pitoyable en laquelle elle étoit réduite, et étois pour-lors avec un secrétaire du roi de Télensin, lequel alloit lever la décime d'une nef génevoise qu'apportoit tant de marchandise d'Europe, qu'elle fournit la cité pour cinq ans, et ce qu'en retira le roi pouvoit monter jusqu'à la somme de quinze mille ducats d'or, comme il me fut montré par ce secrétaire.

Haresgol, cité.

Haresgol est une grande cité édifiée des Africains sur un rocher environné par la mer

Méditerranée, de tous côtés, hors devers le midi, là où il y a un chemin par où l'on descend en terre ferme. Elle est distante de Télensin environ quatorze milles devers tramontane, a été fort civile et peuplée. Là régna Idris (frère du père de cet autre Idris qui édifia Fez) par l'élection du peuple, et demeura la seigneurie à sa postérité par l'espace de cent ans. Depuis, s'y achemina un pontife et roi de Caïraran, qui la saccagea et démolit, dont elle fut cent vingt ans sans être habitée, sinon après par quelques gens qui passèrent de Grenade avec l'exercite de Mansor, conseiller de Corduë, lequel la fit renouveler pour tout hasard, ou autre affaire qui lui pourroit survenir, faisant passer son armée en Afrique; mais après son décès, et de son fils Mudaffir, tous les soldats furent cassés et déchassés par le peuple de Zanhagia et Magrara. Elle fut encore ruinée en l'an 410 de l'Hégire, comme il appert.

Haresgol saccagée, puis restaurée, et après derechef ruinée.

La grande cité de Télensin.

Télensin est une grande et royale cité; mais il ne se lit point dans les histoires qui fut le premier fondateur d'icelle. Il se trouve bien que c'étoit une petite cité, laquelle, par la

ruine d'Aresgol (comme nous avons déjà dit), commença à s'augmenter et étendre, mêmement après que les exercites de Mansor furent déchassés. Alors régnant la famille d'Abdulguad, elle étendit si bien ses limites, que du temps du roi Abu-Tesfin, elle parvint jusqu'au nombre de seize mille feux; et si elle étoit accrue en grandeur, elle n'étoit moindre en civilité et honnête façon de vivre; mais elle fut merveilleusement oppressée par Joseph, roi de Fez, qui la tint sept ans assiégée avec une infinité de gens, et fabriquant une petite cité à l'objet d'icelle, la réduit à telle extrémité, que le peuple, ne pouvant plus supporter la grande faim qui l'oppressoit, s'en vint lamenter en la présence du roi, lequel répondit en cette sorte : « Qu'il exposeroit volontiers sa
» propre chair à rassasier un chacun, s'il pen-
» soit qu'elle fût suffisante à réprimer cette
» mortelle famine, estimant que ce seroit en-
» core bien peu à comparaison de la grandeur
» de leur approuvée, et par lui bien sondée
» fidélité en son endroit. Il n'eut pas plutôt mis
» fin à ses paroles, qu'à l'heure même il leur
» fit voir quelles étoient les viandes appa-
» reillées pour son souper, qui furent recon-
» nues pour chair de cheval cuite avec de
» l'orge et feuilles d'oranger, tellement que la

» souffrette du roi fut jugée beaucoup plus
» grande et urgente que celle de la plus infinie
» et mécanique personne de la cité. » Lors il *Apophthegme royal.*
fit assembler tous les habitants, et assister devant sa majesté, auxquels il fit une belle harangue, dont la conclusion fut telle, qu'il aimoit trop mieux rester étendu et froid en la campagne vaillamment et les armes au poing entre les ennemis, que demeurer enserré tout plein de vie. Cette fin pénétra si bien les cœurs de tous les habitants, qu'ils condescendirent au vouloir de leur seigneur, entre les mains duquel ils remirent tous, d'un commun consentement, et leur vie, et leur mort ; mais leur bonne fortune voulut, le matin même auquel on s'étoit délibéré donner la journée, que le roi Joseph fût occis en son camp, de l'un de *Joseph, roi de Fez, occis par* ses domestiques, par un dédain. Telles nou- *un de ses domestiques.* velles portées à ceux de la cité, la chance tourna, et comme cet accident avoit intimidé et découragé ceux de dehors, ainsi accrut-il, au contraire, si fort le courageux dessein et vigueur de ce bien animé peuple, qu'il sortit en campagne suivant le roi, lequel obtint facilement la non espérée victoire ; et avec ce qu'il fit un merveilleux carnage des ennemis, il se saisit des vivres, munitions et bétail, qu'ils furent contraints de laisser pour la trop grande

hâte qu'ils avoient de déloger. Par ce moyen, l'extrême cherté qui, premièrement, étoit dans la cité, se tourna en grande abondance; combien qu'il n'y eût celui lequel ne se sentît du mésaise souffert durant le temps du siége. Or, quarante ans après, Abulhésen, quatrième roi de Fez et de la maison de Marin, fit édifier une cité prochaine de Télensin environ deux milles de la partie du ponant, et avec une grande armée se campa devant, là où il maintint le siége par l'espace de trente mois; par chacun jour desquels ne failloit de lui livrer maint dur assaut, et fabriquant d'heure à autre divers bastions, sut si bien faire, qu'il conduit son exercite (sans être endommagé) jusque sous les murailles, entrant par force d'armes dans la cité, qui fut saccagée, et le roi mené prisonnier à Fez, là où on lui fit trancher la tête, puis le corps jeté parmi les immondices de la cité. Ceci fut la seconde antorse que reçut Télensin; toutefois, après la déchute de la maison de Marin, elle fut aucunement relevée, et parvint peu-à-peu jusqu'au nombre de douze mille feux. Tous les marchands et artisans sont séparés en diverses places et rues, comme nous avons dit de la cité de Fez; mais les maisons ne sont pas si belles, ni de telle étoffe et coutanges. Outre ce, il y a de beaux

Cité de Télensin ruinée et saccagée par le roi de Fez, qui fit trancher la tête au roi, qui fut pris à l'assaut.

temples et bien ordonnés ; et pour le service d'iceux, sont députés plusieurs prêtres et prédicateurs ; puis se trouvent cinq colléges d'une belle structure, ornés de mosaïques, et d'autres ouvrages excellents, dont les aucuns furent édifiés par les rois de Télensin, et autres par ceux de Fez. Il y a encore plusieurs étuves, et de toutes sortes ; mais elles n'ont l'eau tant à commandement que celles de Fez. Il s'y trouve davantage un grand nombre d'hôtelleries à la mode africaine, entre lesquelles y en a deux là où logent ordinairement les marchands genevois et vénitiens ; puis une grande rue en laquelle demeure un grand nombre de Juifs jadis fort opulents, et portent un turban jaune en tête, afin qu'on les puisse discerner d'entre les autres ; mais ils furent une fois saccagés, à la mort du roi Abuhabdilla, en l'an neuf cent vingt et trois de l'Hégire, au moyen de quoi ils en sont pour le jourd'hui réduits à toute extrême pauvreté. Plusieurs fontaines s'écoulent dans la cité ; mais les sources sont au-dehors, de sorte que facilement les ennemis en pourroient détourner l'eau ; et sont les murailles merveilleusement hautes et fortes, donnant l'entrée par cinq portes très-commodes et bien ferrées, joignant lesquelles sont les loges des officiers, gardes et gabeliers. Du côté du midi, est assis le palais royal, ceint de hautes murailles en manière de forteresse, et par-dedans embelli de plusieurs édifices et bâtiments, avec beaux jardins et fontaines, étant tous somptueusement enlevés et d'une magnifique architecture. Il y a deux portes, dont l'une regarde vers la campagne, et l'autre (là où demeure le capitaine du château) est du côté de la cité, hors laquelle se voient de belles possessions et maisons, là où les citoyens ont accoutumé, en temps d'été, demeurer pour le bel ébat qu'on y trouve, parce qu'outre la plaisance et belle assiète du lieu, il y a des puits et fontaines vives d'eau douce et fraîche; puis, au-dedans, le pourpris de chacune possession sont des treilles de vignes qui produisent les raisins de diverses couleurs, et d'un goût fort délicat, avec des cerises de toutes sortes, et en si grande quantité, que je n'en vis jamais tant en lieu où je me sois retrouvé. Outre ce, il y croît des figues douces, qui sont noires, grosses et fort longues, lesquelles on fait sécher pour manger en hiver, avec pêches, noix, amandes, melons, citrouilles et autres espèces de fruits. Sur un fleuve nommé Sessif, distant de la cité par l'espace de trois milles, y a plusieurs moulins à blé, et d'autres aussi plus prochains d'icelle, en une côte de la montagne Elcalha. Du côté du midi, retournant devers la ville, demeurent plusieurs Juifs, advocats, notaires, lesquels soutiennent et plaident les causes. Il y a plusieurs lecteurs et écoliers en diverses facultés, tant en la loi comme aux mathématiques, et ont leurs provisions ordinairement des colléges. Les habitants sont divisés en quatre parties, écoliers, marchands, soldats et artisans. Les marchands sont pécunieux, opulents en possessions, hommes justes, ayant en singulière recommandation la loyauté et honnêteté en leurs affaires, et prenant merveilleusement grand plaisir à tenir la cité garnie ; en sorte que pour y faire conduire la marchandise, se transportent au pays des noirs. Les artisans sont fort dispos et bien pris de leurs personnes, menant une très-plaisante vie, et paisible, et n'ont autre chose qui leur revienne mieux qu'à se donner du bon temps. Les soldats du roi sont tous gens d'élite, et soudoyés selon qu'on les sent suffisants et mettables, tellement que le moindre d'entr'eux touche trois ducats par mois des leurs, qui sont trois et demi des nôtres, et est ordonné ce salaire pour homme et cheval ; car en Afrique on entend tout soldat pour cheval-léger. Les écoliers sont fort pauvres, et demeurent aux colléges, avec une très-grande mi-

Télensin divisée en quatre parties.

Ducats d'Afrique.

sère; mais quand ils viennent à être doctorés, on leur donne quelqu'office de lecteur ou notaire, ou bien ils se font prêtres. Les marchands et citoyens vont honorablement vêtus, et le plus souvent mieux en ordre que ceux de Fez même, parce que (à dire vrai) ils sont plus magnifiques et libéraux. Les artisans aussi s'accoutrent assez honorablement, mais leur habit est court, et s'en trouve peu qui portent turbans en tête; ainsi seulement quelques bonnets sans replis avec de hauts souliers jusqu'à mi-jambe. Les soldats vont plus mal en ordre que tout le reste, et ont sur eux des chemisoles de toile de coton à manches larges, par-dessus lesquelles ils jettent un linceuil dont ils s'affublent, et le tiennent de tout temps attaché. Il est vrai qu'en hiver ils usent de certaines pelisses de drap simple faites en la manière de ces chemisoles; mais ceux qui sont de plus grande réputation et qualité, usent d'autres habillements de drap sur la chemisole et sur le linceuil, de quelque cape en la façon des manteaux qui se souloient autrefois porter par pays, et avec icelles se peuvent couvrir en temps de pluie. Les écoliers se parent d'habits convenant à leur condition; car ceux qui sont montagnards s'habillent en montagnards, les Arabes à la mode du pays; mais les lecteurs,

Habits des habitants de Télensin.

juges, prêtres et autres ministres, se parent plus pompeusement.

Coutumes, états et offices de la cour du roi de Télensin.

Le roi de Télensin tient une telle gravité et réputation, qu'il se laisse voir peu souvent, et ne donne audience sinon aux plus grands et principaux de sa cour; lesquels puis après expédient les choses selon l'ordre et style accoutumés. En cette cour y a plusieurs officiers, dont le premier est le

Lieutenant du roi, qui assigne les provisions selon la valeur et capacité d'un chacun, dresse les exercites, et bien souvent, accompagné d'iceux, marche contre les ennemis, représentant la personne du roi; *Office du lieutenant du roi de Télensin.*

Le second, est le secrétaire majeur, qui écrit missives, fait courir les paquets, et rend réponse au nom de sa majesté;

Le tiers, est le trésorier qui reçoit et garde les deniers du revenu;

Le quart, est l'argentier, qui distribue les deniers selon l'ordonnance du roi;

Le quint, est le capitaine de la porte, qui est commis à la garde du palais et de la personne du roi quand il donne audience. Il y a plusieurs autres officiers en plus bas degré, comme le capitaine des estafiers, écuyer d'écurie, grand chambrier, qui ne s'emploie en rien, sinon quand le roi donne audience, parce que, dans la chambre, il est servi par esclaves, avec leurs femmes, esclaves chrétiennes, et de plusieurs eunuques, qui sont députés à la garde des femmes. Le roi porte habits dignes de sa majesté, et est fort brave le cheval qu'il chevauche; mais il ne s'arrête aux pompes et cérémonies, parce qu'il ne tient pas plus haut de mille chevaux. Néanmoins, en temps de guerre qu'il accompagne son armée, il assemble tous les Arabes et paysans de diverses générations, lesquels il soudoie pour tout le temps qu'il pense maintenir la guerre; et ne mène avec ce grands charriages, tentes, ni pavillons, quand il s'achemine à la campagne, mais y va en simple et privé capitaine. Et combien qu'il ait à sa garde un grand nombre de soldats, néanmoins ils ne lui reviennent à grands frais. Il fait battre des ducats de bas or, lesquels, pour être fort larges, pèsent un ducat, et le quart de ceux d'Italie, avec d'autre monnoie d'argent, cuivre et d'autre diversité de métaux. Le pays a petite étendue, et est aussi peu habité; mais pour autant que c'est le passage d'entre l'Eu-

Monnoie du royaume de Télensin.

rope et l'Éthiopie, le roi en retire grands profits des marchandises qui y passent, et mêmement depuis qu'Oran fut occupé par les chrétiens, au moyen de quoi il accrut les gabelles et impositions sur la cité; laquelle, du temps des autres rois, étoit libre, dont il s'est acquis une telle haine envers le peuple, qu'elle lui a duré jusqu'à la mort, après laquelle succédant son fils, avec propos délibéré de maintenir ces subsides imposés par son feu père, fut expulsé et privé du royaume, pour lequel conquéter lui convint avoir recours à la clémence de la césarée majesté, qui (comme nous avons déjà dit) le remit en son héritage paternel. Toutefois, ce royaume a rendu par plusieurs années subséquentes, trois, voire quatre cent mille ducats, tandis qu'Oran étoit compris en icelui, mais la moitié de ces deniers se distribuoient toujours aux Arabes et aux garnisons du royaume. Il y a puis les salaires des capitaines, soldats et principaux courtisans; et outre ce, le roi dépend largement aux choses extraordinaires de sa maison, pour être très-courtois et libéral seigneur. J'ai été souventefois en sa cour, et ai obmis expressément plusieurs choses touchant les coutumes et ordre d'icelles, pour être quasi conformes et approchantes à celles de Fez. Joint que je

Le roi de Télensin, déchassé par les sujets, est restitué par l'empereur.

craindrois vous causer quelqu'ennui par trop longue énarration.

Hubbed, première cité près de Télensin.

Hubbed est une petite cité comme un bourg, distante de Télensin environ un mille et demi du côté de midi, édifiée est une montagne bien peuplée et fort civile, et garnie de plusieurs artisans, mêmement de teinturiers de draps. Là se voit un temple, et au-dedans un sépulcre d'un saint bien renommé, pour lequel voir il faut descendre plusieurs marches de degrés, et est fort vénéré par les habitants et voisins de cette cité, lesquels y dressent leurs vœux, faisant plusieurs aumônes en l'honneur d'icelui, et l'appellent Sidi-Bu-Médian. Il y a encore un fort beau collége et hôpital pour recevoir les étrangers, qui furent bâtis par aucuns rois de Fez de la maison de Marin, comme il se peut encore voir par certaines tables de marbre sur lesquelles leurs noms sont gravés.

Téfesra.

Téfesra est une petite cité assise en une plaine distante de Télensin par l'espace de quinze milles, en laquelle font demeurance plusieurs maréchaux et forgerons, parce que là se trouvent à force veines de fer, et sont les terres d'autour très-fertiles en grain. Les habitants sont incivils et mécaniques, à cause qu'ils n'ont autre exercice que de tirer le fer et le porter à Télensin.

Tesséla.

Tesséla a été très ancienne cité édifiée par les Africains en une grande plaine qui a environ quinze milles d'étendue, produisant de bons et beaux grains en si grande quantité, qu'elle est suffisante pour en fournir la cité de Télensin. Les habitants rendent un grand tribut au roi, et demeurent dans pavillons, parce que la cité fut détruite, mais la plaine en porte toujours le nom.

Béni-Rasi, province.

Cette province s'étend en longueur environ cinquante milles depuis orient jusqu'en occident, et vingt et cinq en largeur. La partie qui regarde du côté de midi est toute en plaine, et celle qui est à l'opposite de tramontane consiste quasi toute en côteaux, le terroir desquels rencontre assez bien le plus souvent. Les habitants se divisent en deux parties, dont l'une habite en ces petites montagnes, dans maisons assez commodes et bien muraillées, cultivant les vignes et terres, avec ce qu'ils s'adonnent aux autres choses nécessaires. Ceux de l'autre partie sont plus nobles, et résident en la campagne, logeant dans pavillons, là où ils nourrissent le bétail, et tiennent plusieurs chevaux et chameaux, vivant bien commodément et à leur aise. Toutefois ils rendent quelque tribut au roi de Télensin. Les habitants des collines ont plusieurs villages; mais il y en a deux principaux, dont l'un est appelé Halhat-Harara, auquel y a environ cinquante maisons de marchands et artisans, et est situé, en manière d'un fort, en la côte d'une montagne entre plusieurs vallées. L'autre est nommée Elmo-Hascar, là où fait sa résidence le lieutenant du roi avec ses chevaux, et là se tient le marché tous les samedis, auquel se vend une grande quantité de bétail, grains, figues, miel et semblablement plusieurs draps du pays, avec autres choses de moindre estime et valeur, comme cordes, selles, brides et harnois de chevaux. Je passai souventefois par ce pays, mais ce ne fut sans être dérobé le plus souvent; car il s'y trouve de très-rusés et subtils larrons. Cette province rend au roi de Télensin vingt et cinq mille ducats de revenu, pouvant mettre en campagne tel nombre de combattants comme monte la somme du tribut.

Batha, première cité en la susdite province.

Cette cité fut grande, civile et bien habitée, édifiée, par les Africains de notre temps, en une belle et ample plaine qui produit du froment en grande quantité, et souloit rendre des fruits, provenants d'icelle, environ vingt mille ducats au roi de Télensin; mais elle fut détruite et ruinée par les guerres qui furent entre les rois de Télensin et quelques-uns de leurs parents habitant au mont de Guansèris; lesquels, pour avoir en la faveur et support du roi de Fez, s'emparèrent de plusieurs pays au royaume de Télensin, brûlant et détruisant toutes les cités et places qu'ils ne pouvoient tenir et défendre; tellement, qu'il ne reste aujourd'hui de cette cité que quelques masures et petits fondements. Près du lieu où elle étoit située, passe un petit fleuve, sur les rives duquel étoient plusieurs jardins et fertiles territoires. La plaine, par même moyen, demeura inhabitée jusqu'à temps qu'il y arriva (avec une grande séquelle) quelque ermite de leur religion, que l'on estimoit mener une vie très-

Batha ruinée par les guerres.

sainte, et se mit à cultiver ces terres; au moyen de quoi il se rendit si opulent en bœufs, chevaux et brebis, qu'il n'en sauroit savoir le compte; joint aussi que lui et les siens sont exempts de tout tribut envers le roi et les Arabes, pour être tenu pour tel que vous avez ouï. Et m'a été dit par aucuns de ses disciples, que les décimes de ses terres rapportent jusqu'à mille setiers de grain par an. Il a cinq cents chevaux, dix mille brebis, deux mille bœufs et quatre ou cinq mille ducats, qu'il reçoit tous les ans des aumônes qu'on lui envoie de toutes parts, à cause que sa renommée est divulguée partoute l'Afrique et Asie; tellement que le nombre de ses disciples est de telle sorte augmenté, que ceux qui font demeurance avec lui, peuvent être jusqu'au nombre de cinq cents, vivant tous à ses dépens, sans qu'il leur enjoigne autre pénitence que faire leurs particulières oraisons, là où sont contenus aucuns noms de Dieu, qu'il leur commande invoquer tant de fois par jour; et pour cette occasion infinies personnes y accourent, réputant à grand'heur d'être retenus pour ses disciples; et les ayant instruits en sa doctrine, les renvoie en leurs maisons. Pour ce faire, il tient pavillons, les uns pour les étrangers, d'autres pour ses pasteurs, et le reste pour sa famille. Il entretient quatre femmes, avec plusieurs esclaves, desquelles il a à force enfants tant mâles qu'autres, qui vont vêtus avec une pompe et magnificence fort grande, et qui sont semblablement mariés, ayant des enfants; tellement qu'entre sa famille et des siens il peut avoir cinq cents bouches, qui le fait être en telle estime et réputation envers les Arabes, que, vu leur affection grande en son endroit, le roi de Télensin le craint plus qu'il ne l'aime. Je logeai avec lui par l'espace de trois jours continuels (pour le désir que j'avois de savoir quelque chose de ses affaires), durant lesquels il ne passa jour qu'il ne me fît cet honneur de me faire souper en sa compagnie dans aucunes chambres secrètes, là où (entr'autres choses) me montra aucuns livres de magie et alchimie; me voulant persuader, par vives raisons, que ce soient sciences parfaites et pleines de vérité; qui me fait présumer qu'il soit magicien, non pour autre chose que pour le voir ainsi être honoré, et presque adoré; autrement me sembleroit impossible d'acquérir ainsi indissolublement la grace de tous sans faire autres mystères que ces invocations de Dieu avec ses noms.

Oran.

Oran est une grande cité, contenant environ six mille feux, édifiée par les anciens Africains sur la mer Méditerranée, partie en plaine et partie en montagne, distante de Télensin par l'espace de cent quarante milles. Elle est bien fournie d'édifices et de toutes choses qui sont séantes à une bonne cité, comme colléges, hôpitaux, étuves et hôtelleries, étant ceinte de belles et hautes murailles. La plus grande partie des habitants étoit d'artisans et tissiers de toiles, avec plusieurs citoyens qui vivoient de leur revenu, combien qu'il fût petit; car à s'y vouloir tenir sans s'adonner à quelque art, il se falloit contenter avec du pain d'orge. Comme qu'il en soit, les habitants étoient humains, plaisants et courtois aux étrangers; au moyen de quoi cette cité étoit fort fréquentée par les marchands de Catalogne et de Gênes, pour lesquels recevoir il y avoit une loge, qui se nommoit la loge des Genevois, parce qu'ils souloient toujours en icelle loger. Ceux de cette cité ont été par long-temps ennemis des rois de Télensin, et ne voulurent jamais souffrir qu'aucun d'eux prît le gouvernement de leur cité; mais ont choisi seulement un trésorier et facteur, pour lever les

Loge des Genevois en la cité d'Oran.

deniers provenants du port de la cité, et a élu le peuple un conseiller, qui a égard sur les choses civiles et criminelles. Les marchands souloient toujours tenir fustes et brigantins armés, avec lesquels vaguant par la mer, molestoient grandement les Carthaginois et les îles Guévize, Majorque et Minorque, de sorte que la ville étoit toute remplie d'esclaves chrétiens; mais Ferdinand, roi d'Espagne, expédia une grosse armée pour combattre ceux de la cité, afin que, les ayant subjugués, il pût délivrer les chrétiens qu'ils avoient réduits en misérable servitude, et rendre en sûreté ceux qui, par telles continuelles courses, étoient journellemene molestés; mais l'exercite fut défait, par les grands désordres qui s'y faisoient. Depuis, avec l'aide d'aucuns évêques et du cardinal d'Espagne, il leva une plus grosse armée qu'auparavant, avec laquelle la cité fut prise en un jour, parce que le peuple, transporté de colère soudaine, sortit à la foule et sans ordre hors de la cité, laquelle fut délaissée vide et sans aucune garde pour ruer sur les Espagnols, qui, s'étant pris garde de cette confusion et désordre, connoissant la cité être abandonnée, envoyèrent une partie de l'armée par un autre côté, là où ne trouvant autre défense que de femmes qui étoient mon-

L'armée de Ferdinand rompue devant Oran.

Oran subjuguée par les Espagnols.

tées sur les murailles, facilement entra dedans, et pendant que l'on combattoit au dehors, sortit à la campagne, ruant à dos sur les ennemis, lesquels ayant aperçu les enseignes des chrétiens sur les murailles, se retiroient vers la cité pour en expulser et donner la chasse à ceux qui y étoient entrés ; mais ces misérables se trouvèrent de toutes parts environnés, et furent si maltraités, que peu en échappa d'un tel péril ; en telle sorte s'emparèrent d'Oran les Espagnols, qui fut en l'an neuf cent de l'Hégire.

Mersalcabir.

Mersalcabir, grand port.

Mersalcabir est une petite cité édifiée de notre temps par les rois de Télensin sur la mer Méditerranée, bien peu distante d'Oran. La signifiance de ce mot, en notre vulgaire, est grand port, et ne lui est tel nom mal imposé ; car je ne pense point qu'en tout le monde il y en ait un autre, tant ample ni de telle grandeur, de sorte qu'il peut aisément recevoir plusieurs cents de navires et galères ; avec ce qu'il assure, de tous côtés, les vaisseaux qui sont dedans de toute grande fortune et impétuosité des vents ; et les Vénitiens y souloient retirer les galères quand survenoit la fureur marine, envoyant leurs marchandises sur des barques à Oran, à la plage de laquelle elles s'en alloient tout droit surgir en temps calme. Cette cité fut prise comme l'autre, et par un même moyen.

Mezzagran.

Mezzagran est une petite cité édifiée par les Africains sur la mer Méditerranée, étant côtoyée par le fleuve Sélef, qui, auprès d'icelle, se jette dans la mer. Elle est fort bien peuplée et civile, mais fort molestée par les Arabes. Le gouverneur d'icelle a peu d'autorité, tant dehors comme dedans la cité.

Mustuganin.

Cette cité fut édifiée par les Allemands sur la mer Méditerranée, distante de Mezzagran environ trois milles du côté du levant, située en bon et fertile territoire de l'autre partie du fleuve, et fut jadis civile; mais depuis que les rois de Télensin commencèrent à décheoir, elle fut merveilleusement foulée par les Arabes, tellement qu'elle en est aujourd'hui diminuée des deux tiers. Toutefois, elle peut encore contenir mille cinq cents feux, et y a un très-beau temple, aussi plusieurs artisans et tissiers de toiles. Les maisons sont belles et accommodées de fontaines, avec ce, que par le milieu de la cité passe un fleuve sur lequel sont assis plusieurs moulins ; puis, hors d'icelle, se voient de beaux jardins, combien que la plus grande partie d'iceux demeure sans être cultivés ; et y a un petit port où viennent surgir et aborder plusieurs vaisseaux de l'Europe ; mais ils y font peu de gain, car les habitants sont fort pauvres et nécessiteux.

Bresch.

Bresch est une cité édifiée par les Romains, sur la mer Méditerranée, distante de la précédente par long espace de chemin, et habitée par gens fort mécaniques, dont la plus grande partie s'adonne à faire des toiles ; mais ils sont communément dextres et agiles comme lions ; et un chacun d'iceux a coutume de se peindre une croix noire sur la joue et une autre sur la main ; c'est à savoir en la palme de la main, sous les doigts. Cette façon de faire est observée par les montagnards d'Alger et de Buggie, pour autant que (selon les historiens africains) les Goths s'emparèrent de plusieurs pays et montagnes infinies, au moyen de quoi un grand nombre furent reduits à la foi chrétienne, dont les rois Goths en chargèrent aux officiers de ne lever nul tribut d'iceux ; mais parce qu'au temps des paiements s'avouent tous pour

Les habitants de Bresch portent deux croix noires, une sur la joue, l'autre en la palme.

chrétiens; sans qu'on pût remarquer et connaître bonnement ceux qui l'étoient ou non, il fut ordonné que les chrétiens seroient signés et reconnus par cette croix. Or, depuis que la seigneurie fut ôtée d'entre leurs mains, tout le peuple se retourna à la loi mahométane; néanmoins cette manière de faire demeura successivement de temps à autre, sans qu'il s'en trouve beaucoup qui en puissent rendre raison. Les seigneurs de Moritanie observent encore cette même coutume, autant bien que les ignobles, lesquels se font une croix sur la joue avec un fer chaud, et l'on en voit assez en Europe qui sont ainsi marqués. Cette cité est fort abondante et mêmement en cygnes, étant environnée de belles campagnes, qui produisent grande quantité de lin et orge. Les habitants sont amis et confédérés avec les montagnards leurs voisins, le support et faveur desquels le maintint en liberté et franchise de toute imposition par l'espace de cent ans, jusqu'à ce que Barberousse, turc, les molesta grandement. Il y en a plusieurs de ceux-ci qui ont coutume de transporter figues et lin par mer aux cités d'Alger, Buggie et Thunes, dont il leur en provient de grands profits. En cette cité se voient encore plusieurs vestiges et apparence d'édifices, et fabriques des Romains, desquelles ont été faites et dressées les murailles.

Sersel.

<small>Sersel domptée par les Goths, puis reprise par les mahométans.</small>

Sersel est une cité ancienne édifiée par les Romains sur la mer Méditerranée ; mais elle fut depuis subjuguée par les Goths, auxquels finablement elle fut enlevée par les mahométans. Le circuit d'icelle contient environ huit milles de murailles fort hautes, et fabriquées de très-grosses pierres entaillées. En la partie qui est à l'opposite de la mer, se voit un corps de temple grand et haut, édifié jadis par les Romains, dont jusqu'à présent la partie de dedans (qui est faite de marbre) demeure encore en son entier ; et un temps fut qu'on souloit voir un fort sur un rocher qui découvre bien loin sur la mer. Alentour de la ville y a plusieurs bons territoires ; et combien que les Goths l'eussent fort ruinée, néanmoins, sous le domaine des mahométans, elle commença d'être assez habitée, et se maintint en cet état par l'espace de cinq cents ans ; mais survenant puis les guerres entre les rois de Thunes et Télensin, elle fut abandonnée, demeurant déserte par l'espace de trois cents ans, jusqu'à ce que Grenade parvînt entre les mains des chrétiens. Lors se transportèrent en icelle plusieurs

Grenadins, qui relevèrent une partie des maisons avec la forteresse, puis s'adonnèrent à cultiver la terre; après mirent sur mer plusieurs vaisseaux pour trafiquer, s'étant adonnés au métier de la soie, à cause qu'ils trouvèrent en ce pays une quantité infinie de mûriers, tant noirs comme blancs : ainsi multiplièrent si fort, de jour en jour, qu'ils parvinrent jusqu'au nombre de deux cents maisons, sans être sujets ni tributaires à autre qu'à Barberousse, auquel ils ne rendent par an que trois cents ducats de tribut.

Les habitants de Tegdunt tributaires à Barberousse.

Méliana.

Méliana est une grande et ancienne cité bâtie par les Romains, qui la nommèrent Magnana, mais le vocable a été par les Arabes corrompu. Elle est située sur le coupeau d'une montagne, distante de la mer Méditerranée environ quarante milles, et sont les maisons bien bâties et garnies de fontaines. La montagne où elle est édifiée est pleine de bois, arrosée de plusieurs fontaines, et couverte de noyers, dont tant s'en faut qu'on y vende les noix, qu'à peine veut-on aider à les aller recueillir, à cause qu'il y en a par trop abondamment. Autour de la cité se voient plusieurs anciens bâtiments et masures, puis à un côté d'icelle sont de hauts rochers sur une vallée profonde; de l'autre elle va en pente sur la côte de la montagne, comme se voit être la cité de Nargue, prochaine de Rome. Les habitants sont quasi tous artisans, tissiers de toile et tourneurs, qui font des vases de bois fort excellents; et en y a encore d'autres qui s'adonnent à cultiver les terres, et avoient toujours maintenu leur liberté, jusqu'à ce que Barberousse les rendit ses tributaires.

Ténez.

Ténez est une fort ancienne cité édifiée par les Africains sur la côte de la montagne, et prochaine de la mer Méditerranée, étant habitée d'un grand peuple, mais fort vil et mécanique, qui a toujours été sous le domaine du roi de Télensin; mais quand le roi Mahomet décéda (qui fut oncle de celui qui règne à présent), il laissa trois fils, dont le plus âgé s'appeloit Abnadilla, le second Abuzéven, et le tiers Jahia. L'aîné succéda au royaume, mais les autres gagnèrent les citoyens, avec lesquels ils firent complot pour le tuer; mais l'embûche fut découverte, au moyen de quoi Abuzéven fut fait prisonnier. Toutefois, depuis qu'Abuchemmen fut par le peuple expulsé, il ne fut pas seulement remis en liberté, mais aussi

Abuzéven constitué prisonnier.

parvint à la couronne, qu'il posséda toujours, jusqu'à ce que Barberousse le tua, comme nous avons dit auparavant. Le roi se retira à la cour du roi de Fez, qu'il prit pour son dernier refuge, et avec la licence duquel étant appelé du peuple, fut couronné roi de Ténez, qu'il gouverna long-temps; et après son décès succéda au royaume un sien jeune fils, qui fut semblablement par Barberousse déchassé, qui le fit avoir recours à Charles, pour-lors roi d'Espagne seulement, le secours duquel étant prolongé outre le temps de la promesse, et demeurant toujours celui-ci auprès de sa majesté, les nouvelles vinrent dans la cité comme il avoit reçu le baptême avec un sien frère, dont les habitants se rendirent entre les mains de l'un des frères de Barberousse. La cité est peu civile, mais le territoire est fécond en grains et miel; au reste, on n'en sauroit retirer guère de profit.

Mazuna.

Mazuna est une ancienne cité édifiée (selon l'opinion d'aucuns) par les Romains, qui la situèrent distante de la mer Méditerranée par l'espace de quarante milles, ayant le circuit d'une ample étendue, les murailles fortes, et un temple avec quelques petites mosquées;

mais les maisons sont très-faibles et bâties d'une mauvaise grâce. Il est vrai que d'ancienneté elle étoit fort civile; mais elle fut plusieurs fois saccagée par les rois de Télensin et d'autres rebelles de la cité même; puis, sous le domaine des Arabes, parvint à son dernier désastre et suprême ruine; de sorte qu'aujourd'hui l'on y trouve peu d'habitants, et encore sont tissiers ou laboureurs, qui trouvent bonnes terres et fertiles; combien qu'ils vivent tous en grande pauvreté, d'autant qu'ils sont trop oppressés par les Arabes. Auprès de la cité, l'on peut voir quelques masures de villes ruinées que les Romains avoient édifiées, lesquelles toutefois ne se sont gardé aucun nom qui soit parvenu jusqu'à la connoissance des modernes; mais il se peut facilement conjecturer qu'elles ont été bâties par les Romains, vu la grande quantité des écriteaux qui se trouvent gravés sur des tables de marbre; toutefois nos historiographes n'en ont fait aucune mention.

Ruine et saccagement de Maczuna.

Gézéir, qui est Alger.

La cité d'Alger est appelée Gézéir, qui vaut autant à dire comme les îles, pour sa proximité avec les îles Majorique, Minorique et Jéviza; mais les Espagnols la nomment Alger, laquelle est ancienne cité et fort grande, contenant environ quatre mille feux, édifiée par un peuple africain, appelée Mezgana, et pour autant elle fut anciennement nommée Mezgana. Les murailles sont belles, fortes et de grosses pierres, avec plusieurs beaux édifices et places bien ordonnées, en chacune desquelles est un art ou métier séparé, et semblablement plusieurs étuves et hôtelleries; mais entre les autres fabriques, un seul temple est digne d'admiration, pour son incomparable grandeur et assiète, qui est sur le rivage de la mer, du côté de laquelle y a une galerie merveilleuse sur les murailles mêmes de la cité. Autour du circuit d'Alger, y a plusieurs jardinages et fertiles territoires; et de la partie du levant se voient des moulins sur un petit fleuve, qui sert à toutes les commodités de la cité, tant à boire comme à autre chose. Les plaines qui l'environnent sont fort belles, mêmement une qu'on appelle Mettégia, laquelle contient de longueur environ quarante et cinq milles, et trente en largeur, produisant un grain bon en toute perfection. Cette cité a longuement été sous la puissance des rois de Télensin; mais il se joignit au royaume de Buggie, après qu'on y eut créé un nouveau roi, pour être plus prochaine d'icelui, considérant aussi les habitants qu'ils ne pourroient être sécourus par le roi de Télensin, s'il leur survenoit quelqu'urgente affaire ; joint aussi qu'il étoit en la puissance du roi de Buggie les oppresser grandement pour la moindre occasion qui se présenteroit ; ce que à part eux bien consultés, ils se mirent entre ses mains, lui envoyant tribut, et prêtant hommage, combien qu'il les laissa quasi jouir entièrement de leur première liberté. Depuis, ayant armé et équipé quelques vaisseaux, devinrent corsaires et écumeurs de mer, merveilleusement molestant les îles susnommées, et se hasardèrent de tant que d'aller courir jusqu'aux rivages d'Espagne ; de quoi indigné, le roi Ferdinand mit sus un gros exercite pour aller assiéger leur cité, devant laquelle les soldats élevèrent et fabriquèrent un fort sur un rocher si près des murailles, qu'avec les arquebusades ils pouvoient offenser ceux de dedans ; joint aussi que l'artillerie outrepassoit les murailles et faisoit brèche ; tellement que les habitants furent contraints de léguer une ambassade, demandant trève pour dix ans, pendant lesquels ils se soumettoient à rendre tel tribut qui seroit avisé par sa majesté ; ce qui leur fut accordé par le roi catholique. Par ce moyen, ils eurent repos, et demeurèrent en paix par quelques jours. Cependant, Barberousse assail-

Les habitants de Gézéir rangés et domptés par Ferdinand.

lit Buggia, là où ayant pris une des forteresses que les Espagnols avoient dressées, se vint camper devant l'autre, pensant, s'il la pouvoit saisir, qu'il lui seroit facile puis après s'emparer du royaume de Buggie ; mais le fait ne s'ensuivit correspondant à son dessein, parce que tous les peuples habitants des montagnes se départirent de lui sans son congé au temps de semer les blés, et le semblable firent tous les soldats turcs ; ce que voyant, surpris de frayeur, fut contraint d'abandonner cette magnanime entreprise, et lever le siége ; mais avant que débarquer, mit le feu de sa propre main dans douze grosses fustes qui étoient sur le fleuve prochain de Buggie trois milles, puis se retira (accompagné de quarante turcs ses familiers) au château de Gégel, qui est distant de Buggie par l'espace de septante milles, là où il séjourna long-temps, et cependant le roi catholique décéda ; ce qu'étant venu à la connoissance de ceux d'Alger, se délibérèrent de rompre les trèves et violer leur serment pour rejeter ce fâcheux joug de servitude ; considérant que Barberousse étoit homme courageux, bien expérimenté aux ruses de guerre, et tout propice pour guerroyer et ranger les chrétiens, le firent appeler, le recevant pour leur capitaine, lequel, sur-le-

Mort du roi Ferdinand.

Barberousse fait capitaine d'Alger.

champ, fit assaillir la forteresse, mais ce fut en vain, et ne pouvant comporter supérieur, tua dans une étuve, en trahison, un qui se disoit seigneur d'Alger, lequel étoit prince des Arabes, habitant en la plaine de Mettégia, et s'appeloit Sélim-Etteumi, de la lignée de Téhaliba, qui procède de Machel, peuple arabe; et lorsque les Espagnols s'emparèrent du royaume de Buggie, ce prince fut créé seigneur d'Alger; en quoi il se maintint jusqu'à la venue de Barberousse, qui lui fit prendre telle fin que vous avez ouï; puis après s'attribua titre de roi, et fit battre monnoie, recevant les hommages et obéissance des peuples circonvoisins, qui lui rendirent tribut. Cela fut au commencement de la seigneurie de Barberousse; vous assurant que je me trouvai présent à la plus grande partie de ces menées, parce que, m'acheminant de Fez à Thunes, je logeai en la maison d'un gentilhomme qui fut délégué pour ambassade du peuple d'Alger en Espagne, lequel, à son retour, apporta trois mille volumes écrits en langage arabesque, de la cité de Sativa au royaume de Valence. Depuis, me transportai à Buggie, là où je trouvai Barberousse, qui (comme nous avons dit auparavant) faisoit battre la forteresse, de quoi je voulus voir l'issue, qui fut sa fuite à Gegel, puis m'acheminai à Constantine, et de là à Thunes. Cependant on fit courir le bruit qu'il avoit été tué à Télensin, au moyen de quoi un sien frère, appelé Caïradin, fut élu seigneur d'Alger, qu'il gouverne encore jusqu'à présent. Il me fut dit davantage, que Charles, empereur, s'efforça, par deux fois, de s'emparer, dressant deux armées, dont la première fut défaite, et périt dans la rivière qui passe près la cité. La seconde n'eut pas plutôt pris terre, qu'elle donna commencement à la batterie, laquelle fut continuée par trois jours ; mais la fortune se montra peu favorable à l'endroit des chrétiens, dont les uns demeurèrent sur le champ, les autres furent détenus pour esclaves par Barberousse ; tellement que le nombre fut bien petit de ceux auxquels le bonheur permit de gagner le haut, évitant cette fureur barbare et inhumaine. Ceci advint en l'an de l'Hégire neuf cent vingt et deux.

Charles, empereur, assiège Gézéir, mais en vain, et avec grande défaite des siens.

Tegdemt.

Cette cité fut anciennement édifiée, selon aucuns, par les Romains, et fut ainsi appelée par les Africains, à cause que ce vocable signifie *ancienne*, contenant en son circuit l'espace de dix milles, comme l'on peut bien encore juger par les fondements des murailles qui apparoissent encore tout autour, avec deux grands temples ruinés, là où les idoles étoient adorées; et, du temps que les mahométans la dominèrent, elle se rendit assez civile; de sorte que plusieurs poètes excellents, et personnages doctes, y furent instruits, et par leurs écrits l'ont merveilleusement illustrée sous le frère du père d'Idris, qui jouissoit de la seigneurie, laquelle demeura à sa postérité par l'espace de cent cinquante ans. Depuis, elle fut ruinée par les guerres qui se murent entre les pontifes hérétiques de Caïraran, en l'an de l'Hégire trois cent soixante-cinq; tant que maintenant il n'en reste autre chose, sinon quelques masures et fondements, comme je l'ai vu moi-même.

Idoles adorées en Tegdemt.

Medva, cité.

Les anciens Africains édifièrent cette cité aux confins de Numidie, distante de la mer Méditerranée par l'espace de cent octante milles, et assise en une belle plaine très-fertile, qui est arrosée par plusieurs ruisseaux, et environnée de jardins. Les habitants possèdent grandes richesses, parce qu'ils trafiquent en Numidie, et se tiennent honnêtement en ordre, ayant fort belles maisons; toutefois ils sont fort molestés par les Arabes; et, pour être éloignés de Télensin environ deux cent milles, le roi ne les peut maintenir, encore moins défendre leur cité, laquelle fut subjuguée par le seigneur de Ténez, depuis par Barberousse et son frère. Passant par-dedans, je fus reçu avec autant grand honneur et caresses du peuple comme si j'en eusse été seigneur, parce qu'entre tous les habitants il ne s'en sauroit trouver un qui ait tant peu soit-il connoissance des lettres; de sorte que si quelqu'étranger, qui soit quelque peu de savoir, s'adresse là, ils l'honorent grandement, et le retiennent quasi par force, l'employant à la décision de leurs causes, se conseillant à lui, et prenant son avis en tous leurs différends. J'y séjournai par l'espace de deux mois, pendant lesquels je reçus d'eux plus de deux cents ducats, tant en deniers comme en habillements; tellement qu'alléché par ce gain, je me délibérois quasi d'y faire demeurance, n'eût été que le devoir de mon office me fit rejeter cette soudaine délibération.

Medra subjuguée par le roi de Ténez, depuis par Barberousse et son frère.

Témendfust.

Témendfust est une cité ancienne édifiée par les Romains sur la mer Méditerranée, distante d'Alger environ douze milles; et y a un bon port, duquel se servent ceux de Gézéir, parce qu'ils n'ont sinon la plage. Elle fut ruinée par les Goths, et de ses pierres furent relevées quasi toutes les murailles de la cité d'Alger.

<small>Témendfust saccagée par les Goths.</small>

Teddèles.

Teddèles est une cité anciennement édifiée par les Africains, sur la mer Méditerranée, près de Gézéir, environ trente milles, et est ceinte de fortes et puissantes murailles. Les habitants sont plaisants et joyeux, s'adonnant si dextrement au luth et harpe, que la plus grande partie d'iceux en sait sonner en perfection. Leur art est de teinture, à cause qu'il y a plusieurs ruisseaux qui s'écoulent par la cité, laquelle est environnée de terres très-fertiles en grain; et se maintient le peuple assez honnêtement en ordre, imitant le peuple de Gézéir quant à la mode des habits. Il s'adonne aussi merveilleusement à pêcher, et prend du poisson en si grande quantité, qu'il ne se vend aucunement, mais se donne à ceux qui en veulent avoir. Cette cité s'est toujours maintenue au même état que celle d'Alger, quant au gouvernement et seigneurie.

Montagnes du royaume de Télensin.

Béni-Jeznéten, montagne.

Béni-Jeznéten est une montagne distante de Télensin, de la part du ponant, environ quarante milles, se terminant, d'un côté, avec le désert de Garet, et, de l'autre, avec celui d'Angad. Elle a d'étendue, en longueur, environ vingt-cinq milles, et quinze en largeur, étant fort haute, âpre et difficile, avec ce qu'il y a plusieurs bois, dans lesquels naît grande quantité de carobes, qui est quasi toute la viande des habitants, pour autant qu'ils ont grande faute d'eau. Il y a plusieurs villages qui sont habités par gens vaillants et courageux, et sur la cîme de la montagne est située une forteresse, et là demeurent les seigneurs, combien qu'ils s'attachent souvent entr'eux, parce qu'un chacun veut être supérieur, et seul jouir de la seigneurie. J'ai eu grande familiarité avec iceux, pour les avoir premièrement connus en la cour du roi de Fez, et, pour cette cause, ils me reçurent avec indicibles caresses quand j'arrivai en cette montagne, laquelle peut mettre en campagne dix mille combattants.

Matgara.

Matgara est une montagne fort haute et froide, autrement bien peuplée, et distante par l'espace de six milles de la cité Ned-Roma; les habitants de laquelle, et ceux de cette montagne (qui sont braves, mais pauvres, d'autant que le terroir ne leur produit qu'un peu d'orge et carobes en quantité), usent d'un même langage, se supportant ensemble contre le roi de Télensin.

Gualaza.

Cette montagne est haute, et prochaine de la cité Hunam, produisant peu de grains, mais des carobes en quantité, et habitée par gens rustiques et cruels, lesquels ont souventefois eu guerre avec le peuple de la cité susnommée, qu'ils ont mise en ruine.

Aghal.

Aghal est une montagne habitée de gens vils, et sujets au domaine d'Oran, ne s'adonnant à autre chose qu'à l'agriculture, et à tailler du bois, qu'ils transportent dans cette cité, laquelle, étant sous la seigneurie des Maures, causoit une vie assez commode au peuple de celle-ci; mais depuis qu'elle tomba entre les mains des chrétiens, il fut réduit en une pauvreté extrême, et est encore toujours molesté par quelqu'un.

Béui-Guéréned, montagne.

Cette montagne est distante de la cité de Télensin par l'espace de trois milles, étant fort habitée, et fructifère, mêmement de figues et cerises. Tous les habitants sont charbonniers et bûcherons, tellement qu'elle rend de revenu, tous les ans, jusqu'au nombre de douze mille ducats, selon le rapport à moi fait par le secrétaire du roi de Télensin.

Magrava.

Cette autre montagne s'étend environ quarante milles sur la mer Méditerranée, auprès de Musteiganin, cité de laquelle nous avons parlé. Les habitants sont nobles et vaillants, possédant grandes et amples terres; au reste, libéraux et pleins de courtoisie.

Béni-Abusaïd.

Béni-Abusaïd est prochaine de Ténez, et bien habitée, mais de gens rudes et bestiaux, autrement fort vaillants, lesquels ont du miel et de l'orge en grande abondance, et nourrissent des chèvres en quantité; ayant coutume de porter leurs cuirs, avec la cire, sur la plage de Ténez, là où ils les vendent aux marchands d'Europe, et rendoient quelque tribut au roi de Télensin, pendant que ses parents régnoient en ces parties.

Guansèris.

Guansèris est une montagne fort haute, habitée par peuples vaillants et nobles, qui ont plusieurs fois suscité la guerre contre les rois de Télensin, tellement qu'avec la faveur qu'ils avoient de ceux de Fez, ils ont maintenu la guerre par l'espace de soixante ans ou plus. Ils ont un fort bon territoire, auquel sourdent plusieurs fontaines; et à la sommité de la montagne, qui est sèche et maigre, se trouve du grain en grande quantité. On y pourroit lever jusqu'à vingt mille hommes, dont il y en auroit deux mille cinq cents à cheval; et sont les habitants ceux qui prêtèrent aide et faveur au seigneur Jahia, qui fut créé roi de Ténez, pour le pousser à la couronne, laquelle il obtint par leur moyen. Mais depuis que le domaine de ce royaume fut réduit en seigneurie, les chevaliers de cette montagne commencèrent à courir et piller le pays.

Montagnes du domaine de Gézéir.

Du côté de midi et levant, aux confins de la plaine de Gézéir, y a plusieurs montagnes habitées par gens nobles, et exempts de tout tribut, qui sont riches et libéraux, d'autant qu'ils ont de fort bonnes terres, grand nombre de chevaux, et bétail en quantité. Mais souventefois ils se font la guerre entr'eux-mêmes; tellement qu'aucun d'eux, ni étranger, ne peut passer s'il n'est accompagné par quelque religieux. Ils tiennent ordinairement des foires et marchés, où se vendent seulement des animaux, grains, laines, et quelque peu de mercerie conduite des cités prochaines.

FIN DU QUATRIÈME LIVRE.

TABLE

DES MATIÈRES

CONTENUES EN CE VOLUME.

LIVRE PREMIER.

	Pages.
D'où est venu le nom d'Afrique.	1
Termes et limites de la région d'Afrique.	2
Division de l'Afrique.	3
Divisions et royaumes des quatre parties de l'Afrique susnommées.	7
Division de Numidie, à savoir des pays qui produisent les dattes.	8
Division des déserts qui sont entre la Numidie et la terre des Noirs.	9
Division de la terre Noire par chaque royaume.	10
Habitations d'Afrique, et signification de ce mot barbare.	12
Origine des Africains.	13
Division des Africains blancs en plusieurs peuples.	15
Diversité et conformité de la langue africaine.	19
Des Arabes habitant aux cités d'Afrique.	22

Pages

Des Arabes, lesquels, en Afrique, au lieu de maisons, se servent de pavillons. 23
Division des Arabes qui sont venus demeurer en Afrique, appelés Arabes de Barbarie. 36
Division des habitations des Arabes susnommés, et le nombre d'iceux. 37
De Mahchil, peuple, les habitations, et nombre d'icelui. 41
Déclaration du peuple de Devimansor. 43
Du peuple de Dévihubeïdulla. 46
Coutumes et manière de vivre des Africains qui demeurent au désert de Lybie. 48
De la manière de vivre, et coutume des Arabes habitant en Afrique. 57
Des Arabes qui habitent aux déserts qui sont entre la Barbarie et l'Égypte. 63
De Soava (à savoir ceux qui pâturent les brebis), nation africaine, et qui suit la façon de vivre des Arabes. 66
De la foi des anciens Africains. 67
Lettres dont usent les Africains. 71
Situation de l'Afrique. 75
Des lieux raboteux d'Afrique, et pleins de neige. 77
Mutations de l'air naturelles en Afrique, et de la diversité qui provient d'icelles. 88
Qualité des âges. 97
Maladie des Africains. 98
Des vertus et choses louables qui sont entre les Africains. 102
Des vices, et sotte manière de vivre des Africains. 106

LIVRE SECOND.

Pages.

De l'assiète et qualité de Héa, région occidentale. 117
Manière de vivre de ce peuple. 119
Des habits, et coutumes du même peuple. 120
Des villes et cités contenues en la région de Héa, et premièrement de Tednest. 123
Des montagnes contenues en la région de Héa, et des habitants d'icelles. 145
De la région appelée Sus. 151
Des villes et cités contenues en la région de Sus. *ibid.*
De Hanchisa et Ilalem, montagnes en la province de Sus. 162
Assiète de la région de Maroc. 163
De la grande cité de Maroc. 171
Des montagnes contenues en la région de Maroc, premièrement Nisipha. 192
De la région de Guzzula. 203
De la région de Ducale. 206
Des villes et cités contenues en la région de Ducale, premièrement Azafi. 207
Des montagnes contenues en la région de Ducale. 225
De la région d'Hascora. 230
Des cités contenues en la région d'Hascora, premièrement Elmédine. 231
Des montagnes qui sont en la région d'Hascora. 243
De Tedle, région. 253
Des villes et cités contenues en la région de Tedle. 254
De Segghème, Magran et Dèdes, montagnes en la même région. 274

LIVRE TROISIÈME.

	Pages.
Du royaume de Fez.	283
De Témesne, région du royaume de Fez.	284
Des villes et cités contenues en la région de Témesne.	289
Du territoire de Fez.	305
Des cités et lieux du territoire de Fez, et de ce qui est mémorable en iceux.	306
De Fez, grande cité et chef de toute la Mauritanie.	323
Particulière description de la cité de Fez.	328
Hôpitaux et étuves qui sont dans la cité de Fez.	339
Hôtelleries de la ville de Fez.	345
Des moulins qui sont dans la cité.	349
De la diversité des artisans, boutiques et places.	350
Discours sur le nom des rues appelées Caïsaria, retenant le nom de celui de César.	364
Apothicaires et autres artisans en ladite cité.	365
Seconde partie de la cité de Fez.	370
Des magistrats, et manière de gouverner et administrer justice, et de quelle sorte d'habits on use en la ville de Fez.	375
Coutume observée au manger en la ville de Fez.	381
Coutumes observées à contracter et faire mariages.	383
Autres coutumes gardées les jours de fêtes, et manière de pleurer les morts.	391
A quels jeux s'adonnent les citoyens de Fez.	394
Des poètes en vulgaire africain.	395
Ecoles aux lettres pour les enfants.	397
Des devineurs.	399
Des enchanteurs.	403

	Pages.
Règles et diversités observées par aucuns en la loi de Mahomet.	408
Autres diverses règles et sectes, avec des opinions superstitieuses de plusieurs.	413
Des cabalistes, et d'autres de plusieurs sectes.	417
De ceux qui s'amusent à chercher les trésors.	420
Des alquémistes.	421
Charmeurs et enchanteurs de serpents.	423
Des faubourgs qui sont hors la cité de Fez.	425
Sépultures communes hors le pourpris de la cité.	429
Description de Fez, cité neuve.	432
Ordre et police gardée quant à la manière du vivre de la cour du roi de Fez.	437
Macarméda, cité première, près la neuve cité de Fez.	451
Zélag, première montagne en la région de Fez, cité neuve.	453
Description d'Azgar, région de Fez.	464
El Giumha, cité première en la région d'Azgar.	465
Casar el Cabir, c'est-à-dire le grand palais, cité.	467
De la région de Habat.	472
Ezaggen, première cité en la région de Habat.	474
Montagnes de Habat.	494
Errif, région de Fez.	501
Terga, première cité en la région d'Errif.	502
Bénigarir, première montagne en la région d'Errif.	510
Garet, sixième province du royaume de Fez.	527
Méléla, première cité en la région de Garet.	528
Echebdevon, première montagne en la région de Garet.	534
Chaüs, septième région du royaume de Fez.	539
Teurert, première cité en la région de Chaüs.	540

TABLE DES MATIÈRES.

Matgara, première montagne en la région de Chaüs. 552

LIVRE QUATRIÈME.

Du royaume de Télensin.	581
Des cités, châteaux, montagnes et déserts qui sont au royaume de Télensin.	585
La grande cité de Télensin.	586
Coutumes, états et offices de la cour du roi de Télensin.	601
Hubbed, première cité près de Télensin.	604
Béni-Rasi, province.	605
Batha, première cité en la susdite province.	607
Montagnes du royaume de Télensin.	629
Montagnes du domaine de Gézéir.	633

FIN DE LA TABLE DES MATIÈRES.

PARIS. — DE L'IMPRIMERIE DE L. CORDIER,
Rue des Mathurins Saint-Jacques, N.º 10.

www.ingramcontent.com/pod-product-compliance
Lightning Source LLC
Chambersburg PA
CBHW050053230426
43664CB00010B/1297